上海市社会科学界联合会
上海市哲学社会科学学术话语体系建设办公室
上海市哲学社会科学规划办公室

合作出品

庆祝中国共产党成立100年
专题研究丛书

法治求索

何勤华◎著

上海人民出版社

总　序

2021年是中国共产党成立100周年。100年前，旧中国积贫积弱，中华民族面临生死存亡的危难关头。在风雨如磐的岁月里，十月革命一声炮响，给中国送来了马克思主义，中国共产党应运而生。这个开天辟地的大事变，深刻改变了人类历史的走向，中国的面貌为之焕然一新，世界的面貌也为之一变。

100年来，从石库门到天安门，从兴业路到复兴路，中国共产党始终不忘为人民谋幸福的初心，牢记为民族谋复兴的使命，推翻近代以来压在中国人民头上的“三座大山”，成立中华人民共和国，建立社会主义制度，探索中国特色社会主义道路，坚定不移高举改革开放旗帜，中国发生了翻天覆地的变化，迎来了从站起来、富起来到强起来的历史性飞跃。

100年来，在中国共产党正确领导下，中国人民筚路蓝缕，历尽艰辛，栉风沐雨，砥砺奋进，开创了彪炳千秋、永载史册的丰功伟绩。

百年恰是风华正茂。党的十八大以来，以习近平同志为核心的党中央提出一系列新理念、新思想和新战略，出台一系列重大方针政策，推出一系列重大举措，推进一系列重大工作，解决了许多长期想解决而没有解决的难题，办成了许多过去想办而没有办成的大事，推动党和国家事业取得历史性成就、发生历史性变革。

2020年，面对突如其来的新冠肺炎疫情和世界经济衰退带来的严重冲击，在以习近平同志为核心的党中央坚强领导下，我们以举国之力与病魔搏斗，经过艰苦努力，付出巨大牺牲，取得抗疫斗争重大战略成果，成为全球唯一正增长的主要经济体，奋力夺取脱贫攻坚战的全面胜利，中国特色社会主义展现出更加广阔前景。党的十九届五中全会审议通过了《中共中央关于制定国民经济和社会发展第十四个五年规划和二〇三五年远景目标的建议》，擘画新发展蓝图，吹响新征程号角，中国特色社会主义伟大事业迈进崭新的历史阶段。推进伟大事业，实现伟大梦想，绝不是轻轻松松、敲锣打鼓就能实现的。前进道路上，我们面临的风险考验只会越来越复杂，甚至会遇到难以想象的惊涛骇浪。面对百年未有之大变局，面对复杂艰巨的任务和挑战，坚决维护习近平总书记党中央的核心、全党的核心地位，坚决维护党中央权威和集中统一领导，是根本的政治任务、政治纪律和政治规矩，是我们的事业不断取得新胜利的根本保证。

历史是最好的教科书，也是最好的清醒剂。我们站在新的历史起点上，抚今追昔，必须铭记建党百年历程蕴含的深刻启示：只要始终坚持马克思主义的指导地位，坚持把马克思主义基本原理同当代中国实际和时代特点紧密结合起来，坚持在中国改革、发展、稳定具体实践中丰富和发展马克思主义，就一定能够不断把马克思主义中国化推向新境界；只要始终坚持中国共产党的领导地位不动摇，坚持中国特色社会主义道路，坚持扎根中国大地、吸纳人类文明优秀成果、独立自主实现国家发展的战略，就一定能够实现中华民族伟大复兴的梦想；只要始终坚持共产主义、社会主义理想信念不动摇，坚持在斗争实践中不断提高政治判断力、政治领悟力、政治执行力，坚持发挥广大党员干部的先锋模范作用，就一定能够不断推进中国特色社会主义伟大事业迈向新阶段；只要始终坚持人民至上、人民立场和人民主体地位不动摇，坚持全心全意为人民服务的根本宗旨，坚持一切为了人民、一切依靠人民，有效激发广大人民群众积极性、主动性、创造性，就一定能够把人民群众的幸福感、获得感、安全感提升到新水平；只要始终坚持把发展作为党执政兴国的第一要务，坚持统筹推进“五位一体”总体布局，协调推进“四个全面”战略布局，坚持贯彻新发展理念，构建新发展格局，就一定能够不断把全面建设社会主义现代化国家和实现“两个一百年”奋斗目标推上新台阶；只要始终坚持高举改革开放旗帜，坚持把以经济建设为中心作为兴国之要、把四项基本原则作为立国之本、把改革开放作为强国之路，坚持解放思想、解放和发展社会生产力、解放和增强社会活力，勇于推进理论创新、实践创新、制度创新以及其他各方面创新，就一定能够不断把改革开放事业推向新境界；只要始终不渝走和平发展道路，奉行互利共赢的开放战略，加强同各国的友好往来，就一定能够不断把人类和平与发展的崇高事业推向前进，以中国理念、中国智慧、中国方案和中国实践为人类作出更大的贡献。

上海是中国共产党的诞生地，也是建党精神的孕育地。在百年历史的演进和传承中，红色文化基因渗透到这座城市的每一寸土地，成为城市最亮丽的底色和最闪亮的名片。上海同时是我国人文社会科学重镇，学科齐全，学者荟萃，学术底蕴深厚。围绕庆祝中国共产党成立 100 周年的主题，组织发动上海社科界专家学者，立足不同学科背景、学者视角和学术维度，认真回顾和梳理中国共产党百年辉煌历史，深入解读党领导中国革命、建设和改革事业的成功密码，揭示波澜壮阔的历史实践背后深刻的制度逻辑、理论逻辑和现实逻辑，进而助力构建具有中国气派、时代特征、上海特色的哲学社会科学学术话语体系，具有十分重要的理论价值和实践意义。

2017 年，在中共上海市委宣传部指导下，上海市社会科学界联合会、上海市哲学社会科学学术话语体系建设办公室、上海市哲学社会科学规划办公室启动实施“建党 100 周年”系列研究专项。本系列专项坚持“论从史出、史论结合”的研究路径，坚持立足中国实际，以重大问题为导向，以历史研究为支撑，形成具有扎实学理基础的系列研究论著。课题立项后，承担研究任务的复旦大学、华东师范大学、上海社会科学院等上海市相关高校、社科研究机构的专家学者辛勤工作，历时近四年科研攻关，形成了一批既客观准确描述历史，又具有较高学术质量的研究成果。

值此中国共产党百年华诞之际，上海市社会科学界联合会、上海市哲学社会科学学术话语体系建设办公室、上海市哲学社会科学规划办公室从“建党 100 周年”系列研究专项课题中，筛选出有较强理论阐释力，具有实践指导意义、决策参考作用和史料研究价值的成果，与上海人民出版社合作出版“庆祝中国共产党成立 100 年专题研究丛书”。该套丛书从多学科、宽领域、广视角，在回顾中国共产党百年历史发展与实践基础上，系统总结中国共产党领导全国人民实现国家富强、民族振兴、人民幸福的伟大成就、历史经验，深入揭示建党百年历史蕴藏的理论逻辑和历史规律，前瞻未来。

本系列丛书是上海市理论社科界庆祝中国共产党百年华诞的最新成果，希望在党史学习教育活动中，能够成为广大党员干部学史明理、学史增信、学史崇德、学史力行的重要参考书目。

是为序。

权　衡

上海市社会科学界联合会党组书记、专职副主席

目　录

前　言

中国特色社会主义法治，形成于新中国成立之后的1954年《宪法》颁布前后，之后又经过了60多年的探索与发展，才初步发展为今天的法治政府、法治国家、法治社会。但要追索这一段历史，必须从1949年新中国成立时开始。

应该说，1949年中华人民共和国的成立，使中国现代法发生了重大转折，从民国时期的步大陆法系的后尘、走资本主义法治建设之路，到转向为学习苏联，以马克思列宁主义为理论基础，走上了具有中国特色的社会主义法的道路。至今，这一过程已经进行了70余年，其中，有许多成功的经验，也有诸多挫折和教训。对此进行系统全面的梳理，将是一个浩大的工程，[①]本书试图从新中国所发生的若干重大历史事件之角度，对受此影响的中国现代法的变革，中国特色社会主义法治的形成和发展，作些简明扼要的反思和总结，以为今后中国法治的进步提供一点启迪和借鉴。

虽然，本书为了说清中国特色社会主义法治的历史渊源，将从古代两河流域的法治、《汉穆拉比法典》和《乌尔纳姆法典》、“乌鲁卡基那立法改革”，以及古代中国法家的法治：管仲、商鞅、韩非的法治思想，古代希腊思想家亚里士多德提出的“良法之治”等起笔，并对西方中世纪及近代法治的传承与发展，清末沈家本修律变法与近代西方法治的移植，民国时期法治观念与制度的变迁，马克思主义经典作家关于法治的基本理论，革命根据地时期中国共产党人对新民主主义法治的实践等进行介绍和论述，但重点关注1949年新中国成立之后所发生的一系列重大法律事件，阐述其对中国特色社会主义法治的形成和发展的深层次影响。尤其关注1978年召开的党的十一届三中全会，1997年

① 关于新中国成立70年法和法学发展的内容、经验和教训以及内在规律的系统全面梳理以及理论分析，笔者拟在《中国法学史》（法律出版社2021年版）第四卷中详细展开。

党的十五大，2014年10月20日至23日召开的党的十八届四中全会（通过了《关于全面推进依法治国若干重大问题的决定》，确立了全面推进依法治国的总目标，描绘了法治中国的宏伟蓝图，将建设中国特色的社会主义法治道路作为全面推进依法治国方略的核心任务，并为此作出了全面规划和周密部署），2017年10月党的十九大、2019年10月党的十九届四中全会，以及2020年10月26—29日党的十九届五中全会、2020年11月16—17日的中央全面依法治国工作会议，关注这几次会议对中国特色社会主义法治的形成和发展的决定性影响。

我国已经进入了新时代中国特色社会主义法治的建设阶段，笔者希望本书的研究成果，能够为这一伟大时代的法治建设作出一点贡献。

参与本书研究的有魏琼、何佳馨、王静、陈琦、齐凯悦、周小凡、邓丛和李锦元等老师和博士、硕士。在汇集各位成员之初稿的基础上，由笔者执笔，完成了本书。在此，谨对上述各位成员表示衷心的感谢。同时，本书在撰稿过程中也得到了赵越老师等华东政法大学图书馆的各位老师在文献资料上的全力支持和帮助。在此，也表示笔者的一片谢意。

何勤华
于华东政法大学
法律文明史研究院
2020年10月8日

引　言

自从1997年党的十五大将“依法治国，建设社会主义法治国家”作为党和国家的重大国策，以及2014年10月党的十八届四中全会提出全面推进依法治国方略以来，关于中国特色社会主义道路、中国特色社会主义法治等方面的论述颇丰，最高人民法院、最高人民检察院的领导，中国法学会的领导，《人民日报》评论员，以及学术界知名学者纷纷撰写文章，阐述这一重大治国方略。但在专著方面，至今尚未看到有比较系统的成果面世。因此，笔者希望以专著的方式，对中国特色的社会主义法治进行梳理，作一个专题研究。

中国特色社会主义法治的研究意义，是不需要过多论证的。因为在党的十八届四中全会《关于全面推进依法治国若干重大问题的决定》中，已经说得非常清楚：加强社会主义法治，关乎我们中国共产党的执政兴国，关乎国家的长治久安，关乎人民的幸福安康。因此，为了使全面推进依法治国方略得到认真贯彻执行，必须在理论上、历史上、学术上对这个问题进行比较系统深入的探索。

一、中国特色社会主义法治中的“特色”

什么是中国特色的社会主义法治呢？党和国家领导人对此有许多论述，学术界也有许多探讨和研究，如认为这一特色就是中国共产党的领导，依法治国与以德治国相结合等。笔者通过对党的十八届四中全会《关于全面推进依法治国若干重大问题的决定》、党的十九大报告以及党的十九届四中全会《关于坚持和完善中国特色社会主义制度　推进治理体系和治理能力现代化若干重大问题的决定》的认真研读、党的十九届五中全会精神、习近平法治思想和古今中外法治建设道路及模式的梳理、总结，以及一段时间的深入思考，认为中国特色社会主义法治道路中的“特色”，共有以下八个方面。

（一）中国共产党的领导

党的十九届五中全会强调，实现“十四五”规划和二〇三五年远景目标，必须坚持党的全面领导，充分调动一切积极因素，广泛团结一切可以团结的力量，形成推动发展的强大合力。要加强党中央集中统一领导，推进社会主义法治建设，健全规划制定和落实机制。

党的十八届四中全会《关于全面推进依法治国若干重大问题的决定》指出：“党的领导是中国特色社会主义最本质的特征，是社会主义法治最根本的保证。把党的领导贯彻到依法治国全过程和各方面，是我国社会主义法治建设的一条基本经验。我国宪法确立了中国共产党的领导地位。坚持党的领导，是社会主义法治的根本要求，是党和国家的根本所在、命脉所在，是全国各族人民的利益所系、幸福所系，是全面推进依法治国的题中应有之义。”通过“坚持党领导立法、保证执法、支持司法、带头守法”，把依法治国的基本方略全面地、系统地、持续地推进下去。①

(二) 依法治国与以德治国相结合

中国作为一个政治、经济、文化、科技和教育之基础都相对不足的国家，加强领导干部的政治纪律、道德修养和廉洁自律等各个方面的素质教育，对国家的各项事业和工作都是必不可少的，在法治建设方面也同样如此。依法治国的伟大方略需要我们的领导干部去推进、去实施、去践行，领导干部的道德情操和法治素养如何，或者说吏治是否清明，对依法治国的推进是有根本性作用的。从这个意义上说，德治就是吏治，法治中国的建设，离不开吏治的同时推进。

(三) 党规和国法相衔接

“党内法规”的通常含义是指党的全国代表大会、中央委员会以及中央纪律检查委员会、中央各部门和省、自治区、直辖市党委制定的规范党组织的工作、活动和党员行为的规章制度的总称。党规与国法的结合，也是中国社会主义法治的特色之一，如同习近平总书记指出的那样：“党内法规既是管党治党的重要依据，也是建设社会主义法治国家的有力保障。党章是最根本的党内法规，全党必须一体严格遵行。完善党内法规制定体制机制，加大党内法规备案审查和解释力度，形成配套完备的党内法规制度体系。注重党内法规同国家法律的衔接和协调，提高党内法规执行力，运用党内法规把党要管党、从严治党

① 详细参见《人民日报》评论员文章：“坚持中国特色社会主义法治道路——六论深入学习贯彻十八届四中全会精神”，http://www.kaixian.tv/gd/2014/1029/10654586.html，访问时间：2015年4月8日。

落到实处，促进党员、干部带头遵守国家法律法规。”①

（四）对西方法治文明精华的全面吸收

中国特色的社会主义法治道路，并不是无源之水、无本之木，而是中华民族尤其是中国共产党人对人类包括西方优秀法律文明的传承，是西方 2000 多年法治思想、法治传统的发展在当代中国的伟大实践。虽然，吸收人类先进法律文明是各个国家尤其是法治后进的国家如亚非拉的大部分国家必经的路径，但是中国在这方面的任务尤其繁重，因为中国有自己不曾中断的悠久的历史传统，有自己丰厚的法治本土资源，也是一个人口众多、幅员辽阔、发展不平衡的大国。因此，我们对人类法律文明的吸收和继承显得尤为关键和重要，道路也更加艰难和曲折。

（五）对中国本土古代法治文化的梳理和继承

与其他国家不同，中国早在 2500 多年前春秋战国时代，就已经有了比较发达的法治理论和法治实践，以管仲、李悝、吴起、申不害、慎到、商鞅和韩非等为代表的法家学派，对以法治国的理论有着可歌可泣的实践，最终通过法治的方式，统一了中国，建立了中国历史上第一个彻底废除分封制、实行郡县制的王朝——秦国。与古代希腊不同的是，中国古代在法家法治盛行的同时，也形成了与之相对的强调民本、强调德主刑辅、强调宽严相济以及中庸和谐的儒家学派。法家与儒家在治国理念上的差异，因汉代以儒为主、兼收法治的封建正统意识形态的形成而得以消解，形成一种统一的外儒内法的治国理念和法治文化。

---

① 习近平：《中共中央关于全面推进依法治国若干重大问题的决定》，载《〈中共中央关于全面推进依法治国若干重大问题的决定〉辅导读本》，人民出版社 2014 年版，第 36 页。

(六) 对中国近代以来 180 余年移植外国法治成果的继承与发展

自 1840 年鸦片战争爆发前后，西方的法和法学传入中国以来，我们开始了全方位移植西方法律文明，并将其本土化的运动。这一运动的成果，就是使中国至 20 世纪 30 年代完成了系统、完备的《六法全书》的编纂，形成了中国近代资本主义法律体系，使中国的法律走上近代化的道路。这一近代法律体系，虽然它的基础、理念，以及制度、原则和规定等都是西方传入的舶来品，但是经过本土化以后，这些舶来品已经慢慢融入了中华民族法和法学的发展之中，成为中华民族法治文明的一个重要组成部分，进而成为社会主义法治道路的一个重要特色。

(七) 对当下中国的社会发展状况的回应

走中国特色社会主义法治道路，必须要回应当下中国社会发展的各种问题，如法律体系如何构建？法治政府如何建设？司法改革如何推进、如何深化？人民群众的各种利益如何调整、各种诉求如何满足？等等。这些问题，其他国家或许也有，但中国的问题是在当下中国社会发展中出现的，具有中国的本土特点，其解决方法，从理念到制度设计肯定是不一样的，需要社会主义法治道路予以解决。

(八) 顶层设计，自上而下地推进

法治在西方已经有了 2400 多年的发展，且这一传统一直未曾中断。至中世纪后期，由于文艺复兴、罗马法传播和宗教改革等重大事件，法治在英、法等欧洲国家中自然生长，通过资产阶级革命，成为治理国家的主要方式。之后，又通过几百年时间的发展、完善，终于成为一种成熟的国家治理模式。而在东方国家或者拉美国家，如日本、印度、中国，甚至美国，近代化起步比较晚，时间比较短。在这种情况下，国家的治理，包括法治，就必须通过中央政府的顶层设计，国家自上而下的推进，才能取得成效。

二、法治的起源及其变迁

(一) 古代美索不达米亚的法治

根据考古发现，古代美索不达米亚地区即两河流域，是人类最早产生法律和法治的地区。

按照马克思主义原理，法律作为一种对人类行为的规范，不管是成文的法典，还是不成文的风俗和习惯，它的产生需要人类各种行为的反复进行，需要有公共权力机构（如部落、城邦和国家等）的不断介入，因而在一代代人中留下印迹，形成可以遵守践行的引领和禁止规则。古代西亚的考古证明，公元前5000年时，在古代美索不达米亚就已经诞生了上百个小型农耕村落。至公元前3750年，美索不达米亚地区进入了青铜时代，直到公元前2900年乌鲁克（Uruk）、乌尔（Ur）、基什（Kish）、伊新等部落联盟（酋邦）产生为止。

与此同时，在古代美索不达米亚，于公元前3500年出现了世界上最早的城市乌鲁克，有了两个创新：文字和贸易。公元前3000年前后，基什、伊新、尼普尔（Nippur）、舒鲁帕克、拉加什、乌鲁克、拉尔萨、乌尔和埃利都（Eridu）等城邦国家（酋邦）兴起。在这些部落城市中，各有自己的保护神和神庙，也都有自己的王。这种王，当时就称“恩”（En），苏美尔语的意思就是“高级祭司”，是神在人类的代表。随后又出现了“恩西”（Ensi）这一称呼，即“统治者”，其职责就是管理城市事务（如法律与社会，商业与贸易，以及军事事务等）。此时，各部落还有自己的长老会、议事会等公共权力机构，当城市出现危机时，长老会酝酿、公民大会会选举一位“卢伽尔”（Lugal，意为“伟大的人”）来解救危机。“卢伽尔”这一临时性的最高权力机构后来变成固定的永恒的权力机构。

而当单一的城邦携手形成联盟，或者被其邻近的城邦所征服时，具有统治优势的城市的“恩”或“卢伽尔”就可能攫取到更大的权力，并最终成为国王（部落联盟首领，酋长）而进行统治，此时，人类社会就从氏族部落进入了酋邦时代。乌鲁卡基那（Urukagina，公元前 2378 年拉加什城邦首领）就是这一时代的代表。这些首领，是一个从原始氏族经过联合或者征服上升为大型部落的统治者，以某个或者若干个聚落中心为据点，在为其建筑城墙之后，就形成了一个个城市。这样分散的城市国家就是农业村落的城邦，其首领就是酋长，是从原始社会的氏族向国家的过渡形态。美国人类学家塞维斯（Elman R. Service）指出：“日常社会生活中，内部秩序维护的最普遍的形式，在各种社会中一种统一的形式，一定是礼仪。接下来就是道德教诲及其内化变为良心。最后是社会奖惩，它是正式的、个人通过社会方式的惩罚和奖励……这三类（礼仪、道德、法律）当时都在习俗领域。”①

以上文献记载，已经得到考古的证明：记录氏族部落向国家形态转型时期的楔形文字泥板“吉尔伽美什史诗”和“乌鲁卡基那立法”等已经被人类所发现。在出土的这些残片中，乌鲁卡基那列举出当时社会种种不公平现象，并讲述他要制定纠正这些不公平的法律。从随后（大约又过了 300 余年）《乌尔纳姆法典》的内容来看，可以推测早王朝时期苏美尔各个城市部落已经走上制定成文的习惯法汇编的道路。这些习惯法汇编应该是原始社会的不成文的习俗惯例向阶级社会成文法典的过渡形态，也是酋邦时代法律文明诞生的标志之一。

在古代美索不达米亚，取代苏美尔（Sumer）酋邦时代而进入国家的是公元前 2334—前 2193 年由塞姆人国王萨尔贡（Sargon）创建的国家，他在阿卡德（Agade）建立起了美索不达米亚的第一个帝国。之后，乌尔纳姆建立了乌尔第三王朝（公元前 2112—前 2004 年），颁布了《乌尔纳姆法典》。公元前 1900 年，阿摩利人（Amorites）建立了巴比伦第一王朝，其第六位国王汉穆拉比（Hammurapi，前 1792—前 1750 年），成为整个美索不达米亚的征服者、统治者和法律制定者，《汉穆拉比法典》成为人类文明社会之初的瑰宝。

---

① Elman R. Service, *Origins of the State and Civilization*, *The Process of Cultural Evolution*, W.W. Norton & Company. Inc. New York. 1975. p.11.

据考古学界统计，世界各国共出土与古代美索不达米亚社会发展相关的楔形文字泥板25万多块，上面记载的文献，95%是法律内容（法典、法律、司法文书、法庭记录、商业契据、贸易谈判之要约与承诺的往来信件等）。因此，称古代美索不达米亚为人类历史上第一个法治社会，应该是可以的。

(二) 古代中国法家的法治：管仲、商鞅、韩非等人的法治理论

除了古代美索不达米亚地区之外，讲到法治的起源，不能不提中国古代法家学派阐述的法治理论。因为法家学派，不仅是先秦诸子百家的一个主要流派，是中国第一个封建王朝秦王朝的国家意识形态和理论支柱，而且在秦王朝灭亡后，虽然整个学派消亡了，但其思想中的一些要素，被吸收进了儒家思想之中（如外儒内法、儒法结合等），影响了中国政治制度和法律制度运作二千余年。因此，说到新中国的法治建设，不能不提中国古代法家学派的法治理论。而在法家学派中，最有代表性且对后世影响最大的是管仲、商鞅和韩非的理论。

管仲（公元前719—前645年），最早进行立法改革，主要内容包括五项：(1) 仓廪实而知礼节，衣食足而知荣辱；(2) 在全国划分政区，组织军事编制；(3) 建立选拔人才制度，按土地分等征税，禁止贵族掠夺私产；(4) 发展盐铁业，铸造货币，调剂物价；(5) 改革土地和人口制度。管仲的立法改革，成效显著，齐国由此国力大振，成为春秋五霸的第一霸。然而非常可惜的是，管仲去世后，齐桓公不再坚持法治路线，而是滑入人治的轨道，国家不久进入衰落阶段，齐桓公自己也在周围佞臣的包围下，活活饿死。这是一个人治与法治差异的非常重大的历史教训。

商鞅（约公元前395—前338年），是法家的重要代表人物，其法治改革及其学说，奠定了法家法治理论的基础。其理论的核心内容为：(1) 缘法而治，实行法治；(2) 刑无等级，刑罚面前人人平等，并极力推进，甚至太子犯法也

不予宽赦，对太子的老师施行了割鼻子的肉刑；（3）设农耕、军功系列，使普通民众经过努力有上升空间；（4）提高法的权威和法的公信力。当然，商鞅的法治理论也有缺陷：（1）将国民视为国家军事战车上的“螺丝钉”，民众没有言论自由，也没有个体权利；（2）不分法的好坏，都必须严格执行，助长了恶法之治；（3）实行保甲制度，鼓励民众互相监督、互相举报，施行连坐（株连）制度。这些都对后世造成了巨大的负面影响。

韩非（约公元前280—前233年），是后期法家的杰出代表，也是法家法治理论的集大成者。韩非的理论，优点在于：（1）从人性恶立论法治，阐述最为深刻；（2）从法的客观、公正、公开立论法治；（3）从法是社会的产物立论法治，论述了法治与社会的互动关系；（4）从法的因时而变立论法治，用辩证法揭示法治因时而变的发展规律；（5）将商鞅的法、申不害的术、慎到的势结合起来，予以综合，成为法家法治理论的集大成（对于此点，学术界有不同意见，也有批评，说韩非将法、术、势结合，成了中国搞政治权术的鼻祖）。韩非的理论也有深刻的缺陷，如（1）他所说的法，是君主之法，体现了法的专制性；（2）他所说的法，也是集权之法，开了之后中国2000余年封建社会的反智传统，形成了打压知识分子的氛围；（3）韩非所强调实施的法治，因为不分法的好恶，因此最后滑入了恶法之治，造成了民众对法律的恐惧，助长了法律虚无主义。

秦王朝是中国古代唯一实行法家法治理论的朝代，但却最短命。虽然秦王朝的灭亡有多种原因，但恶法之治是一个重要的原因。在中国古代，有各个朝代，两汉持续400余年；唐王朝维持了300多年；两宋也有300余年。明、清两朝时间短一点，但也维持了270年左右。而秦王朝，在建立之时，极其强大，但却二世而亡，只存在了14年。秦王朝短命，其走向灭亡的导火索就是陈胜、吴广的农民大起义。而陈胜、吴广为什么起义？就是因为他们率领500名民工，赴渔阳戍边，刚好碰上下大雨，连续达半个多月，耽误了行程。按照当时秦王朝颁布的法律，被征戍边的队伍，必须在规定的时间报到，迟到就是死罪。逃跑、回老家当然更是死罪。因此，陈胜、吴广这支队伍因耽误行程，在法律上已经没有了任何救济的渠道，最后只能揭竿而起，举行起义，试图谋求一条生路。

秦王朝灭亡以后，法家法治理论受到了深刻批判（如汉代的陆贾和贾谊等），后起的各个王朝，没有一个再简单采纳法家法治的理论来治理国家的，而是或者采用“黄老之学”（西汉初年），或者采用“废黜百家，独尊儒术”（汉武帝之后），或者“外儒内法”“儒法结合”（隋唐之后），等等，突出了儒家和适当采纳道家的治国理论，但法家理论的一些合理因素（如缘法而治、刑无等级、宽严相济等），也被纳入了历代统治者的治理国家的实践之中。因而，这些合理因素，经过改造以后，也可以为我们现在建设中国特色社会主义法治所用。

(三) 古代希腊亚里士多德的“良法之治”和罗马的实践

西方法治思想，或者说法治传统，起源于古代希腊雅典城邦国家的政治法律实践以及古代希腊伟大思想家亚里士多德（Aristotle，公元前 384—前 322 年）对这一实践的理论总结和提炼。亚氏认为，“法治应包含两重意义：已成立的法律获得普遍的服从，而大家所服从的法律又应该本身是制定得良好的法律”。[①]这段话，包含了他关于法治理论的两层含义：

第一，作为法治基础的法律，应当是一种好的法律。在亚氏的老师柏拉图（P1ato，公元前 427—前 347 年）那里，曾强调法律应当是正当的，应为全体人民的利益而制定，是实施正义的手段。而亚里士多德则更明确地指出，作为法治基础的法律，必须是一种良法：“相应于城邦政体的好坏，法律也有好坏，或者是合乎正义或者是不合乎正义。”[②]亚里士多德强调，“法律的实际意义应

① ［古希腊］亚里士多德：《政治学》，吴寿彭译，商务印书馆 1965 年版，第 199 页。

② 同上书，第 148 页。

该是促成全邦人民都能进于正义和善德”。①只有制定出一种好的法律，并将其作为治理国家的基础，才能达到实施法治的目的。

第二，法律制定后，应当为全社会所普遍遵守。柏拉图在其名著《法律篇》中认为，人类必须遵守法律，否则他们就像最野蛮的兽类一样。亚里士多德发展了这种思想，进一步指出：“邦国虽有良法，要是人民不能全都遵循，仍然不能实现法治。”他还说，“法律所以能见成效，全靠民众的服从”。②但是，民众的守法精神不能全部仰赖于自发的形成，而“须经长期的培养”。为此，就要求国家在这方面付出巨大的努力，尤其不能有任何有碍于民众守法精神的举措。亚里士多德的这一守法理论，应当说是十分深刻的。

公元前7世纪开始崛起的罗马共和国，继承了古代希腊以亚里士多德的“良法之治”为核心的法治理论，并将其予以实践。具体在四个方面，发扬光大了古代希腊的法治思想。第一，罗马人将古代希腊的自然法思想予以展开，并融入罗马的立法与司法实践之中。第二，初步形成依法治国的思路，试图用系统完整的法律体系（如《十二表法》等）来治理国家。第三，提出法律实施的目标是追求社会的公平正义，并将法学定义为“正与不正”的学问。第四，形成了保护公民基本权利（人权，主要是财产权）的基本理念，在法律上确立“私有财产神圣不可侵犯”的原则。公元212年罗马皇帝卡拉卡拉（Caracalla，186—217年）颁布《安敦尼努敕令》（Constitutio Antoniniana），将罗马公民权授予帝国境内每一个自由民。至此，罗马自由民只有一种身份，就是罗马公民，适用的法律也只有一种，就是罗马法。这样，在古代世界，罗马实现了公民在法律面前人人平等的目标，罗马法治成为了西方，也是人类法治传统的起点（当然，罗马实现的法律面前人人平等，不包括奴隶，在当时的罗马，奴隶是物，是一种财产，是法律权利的客体，不是主体。这是古代罗马法的历史局限性）。

---

① ［古希腊］亚里士多德：《政治学》，吴寿彭译，商务印书馆1965年版，第138页。

② 同上书，第199页，第81页。

(四) 西方中世纪及近代法治的传承与发展

亚里士多德的法治二要素理论，以及罗马对希腊法治理论的实践，奠定了西方法治传统的基础。经过以后历代思想家的补充发展，日益丰富和完善。在这过程中，有几位思想家的理论贡献甚大。第一位就是中世纪欧洲神学思想家托马斯·阿奎那（Thomas Aquinas，1227—1274 年），他在《神学大全》一书中，明确指出："法是人们赖以导致某些行动和不作其他一些行动的行为准则或尺度……（而）人类行动的准则和尺度是理性，因为理性是人类行动的第一原理。"①所谓法，"不外乎是对于种种有关公共幸福的事项的合理安排，由任何负有管理社会之责的人予以公布"。②强调法是人类理性的表现，说明阿奎那是古代希腊、罗马自然法思想的继承者，他的学说是亚里士多德、希腊斯多噶学派以及罗马思想家西塞罗（Cicero，公元前 106—前 43 年）等的思想的延伸；而关于法是"公共幸福的事项的合理安排"的观点，为后世的功利主义法学和社会学法学的诞生提供了启示。法是理性，以及法的目的是公共幸福的思想，丰富了亚里士多德的法治定理中的"良法"的内涵。

进入近代，在资产阶级启蒙思想家的鼓吹和宣传之下，西方法治理论进一步得到张扬，其内容也变得更加丰富。如英国思想家洛克（J. Locke，1632—1704 年）在《政府论》一书中，就明确指出："人民的福利是最高的法律。""法律一经制定，任何人也不能凭他自己的权威逃避法律的制裁；也不能以地位优越为借口，放任自己或任何下属胡作非为，而要求免受法律的制裁。公民社会中的任何人都是不能免受他的法律的制裁的。"③而法国思想家孟德斯鸠

---

① ［意］托马斯·阿奎那：《阿奎那政治著作选》，马清槐译，商务印书馆 1982 年版，第 104 页。

② 同上书，第 106 页。

③ ［英］洛克：《政府论》（下篇），叶启芳、瞿菊农译，商务印书馆 1996 年版，第 97 页、第 59 页。

（C.L. Montesquieu，1689—1755 年），花了 20 多年时间完成了巨著《论法的精神》，详尽阐述了“法律应该是对一切人而制定的”。“自由是做法律所许可的一切事情的权利。”“一切有权力的人都容易滥用权力，这是万古不易的一条经验……要防止滥用权力，就必须以权力约束权力。我们可以有一种政制，不强迫任何人去作法律所不强制他做的事，也不禁止任何人去作法律所许可的事。”①之后，经过法国思想家卢梭（J.J. Rousseau，1712—1778 年，提出“主权在民”“法律是公意的体现”“法律的目的是追求最大多数人的最大幸福”），美国汉密尔顿（Alexander Hamilton，1757—1804 年）和詹姆斯·麦迪逊（James Madison，1751—1836 年）等联邦党人（提出了美国式的法治模式），以及英国宪法学家戴雪（Albert. V. Dicey，1835—1922 年，提出了普通法和普通法院的至高无上）的补充完善，进一步得到了发展。

德国法学家普拉希道斯（Joh Wilhelm Placidus）于 1798 年使用“法治国家”（Rechtsstaat）一词。他在《国家论文献》一书中，具体论述“国家论”时，提出了“法治国家论”（ Rechts Staat Lehre）的观点。过了 10 年，另一位德国法学家米勒（Adam Heinrich Müller），在 1808 年 12 月 13 日的一次讲演中，也使用了“法治国家”（Rechtsstaat）一词。过了 5 年，又有一位法学家维尔克（Karl Theodor Welcker），于 1813 年也使用了“法治国家”（Rechtsstaat）一词。这样，法治国家之用语，开始在德国得到阐述和传播（法治国家是德语中最先使用的一个术语）。②经过比这三位法学家更加有名的宪法学与行政法学家斯塔尔（F.J. Stahl，1802—1861 年）和迈耶（Otto Mayer，1848—1924 年）的传承，他们在吸收英、法等国法治思想的基础上，不仅明确阐述了法治国家（Rechtsstaat）的概念，而且对其内涵进行了详细的阐述。

斯塔尔和迈耶认为，法治国家包含三个要素：一是法律的法规创造权；二是法律优位，即法律至上；三是法律的保留，即涉及限制人身自由的事项，只

① ［法］孟德斯鸠：《论法的精神》（上册），张雁深译，商务印书馆 1982 年版，第 204 页、第 154 页。

② ［日］高田敏：《法治国家观の展开》，有斐阁 2013 年版，第 5 页。

能由法律来规范，而行政机关无权作出规定。之后，经过后世学者，尤其是第二次世界大战以后美国著名自然法学者富勒（L. Luvois Fuller，1902—1978年，提出了“法治八原则”）和英国法理学者拉兹（Joseph Raz，1939— ，提出了“法治八要素”）的发展，法治的内涵进一步成熟，确立了如下四个基本要件和标准：（1）通过法律保障人权（公民的各项基本权利），限制政府公共权力的滥用；（2）良法的治理，这种良法最基本的要素就是必须尊重人的平等、自由、良心和尊严；（3）通过宪法确立分权与权力制衡的国家权力关系；（4）确立普遍的司法原则，如司法独立、无罪推定等。其形式标志为拥有完备统一的法律体系、普遍有效的法律规则、严格公正的执法制度和专门化的法律职业。

(五) 中国法治近代化的起步与成长

1840 年鸦片战争之后，中国的国门被打开，在西方列强军事入侵、经济渗入的同时，西方的法治理念和法律制度也影响到了中国。中国传统的法和法律制度发生了重大转型，形成了在传承中国古代法观念和法律制度的基础上的法律近代化模式。

1. 对中国古代本土法治文化的梳理和继承

中国古代的法律文明，发展至周王朝后期，即春秋战国年代，如前所述，形成了一个专门主张依法治国的学派，其代表人物有管仲、子产、李悝、吴起、商鞅、慎到、申不害、韩非等，后世称其为“法家”。法家与儒家、墨家、道家等一起，是中华民族最为优秀的群体，是最具智慧的政治精英。在法家中，如上所述，以管仲、商鞅和韩非最为著名，他们的理论，可以归纳为六个方面：一是“以法为本”；二是“缘法而治”；三是法律公开；四是刑无等级；五是重刑（以刑去刑）；六是“壹法”“一尊”。

法家上述理论的人性基础是“性恶论”，即人类天生就具有“好利恶害”的基本属性。如《管子·禁藏篇》所说：“夫凡人之性，见利莫能勿就，见害莫能勿避。其商人通贾，倍道兼行，夜以继日，千里而不远者，利在前也。渔人入海，海深万仞，就彼逆流，乘危万里，宿夜不出者，利在水也。故利之所在，虽千仞之山，无所不上；深渊之下，无所不入焉。”商鞅也说：“民之性，饥而求食，劳而求佚，苦则索乐，辱则求荣。”①“人性好爵禄而恶刑罚。”②从这种“人生有好恶，故民可治也”③的人性论出发，法家认为要治理好国家，就必须实行以赏罚（分明）为后盾的法治。

法家提出上述理论的最高理想是建立一个法治国，即管仲所说：“夫生法者，君也；守法者，臣也；法于法者，民也。君臣上下贵贱皆从法，此之谓大治。”④对于这一法治国，韩非说得更为透彻：“明主之国，无书简之文，以法为教；无先王之语，以吏为师；无私剑之捍，以斩首为勇。是境内之民，其言谈者必轨于法，动作者归之于功，为勇者尽之于军。是故无事则国富，有事则兵强，此之谓王资。既畜王资而承敌国之衅——超五帝侔三王者，必此法也。”⑤在这一法治国中，法的地位的确是至高无上了。

当然，上述法家的法治理论也带有相当的消极面，如它所说的法是君主之法，在国家治理的权力配置上强调集权，在发挥法的作用方面强调重刑，等等。但它在当时那个时期，是一种积极的、向上的治理国家的模式，符合中华民族走向统一、提高凝聚力的发展要求。从而最终引导中国建立了一个强大的国家（秦王朝）。所以，虽然以法家法治理论为国家指导思想的秦王朝“二世而亡”，生存不足 14 年，秦以后的历代王朝的统治者在讨论到法家学派时，也往往是一片批判和反思的声音，说它严苛，说它缺少人情味，说它重刑，而欣赏、主张儒家的仁义礼智信等。但如果要富国强兵，就需要法家的理论和实

① 《商君书·算地》。

②③ 《商君书·错法》。

④ 《管子·法法》。

⑤ 《韩非子·五蠹》。

践，汉武帝、汉宣帝，以及三国时的曹操、诸葛亮，宋代的王安石、明代的张居正，等等，都是如此操作的。所以，法家理论与中华民族紧密相连，是中华民族的文化传统之一。我们应当在克服法家学说的缺陷的基础上，发扬光大法家法治理论和实践中优秀的元素，为开创中国特色的社会主义法治道路作出贡献。

除了法家的法治理论之外，中国古代本土法治文化的成果，还有墨家的带有“社会契约”色彩的法的起源理论，强调“上之所是，必皆是之；所非，必皆非之”的人民必须坚决守法的思想，以及“不党父兄，不偏富贵，不嬖颜色。贤者，举而上之，富而贵之，以为长官；不肖者，抑而废之，贫而贱之，以为徒役”,①“赏必当贤，罚必当暴”的法的平等、公正的主张；道家的略刑简法以及“先王之制，不宜则废之；末世之事，善者著之”，“天下岂有常法哉！当于世事，得于人理，顺于天地，祥于鬼神，则可以正治矣”②的法的进化论思想，等等。而更为丰富和系统的则是儒家的法律思想。

法家法治思想盛行的同时，古代中国也形成了以孔子、孟子为代表的儒家学派。该学派在法的起源方面，强调了由于原始社会解体和私有制的出现而引发的保护私有制的必要，由此法律制度和统治阶级的官僚机器等也就逐步兴起，并出现了法律进化论思想与大同社会理想；③在法的社会功能方面，儒家反复强调必须将法的适用与道德的教化相结合，以最大限度地发挥法的治国安邦的作用：“道之以政，齐之以刑，民免而无耻；道之以德，齐之以礼，有耻且格。”④儒家特别强调，在治理国家、安定社会时，必须使用德、刑（法）两手，强调德主刑辅、宽严相济。同时，儒家还主张关注民生（这一点在《孟子》中

① 《墨子·尚贤中》。

② 《淮南子·汜论训》。

③ “今大道既隐（原始社会解体），天下为家，各亲其亲，各子其子，货力为己，大人世及以为礼，城郭沟池以为固，礼义以为纪；以正君臣，以笃父子，以睦兄弟，以和夫妇，以设制度，以立田里，以贤勇知，以功为己。故谋用是作，而兵由此起。禹、汤、文、武、成王、周公，由此其选也。”（《礼记·礼运》）

④ 《论语·为政》。

特别明显），强调民本，以及中庸和谐的治国理念。

法家与儒家在治国理念上的差异，由于汉代以儒为主、兼收法治的封建正统意识形态的出现而得以消解，形成一种统一的外儒内法的治国理念和法治文化。这种法治文化，克服了单纯法治和单纯德治的缺陷，创造出了综合性、复合式的治理国家的模式。

这一模式，一是吸取了秦二世而亡的教训。有秦一代，严刑峻法，极为苛刻。如秦法规定，路边弃灰就要处以割鼻之刑；“盗采桑叶，赃不盈一钱”，却被罚服三旬的徭役。而按照秦律规定，服劳役一日，折合八钱，三旬的徭役就相当于盗窃所得的 240 倍以上罚金，足见秦律的严苛；①不仅如此，按照秦律的规定，甚至“有挟书者”，“族”；②“有敢偶语者”，“弃市”；③及至于陈胜、吴广等揭竿而起，爆发起义，全国响应，终于推翻了秦王朝的统治。因此，在秦灭亡的诸种教训中，严刑苛法是一大原因，汉代统治者深感依赖刑罚是不能维护国家的长治久安的。

二是董仲舒提出独尊儒术，建立起了正统的国家意识形态，但法律在此意识形态中并没有消亡，而是被纳入为德教服务的轨道。“天之任阳不任阴，好德不好刑如是。故阳出而前，阴出而后，尊德而卑刑之心见矣。阳出而积于夏，任德以岁事也；阴出而积于冬，错刑于空处也。”④在这一段话里面，董仲舒将黄老道家的阴阳尊卑学说导入了儒学，首次将德刑两方面分别与阴阳、夏冬两极对应了起来，用阴阳夏冬来论证德与刑之间的关系：德为阳，刑为阴；阳积于夏，阴积于冬；阳主生，阴主杀。是故德刑分别为一体之两面，相辅相成，不可分离。在此基础上，他又指出，阳尊阴卑，治国应当采取德主刑辅的手段，“任德不任刑”。而基本宗旨就是宽严相济，德主刑辅。

汉宣帝刘询和汉元帝刘奭的对话，是诠释上述德主刑辅、外儒内法的突出

---

① 曾宪义主编：《中国法制史》，中国人民大学出版社 2000 年版，第 60 页。

② 《汉书·惠帝纪》。

③ 《史记·秦始皇本纪》。

④ 《春秋繁露·天道无二》。

一例。汉元帝8岁时被立为太子，“见宣帝所用多文法吏，以刑名绳下……尝侍燕从容言：‘陛下持刑太深，宜用儒生。’宣帝作色曰：‘汉家自有制度，本以霸王道杂之，奈何纯［任］德教，用周政乎！且俗儒不达时宜，好是古非今，使人眩于名实，不知所守，何足委任！’乃叹曰：‘乱我家者，太子也’”。① 元帝为此还差点被废了太子的位置，只是由于其母许氏是宣帝继位前贫贱时的患难夫妻，所以最后没有这么做。由此可见，德、刑两手，是中国古代封建统治者的重要的治国经验，已经成为中国古代特殊的法治文化，汉宣帝非常透彻地看到了这一点，所以才对太子刘奭发出了上述感叹。

三是当时主流的意识形态和知识阶层，都提倡在加强法治的同时，关注民生，提倡民本。如唐太宗李世民，就反复强调“为君之道，必须先存百姓。若损百姓奉其身，犹割股以啖腹，腹饱而身毙”。②李世民还常引荀子的观点，把君比作舟，把民视为水。“水所以载舟，亦以覆舟。”③李世民在位期间，曾采取很多具体措施“以顺民意”。如轻徭役，薄赋税，继续推行均田制、租庸调法和府兵制度；向汉文帝刘恒学习，倡导俭朴之风，反奢侈。李世民说，“朕看古来帝王，以仁义为治者，国祚延长；任法御人者，虽救一时，败亡亦促”。④ 李世民以“民本”为基础的法治模式，就是以“仁义为治”，“宽律令”，“礼刑并用、简约画一、宽仁慎刑”，其治国模式成效斐然。执政几年后，便“海内升平，路不拾遗，外户不闭，商旅野宿焉”。李世民在位年号为“贞观”，故史家赞誉李世民的治国模式为“贞观之治”。

唐太宗李世民的“水所以载舟，亦以覆舟”的警句成为历代统治者的座右铭。而这里水既代表民众、老百姓，也代表法律（在汉代许慎的《说文解字》中，法被解释为“从水，平之如水”）。因此，在李世民的观念中和中华民族正统的治国理念中，法治也是根本，它与以民为本是同一个含义。强调民的地

① 《汉书·元帝纪》。

② 《贞观政要卷一·论君道第一》。

③ 《贞观政要卷三·君臣鉴戒第六》。

④ 《贞观政要卷五·论仁义第十三》。

位，也是强调了法的权威。只是，之后的历代统治者，并不是每一个人都像李世民那样有这种自觉。而新中国的领导人，则完全可以将中国传统本土法治文化中的这一民本思想继承下来，予以发扬光大。

2. 对中国近代以来 180 余年移植外国法治成果的继承与发展

1840 年鸦片战争以后，西方法和法学伴随着西方列强的侵略一起进入中国，不仅冲击了中华法系固有的法律体系、各项具体的法律制度以及律学教育等，也对中国传统法律文化如“三纲五常”、“男尊女卑”等造成了强烈的冲击，迫使清政府做出应对措施。就中国而言，近代以来西方法治模式的传入，曾走了一条消化吸收外国法治文明，并在结合中国具体国情的情况下，将法治慢慢推向前进的道路。

西方法治进入中国，大概经历了六个阶段。

一是鸦片战争前夕，西方法治思想的传入。1833 年，德国传教士郭守腊（K.F.A. Gutzlaff，1803—1851 年），在广东创办了《东西洋考每月统记传》，这份杂志一直生存到 1837 年，之后出版地便移至新加坡了。在这份杂志所刊登的文章中，介绍了法律面前人人平等、三权分立、宪政、刑罚改革、陪审、保护被告的正当权利、批判刑讯等，也介绍了西方的法治，其中一篇最为著名的就是“自主之理”，系统介绍了西方的法治思想。

二是鸦片战争前后，由林则徐（1785—1850 年）、魏源（1794—1857 年）等先进的中国人宣传西方的法治。如 1839 年，林则徐赴广东查禁鸦片，为了知己知彼，就曾组织人员将瑞士著名国际法学家瓦特尔（E. De. Vattel，1714—1767 年）的《各国律例》一书中的部分章节译成中文，其中，就涉及了西方的主权观念和法治观念。林则徐的好友、中国近代启蒙思想家魏源在 1842 年完成的《海国图志》一书中，积极地宣传了西方的民主与法治的观念。梁廷枏（1796—1861 年）于 1844 年定稿的《合省国说》一书，也用了大量的篇幅介绍美国的共和政体、法治、宪政理念、选举制度和三权分立观念。

三是从洋务运动到百日维新，冯桂芬（1809—1874 年）、王韬（1828—

1897年)、郑观应(1842—1921年)等人,进一步将西方的法治思想传入中国。如1861年,冯桂芬发表了《校邠庐抗议》一书,自觉地将西方的先进制度包括法学观引入中国,其启蒙思想的影响力一直及于19世纪末。与此同时,中国近代著名启蒙思想家王韬也撰写了大量传播西方政治与法律思想的时论,这些作品与洋务运动遥相呼应,对启迪中国人的法律意识起了重要的作用。[①]而另一位深受西方思想影响的维新变法人士郑观应,也于1894年出版了著名的启蒙著作《盛世危言》。在此书中,也包含了许多政治法律思想以及西方法治的内容。

四是"戊戌变法"运动。1898年6月11日,光绪帝颁布了"明定国是"诏书,开始了变法。至9月21日慈禧太后再次临朝"训政","戊戌变法"失败。在此变法期间,光绪帝先后发布上百道变法诏令,除旧布新,其中许多举措,都是在西方法治理论指导下出台的,如开放言路,允许报纸"指陈利弊","中外时事,均许据实昌言,不必意存忌讳"。又下诏,凡院、部司员欲条陈意见,可以上书,通过本衙门的"堂官"(首长)代传。普通百姓可以到都察院呈递;精减机构。撤销詹事府(主管皇后、太子家事)、通政司(主管内外章奏)等六个衙门;任用新人。维新派杨锐、刘光第、谭嗣同都被光绪任命为"军机衙门章京上行走"(秘书),参与新政;等等。在此过程中,严复翻译了孟德斯鸠的《论法的精神》(严译取名《法意》),梁启超写了"中国应讲求法律之学"等众多论文,将西方的法治思想引入中国,广为传播。

五是1901年前后,沈家本(1840—1913年)和伍廷芳(1842—1922年)领导修律变法,通过翻译法国、德国、日本等国的民法典、刑法典、诉讼法典等法律,法理、宪法等各个部门法的著作,以及倡办杂志、发表论文等多种方式,将西方的法治、法律面前人人平等、司法独立、罪刑法定、无罪推定、法不溯及既往、公开审判、陪审制度和律师辩护等观念,大范围地引入了中国法学界和学术界,对中国社会的进步和法治的昌盛起了巨大的推动作用。

① 王韬的这些时论,经其本人整理,于1883年首次出版,取名《弢园文录外编》,在中国得以广泛传播。

六是1911年辛亥革命以后。此时，不仅是代表中国新兴资产阶级的一批法治派，如王宠惠、吴经熊、程树德、杨鸿烈、董康等，鼓吹法治，提倡用西方先进的资产阶级的法治理论改造中国，建设中国。而且以反对封建压迫、反对帝国主义侵略为使命的中国共产党的创始人如陈独秀、李大钊等，也竭力鼓吹、传播西方先进的法治理念和法学观（包括马克思主义法学观）。

在前一批法治派中，最有代表性的基本上是一批留学海外回国或由国内法律院校培养的法学家，如江庸、居正、张知本、王宠惠、陈瑾昆、吴经熊、胡长清、丘汉平、阮毅成等。

江庸（1878—1960年），对中国近代法与法学的诞生与成长的贡献是多方面的。如他曾协助沈家本从事清末的引进西方法律、制定中国新律的活动；也曾著书立说，出版了《撤废领事裁判权的问题》等作品，以及发表了《继母在现行民法上之地位》（1933年）等论文。在此过程中，移植西方法学观是他学术活动的重要内容。此外，江庸还一生从事律师职业，为司法公正的理念而奋斗。①

居正（1876—1951年），是中国近代一位非常活跃的法律家，在立法、司法和法学理论研究方面均产生了很大的影响。其法学著作《三年来之最高法院》（1934年）、《司法工作之理论与实际》（1936年）、《为什么要重建中国法系》（1946年），以及论文《宪政与训政之关系》（1935年）、《司法腐化问题》（1935年）、《司法改造之三时期与最近司法之兴革》（1936年）等，在引进西方法学观、建设中国近代法学方面，均起了重大的作用。

张知本（1881—1976年），对中国近代法学尤其是宪法学的诞生与成长作出过巨大的贡献。张知本在其著作《宪法论》（1929年）、《宪法与革命》（1933年）、《中华民国宪法起草意见》（1933年）、《怎样才是五权宪法》（1934年）、《法治国律师之地位》（1936年）、《国民政府成立后立法之总检讨》（1937年）等作品中，也热情介绍、传播了西方的法学观。

---

① 江庸作为近代中国的著名律师，曾于1935年为历史学家侯外庐在北平被国民党政府逮捕事辩护。在1936年12月上海“七君子事件”中，他也曾为被捕诸人义务出庭辩护。

王宠惠（1881—1958年），中国近代第一位在美国获得法学博士学位的人，在移植西方法学观方面发挥着特殊的作用。他在其著作《法理学》《王宠惠拟宪法草案》《五权宪法》《比较宪法》《今后司法改良之方针》《25年来中国之司法》《团体协约之比较研究》《比较民法导言》《所有权之今昔观》《刑法草案与暂行新刑法之比较》等中，对西方宪政领域，以及民事和刑事领域中的各项法学观都作了比较详细的介绍与论述。

陈瑾昆（1887—1959年），日本东京帝国大学法学部的高材生，在其著作《刑事诉讼法通义》（1929年）、《民法通义总则》《民法通义债编》《民法债编各论》（1930年）、《刑法总则讲义》，以及论文《提议废止拘押民事被告人暂行规则》（1923年）、《诉讼上之和解》（1924年）、《中国现行的婚姻》（1924年）、《就改正司法计划略陈管见》（1925年）等之中，对西方各部门法中的法学观念也作了热情的传播。

吴经熊（John C.H. Wu，1899—1986年），在其代表作《法律哲学研究》（1933年）一书，尤其是该书收录的《斯丹木拉之法律哲学及其批评者》一文中，对他的这位老师、西方法学大师斯丹木拉的法律哲学作了全方位的评述。通过"斯氏法律哲学之源流""斯丹木拉法律哲学之批评"以及社会学法学派、哲学法学派、历史法学派、分析法理学派、历史唯物主义法学派、自由法学派等各个学派之间的争论等各个专题的介绍与评述，吴经熊事实上对西方近代以后各家法学流派的观点都作了一个全面的审视与梳理。

胡长清（1900—1988年），这位毕业于日本东京明治大学的刑法学博士，在其作品《中国民法总论》（1933年）、《中国民法债编总论》（1934年）、《中国民法亲属论》（1936年）、《中国民法继承论》（1936年）、《中国刑法总论》（1948年版），以及众多的论文之中，也非常广泛和深入地宣传和阐述了西方的法学观。

丘汉平（1904—1990年），吴经熊的弟子，在其《法学通论》和《法理学讲义》等著作，以及《现代法律哲学之三大派别》《斯丹木拉法律哲学述要》等论文中，也对西方法学观进行了宣传。尤其是在《现代法律哲学之三大派别》①一

① 载《法学季刊》第2卷第8期，1927年。

文中，丘氏从宏观角度，对当时整个世界的法学观的发展作了一个鸟瞰式的叙述。

阮毅成（1905—1990 年），就读于法国巴黎大学，获法学硕士学位。他在出版的 40 多种著作，如《陪审制度》（1933 年）、《宪法中的司法制度》（1933 年）、《法律与事实》（1933 年）、《比较宪法》（1934 年）等，以及上百篇论文，如《法律与革命》（1928 年）、《最近十年来之欧洲议会制度》（1929 年）、《从“法”说到“宪法”》（1933 年）、《法治前途与法律教育》（1933 年）、《契约自由及其限制》（1933 年）等之中，比较系统而全面地宣传和评述了西方的法学观。①

作为后者，即中国共产党的创始人陈独秀和李大钊等，在传播西方法学观和法治理论方面，也是贡献卓著。如 1915 年 9 月 15 日，陈独秀创办了《青年杂志》（第 2 卷起改名《新青年》），在该杂志上，陈独秀发表了一系列影响重大的文章，如《法兰西人与近代文明》（第 1 卷第 1 号，1915 年 9 月 15 日）、《东西民族根本思想之差异》（第 1 卷第 4 号，1915 年 12 月 15 日）、《吾人最后之觉悟》（第 1 卷第 6 号，1916 年 2 月 15 日）、《人生真义》（第 4 卷第 2 号，1918 年 2 月 15 日）、《再质问〈东方杂志〉记者》（第 6 卷第 2 号，1919 年 2 月 15 日）等。在这些文章中，陈独秀也传播了许多西方的法律制度和法学观念。

与陈独秀一起，中国共产党的另一位创始人李大钊，也通过《一院制与二院制》（1913 年）、《论宪法公布权当属宪法会议》（1913 年）、《欧洲各国选举制度考》（1913 年）、《制定宪法之注意》（1916 年）、《省制与宪法》（1916 年）、《宪法与思想自由》（1916 年）、《东西文明根本之异点》（1918 年）、《法俄革命之比较观》（1918 年）、《庶民的胜利》（1918 年）、《我的马克思主义观》（1919 年）等论文，开始了在中国宣传西方法学观包括马克思主义法学观的活动。

① 在民国职业法学家阶层中，在宣传和介绍西方法学观方面比较活跃的还有胡汉民（1879—1936 年）、周鲠生（1889—1971 年）、萨孟武（1897—1984 年）、张志让（1894—1978 年）、陶保霖、燕树棠（1891—1984 年）、章渊若、王世杰（1892—1983 年）、金鸣盛、谢瀛洲、黄右昌、张君劢（1887—1969 年）等人。限于篇幅，无法一一展开。

在“五四”时期，除了陈独秀和李大钊等马克思主义创始人之外，其他一批新文化运动的健将，如胡适、高一涵等，也加入了传播西方法学观的活动。如胡适在其《联省自治与军阀割据》（1922年）、《人权与约法》（1929年）、《我们什么时候才有宪法》（1929年）、《制宪不如守法》（1933年）、《论宪法初稿》（1934年）等文章中，高一涵在《共和国家与青年之自觉》（1915年）、《学理上两院制与一院制之比较》（1916年）、《选举权理论上的根据》（1919年）、《省宪法中的民权问题》（1919年）、《中国内阁制度的沿革》（1925年）等文章中，也对西方的法学观作了宣传与阐述。

正是在中国近代一批先进的知识精英充满热情地传播西方法治理论和法学观的努力下，从1928年至1935年，在短短的7年时间中，中国就制定完成了“六法全书”体系，使中国的法制建设跟上了世界发展的步伐。这一近代法律体系，虽然它的基础、理念，以及制度、原则和规定等都是西方传入的舶来品，但是经过本土化以后，这些舶来品已经慢慢融入了中华民族法治的发展之中，成为中华民族法治文明的一个重要组成部分。同时，在他们的努力下，法律教育、法学研究等也都开始发展乃至繁荣。

中国近代在移植、吸收外国法治文明的基础上建立起来的资产阶级法律体系，至1949年，已经慢慢融入了中华民族法治的发展之中，成为中华民族法治文明的一个重要组成部分。①并且也慢慢形成中国近现代社会的一个重要国情，进而成为社会主义法治道路的一个重要特色。以前，我们对这一领域关注不多，研究比较少，甚至有学者公开批评中国走以西方法治为范本的法治近代化道路。②也有许多学者认为既然是在继受西方法律文明的基础上形成的中国

① 参见何勤华、李秀清：《外国法与中国法——20世纪中国移植外国法反思》，中国政法大学出版社2003年版，第12—28页。

② 如李玉福主编的《中华法系的形与魂》一书，就对20世纪以来我们所进行的法律近代化进行了批评：“以大规模法律移植为主要特征的法律近代化，在法律实现的社会实效上却举步维艰，辛苦构建的近乎完全‘西化’的法律体系却只能停留在纸面上，很难植根于我们这块土地……以强制推进的急功近利的方式迫使中国法律现代化，事实已经证明这是失败的”（该书“前言”，中国人民公安大学出版社2010年版）。

近代法律体系，怎么就成为了中国的国情之一，成为中国的一个特色呢？

笔者以为，这实际上并不奇怪。任何外来的文化，或者学术，或者思想，或者制度，只要移植进来以后，经过本土化，和自己本民族的发展融为一体，就会成为自己本土文化财富的一部分，而且也会成为这个国家或地区现代文化或者制度的特色的一部分。就像现在成为中国第一大宗教的佛教，并不是中国本土的产物，而是从印度引进来一样。

3. 民国时期法治观念与制度的变迁

经过 1911 年的辛亥革命，至 1912 年，在孙中山先生的领导下，中华民国临时政府成立。在《中华民国临时约法》的规制下，组建了政府机构，也颁布了一批法律，中国近代共和制法律体系建设开始起步。之后，经过北洋政府时期的立法和司法活动，至 1927 年 12 月南京国民政府建立时，中国近代的法治建设有了一定的基础。1928 年至 1935 年，国民党的《六法全书》陆续编成，中华民国民法、刑法、民事诉讼法、刑事诉讼法，以及各类行政法、商法规范，也都陆续出台。1936 年 5 月 5 日制定完成的宪法草案（“五五宪草”）因为抗战而没有能够得到实施，直至 1947 年国民政府的宪法得到颁布、实施，以往各项立宪成果才得以保留、传承和实现。中国近代资本主义性质（保留有严重封建社会残余）的法律体系和法治体系最终形成。民国时期的法治，虽然带有法律文本规定和现实生活不一致，维护国民党一党专政，实施专制集权等特色，但在形式上，也在逐步向西方法治发达国家靠拢。

尤其是经过国民党《六法全书》的颁布实施，将西方一些法治的理念、话语和制度、原则等引入了中国，使中国的法治建设跟上了人类法律文明发展的潮流。这些理念，主要有：（1）法律是公意的体现；（2）法律的目的是为人民谋幸福；（3）法律至尊至上（法治）；（4）国家是社会契约的产物，是人民的创造物；（5）人民是政府的主人（主权在民）；（6）所有人生而平等自由，并享有不可剥夺的天赋权利；（7）法律面前人人平等；（8）自由就是做法律所允许的事情；（9）权力必须分立，互相制约；（10）罪刑法定；（11）罪刑相适应；(12)刑罚必须人道；(13)司法独立；(14)无罪推定；(15)人权的基本保障。这些理念，虽然只是规定在法律文件上，有些从来没有得到实施，有些理念在现实生活中往往是反其道而行之，但在形式上，已经进入了中国。

这些西方的法治话语体系，其内容如宪法领域的国家主权、选举、代议、人权、国体、政体、法治、平等、自由、地方自治等；行政法中的行政处罚、行政许可、行政强制、国家赔偿等；民法中的自然人、法人、法律行为、契约、侵权行为、代理、时效、物权、占有、不当得利、无因管理等，以及其他各个部门法中的一系列名词概念。而西方自古希腊起一直延续至今的法治文化传统，也影响了中国当代的法治文化。这些传统的内容很丰富，如成文法典主义，法律解释（注释），公法与私法的划分，遵循先例，法不溯及既往，陪审团审判，辩诉交易，法律的正当程序，等等。虽然这些内容在中国的现实生活中有些并没有得到实施，有些执行得并不理想，但已经成为了当时中国法治领域话语体系的重要组成部分，则是事实。

经过国民党《六法全书》的颁布实施，确立下来的中国近代法律制度，主要如法人，时效，公开审判和律师辩护，团体人格，财产保障中的所有权制度，对善意受让人的保护，代理，信托，结婚时丈夫必须保证抚养其妻的制度，犯罪预防和惩治，城市管理中有关商品交易、买卖、物价、铸币、税收、雇佣等的制度，关于不得浪费奢侈、不得侵犯或骚扰他人住宅等的禁止性制度，商号、商标、居间、行纪、商事账簿，无限公司、有限公司、两合公司，商事交互计算，银行，证券交易、票据流通、合伙经营、仓储、寄托、冒险贷款等各项法律制度，公证人制度，公债、保险、银行、公司等制度，劳动者保护，城市土地管理、城市规划、房屋租赁、环境卫生的各项制度，等等。虽然，和上述法治理念、法治话语等一样，民国时期法律文本上规定的各项制度，在现实生活中并没有得到完全的贯彻实施，但这些制度的规定，宣告了近代法律制度已经在中国初步形成并受到关注，也为当时的法律人真诚信仰和身体力行，这应该是可以肯定的。

三、中国特色社会主义法治的形成

中国特色社会主义法治的形成，除了吸收古今中外上述众多历史资源之外，其理论基础是建立在马克思主义经典作家关于法治的基本理论之上的。同时，中国特色社会主义法治的初步形成还得益于20多年我们党领导革命根据地的法治实践。

（一）马克思主义经典作家关于法治的基本理论

众所周知，马克思主义理论的奠基者卡尔·海因里希·马克思（Karl Heinrich Marx，1818—1883年），是法律科班出身。他在1841年中学毕业后，先后在波恩大学和柏林大学法律系学习。因此，马克思对法和法治有着深刻的理解和认识，并在一系列的著作中，阐述了他的法治观点。

早在青年时代，在对黑格尔法哲学进行批判的过程中，马克思就提出人是生活在社会关系之中的观点。经由《神圣家族》《德意志意识形态》等经典著作，马克思和恩格斯逐步形成了马克思主义的唯物史观，并以此作为认识工具，将法律置于历史、社会和经济关系之中，认为法律是人们在自己生活的社会生产活动中发生一定的、必然的、不以他们的意志为转移的生产关系的产物。“社会不是以法律为基础，那是法学家的幻想。相反，法律应该以社会为基础。法律应该是社会共同的，由一定的物质生产方式所产生的利益需要的表现，而不是单个人的恣意横行。”①正是在唯物主义法学观的基础上，马克思进一步阐述了其人本主义和辩证法的法学观，并进而强调科学的法学观，强调立法的科学性，强调立法必须要服从经济条件，反映经济关系，符合社会与经济

① 《马克思恩格斯全集》第6卷，人民出版社1961年版，第291—292页。

发展的规律。①

而在关于法治的问题上，马克思进一步发表了一系列深刻的思想。比如，关于法的本质，马克思明确指出："法的关系正像国家的形式一样，既不能从它们本身来理解，也不能从所谓人类精神的一般发展来理解，相反，它们根源于物质的生活关系，这种物质的生活关系的总和。"②关于立法，马克思指出：法律是对社会发展之客观规律的反映，所以立法者"不是在发明法律，而仅仅是在表述法律"。强调法律是人的行为本身必备的规律，是对生活的自觉反映。"法律是肯定的、明确的、普遍的规范，在这些规范中自由获得了一种与个人无关的、理论的、不取决于个别人的任性的存在。法典就是人民自由的圣经。"③

在执法、司法方面，马克思也有许多著名的论述。如马克思在认真总结1871年的"巴黎公社"的经验，写下著名的《法兰西内战》一书时，就论及政府的行政执法，提出了"议行合一"的原则，即巴黎公社既是立法机关又是执行机关。马克思指出，"公社彻底清除了国家等级制，以随时可以罢免的勤务员来代替骑在人民头上作威作福的老爷们，以真正的责任制来代替虚伪的责任制，因为这些勤务员总是在公众监督之下工作的"。④为了使这一责任制真正得到贯彻，也为了防止国家公职人员由社会公仆变成社会主人，巴黎公社采取了两项措施：一是行政、司法和国民教育的公职人员，一律由普选选举出来的人担任；二是这些公职人员的工资与普通工人一样。最后，马克思强调了国家和公职人员必须要严格执法。⑤在司法方面，马克思历来十分重视，在他任《新莱茵报》主编期间，曾写过包括《第六届莱茵省议会的辩论》在内的近十篇关于司法方面的论文，反复强调司法独立。他明确指出："法官除了法律就没有别

① 张雅琳、邱本：《论马克思主义的法学观》，《江海学刊》2018年第3期。

② 《马克思恩格斯选集》第2卷，人民出版社2012年版，第2页。

③ 《马克思恩格斯全集》第1卷，人民出版社1995年版，第349页。

④ 《马克思恩格斯选集》第3卷，人民出版社2012年版，第141页。

⑤ 李龙：《坚持马克思主义法学在深化依法治国实践中的指导作用》，《法治现代化研究》2018年第1期。

的上司。法官有义务在把法律运用于个别案件时，根据他在认真考察后理解法律……独立的法官既不属于自我，也不属于政府。”①这段深刻的论述，既揭示了司法的本质，更说明了司法不受行政机关和个人的干涉这一基本规律。

马克思对司法的认识是比较全面的，不仅关注立法、执法和司法方面，他还十分强调护法（对国家权力机关的监督）和守法对法治的重要意义。他指出：“把国家由一个高踞社会之上的机关变成完全服从这个社会的机关。”②在守法上，马克思也有许多论述，其中最为著名的就是：“使大公无私、奉公守法及温和敦厚成为一种习惯。”③虽然，马克思、恩格斯身处无产阶级革命时代，他们主要的历史任务是揭露资产阶级法律的虚伪性和欺骗性，揭示资本主义灭亡的客观规律，因此，对资产阶级法律不存在遵守的问题，因为革命本身就是对反动法律的全部否定。④但即使如此，他对守法问题能够作出这么著名的论断，即将守法与大公无私的品德紧密结合起来，这对我们当下建设中国特色的社会主义法治还是有着巨大的指导意义的。

马克思主义的法治理论博大精深，以上所述仅仅是其最为核心的内容。在马克思的思想体系中，对后世共产党人以及 1917 年俄国十月革命后建立起来的苏联社会主义政权，1949 年建立的中国社会主义政权，以及这两个政权的领导集体的影响而言，马克思的法学理念或者法学观中，最为核心的就是他于 1859 年在《政治经济学批判》“序言”中所总结的那样：“为了解决使我苦恼的疑问，我写的第一部著作是黑格尔法哲学的批判性的分析……我的研究得出这样一个结果：法的关系正像国家的形式一样，既不能从它们本身来理解，也不能从所谓人类精神的一般发展来理解，相反，它们根源于物质的生活关系，这种物质的生活关系的总和。”⑤马克思的这一结论性的论述，为形成中国特色的

① 《马克思恩格斯全集》第 1 卷，人民出版社 1995 年版，第 180 页以下。

② 《马克思恩格斯选集》第 3 卷，人民出版社 2012 年版，第 372 页。

③ 《马克思恩格斯全集》第 1 卷，人民出版社 1956 年版，第 298 页。

④ 李龙：《坚持马克思主义法学在深化依法治国实践中的指导作用》，《法治现代化研究》2018 年第 1 期。

⑤ 《马列著作毛泽东著作选读（哲学部分）》，人民出版社 1978 年版，第 31 页。

社会主义法治提供了基本的理论渊源。

(二) 革命根据地时期中国共产党人对新民主主义法治的实践

1921 年中国共产党成立以后，开始领导中国人民进行反对帝国主义、封建主义和官僚资本主义的新民主主义革命。经过 20 多年革命斗争，至 1949 年中华人民共和国成立，改变了中国半殖民地半封建社会的形态，成为一个独立的新民主主义国家，并逐步过渡到社会主义革命时期。

中国共产党在这 20 多年的革命实践里，进行了许多法制建设的尝试，为新中国成立后的法制建设奠定了基础，也积累了宝贵的经验。“我国社会主义的政治法律制度，都是自中国共产党成立以来，在革命根据地进行政权建设和法制建设的长期实践经验的总结。”①

革命根据地时期的法制建设，直接影响了今天中国的法治，许多重要的基本制度、路线和法律原则，至今仍为我国法律制度所继承和发扬。因此，对中国共产党进行的法制建设进行源头上的考察、过程上的梳理及经验教训方面的总结，对于今天法治中国的建设意义重大。

通常将中国共产党成立至新中国成立的这段时间分为四个阶段，即 1921—1927 年的第一次国内革命战争时期；1927—1937 年的第二次国内革命战争时期；1937—1945 年的抗日战争时期；1945—1949 年的解放战争时期。

1. 革命根据地法制建设的起步

1921 年 7 月中国共产党成立，开始领导中国人民进行革命斗争，中国革命

① 张希坡主编：《中国法制通史·第十卷·新民主主义政权》，法律出版社 1997 年版，第 2 页。

进入了一个崭新阶段。在党的第一次全国代表大会上，通过了中国共产党第一个纲领和中国共产党第一个决议，明确了党的奋斗目标。至1922年党的第二次全国代表大会，又通过了《中国共产党第二次全国代表大会宣言》和若干重要决议案。明确了反帝反封建的革命纲领，建立一个真正的民主共和国。之后至1927年的几次党代会，对这一纲领进行了补充和修订。

中国共产党在成立初期是以工人运动为工作重心的。随着1924年国共合作、革命统一战线的形成，工人运动迎来了新一轮的发展，其中著名的有发生在“五卅”运动之后的省港大罢工，在省港大罢工中起到重要作用的省港罢工委员会，执行了某些革命政权的职能，制定了一些革命中的新法规，开创了工人阶级创制革命法律的先河。与此同时，农民运动也在各地兴起，建立了各级农会，领导农民争得了部分自由权利。北伐战争后期，上海工人阶级在中国共产党的领导下，举行了三次武装起义，从反动军阀手中夺回了上海，解放了上海，建立了上海市民临时代表会议和临时政府，通过了《上海特别市市民代表会议政府组织条例草案》，确定了一系列选举制度和组织体制，成为了我国民主集中制的人民代表大会制度的早期珍贵萌芽。

2. 1921—1927年中国共产党的法制尝试

本阶段一般称为第一次国内革命战争时期，当时对革命法制有几种尝试：其一，成立省港罢工委员会，上设省港罢工工人代表大会，下设分指挥机关；其二，在农民运动中成立农民协会及各级农民代表大会。农民协会既是农民的群众组织，也是当时的基层革命政权，农民代表大会是农民运动的最高权力机关。农民运动深入之后，在农民协会基础上，建立“乡村自治委员会”，作为农民政权的乡村自治机关；其三，成立上海特别市临时市政府，它是上海工人第三次武装起义胜利后成立的上海市民革命政府。

此阶段广大人民群众通过各种方式建立起具有政权性质的革命组织，制定了一系列的纲领、条例、决议、草案。如1926年3月的《省港罢工委员会组织法》，1926年5月的《广东省农民协会修正章程》，1926年12月湖南省的《乡村自治问题决议案》，1927 年 3 月的《上海特别市市民代表会议政府组织条例草案》等，规范工农运动中产生的行政机构。此外还有对干部进行监督管理及进行财政审计的法律制度，上海临时政府还设计监察制度等。如 1925 年省港罢工工人代表大会公布了《会审初办案条例》等文件，对惩办间谍侦查罪、破坏反帝罢工等罪行作了规定，同时确定了“公审制”“复审制”“上诉制度”等制度。1927 年随着北伐战争的胜利进军，湖南、湖北、江西、广东等省的农民运动也得到了迅速发展，先后制定了《惩治土豪劣绅条例》《惩治贪官污吏条例》，普遍实行农民减租减息，改善农民生活；解放妇女，保障妇女继承权。在刑事法规方面，提出反革命罪，规定惩治破坏反帝罢工和惩办贪污渎职罪；初步设立人民司法机关，规定人民诉讼制度，设计了人民调解制度。

在诸多的制定法律的尝试中，劳动法规的制定无疑是最具代表性的。如在 1922—1923 年第一次罢工高潮期间，我们党拟定了《劳动法案大纲》，保障工人阶级政治上的自由，改良他们的经济生活，保障他们参与劳动管理及接受劳动实习教育等，是中国共产党提出的最早的劳动立法的斗争纲领。1926 年制定了《劳动法大纲决议案》，它是对《劳动法案大纲》的继承与发展，对罢工、休假、工资、童工、女工等进行修订，使其更加全面、合理，更符合当时的实际。

3. 1927—1937 年的革命法制实践

1927 年，国内政治局势急剧逆转。8 月 7 日，中共中央在汉口召开“八七会议”，总结第一次国内革命战争失败的教训，确定了进行土地革命和武装斗争，推翻国民党反动政权的总方针。中国共产党充分认识到掌握军事力量，实行武装夺取政权的必要性，先后领导了包括南昌起义、秋收起义和广州起义等一百多次武装起义，创建了数十个革命根据地，开始了新民主主义法制建设的初步尝试。从此，中国共产党领导人民军队，在自己的根据地上开展武装斗争，而建立了中国共产党领导下进行武装斗争的地方，就称为革命根据地。在革命根据地上先后建立起各级红色政权，制定了各种革命法规，直至抗日战争的全面爆发。

这一时期，以红色政权革命法制的发展状况划分，可分为以下三个小阶段：

第一小阶段，1927—1931 年。这一时期各根据地先后建立了各级地方政权，由于没有统一的中央政权机关，因此这些根据地的红色政权没有形成上下隶属关系，以根据地边界为准，红色政权是自己区域内的最高政权机关。1928 年 6 月，党的六大通过了《十大政纲》和《苏维埃政权组织问题决议案》《土地问题决议案》，是当时各地方红色政权的施政方针和立法依据。按照上述决议的指导，各地红色政权制定了不少地区性的法规。其中，1928 年 12 月，公布了中国历史上第一部彻底消灭封建土地所有制的《井冈山土地法》。这些立法活动为中华苏维埃共和国的成立积累了经验，创造了条件。

第二小阶段，1931 年 11 月—1934 年 10 月。从中华苏维埃共和国成立到工农红军撤离南方革命根据地，革命根据地的法制实践有了重大发展。1931 年 11 月 7 日，中国共产党领导成立中华苏维埃共和国，开始了较大规模的立法工作，通过了《中华苏维埃共和国宪法大纲》《中华苏维埃共和国土地法》《中华苏维埃共和国劳动法》《中华苏维埃共和国婚姻条例》等一系列重要法律，随后颁布的单行法规包括《中华苏维埃共和国惩治反革命条例》《中华苏维埃共和国司法程序》和《裁判部暂行组织及裁判条例》等，除此之外，这一时期颁布的法律还涉及选举法、政权组织法、刑事法规、诉讼法规等，初步创立了较为系统的新民主主义法律体系。

但由于党内“左”倾机会主义盛行，加之法制建设经验的缺乏，这一时期的立法、执法和司法都不同程度的存在“左”的错误，造成不小的危害；另外，这一时期的法制建设并没有切实做到从实际出发，许多是直接借鉴或者挪用苏联的法律，与本国革命实践严重脱离，显现出稚嫩的一面。

第三小阶段，1935 年 1 月—1937 年 7 月。这一阶段纠正“左”倾错误，革命根据地的法制实践迎来新的发展。1935 年 1 月遵义会议，王明的“左”倾主义被纠正，毛泽东同志取得了党内的领导地位，使党和红军在生死存亡之际转危为安，这也是中国革命史上的重要转折点。关于法律方面，顺应当时时局的发展，作出了相应的调整和改变，为后来陕甘宁边区的抗日民主政权和法制建设奠定了基础，为工农民主专政向抗日民主专政作了充分的准备。

4. 革命根据地法制的形成

1937年7月7日发生“卢沟桥事变”，中华民族抗日战争全面爆发，新民主主义革命进入全面抗日战争阶段。为了抵抗外来侵略，国共双方暂时握手言和，达成了二次合作，建立了抗日民族统一战线。1937年，中共中央决定将中华苏维埃中央临时政府西北办事处改为陕甘宁边区政府，建立陕甘宁抗日根据地。在随后的抗战时间里，中共领导人民又先后建立了晋察冀、晋绥、冀鲁豫等19个抗日根据地。各抗日根据地普遍建立抗日民主政权，同时进行了积极的法制建设工作。

这一时期，以中国共产党中央发布的《抗日救国十大纲领》为指导方针，各边区政府纷纷制定纲领性文件，指导边区的政权建设，其中1939年陕甘宁边区的《陕甘宁边区抗战时期施政纲领》具有代表性。1941年，抗日战争进入最艰苦的阶段，陕甘宁边区政府总结过去的经验，颁布《陕甘宁边区施政纲领》。这一纲领高举“抗日、民主、团结”的旗帜，在政权组织上，创造性地提出实行“三三制”“减租减息”等举措，适应革命形势的发展与变革，确保革命力量不断取得胜利。

除了这些纲领性的文件外，各边区政府还根据自己所面临的实际情况，分别制定和颁行了一大批有关政权建设、人权保障、惩治汉奸、减租减息、规范司法等方面的法律法规，包括政权组织法、保障人权条例、选举法规、行政法规、土地法规、劳动法规、婚姻和继承法规、财政经济法规、惩治汉奸条例、刑事法规等，确立了边区军民诉讼条例等诉讼审判制度，形成了独具特色的马锡五审判方式及人民调解制度等。陕甘宁地区的法制最具代表性，成为了其他边区政府学习的榜样，随着解放区的不断扩大，陕甘宁的模式开始蔓延至全国。

5. 1945—1949 年革命根据地法制的成熟

抗日战争胜利后，中国新民主主义革命进入了一个新的历史时期。国共两党重新回到敌对状态，至 1946 年 6 月全面内战爆发前，中国共产党以打对打，以谈对谈，为实现和平建国，继续实行抗日战争时期抗日民主政权的制度；全面内战爆发后至 1947 年 7 月，人民解放军转入战略进攻前，中国共产党处于战略防御阶段，在解放区重新开始土地革命；1947 年 7 月至新中国成立前，人民解放军由战略防御转入战略进攻，随着军事战线上的胜利推进，解放区成倍地扩大。1949 年 6 月统计，解放区面积已达 296 万余平方公里，占全国领土总面积的 30％以上，解放人口 2.79 亿人，约占全国总人口的 51.6％。解放了北平、天津、南京、上海、武汉、西安等大城市。原来分散的根据地，逐步连成大片，形成了几个大的解放区。①各分散的人民政权也逐步走向联合和统一，建立了大行政区的人民政府，为中华人民共和国的成立奠定了基础。

这一时期的法制建设随着革命实践的不同阶段有不同的发展。初期，各个解放区基本继续适用抗日战争时期制定的各项法律制度，也有因要适应形势变化而作出修改或重新颁布的例外，比如《陕甘宁边区宪法原则》《苏皖边区惩治叛国罪犯（汉奸）暂行条例》。在全面内战爆发后的战略防御阶段，1946 年 5 月 4 日，中国共产党发布“五四指示”，决定将减租减息的土地政策改变为没收地主土地分配给农民的土地政策；1948 年 8 月，《华北人民政府施政方针》颁布，确定解放区人民政府实现基本任务的各项方针政策，对于配合人民革命战争，夺取全国胜利起到积极作用。正如毛泽东所说：“这是一个历史的转折点。这是蒋介石的二十年反革命统治由发展到消灭的转折点。这是一百多年依赖帝国主义在中国的统治由发展到消灭的转折点。”②

---

① 张希坡、韩延龙主编：《中国革命法制史》，中国社会科学出版社 2007 年版，第 103 页。

② 毛泽东：《目前形势和我们的任务》，《毛泽东选集》合订本，人民出版社 1967 年版，第 1140 页。

除了上述这些纲领性的文件外，中国共产党领导各个解放区制定了与形势相适应的新的法律、法规，涉及土地改革、劳动、婚姻、刑事、民事、行政管理以及司法改革，同时创建了军事管制制度。其中最具影响的是 1947 年 10 月 10 日公布的《中国土地法大纲》，它规定废除封建土地制度，实行耕者有其田的制度，规定没收、征收土地财产的范围，规定分配土地财产的原则和方法，规定保护工商业者的财产及其合法经营，也规定改革土地制度的执行机关和保证土地改革的措施，是一部成熟的土地法；1949 年 2 月，中共中央发布《中共中央关于废除国民党的六法全书与确定解放区的司法原则的指示》，标志着国民党所遵循的以“六法全书”为代表的法律体系在 1949 年新中国成立前夕被废除，从此确立了新民主主义司法原则。此外，解放区的政权组织法规、选举法规、行政法规、土地法规、劳动法规、婚姻与继承法规、经济管理法规、刑事法规、诉讼审判制定的法规等也均有进一步发展，为新中国的法制建设奠定了基础。

(三) 中国特色社会主义法治在 20 世纪 50 年代中叶的初步形成

1949 年中华人民共和国的成立，使中国现代法治发生了重大转折，从民国时期的步大陆法系的后尘、走资本主义法治建设之路，到转向为延续革命根据地的法制传统，学习苏联，以马克思列宁主义为理论基础，走上了具有中国特色的社会主义法治的道路。至今，这一过程已经进行了 70 余年，其中，有许多成功的经验，也有诸多挫折和教训。对此进行系统全面的梳理，将是一个浩大的工程，本小节围绕中国特色社会主义法治的形成，从新中国所发生的若干重大历史事件之角度，对受此影响的中国现代法治的变革作些简明扼要的反思和总结，以为今后中国特色社会主义法治的进步提供一点启迪和借鉴。

1. 废除国民党《六法全书》

说到废除国民党的《六法全书》，学界首先都会想到1949年2月22日中国共产党中央委员会发布的《关于废除国民党的六法全书与确定解放区的司法原则的指示》。在该指示中，我们党明确宣布："在无产阶级领导的以工农联盟为主体的人民民主专政的政权下，国民党的六法全书应该废除，人民的司法工作不能再以国民党的六法全书作依据，而应该以人民的新的法律作依据，在人民的新的法律还没有系统地发布以前，则应该以共产党的政策以及人民政府与人民解放军所已发布的各种纲领、法律、命令、条例、决议作依据。""同时，司法机关应该经常以蔑视和批判国民党《六法全书》及其他一切反动法律、法令的精神，以蔑视和批判欧美日本资本主义国家的一切反人民的法律、法令的精神，以学习和掌握马列主义——毛泽东思想的国家观、法律观及新民主主义的政策、纲领、法律、命令、条例、决议的办法，来教育和改造司法干部。"

应该说，学界的上述认识是对的。该指示确实是在我们党的历史上第一次明确地提出了废除国民党《六法全书》的任务，但废除国民党的反动法律的要求，则是中国共产党的一贯主张，只是开始时我们的要求还比较缓和，到最后，才达到了彻底否定、全盘废除的程度。

早在1937年，毛泽东在《为动员一切力量争取抗战胜利而斗争》中，就已经主张"废除一切束缚人民爱国运动的旧法令，颁布革命的新法令"。①只是此时废除国民党旧法律的范围仅限制在"束缚人民爱国运动"这一范围内。1940年，在《放手发展抗日力量，抵抗反共顽固派的进攻》一文中，毛泽东又提出了"对于一切反共顽固派的防共、限共、反共的法律、命令、宣传、批评……原则上均应坚决地反抗之，均应采取坚决斗争的态度"的立场。②

这里，对应坚决废除的法律、命令仍然有限制性定语："反共顽固派的防

① 《毛泽东选集》第2卷，人民出版社1966年版，第327页。

② 《毛泽东选集》第2卷，人民出版社1966年版，第327页、第712页。

共、限共、反共的。”1949 年 1 月 4 日，毛泽东针对蒋介石在“元旦文告”中提出的不要中断国民党的“宪法”和“法统”的请求，在《评战犯求和》的文章中明确回复道：国民党政府的“法统”必须打断，予以摧毁。在当月 14 日的《中共中央毛泽东主席关于时局的声明》中，进一步明确提出了“废除伪宪法”“废除伪法统”的要求，并以此作为实现和平的八项条件之中的第二、第三项。新华社在解释“废除伪法统”的内涵与实质时指出：“国民党政府的所谓‘法统’，是指国民党统治权力在法律上的来源而言。”国民党政府提出保留“伪法统”的要害就是企图保存反革命的势力。因此，“毛主席代表全国人民公意所宣布的这个条件的实质，就是要彻底地推翻国民党的卖国独裁的反革命统治，这就是说，在国民党反动政府统治下制订和建立的一切法律、典章、政治制度、政治机构、政治权力等均归无效，人民完全不能承认它们”。①

正是在毛泽东的这一声明中，定下了我们党和政府对待国民党《六法全书》的基本态度，而指示只是把声明“废除伪宪法”“废除伪法统”的精神在法律层面上予以进一步展开而已。遵循上述声明和指示的精神，1949 年 3 月 31 日，由董必武和薄一波、蓝公武、杨秀峰以华北人民政府主席、副主席名义发布的训令《废除国民党的六法全书及其一切反动法律》指出：“废除国民党的六法全书及其一切反动法律，各级人民政府的司法审判，不得再援引其条文。”“不要以为新法律尚不完全，旧法律不妨暂时应用。要知道这是阶级革命，国民党反动统治阶级的法律，是广大劳动人民的枷锁。现在我们已经把这枷锁打碎了……难道我们又要从地上拾起已毁的枷锁，来套在自己的颈上吗？反动的法律和人民的法律，没有什么‘蝉联交代’可言，而是要彻底地全部废除国民党反动的法律。”②

1949 年通过的《中国人民政治协商会议共同纲领》第 17 条进一步明确规定：“废除国民党反动政府一切压迫人民的法律、法令和司法制度，制定保护人民的法律、法令，建立人民司法制度。”可见，废除国民党政府的《六法全

① 新华社《关于废除伪法统》答记者问，《解放日报》1949 年 2 月 15 日。

② 《董必武政治法律文集》，法律出版社 1986 年版，第 45—46 页。

书》，乃至废除伪法统，是中国共产党的一贯主张，1949 年 2 月 22 日的指示只是其中的一个环节。

近几年，关于废除国民党《六法全书》包括“废除伪法统”这一重大历史事件的研究论著陆续面世，学术界也出现了一些不同的看法。比如，“伪法统”该不该打断？国民党《六法全书》应不应该废除？它是王明等个别人的行为，还是我们党的一贯主张？纪坡民在《产权与法》一书中就认为国民党《六法全书》是中国清末以来修律变法、引进西方法律文明成果、结合中国国情的法律创造成就的集大成，是几代中国法律人集体智慧的结晶，废除国民党《六法全书》是王明的个人行为，毛泽东从来就没有说过废除《六法全书》的话，他的关于“废除伪法统”的主张并不必然包含废除《六法全书》。熊先觉根据其掌握的史料，进一步论述道：

“王明对毛泽东提出的‘废除伪法统’如获至宝，反应神速。当时王明担任中共中央法律委员会主任，借此大做特做其文章，赶忙亲自起草‘废除六法全书’文件，抢先于建国前的 1949 年 2 月 22 日以《中共中央废除国民党六法全书和确定解放区司法原则的指示》由毛泽东签发了……从文稿的审批情况看，当时党中央对废除《六法全书》的观点，并非完全一致。王明原稿称：‘应当把它（指国民党《六法全书》）看作全部不合乎广大人民利益的法律’，毛泽东删掉了‘全部’二字，将其改为‘基本上’。周恩来明确批示：‘对于旧法律条文，在新民主主义的法律精神下，还可以批判地采用和修改一些，而不是基本采用，这对今后司法工作仍然需要。此点请王明同志加以增补’。尽管‘不是基本采用’的观点颇为遗憾，但总比完全否定它要好些。”因此，结论就是《指示》实际上是王明“一手炮制”的。①

这一观点有一定道理。因为大家都知道，王明的思想一贯“左倾”，且深受苏联思想的熏陶，《指示》体现了他的思想应当是没有问题的。但是，如上所述，“废除伪法统”包括废除国民党的《六法全书》，是我们党的一贯主张，也是毛泽东等中共中央领导人的基本立场，它带有历史的和时代的必然性，此

① 熊先觉：《废除〈六法全书〉的缘由及影响》，《炎黄春秋》2007 年第 3 期。

点在后面还将展开论述。正是在这一点上，学术界许多学者不同意上述“纪书”和“熊文”的观点。张希坡系统反驳了“纪书”中的观点，认为：废除伪法统包括了废除国民党的《六法全书》；自中国革命一开始就存在着两种法统的尖锐斗争；从当时中央领导人的讲话以及革命根据地各项文件来看，废除国民党的《六法全书》不是王明一个人的行为，而是我们党的一贯主张；指示的精神在以后中央的文件中，以及我国的立法和司法实践中是发挥了实实在在的指导作用的，其价值和意义不可低估。

光尚然也对“熊文”的观点进行了批判，认为：“《六法全书》是当时仰承帝国主义鼻息的中国大地主大资产阶级建立阶级压迫秩序的工具。蒋介石通过这种秩序实现其反动统治，压迫剥削人民。所以，《六法全书》本该‘否定’，宣告《六法全书》是反动法律，并不武断。”“说‘国民党全部法律’是‘保护地主和买办官僚资产阶级’、‘镇压和束缚广大人民群众的武器’，‘决不能是蒋管区和解放区均能适用的法律’（这也是‘纪书’中的观点。‘纪书’认为，在国共几次合作的时期，革命根据地是适用的国民党的法律的），‘在新民主主义政权下，不能采用国民党的反动的旧法律’，必须‘蔑视和批判国民党《六法全书》及其他一切反动法律法令’，‘蔑视和批判欧美日本资本主义国家的一切反人民法律法令’，从根本上说，这并不错。”①

文章对“熊文”提到的《六法全书》中也包含了“人类的先进法律文化的精髓”如法律面前人人平等、民主、自由、法治、司法独立、司法公正、罪刑法定、无罪推定、保障人权、契约自由等逐一进行了分析和批判。

应该说，“张文”和“光文”行文十分尖锐，有失偏颇。比如前者将“纪书”中的观点说成是“奇谈怪论”，“其真实动机和目的，是他根本不同意废除国民党的《六法全书》”，“在事隔50多年的今天，‘纪书’作者却为了一个‘伪’字，喋喋不休地争来争去，大做文章，真不知所为哪般？”（实际上，“纪书”主要是从民商法的角度立论的，认为《六法全书》中的主体部分中华民国民法是从古代《罗马法》、1804年《拿破仑法典》、1896年《德国民法典》到

① 光尚然：《要不要废除国民党的“六法全书”》，《中华魂》2007年第7期。

1898年《日本民法典》一脉相承的人类法律文明的优秀成果，中国应当予以继承，并发扬光大）。后者将“熊文”扣上了很大的政治帽子：

“《废除六法全书的缘由及影响》一文，它要把国民党政府拼凑而成的《六法全书》照搬过来，把蒋介石国民党的‘法统’继承下来，经历数十年革命斗争而获得胜利的中国人民能够允许这样做吗？废除《六法全书》已是半个多世纪以前的事，现在又把老账翻出来，这决不是‘发思古之幽情’，而是否定中国革命史和当代中国史的历史虚无主义的题中应有之义。警惕啊，善良的人们。”

当然，不管怎么说，“张文”和“光文”所表达的基本立场，即废除国民党的《六法全书》不仅仅是王明的个人行为，而是当时历史发展的必然，这是正确的。说废除国民党的《六法全书》是历史的必然，主要理由在于，一方面，到1949年，中国共产党领导的人民政权，在法制建设方面已经积累了一定的经验，从1931年瑞金苏维埃红色政权的法制建设，到抗日战争时期陕甘宁边区的革命法制建设，以及解放战争时期的各个革命根据地的法制建设，尤其是解放战争后期华北革命根据地人民政府的立法和执法工作，都为中国共产党接管全国政权之后用法律治理国家打下了一些基础。而这一基础，同一时期世界上其他任何一个国家都是不具备的，中国是唯一的。

另一方面，从中国共产党以及全国人民的感情角度来看，新中国成立前夕废除国民党的《六法全书》是必需的。“中国共产党的革命是在腥风血雨的屠杀之中揭竿而起的，在长达20多年你死我活的阶级斗争中，有无数的革命者被镇压在国民党政府的法律屠刀之下。在这种由于你死我活的阶级斗争采取最激烈的革命手段夺取政权的条件下，如果要求新政权能容忍旧法制的继续存在，让旧的法律还继续为新政权所用，那就有悖情理了。”①可以这么说，新中国成立前夕我们采取废除国民党的《六法全书》以及“废除伪法统”的做法，与我们取得政权时经历的特殊过程和采用的武力手段密切相关。

① 蔡定剑、高娣：《对新中国摧毁旧法制的历史反思》，载郭道晖、李步云、郝铁川主编：《中国当代法学争鸣实录》，湖南人民出版社1998年版，第4页。

此外，也有学者进一步从共产党人的法律观、马克思主义关于社会存在决定社会意识的历史唯物主义观、马克思主义国家观以及中国传统法律文化、中国共产党人对待旧法制的一贯做法与态度，以及由于新中国成立初期中国尚缺少商品经济和民主政治等因素入手，阐述了新生的人民革命政权废除国民党《六法全书》是历史的必然。而 1952 年 10 月 27 日发表在《人民日报》上的一篇署名文章《所谓“六法全书”是什么来历》，则进一步对国民党六法全书的性质以及被我党废除的历史必然性作了阐述：所以，国民党反动的《六法全书》，其来源有三：一是承袭封建王朝和北洋军阀时期的法令，这部分基本上是属于封建的反动法律体系的；二是搬运许多资本主义国家的欺骗人民压迫人民的法典条文；三是吸取了德、日、意等法西斯国家的法令。可见，《六法全书》是集封建的、买办的、法西斯的反动法律思想之大成。因此，《六法全书》以及国民党反动派一切法律、法令和司法制度，都是压迫人民的，彻头彻尾地反动的，与新中国的人民法律原则根本相违反的，必须予以全部摧毁。

综上所述，学术界对废除国民党《六法全书》的历史必然性的论述比较充分，已经没有多大的怀疑和反驳的理由，笔者对于这些论述也持支持态度。确实，废除国民党的《六法全书》，对当时新中国的法制建设产生了很大的影响，也曾发挥了一定的积极作用。第一，《六法全书》的废除，促使人民政府制定了一批新的法律和法令，如 1950 年的《婚姻法》《政务院关于任免工作人员暂行办法》《高等学校专业规程》，1951 年的《人民法院暂行组织条例》《最高人民检察署暂行组织条例》《惩治反革命条例》等；第二，由于废除了《六法全书》，在全世界明确了中国人民从事新的制度建设的决心和能力，人民期盼着一个崭新的社会主义法律制度的诞生；第三，马克思列宁主义、毛泽东思想的国家观和法律观开始在中国法学界取得了支配地位，这对于我们克服国民党法律中一部分消极落后的因素有着积极的意义；第四，它为中国共产党人在长期的革命战争和政权建设中积累起来的经验（体现为党的政策和纲领等）在新中国的实践开辟了道路；第五，在法律教育中引入了关注实践的教风和学风，法律在走向职业化的同时，也开始了民众化的道路。

现在的问题是，具有历史必然性的废除国民党《六法全书》这一事件，是否也具有历史的正当性呢？对此，学术界也有着不同的观点。

有的学者认为，废除《六法全书》中公法的效力既具有必然性，也具有正当性；废除《六法全书》中的私法具有必然性，但不具有正当性；废除《六法全书》中所蕴涵的关于法的一般知识，并进而对掌握《六法全书》的法学家进行批判是错误的（换句话说是不正当的）。显见，他们虽然还承认废除《六法全书》中公法的效力具有正当性（对于此点笔者有不同看法，但是总体上对废除《六法全书》只承认其具有历史的必然性，而不具有历史的正当性）："实际上，我们已经和正在为我们过去的鲁莽付出代价……如果我们当初不全盘否定'六法全书'，特别是'六法全书'中所包含的人类对如何管理自身的一般理解，不全盘否定其中所蕴涵的大陆法系国家经过若干年累积而成的关于法律的一般知识，今天的法治进程会怎么样？因为历史的车轮不可能回转（所以我们现在也无法设想这些答案），但不问青红皂白，全盘抛弃一个我们摸索了若干年才找到的工具，至少是不经济的。"①

也有的学者并没有正面阐述废除《六法全书》的正当性问题，而是阐述了废除《六法全书》所带来的危害后果，通过此实际上间接地否定了废除《六法全书》具有正当性。他们认为：废除国民党《六法全书》所造成的最大危害首先是中断了中国法制现代化的历史进程，使中国法制现代化重新回到了中国固有的法律传统的老路上去；其次是强化了中国蔑视法律、轻视法律的民族传统心理；再次是在法制和法学教育上采取了向苏联"一边倒"的做法，全盘照搬苏联法制建设的模式等。

2. 1952 年司法改革运动

紧接着废除国民党《六法全书》的决策之后，1952 年，我们党进一步开展了司法改革运动。如果说前者的结果是摧毁了旧的法统、旧的法律制度，那

① 参见李龙、刘连泰：《废除"六法全书"的回顾与反思》，《河南省政法管理干部学院学报》2003 年第 5 期。

么，司法改革运动则进一步摧毁了旧法观点，清除了我们司法机关中的旧法人员。这场运动始于1952年6月。当月20日和24日，董必武同志在中央政务院政治法律委员会第二十次委务会议和全国政法干部训练会议上分别作了《关于整顿和改造司法部门的一些意见》和《关于改革司法机关及政法干部补充、训练诸问题》的报告和讲话，谈了如何改革司法机关、对待旧司法人员、批判旧法观点等问题。我国有些地区（如华东地区）也展开了这方面的工作。但全国范围公开进行的运动，则是在8月中旬正式开始的。8月13日，政务院第148次政务会议，批准了中央人民政府司法部部长史良给政务院总理周恩来的《关于彻底改造和整顿各级人民法院的报告》。在该报告中，史良指出：

“三反运动”之后，中央政法各机关组织了四个巡视组，于5月中分赴华东、中南、东北、西北及华北山西、平原（当时是一个省）等地，着重视察人民法院的情况，发现总体情况虽然还好，但存在的问题也很严重，主要是旧法观点和旧司法作风还在横行，法院干部中旧司法人员比例很高，贪污腐败分子为非作歹，党的领导干部被旧司法人员、旧法观点所侵蚀，以致包庇反革命分子者有之，宽纵罪犯、欺诈人民群众者有之，贪污受贿、徇私枉法、甚至奸淫妇女者有之。人民群众对有些人民法院已经极为愤怨，有将其指责为“伪法院”的，也有将其说成“共产党法院，国民党掌握”的。因此，必须对全国各级人民法院进行“彻底改造与整顿”，必须“在各级人民政府的统一领导和有关部门的配合下，动员群众，从上而下地、有计划有步骤地开展一个反旧法观点和改革整个司法机关的运动”。

继这个报告之后，8月16日，《人民日报》刊登了两篇重要文章，一篇是报道，《坚决克服部分司法机关中的严重不纯现象——全国将展开司法改革运动》；另一篇是社论《必须彻底改革司法工作》。在前文报道中，回顾和总结了华东地区进行司法改革运动的初步经验，通报了其他各大行政区已经着手或正在准备开展这场运动的情况，指出中央政法机关的共产党组织正以反对旧法观点为整党的主要内容，有重点地检查思想，争取党内外的配合，展开党内的批评与自我批评，揭露与批判旧法观点，进一步推动改革运动。作者指出：“伟大的‘三反’运动也暴露了不少的人民司法机关在政治上、组织上的严重不纯现象，以及部分司法工作人员坏的思想和作风。有些人民司法机关因为被少数坏分子和具有浓厚旧法观点的人员所操纵和腐蚀，直接造成了宽纵敌人、败坏法纪、危害国家人民利益的恶果。”“在‘三反’运动中揭露出来的普遍而突出的问题，是部分司法工作人员，特别是留用人员和混入的旧司法人员中坏分子的贪赃枉法和违法乱纪。”

文章认为，有反动旧法观点的司法人员严重脱离群众、孤立办案，顽固地坚持“推事主义”“不告不理”“无诉状不理”“证据不足不理”“当事人不适格不理”“管辖地区不合不理”“民事不管刑事”“刑事不管民事”，强调“诉讼程序”等。所有这一切，都必须在这场运动中彻底清除。在《必须彻底改革司法工作》的社论中，作者提出，各级人民法院存在的所有上述现象的严重性，就是在相当一部分法院中，存在着组织不纯和思想不纯的问题，严肃的审判工作的实权操纵在那些未经思想改造的旧司法人员手中，这对“人民司法工作和国家建设事业具有严重的危害性，是绝对不能容忍的”。因此，进行司法改革是非常必要和适时的，它是一场“反对旧法观点和改革整个司法机关的运动”，其目的就是要求达到司法机关在政治上、思想上、组织上和作风上的纯洁。社论特别强调要坚决批判和彻底肃清旧法观点，因为它是“国民党反动的法律观点”。社论指出，这场运动不限于司法组织，而是应当扩大到整个国家机关，是一场激烈的改革运动。必须发动群众广泛参与，共同进行。

那么，对当时的人民司法机关危害如此巨大的旧法观点，到底是些什么观点呢？李光灿、李剑飞在《肃清反人民的旧法观点》（《人民日报》1952 年 8 月 22 日）一文中作了解释：“所谓旧法观点，就是国民党反动派的《六法全书》及其一切反动的法律观点，包括反动统治者所遗留的反人民的整套法治，从法律的思想体系到司法的组织制度以及许多统治、压制人民的方法和作风。”其具体表现为：第一，违反巩固人民民主专政的原则，用敌我不分的所谓“法律面前人人平等”和“既往不究”等谬论来为人民的敌人服务；第二，是对国家和人民的利益漠不关心；第三，是严重的脱离群众，使司法机关的“衙门化”，发展为压制人民的“老爷”作风，以及旧的机械程序，手续烦琐、单纯坐堂问案、拖延办案等；第四，强调所谓“司法独立”；第五，脱离群众运动，脱离中心工作，孤立办案。这些旧法观点及其表现，在现在看来当然可以作出不一样的评价，但在当时看来，则是必须彻底批判和肃清的“反人民的反动观点”。①

在《人民日报》这一社论的指引下，全国迅速兴起了一场轰轰烈烈的司法改革运动。从1952年8月中旬至11月中旬的约三个月间，《人民日报》开辟的“必须彻底改革司法工作”的专栏，几乎每隔两三天就刊载数篇文章和报道，讲述司法机关因受旧法观点和旧司法作风之侵蚀而暴露出来的种种弊端、司法改革运动所取得的成效，以及正反两个方面的一些典型。如1952年8月19日的《人民日报》报道了徐州市人民法院腐烂变质必须彻底改造的案件；8月21日刊登了江苏省六合县革命烈士家属张在祥、韩秀英分别写给《苏北日报》和《南京新华日报》的信件，控诉并要求“六合县人民法院院长何斌及南京市人民法院审判员晏嗣平包庇反革命罪犯应受严厉惩处”；9月14日刊登了一篇揭露黑律师（旧律师）种种不法活动的文章，并将这些律师定性为“欧美资本主义国家诉讼商人的敲诈习气加上中国封建社会的讼棍作风的混合体”，是国民党反动政府压迫人民的伪法统、伪司法制度的组成部分，是犯罪分子的忠实“镖客”，也是人民法院中贪污分子的同谋犯，必须予以严厉打击，彻底禁止他们的活动；10月22日介绍了福建省人民法院在永春县依靠群众，处理婚姻案件，贯彻婚姻法的经验，等等。12月以后，该专栏才渐渐出得少了。

经过九个多月的广泛动员、全面展开、扎实进行，至1953年2月底，司法改革运动取得了“巨大成功”，基本落下了帷幕。其结果为：第一，“旧法观点”受到了彻底的批判，其所宣扬的“法律面前人人平等”“既往不究”（实际上是“法不溯及既往”）、“司法独立”“犯罪未遂”“年轻年老”（实际上是“刑事责任”）、“推事主义”“不告不理”“无诉状不理”“证据不足不理”“当事人

① 也有的学者根据自己的理解，将当时的旧法观点进一步归纳为“法律超阶级、超政治论”“旧法可用论”“司法独立论”“程序至上论”“法律技术论”和“旧司法作风”六个方面。参见刘风景：《司法理念的除旧与布新——以1952年司法改革对旧法观点的批判为素材》，《北方法学》2009年第1期。

不适格不理”“管辖地区不合不理”“民事不管刑事”“刑事不管民事”“尊重诉讼程序”等观点，都被定性为反动的、反人民的谬论，全部遭到否定，从法学理论和实务两界被彻底清除出去。

第二，“旧司法人员”被清除出了人民法院的审判工作队伍。据司法部部长史良 8 月 13 日上报政务院总理周恩来的《关于彻底改造和整顿各级人民法院的报告》中称，当时全国各级人民法院共有干部 28000 余人，其中有旧司法人员约 6000 人，大体占总人数的 22%。经过这场司法改革运动，这批人基本上都被清除出了审判人员队伍。在纯洁了我们队伍的同时，也使许多法律专业基础扎实、审判业务精到的旧司法人员离开了审判岗位。与此同时，许多非法律专业人员进入司法机关。

第三，所有旧司法人员，以及虽然不是旧司法人员，但受到了旧法观点和旧司法作风影响的法律工作者，都接受了思想改造。这一思想改造的内容主要为通过学习马克思列宁主义、毛泽东思想，学习 1949 年 2 月《关于废除国民党的六法全书与确定解放区的司法原则的指示》和 1950 年 11 月《政务院关于加强人民司法工作的指示》等文件，深挖灵魂深处的旧法观点，清算“法律是超阶级、超政治的”“办案是单纯技术工作”等错误思想，清除平时生活中残留的旧司法作风。如 1951 年经政务院第十九次会议批准成立的中央政法干部学校，其职能之一是专门招收需要进行思想改造的旧法人员和带有旧法观点的青年知识分子进行培训，时间为 6 个月。

第四，开始建立起一些便利人民的审判制度，如县设巡回法庭，一般案件由巡回法庭就近审判；实行陪审制度，由群众选举公正的、熟悉情况的陪审员参与审判；在人民法院设立人民问事处、接待室（当时比喻为医院的门诊部），随到随审一些简单的案件；进一步健全了调解委员会制度，等等。在审判方式上，大力推广解放区行之有效的群众路线、审判方式和实事求是的工作作风，树立典型。

第五，马克思列宁主义和毛泽东思想的国家观和法律观得以在中国法学界取得支配地位。如果说，1949 年的废除国民党《六法全书》的运动，只重视了“破”，那么，司法改革运动则是“破”“立”并举，并且后来“立”超过了

“破”，而这对之后中国法和法学的发展带来了重大的影响。

与废除国民党的《六法全书》一样，1952 年的司法改革运动也具有历史的必然性，这是一场由我党领导的、按照马克思主义国家观和法律观系统展开的，受当时中国的政治与法律斗争所决定的、在当时中国法和法学发展中必然（或迟或早）要采取的法律改革运动。当时董必武同志（我们党分管政法工作的领导人）所说的一段话，对此剖析得非常深刻、精确：

三反运动中发现司法工作问题很严重，清理旧司法人员是必须解决的一个严重问题。人民的法律，是便利维护自身的权益和对敌人斗争的锐利武器，不应操在不可信赖的人手中。过去因革命胜利太快，开展各方面工作需要干部，在新区我们又采取包下来的政策，有的地区（如上海市）法院旧人员占 80%，其他地区也有这种情形。三反运动中他们不少人暴露出来是有罪恶的。

因此，我们应该本着这样的一个方针：坏的分子可以依法清洗或惩办；纵使“三反”过了关的，亦不应再让他们担任审判工作，而要找较适当的人去接替，使他们转业；即使政治上无问题，尚可担任审判工作的，亦应调开原来地点，到新地区去工作。有的地方让旧人员做审判员，这是违反中央关于旧人员不能当骨干，只能作助理的方针的。旧人员不经改造就使用，对我们来说是等于自杀政策……把武器交给不可信赖的人（不管他有多大才能和学问），那是要犯错误的！当我们解放了京、津等大城市，革命在全国取得基本胜利的时候，中央即指示：“原推事［法官］，检察官、书记官长等一律停止原来职务……在打碎旧的反动的国家机器时，这部分人必须去掉（其中非反革命分子和非劣迹昭著分子，如欲参加人民民主国家之司法工作，必须经过思想改造与作风改造，方可甄别录用）。”但我们却贯彻执行的很差，以致旧司法人员在我们许多地方的法院里，实际上占据了重要的甚至主导的地位，掌握了审判大权。道理很明显，这些人过去一直是为反动统治阶级服务，给反动派专门充当镇压革命运动和压迫、敲诈劳动人民的直接工具，他们思想上充满了反革命反人民的法律观念，政治上受反动影响很深……过去我们对旧司法人员的改造，曾花费了不小的力量，三年间，我们训练了一万二三千个司法干部，其中旧司法人员就有四千多人，占三分之一以上。从各地报告看来，这些旧司法人员受到批评者多，受到锻练者少，他们的表现一般是没有立场或者是反动立场，不但不能很好地为人民服务，甚至包庇与帮助反革命分子残害人民……因此，我们今天对待旧司法人员的原则应该是：旧推、检人员不得任人民法院的审判员，旧司法人员未经彻底改造和严格考验者，不得作审判工作。

3. 1952 年政法院系调整

1949 年 12 月，在第一次全国教育工作会议上，我们党确立了逐步改造旧教育的方针。至 1951 年年底，进一步提出参照苏联经验，对全国高等学校及其所属院系进行一次全面的调整，“以培养工业建设人才和师资为重点，发展专门学院和专科学校，整顿和加强综合大学”。在法律人才培养方面，就是合并各综合性大学中的法律系，组建单科性的政法学院。

（1）华东政法学院的成立。1949 年 5 月上海解放后，华东军政委员会教育部即对华东区内的国立、私立大专院校开始进行调查和整顿工作，为了妥善处理停办院校的善后工作，1951 年成立了上海市停办学校联合办事处。在华东教育部和联合办事处这两个机构的领导下，上海及华东地区各高校的院系调整开始展开。

经中央人民政府教育部的同意，1952 年华东军政委员会教育部制定了《华东区高等学校院系调整设置方案（草案）》，对华东区高等院校进行调整，保留了 55 所高校（其中，上海保留了 18 所）。与华政的成立有关的调整是：复旦大学法律系和政治系，调整至华东政法学院（新设暂名）；南京大学法律系和政治系，调整至华东政法学院；安徽大学法律系，调整至华东政法学院；圣约翰大学和沪江大学的政治系，调整至华东政法学院；震旦大学法律系，调整至华东政法学院；上海学院（1951 年在上海法学院、上海法政学院等 6 所大学的基础上成立）的法律系和东吴大学法学院的法律系，调整至华东政法学院。

在这个《调整设置方案（草案）》中，厦门大学法律系没有动，仍然保留在厦门大学之中。厦大法律系是 1953 年 9 月调整至华东政法学院的。

这样，1952 年 6 月 14 日，经华东军政委员会教育部批准，华东政法学院筹备处正式成立。华政筹备处最初的办公地点不是在圣约翰大学，而是在上海市宝山路 584 号（原暨南大学二院旧址）。6 月 14 日，在华东政法学院筹备处正式成立之时，“华东政法学院筹备处”和“华东政法学院筹备委员会”两颗印章也同日启用。笔者从华东政法大学的档案卷宗中，看到了华东军政委员会教育部的批文，上面写明华东政法学院筹备处的组成如下：

总负责人：郑文卿，原山东省公安厅厅长；

教务负责人：赵野民，原华东人民检察委员会政法文教处处长；

教务负责人：张格，原华东司法部督编处处长；

总务负责人：吴建章，原华东民政办公室副主任；

院长办公室负责人：刘克牧，原华东民政部副处长。

1952 年 8 月 16 日，在华东政法学院筹备处工作了两个月之后，办公地点又转移到了徐汇区徐虹路 300 号（原上海立信会计专科学校旧址）。9 月 25 日，经华东区高等学校院系调整委员会决定，华东政法学院筹备处又从立信会计专科学校校园搬入位于梵皇渡路（后改名万航渡路）1575 号的圣约翰大学旧址办公。

1952 年 10 月 25 日，华东军政委员会教育部发出“教高字第 204807 号”通知，指出：华东区高等学校院系调整后新设院校的定名及原校改名，已奉中央教育部批准。现制发你院院印一颗，文曰“华东政法学院印”（方形）。院印自 10 月 29 日起启用。1952 年 11 月 15 日，华东政法学院在万航渡路 1575 号的圣约翰大学旧址（交谊楼）举行了简单、庄严、隆重的开学典礼。首任院长魏文伯，副院长郑文卿。

（2）北京政法学院的成立。继华东政法学院之后，1952 年 8 月 23 日，由 11 人组成的北京政法学院筹备委员会成立，他们是来自中央政法委、华北行政委员会、最高人民法院华北分院、北京大学、清华大学、燕京大学等单位的代表于振鹏、刘昂、朱婴、严景耀、陈传刚、夏吉生、程筱鹤、费青、钱端升、戴铮、韩幽桐，由钱端升担任筹备委员会主任委员，韩幽桐担任筹备委员会副主任委员。经过4次重要会议后，1952年9月16日，中央人民政府教育部向中央人民政府政务院文化教育委员会呈报成立“北京政法学院”，同年9月27日政务院文化教育委员会批复同意。

根据上级指示，北京政法学院由原北京大学的法律系、政治系，原清华大学的政治系，原燕京大学的政治系，原辅仁大学社会系民政组的部分师生和部分北京大学的行政人员合并组成。并从华北行政委员会和华北人民革命大学调来一批干部，担任学院各级领导。院址定于原北京大学旧址松公府10号（今北京沙滩）。首批学生于1952年11月13日正式上课，同年11月24日，北京政法学院在沙滩举行成立典礼。首任院长为原北京大学法学院院长、著名宪法学家钱端升教授。①

（3）西南政法学院的成立。1949年11月30日，中国人民解放军解放重庆。在管理西南地区的工作中，中共中央西南局、西南军政委员会成立了“专门教育培养人才的机构”。1950年5月14日，西南人民革命大学成立。1952年10月，以西南人民革命大学的政法系为基础，合并四川大学政法学院、重庆大学法学院、云南大学政治系和法律系、贵州大学法律和政治经济系以及西南财经学院法律系，组建了西南政法学院，首任院长为西南行政委员会政治法律委员会主任周保中。1953年9月20日，西南政法学院正式挂牌，院址为重庆市化龙桥。②

（4）中南政法学院的成立。1948年8月，经中共中央中原局批准，由时任华东野战军司令兼政委陈毅担任筹备委员会主任委员的中原大学筹备委员会建立，中原大学宣告诞生。1949年中原大学迁至武汉办学，成立了大学之下的财经学院和政治学院。1953年1月，在全国院系调整中，中原大学被撤销，以中

① 法律出版社编辑委员会编：《足迹——政法五院重建记忆》，法律出版社2019年版，第85—86页。

② 法律出版社编辑委员会编：《足迹——政法五院重建记忆》，法律出版社2019年版，第591页。

原大学政治学院为基础吸收湖南大学和中山大学的政治系、广西大学的政治系和法律系以及中山大学社会民政系组建成了中南政法学院。

经过调整，原来国民党政府留下来的53所法律院系（它们共设有法律学、政治学、社会学、人类学、社会福利行政学等6个专业，有教师542人，在校学生7388人），除组建成为以培养、培训政法干部为主要任务的4所政法学院之外，只剩下了武汉大学和西北大学的两个法律系，以及新中国成立以后我们党自己创办的中国人民大学、东北人民大学（后改名吉林大学）两所法律系，形成了“四院四系”的中国法律教育的格局（1958年西北大学法律系并入西安政法学院后，由北大法律系进入“四系”之中），老师和学生的数量都明显减少：在校老师340人，学生为3830人。

（5）西北政法学院的成立。与上述4所政法学院相比，西北政法学院的成立经历比较复杂。1949年5月20日西安解放，中共中央西北局迁往西安办公。西北局遂将延安大学更名为西北人民革命大学，迁往西安。1953年，西北人民革命大学更名为西北政法干校。一年多以后，中国各个大区撤销，西北政法干校又更名为中央政法干校西北分校。与此同时，西北大学于1952年开办了司法专修科，1954年8月筹办西北大学法律系。至1958年10月，以中央政法干校西北分校为基础，全建制并入了西北大学法律系，成立了西安政法学院（1963年更名西北政法学院）。首任院长为刘若曾。①

全国政法院系调整，对之后法学教育的发展，以及新中国70余年法治的面貌均产生了重大影响。一方面，它使中国的法学教育与苏联的模式接上了轨，走上了具有中国特色的社会主义道路：政法人才的培养，主要以单科性的五所政法学院为主，法学教育中的政治挂帅色彩，以及短、平、快培训特色迅速增强，法学教育面向司法实务、以接受工农子弟为宗旨，等等。另一方面，使原来学术色彩比较浓厚的综合性大学中的法律系，退居到中国法学教育的二线，加上新中国成立时留用的一批民国时期的著名法学教授或改行，或在家闲

① 法律出版社编辑委员会编：《足迹——政法五院重建记忆》，法律出版社2019年版，第812—813页。

赋，以及许多法律图书资料散失，原来在综合性大学的知识背景之下的法学研究氛围大大淡化，中国现代法学研究的整体力量有所削弱，因而造成了该时期法学著作、论文寥寥的惨淡局面。这些也是一个值得反思的历史教训。

4. 苏联法和法学全面进军中国

国民党《六法全书》的废除，为苏联法和法学全面进军中国留出了巨大的空间。在这一“全盘苏化”的潮流中，首先出现的事件，就是聘请苏联法学专家来华指导中国政府立法，承担法律教育任务以培养中国法律人才（尤其是师资队伍）。

第一，从 1950 年至 1957 年，中国聘请了数百位苏联专家来中国高等院校任教。其中，仅中国人民大学就有 99 人次的苏联专家前来执教，法律专家共聘请了多少人虽然没有详细的资料记载，但是据当时在中国人民大学法律系学习和工作的孙国华、关怀、林榕年、许崇德、高铭暄、李昌道等教授向笔者提供的回忆数据，大概不少于 40 多人次，而比较集中的是在中国人民大学。另外，东北人民大学的法律系，以及北京、西南和华东等政法学院，也有苏联专家前去讲学（或讲座）。

第二，与聘请苏联专家同步，中国向苏联派遣了多批法科留学生。据《中华人民共和国教育大事记》和《中国教育年鉴》等资料记载，自 1951 年至 1959 年，中国派往苏联的留学生总数不下 2000 余人，而学习法律者有 50 多人。这当中，绝大多数人后来都成了我国法学界的著名学者，如北京大学的王哲、萧蔚云，中国政法大学的江平、曹子丹，中国社会科学院的王家福、韩延龙、高恒、王叔文、吴建璠，西南政法大学的常怡，华东政法大学的彭万林，西北政法大学的刘振江等。

苏联法全面进军中国的第三个事件，就是苏联法学著作和法学教材的大批涌入。自 1952 年至 1956 年，我国共引进、翻译、出版了 400 余种苏联的法学教材和著作，以及一批教学大纲。

通过以上三个事件，苏联法和法学被全面移植进入中国。之后，随着中苏关系的恶化，这股移植浪潮开始慢慢消退。但是，苏联法的影响被保留了下来。我们的法学教育的体制和内容，法学教育的组织机构，以及我们的法理学、经济法学、刑法学理论研究，等等，直至目前仍然受到苏联法和法学的巨大影响。

中国法和法学的“全盘苏化”，是新中国成立初期一个特定时期的特定事件，它一方面帮助刚刚成立的社会主义新中国，在法和法学的发展上有了一个比较高的起点，为中国建立马克思主义的法学理论体系，建立一套司法制度和实践运作机制，以及加速社会主义法律人才的培养等作出了贡献。另一方面，也使新中国法和法学，从起步开始，就具有了在法的理念上的“左”的色彩，研究方法上的教条主义倾向，教学研究体系上的封闭特征（对人类古代法律文明和西方法律文化的排斥等），以及法律人才培养上的片面化缺陷等。而这些，曾在不短的时期内，禁锢了中国法和法学的发展和繁荣，也对中国特色社会主义法治的形成以及面貌带来了深刻的影响。

5. 1954 年《宪法》的颁布及中国特色社会主义法治的初步形成

从历史文献中得知，1954 年《宪法》的制定，是由中国共产党于 1952 年 12 月 24 日向全国政协提出的。1953 年 1 月 13 日，中央人民政府委员会第 20 次会议作出决定，成立以毛泽东主席为首的宪法起草委员会，有委员 33 人。随后又成立了由董必武、彭真、陈伯达等 8 人参加的宪法研究小组，以协调宪法草案的讨论。此外，还聘请了著名法学家钱端升、周鲠生等担任顾问。

1953 年年底，毛泽东率领陈伯达、田家英、胡乔木等人到达杭州，开始了正式起草宪法的工作。从 1954 年 1 月 9 日到 3 月 9 日，经过两个多月的努力，完成了 100 条条文的草稿。对此草稿，经过中央、宪法起草委员会等多次上上下下的讨论，于 1954 年 9 月 20 日，获第一届全国人民代表大会的一致通过，予以颁布实施，这就是 1954 年《宪法》。

《宪法》由序言、第一章总纲、第二章国家机构、第三章公民的基本权利和义务、第四章国旗国徽首都五个部分组成，共 106 条。它明确了我们国家的性质，即“人民民主国家”，国家的一切权力属于人民；规定了政权组织形式，即人民代表大会制度；实现各民族的团结平等；确立适合当时国家经济和社会发展的经济制度、国家机构（全国人大及其常委会、国家主席、国务院等）、中央和地方的关系、人民法院和人民检察院等；规定了公民所享有的广泛的权利和自由，以及相应所负担的义务；等等。

1954 年《宪法》的制定，具有重要的历史意义。一方面，它所确立的各项治国安邦的制度和原则，奠定了新中国社会主义宪制的基础；另一方面，它所确定的“公民在法律面前人人平等”“人民司法机关独立行使审判权”等法治原则，为新中国的法治建设开辟了道路。此外，更为重要的是，1954 年《宪法》的制定颁布具有广泛的群众基础和深厚的民主底蕴，在起草宪法过程中，不仅中国当时的党和国家领导人、科学家和社会名流如毛泽东、朱德、刘少奇、邓小平、董必武、林伯渠、何香凝、刘伯承、彭真、习仲勋、龙云、傅作义、乌兰夫、赛福鼎、陈云、陈伯达、薄一波、沈钧儒、吴玉章、黄炎培、许德珩、章乃器、周鲠生、邵力子、吕叔湘、李济深、张治中、史良、张志让、张奚若、屈武、朱早观、叶圣陶、刘格平、费孝通、沈雁冰、马寅初、侯外庐、李四光、田家英、李维汉、章伯钧、罗隆基、徐特立、陈嘉庚、钱端升、陈叔通、胡愈之等参与，发表了自己的意见，而且还开展了全民的大讨论，参与讨论人数达 1.5 亿人，占当时全国总人口的近四分之一，提出的修改意见有一百多万条。在此基础上形成的民主和法治氛围，显示了中国法治建设的光明前景。

在 1954 年《宪法》所带来的法治建设热烈氛围之下，1956 年召开的党的八大在其政治报告中明确指出：“国家必须根据需要，逐步地系统地制定完备的法律。一切国家机关和国家工作人员必须严格遵守国家的法律，使人民的民主权利充分地受到国家的保护。”应该说，1954 年《宪法》和 1956 年党的八大报告，奠定了现代中国法治的基础，中国特色社会主义法治初步形成。

非常可惜的是，由于接下来党的指导思想往“左”的方面发展，以及 1957 年反右派斗争扩大化和 1966 年爆发的十年“文化大革命”，使 1954 年《宪法》开辟的良好的新中国法治发展环境受到严重破坏，刚刚形成的中国特色社会主义法治也没有能够持续发展，未能进一步走向成熟与完善。

(四) 反右派斗争扩大化与新中国法治的受挫

1956年11月，在中共八届二中全会上，决定自1957年开始党内进行整风运动。1957年4月27日，中共中央发出《关于整风运动的指示》。5月2日，《人民日报》发表了社论：《为什么要整风》，指明这次整风的目的是要发扬民主，将我国的政治生活引导到生动活泼的道路上来。同时，党的各级组织还召开党外人士座谈会，广泛征求意见，反复动员大家对党的工作中的缺点如官僚主义、宗派主义、思想和工作作风等提出批评和建议。

在这样的背景下，法学界的知识分子也参与了提意见和建议的活动。与其他领域不同的是，法科知识分子所提意见中最为集中的是两个方面：一是在法律工作者队伍中，党内的一些同志看不起非党人士；二是法学知识丰富的法学家学非所用。如1957年5月18日《文汇报》的一篇报道的标题就是“法学工作者要求合理安排——南京法学界人士呼吁改变用非所学的处境”。

非常遗憾的是，我们党过分严重地估计了当时的阶级斗争形势，将绝大多数善意的、诚恳的、正确的意见，都认为是在向党发动进攻。因而，从1957年6月开始，在全国兴起了一场大规模的反右派斗争。由于扩大化，至1958年8月，全国共有55万余人被打成了右派。在司法机关的骨干中，在著名的法学家中，被错误地划为右派者，不在少数。

如果说1949年废除国民党《六法全书》和1952年司法改革运动、政法院系调整，还具有历史必然性和一定合理性的话，那么，法学界的反右派斗争扩大化，则对新中国社会主义法治的发展造成了巨大的伤害。

一方面，它中断了因1954年《宪法》的颁布实施而出现的法治建设的良好局面，伤害了或者说几近摧毁了法学界的有生力量，当时中国的一批法学名家，如中国现代著名宪法学家、北京政法学院首任院长钱端升教授，以及他的两位得意弟子北京大学法律系的王铁崖教授和楼邦彦教授，美国著名法学家庞德的学生、复旦大学历史系教授杨兆龙，民国时期民主人士“七君子”之一复旦大学历史系教授王造时，东京审判中的中国大法官、时任新中国外交部顾问的梅汝璈先生，刚从美国回来的北京大学教师沈宗灵，留学苏联后回国的高才生、北京政法学院的江平，中国人民大学宪法才俊吴家麟，武汉大学的法律系主任、著名国际私法专家韩德培以及他的学生马克昌、李双元，时任最高人民法院刑事审判庭庭长、中国审判日本战犯特别法庭庭长贾潜等，全部被打成了右派，调离了法学专业，或下工厂，或去农村，或到边远地区，接受劳动改造和思想教育。中国法治的发展，遭受了新中国成立以来最大的挫折和磨难。

另一方面，更为严重的是，自反右派斗争扩大化以后，法科知识分子就再也不敢讲真话了。因为当时对党提意见和建议，帮助党进行整风，并不是法科知识分子的主动行为，而是在各级党组织的反复动员之下才参与座谈发言的。这样，当他们的意见和建议不仅没有被采纳，反而由此遭到了不公平的待遇之后，他们包括法学界的其他人就再也不敢发表自己的真实想法了。从此以后，新中国法治就遭受了重创：《光明日报》等报纸在 1954 年《宪法》的鼓舞下刚创办的“政法研究”等学术专栏停办了，当时仅有的两份法学期刊《政法研究》和《法学》也陆续停刊了，法学界也没有再出版过一部像样的作品。法学教育虽然还在继续，但规模日益萎缩，至 1966 年“文化大革命”爆发，就彻底停止了。因此，反右派斗争扩大化是我们所要深刻吸取的一个惨痛的历史教训。

(五) 1958 年“大跃进”与中国法治发展的停滞

反右派斗争扩大化之后，我们党的路线继续往“左”的方面倾斜。在 1957 年 9 月召开的党的八届三中全会上，毛泽东在会议结束前作了题为《做革命的促进派》的讲话，批评了“反冒进”（周恩来和陈云等同志为纠正经济工作中求多求快的冒进情绪而采取的措施），提出了应该在经济建设上来一个“大的跃进”。同时，全会在中国社会的主要矛盾问题上，改变了党的八大关于中国社会的主要矛盾是“落后的社会生产力和日益增长的人民群众的物质生活需要”的正确论断，认为中国社会的主要矛盾仍然是无产阶级和资产阶级的矛盾、社会主义道路和资本主义道路的矛盾，这样的认识和结论，对当时的国家经济建设也带来了冲击。

1958 年 1 月，毛泽东在中共中央南宁会议上继续批评“反冒进”，说 1956 年中央领导人纠正经济工作中的急躁冒进偏向是右倾，使 6 亿人民泄了气。1958 年 2 月 2 日《人民日报》社论指出：“我们国家现在正面临着一个全国大跃进的新形势。”同年 3 月 3 日，《中共中央关于开展反浪费反保守的指示》正式提出“社会主义生产大跃进和文化大跃进运动已经出现”，要求修改 2 月间全国人民代表大会通过的国民经济计划，农业总产值的增长速度由 6.1%提高到 16.2%，工业总产值的增长速度由 10%提高到 33%。

至此，经济建设离开了实事求是、稳步前进的轨道，一场全国性的“大跃进”运动被轻率地发动起来了。“大跃进”运动的主要标志是在经济建设各个领域提出不切实际的高指标。1958 年 5 月，在党的八大四次会议上进一步明确提出了“大跃进”的总路线。随之便在全国出现了工业生产全民“大炼钢铁”，农业生产各地竞放“高产卫星”，报纸舆论猛吹“人有多大胆，地有多大产”等现象，中国进入了“大跃进”时代。直至 1960 年冬，当国民经济因比例严重失调、人民生活出现急剧困难时，中央才开始纠正“大跃进”这一失误。

“大跃进”不仅对国民经济和人民生活带来了沉重的灾难，而且对新中国法治的发展也产生了巨大的负面影响。一方面，在政法战线，也出现了许多违背社会发展规律（包括教育规律）的口号和做法。比如，要求政法机关的同志下工厂、去农村支工支农，影响和冲击了政法机关的正常业务工作，甚至还出现了“有事办政法，无事搞生产”的口号；在各政法院系，不仅绝大多数的师生都停课参加了修水利、办工厂、赴农场以及大炼钢铁的劳动，而且残留的教学计划，也已经被修改得不成体系，比如 1955 年时法律专业课有 21 门，到了 1959 年、1960 年时，只剩下 7 门了；政治课的课时最多已经占总课时的 60%；有些大学的法律系还提出了“教学大跃进”“授课大跃进”“编写教材大跃进”“撰写著作大跃进”等的口号。正常的法学教育和研究秩序完全被打乱。

不仅如此，“大跃进”的理想（目的）是要“早日实现共产主义”，或者说“跑步进入共产主义”。而在共产主义社会中，是没有国家，没有法律，也没有执行法律的法院和检察院等司法机关的。因此，“大跃进”的过程，就是一个消灭国家、消灭法律（资产阶级法权）的过程。当时的“共产风”，当时的“吃食堂”，都是这一理想的具体表现。在政法领域，就出现了法律虚无主义的横行。1958年，江南法学教育重镇华东政法学院被撤销；1962年西南政法学院被合并，改名四川行政学院。与此同时，1959年4月，司法部和监察部被撤销；6月，国务院法制局又被撤销。这三个部门都是主管我国法制建设的中央职能部门，它们的撤销，使中国法治的发展面临了更大的困难。虽然，1962年以后，党的政策有些变化，也提出了要编纂民法和刑法等的主张，并且经过法学工作者的艰苦劳动，也于1963年10月和1964年11月分别完成了《刑法草案》和《民法试拟稿》，但因反右派斗争扩大化和“大跃进”，使新中国法治发展“雪上加霜”的局面已经无法改变了。

（六）1966—1976年“文化大革命”与法治的磨难

1966年5月爆发至1976年10月结束的十年“无产阶级文化大革命”，是新中国历史上的一场动乱，也是中国法和法学发展史上的一场重大灾难。

一方面，中国的立法工作全面中断，从1964年12月的第三届全国人大到1975年1月的第四届全国人大之间的整整十年中，全国人民代表大会没有开过一次会议，没有制定过一个法律。另一方面，执法工作也遭摧残。在“砸烂公、检、法”的口号下，1968年12月全国的检察院被全部撤销，法院也停止了工作，只有公安系统还在勉强运转，但职能已经发生变异。此外，法律教育也受到了打击，全国的政法院系除了西南政法学院和北京大学、吉林大学的两所法律系尚未被撤销（但也已经停止招生，校舍等被许多外单位所占用，已经不成大学的样子）之外，其他所有的政法院系都被解散，法律人才的培养被中断了。

十年“文化大革命”对中国社会主义的法治的破坏，还远远不止这些。

第一，仅有的一点法律秩序也被损害。第二，一些人随意成为立法者、执法者。第三，中国的法律文化、法律学术的教育与研究受到严重破坏。第四，一批著名的法学家遭受迫害。

(七) 1978年党的十一届三中全会与中国法治的复兴

1978年12月18日至22日，我们党召开了十一届三中全会。它确立了解放思想、改革开放的基本政策，中国的法治建设不断攀登新的台阶，取得了令世人瞩目的成就。

首先，中国的立法事业得以稳步推进，成果卓著。据全国人大常委会的统计，到2011年，我国现行有效的法律共有240余件；现行有效的行政法规近700多件，地方性法规7000多件，民族自治地方的人民代表大会制定了800多件现行有效的自治条例和单行条例。这样，以宪法为核心，法律为主干，包括行政法规、地方性法规等在内的，由七个法律部门、三个层次法律规范构成的中国特色社会主义法律体系已经基本形成。

其次，我国的依法行政和司法改革也取得了巨大的成就。1989年通过了第一部“民告官”的法律《行政诉讼法》，标志着行政机关要从“高高在上”的地位走上与民众平等的地位。接下来颁布实施的行政处罚法、行政许可法、国家赔偿法、公务员法等一批行政法律和法规，为营造一种依法行政的氛围创造了良好的条件。与此同时，在司法领域，我国的检察机关于1978年得以恢复，法院审判重新受到社会各界的重视。1999年10月、2005年10月和2009年3月，最高人民法院分别发布了三个《人民法院改革五年纲要》，对1999—2013年间的司法改革提出了一系列方案、措施、目标和方向，并取得了许多前期成果。

再次，法学教育和法学研究取得了丰硕的成果。1977年，北京大学、吉林大学和湖北财经学院三所大学的法律系开始招生，标志着中国在结束十年“文化大革命”后，法学教育得以恢复。至2019年，全国已经有630余所大学拥有本科以上法律专业的招生权，在校生达到近40万人。法学类研究生（包括法律硕士JM）招生人数也已达4万余人，在校研究生约12万余人。法律教育的长足发展，为国家的经济发展和社会进步，培养了大量的人才。

与此同时，法学研究也成果丰硕。我们从新中国前近30年总共出专著不足20本，到现在每年都有近一千种法律著作公开出版；从20世纪50年代全国只有两份公开发行的法学杂志（中国政治法律学会主办的《政法研究》和华东政法学院主办的《法学》），到现在已经出版发行法律专业杂志近两百种；从新中国前30年总共翻译出版国外法学名著不足15本，到现在每年都有近百种译著出版；我们从50年代只有一个中国政治法律学会，60年代其被撤销后一个法学研究学会都没有，到现在仅中国法学会名下就有55个专业研究会，还有与此并列的中国国际法学会、中国法律史学会和全国外国法制史研究会；我们从新中国前30年没有培养过一个法学博士，到现在全国仅一级学科的法学博士点就有51家，法学博士后流动站近50余个。

总之，党的十一届三中全会的召开，给中国法和法学的发展带来了春天，带来了生命，带来了活力。可以这么说，改革开放重新催生了法治，而法治又改变了中国。

四、中国特色社会主义法治的发展

1978 年 12 月召开的党的十一届三中全会，有力地复兴和推动了中国特色社会主义法治的发展，虽然这条道路也不平坦，也时时遇到这样或那样的阻碍，但整体上，法治发展的势头已经不可阻挡。

(一) 法治与人治大讨论

与中共中央召开十一届三中全会、着力于拨乱反正、解放思想的同时，在 20 世纪 70 年代末，围绕“法治与人治”问题，中国法学界爆发了一场学术大讨论。参与讨论的面很广泛，不仅有法律界的人士，如孙国华、张国华、沈宗灵、王礼明、刘海年、李步云、王家福、马克昌、刘新、张晋藩、曾宪义、何华辉、张泉林、时重实、金默生、张警、张宿海、周柏森、方克勤、林欣、高格、王桂五、谷春德、吕世伦、韩延龙、廖竞叶、刘升平、谷安梁、范明辛、陈荷夫、王德祥、陈春龙、吴大英、刘瀚、罗耀培等，还包括了其他阶层的人士，甚至社会名流，如陶希晋、于光远、孙亚明等。正是这场讨论，拉开了中国法学界思想解放运动的序幕，为中国法和法学的复兴开辟了道路，为中国特色社会主义法治的发展注入了活力。

实际上，法治与人治的讨论，早在新中国成立之初的 20 世纪 50 年代就展开过。经历了十年“文化大革命”之后，全国人民都深切地感受到了严重缺乏法律给国家建设和人民生活带来的巨大负面影响。诚如当时《人民日报》引用全国人大代表所说的那样：“有了法，亿万人民办事就会有章可循；有了法，坏人坏事就会受到约束和制裁；有了法，人民就能享有充分的民主；有了法，就能安定团结搞四化。”而 1978 年 12 月召开的党的十一届三中全会，进一步为“法治与人治”讨论的兴起提供了强有力的政治保障。

1979 年 12 月 2 日，李步云等在《光明日报》上发表了《要实行社会主义法治》一文，正式拉开了“法治与人治”讨论的序幕。1978 年年底复刊的《法学研究》还专门开设了“关于法治和人治的讨论专栏”，为这场论战提供了阵地。在此前后，法学界进一步推出了一批有份量的论文。1980 年年初，中国社会科学院法学研究所在北京市高级人民法院小礼堂里举办了全国第一个“人治与法治”专题讨论会，会议吸引了 400 多名专家参加，气氛极其热烈（这次讨论会的论文，最后由群众出版社于 1980 年公开出版，取名《法治与人治问题讨论集》）。从讨论的情况来看，当时主要提出了三种观点：（1）法治与人治是根本对立的，法治与民主相联系，人治与独裁相表里，因此社会主义要法治，不要人治；（2）法治与人治是可以统一的，法律要靠人去执行，两者之间没有绝对的界限；（3）法治与人治的区分是中国历史上的观点，我们应当抛弃这种提法。讨论的结果，第一种观点得到了大家的认同。

法治与人治的讨论已经过去了 40 多年，现在我们回过头来冷静地反思一下，就可以清楚地看到，虽然这场讨论还比较“浅显”，并带有“感情色彩”，但它已经涉及了法治领域的一些基本问题，如法的定义、本质，法的阶级性和社会性等。尤为重要的是，这场讨论有着极为强烈的现实政治意义，即它是对 1957 年以来 20 多年法律虚无主义历史的清算和总结，它使我们从以往惨痛的教训中得出这样的共识：法律不是万能的，但治理国家没有法律是万万不能的；以领袖的意志和权威为转移的，通过暴风骤雨式的运动治国的道路在中国再也不能延续下去了。

（二）对林彪、江青等破坏法治行为的审判

1980 年 11 月 20 日，在北京正义路一号，由最高人民法院院长江华担任庭长的特别法庭开庭，公开审判林彪、江青反革命集团案破坏社会主义法治的犯罪行为。出庭的 10 名主犯为江青、黄永胜、王洪文、陈伯达、张春桥、姚文元、吴法宪、李作鹏、邱会作、江腾蛟。

这些罪犯，包括起诉书开列但已经死去的6位主犯（林彪、康生、谢富治、叶群、林立果、周宇驰），在十年“文化大革命”中，都是不可一世之人，他们有的是中共中央副主席，如林彪、康生、王洪文；有的担任中央政治局常委，如陈伯达、张春桥等，其他也基本上都是中央政治局委员，或者是高级军官（如江腾蛟是空四军的政委）。

但是，上述罪犯出于各自的野心，对国家和人民犯下了滔天罪行，诬陷、迫害干部群众达74万余人（直接致死者有34766人），其中仅党和国家领导人（副总理以上者）就有67人。而刘少奇作为中华人民共和国第二任主席，也被他们迫害致死。诚如判决书所言：他们的“犯罪活动，前后共达10年之久，殃及全国各个地区各个领域”，对国民经济及其他各项事业的破坏“极其严重”，给各族人民带来了“极大的灾难”。为此，法庭于1981年1月25日最终宣判江青、张春桥死缓，王洪文无期徒刑，姚文元等7名罪犯16年至20年不等的徒刑。

审判林彪、江青反革命集团案，开创了中国审判史上的多个第一：起诉书的制作费时最长，有近10年时间，修改最多，共48稿，涉及材料最繁复，起诉的48条罪行是从4075卷卷宗、27300份材料、311人次证人、1075份证言和证物，以及被告的104份供词、证词中提炼出来的；被告的地位最高（已如上述）；组成的“特别法庭”和“特别检察庭”级别最高（“特别检察庭”由最高人民检察院检察长黄火青出任），且人数最多，前者有35名法官，后者有24名检察官；开庭时间最长，共42次，历时77天；旁听人数最多，开庭期间参加旁听的各方代表有6万多人次。

审判林彪、江青反革命集团案，是新中国70年历史上的一个重大事件，也是新中国法治史上的一个伟大里程碑。一方面，它向世人证明：一个人，如果对国家和人民犯下了罪行，那么，不管你的地位是如何显赫，都会受到法律的制裁。另一方面，它向世界表明，中国的法律不仅仅是一种实体规范，它还蕴含了人类的公平、正义等崇高的理念，即一个人只要犯下了对他人的尊严和身心进行摧残或者授意他人所为这种摧残的罪行，那么，他不得以“我是执行上级的命令”或“这是下面的人干得，与我无关”为理由而逃避制裁。第三，它还是一个将政治事件法律化、走依法治国道路的良好开端。对于这么复杂的案件，在邓小平等老一辈革命家和广大法律工作者的政治智慧面前，获得了比较完满的解决：政治上的行为与法律上的犯罪是可以分得清的，从而开创了一条将政治问题纳入法治轨道内处理的道路。这或许是这次审判对中国特色社会主义法治发展和世界法律文明进步所作出的最大的贡献。

（三）中南海举办法治讲座

1994 年 12 月 9 日，时任华东政法学院国际法系主任的曹建明教授，走进中南海怀仁堂，为中共中央政治局领导讲授了一堂题为“国际商贸法律制度与关贸总协定”的法制课，由此，拉开了我们党和国家领导人带头学习法律知识、努力依法行政、依法治国的序幕。

法学专家进中南海，为中央政治局领导上法制课，对提升中国干部的法治意识，强化人们的法律思维，树立对法律的信仰和法律的权威，乃至自中央到地方包括每个普通民众的法律素养，都有着极为重要的意义。从古今中外法治发展的历史来看，作为法治发展的后进国家，要追赶法治发展先进国家，必须进行顶层设计，由中央政府从上到下地推进，并且持之以恒，才有可能和希望追上法治先进国家。公元 7 世纪中国隋唐时期日本、朝鲜、越南等国家（向中国学习，加入中华法系）是这样，近代美国向英国学习，德国向法国学习，日本向西方学习，进行顶层设计，政府向前推进，也是这样。中国在新时代建设现代法治国家时，情况也一样。而中国法治建设的顶层设计，设计主体就是中央最高层中央政治局。因此，法学专家进中南海，为中央政治局领导上法制课，就是为这种法治建设的顶层设计做知识储备和积累。

自从曹建明教授给中央政治局领导上第一堂法制课以来，中央邀请法学专家进中南海上法制课已经达 28 次，并且形成了制度（1986 年 7 月 3 日，中国人民大学孙国华教授也曾进中南海给中央领导上法制课，接着，张晋藩、王厚立和江平三位教授也讲了课，但之后就停了下来，没有形成制度。直到 8 年后

1994 年 12 月自曹建明的讲课再次启动，并形成了制度）。相关资料显示，从曹建明开始的每一场法制讲座的主题，都是当时国际、国内的焦点事件，或者是改革和发展中的热点、难点问题，其对中国法治建设的指导意义十分明显。

在这些法制讲座中，如下几次特别显得重要：1995 年 1 月 20 日，由中国社会科学院法学研究所研究员王家福主讲的“社会主义市场经济法律制度建设问题”，该讲座回答了当时急需解决的社会主义市场经济建设中的法律问题，其基本命题“市场经济就是法治经济”逐渐成为国人的共识。1996 年 2 月 8 日，王家福再次走进中南海作讲座，明确提出：“依法治国，建设社会主义法治国家，是中国人民共同的愿望。”这些观点，后来都为中央最高领导接受。1998 年 5 月 12 日，华东政法学院院长曹建明教授第二次主讲“金融安全与法制建设”，此次讲座提出的运用经济的、行政的和法律的手段，构筑起一个金融安全法制体系的观点，随后也成为了我国实务部门应对金融危机的行动指南。2007 年 11 月 27 日，由人权法专家、中国政法大学校长徐显明和法理学家、全国人大法工委副主任信春鹰共同主讲“全面落实依法治国方略，加快建设社会主义法治国家”。

中共中央政治局定期举办法制讲座，与法学专家共商依法治国的方针大略，意义重大，影响深远。

一方面，它可以使我们党广泛吸纳全国法学专家的智慧，如在持续至今 20 多年的法制讲座中，我国相当一批著名法学家，都得以进中南海为领导作讲座、贡献自己的才智，这些法学家，除了曹建明、王家福、徐显明和信春鹰之外，还有香港法专家、中国社科院研究员吴建璠，国际法专家、外交学院教授卢松，科技法专家、北京大学教授罗玉中，社会保障法专家、中国人民大学教授龙翼飞，经济法专家、西南政法大学教授李昌麒，民法专家、中国政法大学教授王卫国，人权法专家、中国社科院研究员夏勇，知识产权法专家、中国社科院研究员郑成思，宪法学专家、中国人民大学教授许崇德和武汉大学教授周叶中，金融法专家、北京大学教授吴志攀，物权法专家、中国人民大学教授王利明，国际政治专家、复旦大学教授林尚立，中国法律史专家、中国政法大学教授朱勇，行政法专家、中共中央党校教授胡建淼，中国政法大学校长马怀德等。

另一方面，中南海的法制讲座也带动了全国上下的学法和普法活动，党和国家领导人带头学法用法的行动，迅速影响了各级党政干部，一时各级机关、各个行业、各个层次的法制讲座此起彼伏，并逐步形成为制度，从而在全国形成了一个学习法律、尊重法律、运用法律治理各项事业的氛围，为提升整个中华民族的法律意识，构筑社会主义法治国家奠定了坚实的基础。

(四) 1997年党的十五大与依法治国方略的确立

“依法治国、建设社会主义法治国家”之基本方略的提出和确立，经历了近20年的时间。1978年12月6日，《人民日报》发表了中国社会科学院法学研究所李步云的《坚持公民在法律上一律平等》一文，率先提出了加强“社会主义法制”的问题。12月下旬，党的十一届三中全会公报进一步指出：“为了保障人民民主，必须加强社会主义法制，使民主制度化、法律化，使这种制度和法制具有稳定性、连续性和极大的权威，做到有法可依、有法必依、执法必严、违法必究。”1979年下半年开始，学术界开始发表一批论述法治的文章，由此开展的“法治与人治”的讨论，使法律界对“法治”一词有了更深的认识。

而推动“法治”最终成为我国之基本方略的，是上述1996年2月8日由中国社会科学院法学研究所研究员王家福为中共中央政治局所作的“关于依法治国，建设社会主义法治国家的理论和实践问题”之讲座。王家福明确指出：“建设社会主义法治国家，是建设有中国特色的社会主义伟大事业的根本大计”，其重要性和必要性无与伦比，他还详细分析了建设社会主义法治国家的各项条件。“法制”和“法治”虽一字之差，但内涵大不一样，前者强调制度的建设，后者强调治理国家的最高权威、最后渊源，它突出了法的理念，法的权威，法的精神，法的民主，法的平等，法的正义。

1997年9月，党的十五大报告正式认可了上述讲座的提法，明确指出：“进一步扩大社会主义民主，健全社会主义法制，依法治国，建设社会主义法治国家。”1999 年国务院在政府工作报告中提出，“依法治国，是党领导人民治理国家的基本方略”。1999 年 3 月，第九届全国人民代表大会第二次会议通过了《宪法修正案》，修改后的《宪法》第 5 条增加了一个条款：“中华人民共和国实行依法治国，建设社会主义法治国家。”从此，法治终于成为我国的治国方略。

“依法治国、建设社会主义法治国家”之基本方略的提出和确立，具有重大的历史意义，在一定程度上可以说，这是新中国成立 70 年来，我们所取得的最为辉煌的成就。法治，原本是西方法律文明的历史遗产，它的核心价值在于避免了在治理国家的过程中，人的主观随意性和情感因素的干扰，体现了民主、平等、公正的政治理念，有利于调动全体民众的工作积极性，维持社会的长治久安。从 1840 年鸦片战争到 1949 年新中国的成立，中国人民一直在为实现“法治”而斗争，但都没有成功。1954 年的宪法曾经也强调过要运用法律来治理国家，并初步形成了中国特色社会主义法治。但在“左”的思想影响下，宪法的这一精神没有能够落实。而现在，我们终于实现中国人民 180 年的奋斗梦想。

(五) 2012 年党的十八大对法治的新理解

2012 年 11 月 8 日，党的十八大报告对法治提出了新的理解，阐述了新的见解。虽然，党的十八大报告的主题是“坚定不移沿着中国特色社会主义道路前进，为全面建成小康社会而奋斗”，但在法治道路的设计方面，作出了许多制度设计和周密安排。在建设中国特色社会主义法治方面，进一步阐述了如下几个问题。

1. 中国特色社会主义道路和理论体系的本质特征

这是中国特色社会主义法治的立论基础。中国特色社会主义道路就是在中国共产党领导下，立足基本国情，以经济建设为中心，坚持四项基本原则，坚持改革开放，解放和发展社会生产力，建设社会主义市场经济、社会主义民主政治、社会主义先进文化、社会主义和谐社会、社会主义生态文明，促进人的全面发展，逐步实现全体人民共同富裕，建设富强民主文明和谐的社会主义现代化国家。

中国特色社会主义理论体系，就是包括邓小平理论、“三个代表”重要思想、科学发展观在内的科学理论体系，是对马克思列宁主义、毛泽东思想的坚持和发展。中国特色社会主义制度，就是人民代表大会制度的根本政治制度，中国共产党领导的多党合作和政治协商制度、民族区域自治制度以及基层群众自治制度等基本政治制度，中国特色社会主义法律体系，公有制为主体、多种所有制经济共同发展的基本经济制度，以及建立在这些制度基础上的经济体制、政治体制、文化体制、社会体制等各项具体制度。中国特色社会主义道路是实现途径，中国特色社会主义理论体系是行动指南，中国特色社会主义制度是根本保障，三者统一于中国特色社会主义伟大实践，这是党领导人民在建设社会主义长期实践中形成的最鲜明特色。具体而言，包括如下四个方面。

(1) 必须坚持人民主体地位。中国特色社会主义是亿万人民自己的事业。要发挥人民主人翁精神，坚持依法治国这个党领导人民治理国家的基本方略，最广泛地动员和组织人民依法管理国家事务和社会事务、管理经济和文化事业、积极投身社会主义现代化建设，更好保障人民权益，更好保证人民当家作主。

(2) 必须坚持推进改革开放。改革开放是坚持和发展中国特色社会主义的必由之路。要始终把改革创新精神贯彻到治国理政各个环节，坚持社会主义市场经济的改革方向，坚持对外开放的基本国策，不断推进理论创新、制度创新、科技创新、文化创新以及其他各方面创新，不断推进我国社会主义制度自我完善和发展。

(3) 必须坚持维护社会公平正义。公平正义是中国特色社会主义的内在要求。要在全体人民共同奋斗、经济社会发展的基础上，加紧建设对保障社会公平正义具有重大作用的制度，逐步建立以权利公平、机会公平、规则公平为主要内容的社会公平保障体系，努力营造公平的社会环境，保证人民平等参与、平等发展权利。

（4）必须坚持党的领导。中国共产党是中国特色社会主义事业的领导核心。要坚持立党为公、执政为民，加强和改善党的领导，坚持党总揽全局、协调各方的领导核心作用，保持党的先进性和纯洁性，增强党的创造力、凝聚力、战斗力，提高党科学执政、民主执政、依法执政水平。

2. 坚持走中国特色社会主义政治发展道路和推进政治体制改革

这是中国特色社会主义法治发展和完善的政治保障。人民民主是我们党始终高扬的光辉旗帜。改革开放以来，我党总结发展社会主义民主正反两方面经验，强调人民民主是社会主义的生命，坚持国家一切权力属于人民，不断推进政治体制改革，社会主义民主政治建设取得重大进展，成功开辟和坚持了中国特色社会主义政治发展道路，为实现最广泛的人民民主确立了正确方向。

政治体制改革是我国全面改革的重要组成部分。必须继续积极稳妥推进政治体制改革，发展更加广泛、更加充分、更加健全的人民民主。必须坚持党的领导、人民当家作主、依法治国有机统一，以保证人民当家作主为根本，以增强党和国家活力、调动人民积极性为目标，扩大社会主义民主，加快建设社会主义法治国家，发展社会主义政治文明。要更加注重改进党的领导方式和执政方式，保证党领导人民有效治理国家；更加注重健全民主制度、丰富民主形式，保证人民依法实行民主选举、民主决策、民主管理、民主监督；更加注重发挥法治在国家治理和社会管理中的重要作用，维护国家法制统一、尊严、权威，保证人民依法享有广泛权利和自由。要把制度建设摆在突出位置，充分发挥我国社会主义政治制度优越性，积极借鉴人类政治文明有益成果，绝不照搬西方政治制度模式。

3. 全面推进依法治国

在中国特色社会主义道路、理论体系以及政治体制改革等问题梳理清楚的基础上，全面推进依法治国、建设社会主义法治国家的事业。党的十八大报告强调，法治是治国理政的基本方式。要推进科学立法、严格执法、公正司法、全民守法，坚持法律面前人人平等，保证有法必依、执法必严、违法必究。完善中国特色社会主义法律体系，加强重点领域立法，拓展人民有序参与立法途径。推进依法行政，切实做到严格规范公正文明执法。进一步深化司法体制改革，坚持和完善中国特色社会主义司法制度，确保审判机关、检察机关依法独立公正行使审判权、检察权。深入开展法制宣传教育，弘扬社会主义法治精神，树立社会主义法治理念，增强全社会学法尊法守法用法意识。提高领导干部运用法治思维和法治方式深化改革、推动发展、化解矛盾、维护稳定能力。党领导人民制定宪法和法律，党必须在宪法和法律范围内活动。任何组织或者个人都不得有超越宪法和法律的特权，绝不允许以言代法、以权压法、徇私枉法。

党的十八大报告阐述了六层意思：一是法治是治国理政的基本方式；二是坚持新 16 个字方针和老 16 个字方针，坚持法律面前人人平等；三是强调了科学立法和依法行政；四是重申了将司法体制改革深入推进的决心和步骤；五是提出了全社会学法、尊法、守法和用法的目标；六是强调了宪法法律至上的理念。

（六）2013 年党的十八届三中全会关于司法体制改革的设想

2013 年 11 月 12 日，中国共产党第十八届中央委员会第三次全体会议顺利召开，通过了《中共中央关于全面深化改革若干重大问题的决定》（以下简称《决定》），掀起了一场全面深化我国国家治理各项制度的改革。其中，司法体制改革成为全面改革中的重要内容，并对推进中国特色社会主义法治产生了重要影响。具体涉及如下几个方面。

1. 阐明了全面深化改革的重大意义和指导思想

《决定》强调，全面深化改革是 1978 年党的十一届三中全会召开以来，推进中国特色社会主义制度建设的必经之路，具有重大意义和长远目标。

《决定》指出：改革开放是党在新的时代条件下带领全国各族人民进行的新的伟大革命，是当代中国最鲜明的特色。党的十一届三中全会召开35年来，我们党以巨大的政治勇气，锐意推进经济体制、政治体制、文化体制、社会体制、生态文明体制和党的建设制度改革，不断扩大开放，决心之大、变革之深、影响之广前所未有，成就举世瞩目。

实践发展永无止境，解放思想永无止境，改革开放永无止境。面对新形势新任务，全面建成小康社会，进而建成富强民主文明和谐的社会主义现代化国家、实现中华民族伟大复兴的中国梦，必须在新的历史起点上全面深化改革，不断增强中国特色社会主义道路自信、理论自信、制度自信。

《决定》强调，全面深化改革，必须高举中国特色社会主义伟大旗帜，以马克思列宁主义、毛泽东思想、邓小平理论、“三个代表”重要思想、科学发展观为指导，坚定信心，凝聚共识，统筹谋划，协同推进，坚持社会主义市场经济改革方向，以促进社会公平正义、增进人民福祉为出发点和落脚点，进一步解放思想、解放和发展社会生产力、解放和增强社会活力，坚决破除各方面体制机制弊端，努力开拓中国特色社会主义事业更加广阔的前景。

《决定》指出，全面深化改革的总目标是完善和发展中国特色社会主义制度，推进国家治理体系和治理能力现代化。必须更加注重改革的系统性、整体性、协同性，加快发展社会主义市场经济、民主政治、先进文化、和谐社会、生态文明，让一切劳动、知识、技术、管理、资本的活力竞相迸发，让一切创造社会财富的源泉充分涌流，让发展成果更多更公平惠及全体人民。

紧紧围绕坚持党的领导、人民当家作主、依法治国有机统一深化政治体制改革，加快推进社会主义民主政治制度化、规范化、程序化，建设社会主义法治国家，发展更加广泛、更加充分、更加健全的人民民主。

2. 在法治政府建设之背景下加快转变政府职能

《决定》指出，科学的宏观调控，有效的政府治理，是发挥社会主义市场经济体制优势的内在要求。必须切实转变政府职能，深化行政体制改革，创新行政管理方式，增强政府公信力和执行力，建设法治政府和服务型政府。

一方面，必须全面正确履行政府职能。进一步简政放权，深化行政审批制度改革，最大限度减少中央政府对微观事务的管理，市场机制能有效调节的经济活动，一律取消审批，对保留的行政审批事项要规范管理、提高效率；直接面向基层、量大面广、由地方管理更方便有效的经济社会事项，一律下放地方和基层管理。

另一方面，政府要加强发展战略、规划、政策、标准等制定和实施，加强市场活动监管，加强各类公共服务提供。加强中央政府宏观调控职责和能力，加强地方政府公共服务、市场监管、社会管理、环境保护等职责。推广政府购买服务，凡属事务性管理服务，原则上都要引入竞争机制，通过合同、委托等方式向社会购买。

3. 在构建法治社会背景下加强社会主义民主政治制度建设

《决定》强调，发展社会主义民主政治，必须以保证人民当家作主为根本，坚持和完善人民代表大会制度、中国共产党领导的多党合作和政治协商制度、民族区域自治制度以及基层群众自治制度，更加注重健全民主制度、丰富民主形式，从各层次各领域扩大公民有序政治参与，充分发挥我国社会主义政治制度优越性。

推动人民代表大会制度与时俱进。坚持人民主体地位，推进人民代表大会制度理论和实践创新，发挥人民代表大会制度的根本政治制度作用。完善中国特色社会主义法律体系，健全立法起草、论证、协调、审议机制，提高立法质量，防止地方保护和部门利益法制化。健全"一府两院"由人大产生、对人大负责、受人大监督制度。健全人大讨论、决定重大事项制度，各级政府重大决策出台前向本级人大报告。加强人大预算决算审查监督、国有资产监督职能。落实税收法定原则。加强人大常委会同人大代表的联系，充分发挥代表作用。通过建立健全代表联络机构、网络平台等形式密切代表同人民群众联系。

完善人大工作机制，通过座谈、听证、评估、公布法律草案等扩大公民有序参与立法途径，通过询问、质询、特定问题调查、备案审查等积极回应社会关切。

必须推进协商民主广泛多层制度化发展。协商民主是我国社会主义民主政治的特有形式和独特优势，是党的群众路线在政治领域的重要体现。在党的领导下，以经济社会发展重大问题和涉及群众切身利益的实际问题为内容，在全社会开展广泛协商，坚持协商于决策之前和决策实施之中。

构建程序合理、环节完整的协商民主体系，拓宽国家政权机关、政协组织、党派团体、基层组织、社会组织的协商渠道。深入开展立法协商、行政协商、民主协商、参政协商、社会协商。加强中国特色新型智库建设，建立健全决策咨询制度。

发挥统一战线在协商民主中的重要作用。完善中国共产党同各民主党派的政治协商，认真听取各民主党派和无党派人士意见。中共中央根据年度工作重点提出规划，采取协商会、谈心会、座谈会等进行协商。完善民主党派中央直接向中共中央提出建议制度。贯彻党的民族政策，保障少数民族合法权益，巩固和发展平等团结互助和谐的社会主义民族关系。

发挥人民政协作为协商民主重要渠道作用。重点推进政治协商、民主监督、参政议政制度化、规范化、程序化。各级党委和政府、政协制定并组织实施协商年度工作计划，就一些重要决策听取政协意见。完善人民政协制度体系，规范协商内容、协商程序。拓展协商民主形式，更加活跃有序地组织专题协商、对口协商、界别协商、提案办理协商，增加协商密度，提高协商成效。在政协健全委员联络机构，完善委员联络制度。

必须进一步发展基层民主。畅通民主渠道，健全基层选举、议事、公开、述职、问责等机制。开展形式多样的基层民主协商，推进基层协商制度化，建立健全居民、村民监督机制，促进群众在城乡社区治理、基层公共事务和公益事业中依法自我管理、自我服务、自我教育、自我监督。健全以职工代表大会为基本形式的企事业单位民主管理制度，加强社会组织民主机制建设，保障职工参与管理和监督的民主权利。

4. 推进法治中国建设

建设法治中国，必须坚持依法治国、依法执政、依法行政共同推进，坚持法治国家、法治政府、法治社会一体建设。深化司法体制改革，加快建设公正高效权威的社会主义司法制度，维护人民权益，让人民群众在每一个司法案件中都感受到公平正义。

维护宪法法律权威。宪法是保证党和国家兴旺发达、长治久安的根本法，具有最高权威。要进一步健全宪法实施监督机制和程序，把全面贯彻实施宪法提高到一个新水平。建立健全全社会忠于、遵守、维护、运用宪法法律的制度。坚持法律面前人人平等，任何组织或者个人都不得有超越宪法法律的特权，一切违反宪法法律的行为都必须予以追究。

普遍建立法律顾问制度。完善规范性文件、重大决策合法性审查机制。建立科学的法治建设指标体系和考核标准。健全法规、规章、规范性文件备案审查制度。健全社会普法教育机制，增强全民法治观念。逐步增加有地方立法权的较大的市数量。

深化行政执法体制改革。整合执法主体，相对集中执法权，推进综合执法，着力解决权责交叉、多头执法问题，建立权责统一、权威高效的行政执法体制。减少行政执法层级，加强食品药品、安全生产、环境保护、劳动保障、海域海岛等重点领域基层执法力量。理顺城管执法体制，提高执法和服务水平。

完善行政执法程序，规范执法自由裁量权，加强对行政执法的监督，全面落实行政执法责任制和执法经费由财政保障制度，做到严格规范公正文明执法。完善行政执法与刑事司法衔接机制。

确保依法独立公正行使审判权检察权。改革司法管理体制，推动省以下地方法院、检察院人财物统一管理，探索建立与行政区划适当分离的司法管辖制度，保证国家法律统一正确实施。

建立符合职业特点的司法人员管理制度，健全法官、检察官、人民警察统一招录、有序交流、逐级遴选机制，完善司法人员分类管理制度，健全法官、检察官、人民警察职业保障制度。

健全司法权力运行机制。优化司法职权配置，健全司法权力分工负责、互相配合、互相制约机制，加强和规范对司法活动的法律监督和社会监督。

改革审判委员会制度，完善主审法官、合议庭办案责任制，让审理者裁判、由裁判者负责。明确各级法院职能定位，规范上下级法院审级监督关系。

推进审判公开、检务公开，录制并保留全程庭审资料。增强法律文书说理性，推动公开法院生效裁判文书。严格规范减刑、假释、保外就医程序，强化监督制度。广泛实行人民陪审员、人民监督员制度，拓宽人民群众有序参与司法渠道。

完善人权司法保障制度。国家尊重和保障人权。进一步规范查封、扣押、冻结、处理涉案财物的司法程序。健全错案防止、纠正、责任追究机制，严禁刑讯逼供、体罚虐待，严格实行非法证据排除规则。逐步减少适用死刑罪名。

废止劳动教养制度，完善对违法犯罪行为的惩治和矫正法律，健全社区矫正制度。

健全国家司法救助制度，完善法律援助制度。完善律师执业权利保障机制和违法违规执业惩戒制度，加强职业道德建设，发挥律师在依法维护公民和法人合法权益方面的重要作用。

应该说，党的十八届三中全会定下来的深化改革的思路和措施是全方位的，涉及坚持和完善基本经济制度，加快完善现代市场体系，加快转变政府职能，深化财税体制改革，健全城乡发展一体化体制机制，构建开放型经济新体制，强化权力运行制约和监督体系，推进文化体制机制创新，推进社会事业改革创新，创新社会治理体制，加快生态文明制度建设，深化国防和军队改革，加强和改善党对全面深化改革的领导等诸多方面，但政治与法治（司法体制）的改革是基础、是保障。正是在党的十八届三中全会的指导下，我国新一轮的司法体制改革开始走向深入，以审判为中心、员额制、司法责任制等确保司法公正的制度陆续出台，并带来至今仍然在向前发展的司法体制改革的深入进展。

(七) 2014 年党的十八届四中全会“全面推进依法治国”方略的提出

过了一年，为贯彻落实党的十八大作出的战略部署，加快建设社会主义法治国家，党的十八届四中全会通过了《关于全面推进依法治国若干重大问题的决定》（以下简称《决定》），具体包括如下几个方面。

1. 深刻认识建设中国特色社会主义法治的极端重要性

《决定》指出，依法治国，首先是坚持和发展中国特色社会主义的本质要求和重要保障，是实现国家治理体系和治理能力现代化的必然要求，事关我们党执政兴国，事关人民幸福安康，事关党和国家长治久安。其次，全面建成小康社会、实现中华民族伟大复兴的中国梦，全面深化改革、完善和发展中国特色社会主义制度，提高党的执政能力和执政水平，必须全面推进依法治国。再次，我国正处于社会主义初级阶段，全面建成小康社会进入决定性阶段，改革进入攻坚期和深水区，国际形势复杂多变，我们党面对的改革发展稳定任务之重前所未有、矛盾风险挑战之多前所未有，依法治国在党和国家工作全局中的地位更加突出、作用更加重大。面对新形势新任务，我们党要更好统筹国内国际两个大局，更好维护和运用我国发展的重要战略机遇期，更好统筹社会力量、平衡社会利益、调节社会关系、规范社会行为，使我国社会在深刻变革中既生机勃勃又井然有序，实现经济发展、政治清明、文化昌盛、社会公正、生态良好，实现我国和平发展的战略目标，必须更好发挥法治的引领和规范作用。

2. 党的十一届三中全会以来法治的发展及其经验

《决定》强调，我们党高度重视法治建设。长期以来，特别是党的十一届三中全会以来，我们党深刻总结我国社会主义法治建设的成功经验和深刻教训，提出为了保障人民民主，必须加强法治，必须使民主制度化、法律化，把依法治国确定为党领导人民治理国家的基本方略，把依法执政确定为党治国理政的基本方式，积极建设社会主义法治，取得历史性成就。目前，中国特色社会主义法律体系已经形成，法治政府建设稳步推进，司法体制不断完善，全社会法治观念明显增强。

同时，《决定》指出，我们也必须清醒看到，同党和国家事业发展要求相比，同人民群众期待相比，同推进国家治理体系和治理能力现代化目标相比，法治建设还存在许多不适应、不符合的问题，主要表现为：有的法律法规未能全面反映客观规律和人民意愿，针对性、可操作性不强，立法工作中部门化倾向、争权诿责现象较为突出；有法不依、执法不严、违法不究现象比较严重，执法体制权责脱节、多头执法、选择性执法现象仍然存在，执法司法不规范、不严格、不透明、不文明现象较为突出，群众对执法司法不公和腐败问题反映强烈；部分社会成员尊法信法守法用法、依法维权意识不强，一些国家工作人员特别是领导干部依法办事观念不强、能力不足，知法犯法、以言代法、以权压法、徇私枉法现象依然存在。这些问题，违背社会主义法治原则，损害人民群众利益，妨碍党和国家事业发展，必须下大力气加以解决。

3. 全面推进依法治国的指导思想及其总目标

《决定》明确了全面推进依法治国的指导思想，这就是：必须贯彻落实党的十八大和十八届三中全会精神，高举中国特色社会主义伟大旗帜，以马克思列宁主义、毛泽东思想、邓小平理论、“三个代表”重要思想、科学发展观为指导，深入贯彻习近平总书记系列重要讲话精神，坚持党的领导、人民当家作主、依法治国有机统一，坚定不移走中国特色社会主义法治道路，坚决维护宪法法律权威，依法维护人民权益、维护社会公平正义、维护国家安全稳定，为实现“两个一百年”奋斗目标、实现中华民族伟大复兴的中国梦提供有力法治保障。

《决定》指出，全面推进依法治国的总目标，就是建设中国特色社会主义法治体系，建设社会主义法治国家。在中国共产党领导下，坚持中国特色社会主义制度，贯彻中国特色社会主义法治理论，形成完备的法律规范体系、高效的法治实施体系、严密的法治监督体系、有力的法治保障体系，形成完善的党内法规体系，坚持依法治国、依法执政、依法行政共同推进，坚持法治国家、法治政府、法治社会一体建设，实现科学立法、严格执法、公正司法、全民守法，促进国家治理体系和治理能力现代化。

4. 实现全面推进依法治国之总目标的基本原则

（1）坚持中国共产党的领导。党的领导是中国特色社会主义最本质的特征，是社会主义法治最根本的保证。把党的领导贯彻到依法治国全过程和各方面，是我国社会主义法治建设的一条基本经验。我国宪法确立了中国共产党的领导地位。坚持党的领导，是社会主义法治的根本要求，是党和国家的根本所在、命脉所在，是全国各族人民的利益所系、幸福所系，是全面推进依法治国的题中应有之义。党的领导和社会主义法治是一致的，社会主义法治必须坚持党的领导，党的领导必须依靠社会主义法治。只有在党的领导下依法治国、厉行法治，人民当家作主才能充分实现，国家和社会生活法治化才能有序推进。依法执政，既要求党依据宪法法律治国理政，也要求党依据党内法规管党治党。必须坚持党领导立法、保证执法、支持司法、带头守法，把依法治国基本方略同依法执政基本方式统一起来，把党总揽全局、协调各方同人大、政府、政协、审判机关、检察机关依法依章程履行职能、开展工作统一起来，把党领导人民制定和实施宪法法律同党坚持在宪法法律范围内活动统一起来，善于使党的主张通过法定程序成为国家意志，善于使党组织推荐的人选通过法定程序成为国家政权机关的领导人员，善于通过国家政权机关实施党对国家和社会的领导，善于运用民主集中制原则维护中央权威、维护全党全国团结统一。

（2）坚持人民主体地位。人民是依法治国的主体和力量源泉，人民代表大会制度是保证人民当家作主的根本政治制度。必须坚持法治建设为了人民、依靠人民、造福人民、保护人民，以保障人民根本权益为出发点和落脚点，保证人民依法享有广泛的权利和自由、承担应尽的义务，维护社会公平正义，促进共同富裕。必须保证人民在党的领导下，依照法律规定，通过各种途径和形式管理国家事务，管理经济文化事业，管理社会事务。必须使人民认识到法律既是保障自身权利的有力武器，也是必须遵守的行为规范，增强全社会学法尊法守法用法意识，使法律为人民所掌握、所遵守、所运用。

（3）坚持法律面前人人平等。平等是社会主义法律的基本属性。任何组织和个人都必须尊重宪法法律权威，都必须在宪法法律范围内活动，都必须依照宪法法律行使权力或权利、履行职责或义务，都不得有超越宪法法律的特权。必须维护国家法制统一、尊严、权威，切实保证宪法法律有效实施，绝不允许任何人以任何借口任何形式以言代法、以权压法、徇私枉法。必须以规范和约束公权力为重点，加大监督力度，做到有权必有责、用权受监督、违法必追究，坚决纠正有法不依、执法不严、违法不究行为。

（4）坚持依法治国和以德治国相结合。国家和社会治理需要法律和道德共同发挥作用。必须坚持一手抓法治、一手抓德治，大力弘扬社会主义核心价值观，弘扬中华传统美德，培育社会公德、职业道德、家庭美德、个人品德，既重视发挥法律的规范作用，又重视发挥道德的教化作用，以法治体现道德理念、强化法律对道德建设的促进作用，以道德滋养法治精神、强化道德对法治文化的支撑作用，实现法律和道德相辅相成、法治和德治相得益彰。

（5）坚持从中国实际出发。中国特色社会主义道路、理论体系、制度是全面推进依法治国的根本遵循。必须从我国基本国情出发，同改革开放不断深化相适应，总结和运用党领导人民实行法治的成功经验，围绕社会主义法治建设重大理论和实践问题，推进法治理论创新，发展符合中国实际、具有中国特色、体现社会发展规律的社会主义法治理论，为依法治国提供理论指导和学理支撑。汲取中华法律文化精华，借鉴国外法治有益经验，但决不照搬外国法治理念和模式。

以上5项全面推进依法治国之总目标的基本原则，实际上是对中国特色社会主义法治的一个高度凝练的总结。坚持中国共产党的领导，坚持人民主体地位，坚持依法治国和以德治国相结合，坚持从中国实际出发，都是对新中国成立以来我国社会主义法治建设的经验和教训的深刻反思和认真总结。而坚持法律面前人人平等，不仅是对新中国法治建设正反两个方面经验教训的反思和总结，更是对整个人类法治文明进步历程及其所取得的成果的肯定和追求。正是在这个认识高度上，《决定》最后指出："全面推进依法治国是一个系统工程，是国家治理领域一场广泛而深刻的革命，需要付出长期艰苦努力。全党同志必须更加自觉地坚持依法治国、更加扎实地推进依法治国，努力实现国家各项工作法治化，向着建设法治中国不断前进。"

5. 完善以宪法为核心的中国特色社会主义法律体系，加强宪法实施

在强调完善以宪法为核心的中国特色社会主义法律体系，加强宪法实施时，《决定》创造了一句至今仍然为广大干部所反复传颂的名言："法律是治国之重器，良法是善治之前提。"《决定》指出：建设中国特色社会主义法治体系，必须坚持立法先行，发挥立法的引领和推动作用，抓住提高立法质量这个关键。要恪守以民为本、立法为民理念，贯彻社会主义核心价值观，使每一项立法都符合宪法精神、反映人民意志、得到人民拥护。要把公正、公平、公开原则贯穿立法全过程，完善立法体制机制，坚持立改废释并举，增强法律法规的及时性、系统性、针对性、有效性。具体而言，需要做好如下几个方面的工作。

（1）健全宪法实施和监督制度。宪法是党和人民意志的集中体现，是通过科学民主程序形成的根本法。坚持依法治国首先要坚持依宪治国，坚持依法执政首先要坚持依宪执政。全国各族人民、一切国家机关和武装力量、各政党和各社会团体、各企业事业组织，都必须以宪法为根本的活动准则，并且负有维护宪法尊严、保证宪法实施的职责。一切违反宪法的行为都必须予以追究和纠正。

完善全国人大及其常委会宪法监督制度，健全宪法解释程序机制。加强备案审查制度和能力建设，把所有规范性文件纳入备案审查范围，依法撤销和纠

正违宪违法的规范性文件，禁止地方制发带有立法性质的文件。

将每年十二月四日定为国家宪法日。在全社会普遍开展宪法教育，弘扬宪法精神。建立宪法宣誓制度，凡经人大及其常委会选举或者决定任命的国家工作人员正式就职时公开向宪法宣誓。

(2) 完善立法体制。加强党对立法工作的领导，完善党对立法工作中重大问题决策的程序。凡立法涉及重大体制和重大政策调整的，必须报党中央讨论决定。党中央向全国人大提出宪法修改建议，依照宪法规定的程序进行宪法修改。法律制定和修改的重大问题由全国人大常委会党组向党中央报告。

健全有立法权的人大主导立法工作的体制机制，发挥人大及其常委会在立法工作中的主导作用。建立由全国人大相关专门委员会、全国人大常委会法制工作委员会组织有关部门参与起草综合性、全局性、基础性等重要法律草案制度。增加有法治实践经验的专职常委比例。依法建立健全专门委员会、工作委员会立法专家顾问制度。

加强和改进政府立法制度建设，完善行政法规、规章制定程序，完善公众参与政府立法机制。重要行政管理法律法规由政府法制机构组织起草。

明确立法权力边界，从体制机制和工作程序上有效防止部门利益和地方保护主义法律化。对部门间争议较大的重要立法事项，由决策机关引入第三方评估，充分听取各方意见，协调决定，不能久拖不决。加强法律解释工作，及时明确法律规定含义和适用法律依据。明确地方立法权限和范围，依法赋予设区的市地方立法权。

(3) 深入推进科学立法、民主立法。加强人大对立法工作的组织协调，健全立法起草、论证、协调、审议机制，健全向下级人大征询立法意见机制，建立基层立法联系点制度，推进立法精细化。健全法律法规规章起草征求人大代表意见制度，增加人大代表列席人大常委会会议人数，更多发挥人大代表参与起草和修改法律作用。完善立法项目征集和论证制度。健全立法机关主导、社会各方有序参与立法的途径和方式。探索委托第三方起草法律法规草案。

健全立法机关和社会公众沟通机制，开展立法协商，充分发挥政协委员、民主党派、工商联、无党派人士、人民团体、社会组织在立法协商中的作用，探索建立有关国家机关、社会团体、专家学者等对立法中涉及的重大利益调整论证咨询机制。拓宽公民有序参与立法途径，健全法律法规规章草案公开征求意见和公众意见采纳情况反馈机制，广泛凝聚社会共识。

完善法律草案表决程序，对重要条款可以单独表决。

（4）加强重点领域立法。重点领域，就是关系国计民生的领域；重点领域立法，就是用法律、法规来规范、调整、促进和保障这些国计民生，尤其是涉及公民基本权利保障的立法。加强重点领域立法，第一，就要依法保障公民权利，加快完善体现权利公平、机会公平、规则公平的法律制度，保障公民人身权、财产权、基本政治权利等各项权利不受侵犯，保障公民经济、文化、社会等各方面权利得到落实，实现公民权利保障法治化。增强全社会尊重和保障人权意识，健全公民权利救济渠道和方式。

第二，社会主义市场经济本质上是法治经济。使市场在资源配置中起决定性作用和更好发挥政府作用，必须以保护产权、维护契约、统一市场、平等交换、公平竞争、有效监管为基本导向，完善社会主义市场经济法律制度。健全以公平为核心原则的产权保护制度，加强对各种所有制经济组织和自然人财产权的保护，清理有违公平的法律法规条款。创新适应公有制多种实现形式的产权保护制度，加强对国有、集体资产所有权、经营权和各类企业法人财产权的保护。国家保护企业以法人财产权依法自主经营、自负盈亏，企业有权拒绝任何组织和个人无法律依据的要求。加强企业社会责任立法。完善激励创新的产权制度、知识产权保护制度和促进科技成果转化的体制机制。加强市场法律制度建设，编纂民法典，制定和完善发展规划、投资管理、土地管理、能源和矿产资源、农业、财政税收、金融等方面法律法规，促进商品和要素自由流动、公平交易、平等使用。依法加强和改善宏观调控、市场监管，反对垄断，促进合理竞争，维护公平竞争的市场秩序。加强军民融合深度发展法治保障。

第三，制度化、规范化、程序化是社会主义民主政治的根本保障。以保障人民当家作主为核心，坚持和完善人民代表大会制度，坚持和完善中国共产党领导的多党合作和政治协商制度、民族区域自治制度以及基层群众自治制度，推进社会主义民主政治法治化。加强社会主义协商民主制度建设，推进协商民主广泛多层制度化发展，构建程序合理、环节完整的协商民主体系。完善和发展基层民主制度，依法推进基层民主和行业自律，实行自我管理、自我服务、自我教育、自我监督。完善国家机构组织法，完善选举制度和工作机制。加快推进反腐败国家立法，完善惩治和预防腐败体系，形成不敢腐、不能腐、不想腐的有效机制，坚决遏制和预防腐败现象。完善惩治贪污贿赂犯罪法律制度，把贿赂犯罪对象由财物扩大为财物和其他财产性利益。

第四，建立健全坚持社会主义先进文化前进方向、遵循文化发展规律、有利于激发文化创造活力、保障人民基本文化权益的文化法律制度。制定公共文化服务保障法，促进基本公共文化服务标准化、均等化。制定文化产业促进法，把行之有效的文化经济政策法定化，健全促进社会效益和经济效益有机统一的制度规范。制定国家勋章和国家荣誉称号法，表彰有突出贡献的杰出人士。加强互联网领域立法，完善网络信息服务、网络安全保护、网络社会管理等方面的法律法规，依法规范网络行为。

第五，加快保障和改善民生、推进社会治理体制创新法律制度建设。依法加强和规范公共服务，完善教育、就业、收入分配、社会保障、医疗卫生、食品安全、扶贫、慈善、社会救助和妇女儿童、老年人、残疾人合法权益保护等方面的法律法规。加强社会组织立法，规范和引导各类社会组织健康发展。制定社区矫正法。

第六，贯彻落实总体国家安全观，加快国家安全法治建设，抓紧出台反恐怖等一批急需法律，推进公共安全法治化，构建国家安全法律制度体系。

第七，用严格的法律制度保护生态环境，加快建立有效约束开发行为和促进绿色发展、循环发展、低碳发展的生态文明法律制度，强化生产者环境保护的法律责任，大幅度提高违法成本。建立健全自然资源产权法律制度，完善国土空间开发保护方面的法律制度，制定完善生态补偿和土壤、水、大气污染防治及海洋生态环境保护等法律法规，促进生态文明建设。

第八，用法治来推进改革，深化改革。实现立法和改革决策相衔接，做到重大改革于法有据、立法主动适应改革和经济社会发展需要。实践证明行之有效的，要及时上升为法律。实践条件还不成熟、需要先行先试的，要按照法定程序作出授权。对不适应改革要求的法律法规，要及时修改和废止。

以上八大重点领域，涉及公民基本权利保障，市场经济体制机制的完善，公民政治自由的民主化、法治化（包括完善人民代表大会制度、多党合作政治协商制度等），遵循文化发展规律、激活社会主义文化创造力，保障和改善民生，构建国家安全法律制度体系，保护生态环境，推进改革、深化改革等各个国家战略方面。应该说，加强重点领域立法，虽然党的十八届四中全会是第一次提出，但思考和措施已经非常成熟，十分系统，相当完备了。

6. 深入推进依法行政，加快建设法治政府

《决定》在要求“深入推进依法行政，加快建设法治政府”时，又提出了两句名言：“法律的生命力在于实施，法律的权威也在于实施。”而实施法律的首要机关，就是我们国家的各级政府。因此，《决定》就提出了法治政府之建设的任务，强调：各级政府必须坚持在党的领导下、在法治轨道上开展工作，创新执法体制，完善执法程序，推进综合执法，严格执法责任，建立权责统一、权威高效的依法行政体制，加快建设职能科学、权责法定、执法严明、公开公正、廉洁高效、守法诚信的法治政府。具体而言，有如下几个方面。

（1）依法全面履行政府职能。完善行政组织和行政程序法律制度，推进机构、职能、权限、程序、责任法定化。行政机关要坚持法定职责必须为、法无授权不可为，勇于负责、敢于担当，坚决纠正不作为、乱作为，坚决克服懒政、怠政，坚决惩处失职、渎职。行政机关不得法外设定权力，没有法律法规依据不得作出减损公民、法人和其他组织合法权益或者增加其义务的决定。推行政府权力清单制度，坚决消除权力设租寻租空间。

推进各级政府事权规范化、法律化，完善不同层级政府特别是中央和地方政府事权法律制度，强化中央政府宏观管理、制度设定职责和必要的执法权，强化省级政府统筹推进区域内基本公共服务均等化职责，强化市县政府执行职责。

（2）健全依法决策机制。把公众参与、专家论证、风险评估、合法性审查、

集体讨论决定确定为重大行政决策法定程序，确保决策制度科学、程序正当、过程公开、责任明确。建立行政机关内部重大决策合法性审查机制，未经合法性审查或经审查不合法的，不得提交讨论。

积极推行政府法律顾问制度，建立政府法制机构人员为主体、吸收专家和律师参加的法律顾问队伍，保证法律顾问在制定重大行政决策、推进依法行政中发挥积极作用。

建立重大决策终身责任追究制度及责任倒查机制，对决策严重失误或者依法应该及时作出决策但久拖不决造成重大损失、恶劣影响的，严格追究行政首长、负有责任的其他领导人员和相关责任人员的法律责任。

（3）深化行政执法体制改革。根据不同层级政府的事权和职能，按照减少层次、整合队伍、提高效率的原则，合理配置执法力量。

推进综合执法，大幅减少市县两级政府执法队伍种类，重点在食品药品安全、工商质检、公共卫生、安全生产、文化旅游、资源环境、农林水利、交通运输、城乡建设、海洋渔业等领域内推行综合执法，有条件的领域可以推行跨部门综合执法。

完善市县两级政府行政执法管理，加强统一领导和协调。理顺行政强制执行体制。理顺城管执法体制，加强城市管理综合执法机构建设，提高执法和服务水平。

严格实行行政执法人员持证上岗和资格管理制度，未经执法资格考试合格，不得授予执法资格，不得从事执法活动。严格执行罚缴分离和收支两条线管理制度，严禁收费罚没收入同部门利益直接或者变相挂钩。

健全行政执法和刑事司法衔接机制，完善案件移送标准和程序，建立行政执法机关、公安机关、检察机关、审判机关信息共享、案情通报、案件移送制度，坚决克服有案不移、有案难移、以罚代刑现象，实现行政处罚和刑事处罚无缝对接。

（4）坚持严格规范公正文明执法。依法惩处各类违法行为，加大关系群众切身利益的重点领域执法力度。完善执法程序，建立执法全过程记录制度。明确具体操作流程，重点规范行政许可、行政处罚、行政强制、行政征收、行政收费、行政检查等执法行为。严格执行重大执法决定法制审核制度。

建立健全行政裁量权基准制度，细化、量化行政裁量标准，规范裁量范围、种类、幅度。加强行政执法信息化建设和信息共享，提高执法效率和规范化水平。

全面落实行政执法责任制，严格确定不同部门及机构、岗位执法人员执法责任和责任追究机制，加强执法监督，坚决排除对执法活动的干预，防止和克服地方和部门保护主义，惩治执法腐败现象。

（5）强化对行政权力的制约和监督。加强党内监督、人大监督、民主监督、行政监督、司法监督、审计监督、社会监督、舆论监督制度建设，努力形成科学有效的权力运行制约和监督体系，增强监督合力和实效。

加强对政府内部权力的制约，是强化对行政权力制约的重点。对财政资金分配使用、国有资产监管、政府投资、政府采购、公共资源转让、公共工程建设等权力集中的部门和岗位实行分事行权、分岗设权、分级授权，定期轮岗，强化内部流程控制，防止权力滥用。完善政府内部层级监督和专门监督，改进上级机关对下级机关的监督，建立常态化监督制度。完善纠错问责机制，健全责令公开道歉、停职检查、引咎辞职、责令辞职、罢免等问责方式和程序。

完善审计制度，保障依法独立行使审计监督权。对公共资金、国有资产、国有资源和领导干部履行经济责任情况实行审计全覆盖。强化上级审计机关对下级审计机关的领导。探索省以下地方审计机关人财物统一管理。推进审计职业化建设。

（6）全面推进政务公开。坚持以公开为常态、不公开为例外原则，推进决策公开、执行公开、管理公开、服务公开、结果公开。各级政府及其工作部门依据权力清单，向社会全面公开政府职能、法律依据、实施主体、职责权限、管理流程、监督方式等事项。重点推进财政预算、公共资源配置、重大建设项目批准和实施、社会公益事业建设等领域的政府信息公开。

涉及公民、法人或其他组织权利和义务的规范性文件，按照政府信息公开要求和程序予以公布。推行行政执法公示制度。推进政务公开信息化，加强互联网政务信息数据服务平台和便民服务平台建设。

7. 保证公正司法，提高司法公信力

公正是法治的生命线，也是法治的灵魂。《决定》指出："司法公正对社会公正具有重要引领作用，司法不公对社会公正具有致命破坏作用。"《决定》强调，必须完善司法管理体制和司法权力运行机制，规范司法行为，加强对司法活动的监督，努力让人民群众在每一个司法案件中都感受到公平正义。为了确保司法公正，必须建设好如下各项制度。

（1）完善确保依法独立公正行使审判权和检察权的制度。各级党政机关和领导干部要支持法院、检察院依法独立公正行使职权。建立领导干部干预司法活动、插手具体案件处理的记录、通报和责任追究制度。任何党政机关和领导干部都不得让司法机关做违反法定职责、有碍司法公正的事情，任何司法机关都不得执行党政机关和领导干部违法干预司法活动的要求。对干预司法机关办案的，给予党纪政纪处分；造成冤假错案或者其他严重后果的，依法追究刑事责任。

健全行政机关依法出庭应诉、支持法院受理行政案件、尊重并执行法院生效裁判的制度。完善惩戒妨碍司法机关依法行使职权、拒不执行生效裁判和决定、藐视法庭权威等违法犯罪行为的法律规定。

建立健全司法人员履行法定职责保护机制。非因法定事由，非经法定程序，不得将法官、检察官调离、辞退或者作出免职、降级等处分。

（2）优化司法职权配置。健全公安机关、检察机关、审判机关、司法行政机关各司其职，侦查权、检察权、审判权、执行权相互配合、相互制约的体制机制。

完善司法体制，推动实行审判权和执行权相分离的体制改革试点。完善刑罚执行制度，统一刑罚执行体制。改革司法机关人财物管理体制，探索实行法院、检察院司法行政事务管理权和审判权、检察权相分离。

最高人民法院设立巡回法庭，审理跨行政区域重大行政和民商事案件。探索设立跨行政区划的人民法院和人民检察院，办理跨地区案件。完善行政诉讼

体制机制，合理调整行政诉讼案件管辖制度，切实解决行政诉讼立案难、审理难、执行难等突出问题。

改革法院案件受理制度，变立案审查制为立案登记制，对人民法院依法应该受理的案件，做到有案必立、有诉必理，保障当事人诉权。加大对虚假诉讼、恶意诉讼、无理缠诉行为的惩治力度。完善刑事诉讼中认罪认罚从宽制度。

完善审级制度，一审重在解决事实认定和法律适用，二审重在解决事实法律争议、实现二审终审，再审重在解决依法纠错、维护裁判权威。完善对涉及公民人身、财产权益的行政强制措施实行司法监督制度。检察机关在履行职责中发现行政机关违法行使职权或者不行使职权的行为，应该督促其纠正。探索建立检察机关提起公益诉讼制度。

明确司法机关内部各层级权限，健全内部监督制约机制。司法机关内部人员不得违反规定干预其他人员正在办理的案件，建立司法机关内部人员过问案件的记录制度和责任追究制度。完善主审法官、合议庭、主任检察官、主办侦查员办案责任制，落实谁办案谁负责。

加强职务犯罪线索管理，健全受理、分流、查办、信息反馈制度，明确纪检监察和刑事司法办案标准和程序衔接，依法严格查办职务犯罪案件。

（3）推进严格司法。坚持以事实为根据、以法律为准绳，健全事实认定符合客观真相、办案结果符合实体公正、办案过程符合程序公正的法律制度。加强和规范司法解释和案例指导，统一法律适用标准。

推进以审判为中心的诉讼制度改革，确保侦查、审查起诉的案件事实证据经得起法律的检验。全面贯彻证据裁判规则，严格依法收集、固定、保存、审查、运用证据，完善证人、鉴定人出庭制度，保证庭审在查明事实、认定证据、保护诉权、公正裁判中发挥决定性作用。

明确各类司法人员工作职责、工作流程、工作标准，实行办案质量终身负责制和错案责任倒查问责制，确保案件处理经得起法律和历史检验。

（4）保障人民群众参与司法。坚持人民司法为人民，依靠人民推进公正司法，通过公正司法维护人民权益。在司法调解、司法听证、涉诉信访等司法活动中保障人民群众参与。完善人民陪审员制度，保障公民陪审权利，扩大参审范围，完善随机抽选方式，提高人民陪审制度公信度。逐步实行人民陪审员不再审理法律适用问题，只参与审理事实认定问题。

构建开放、动态、透明、便民的阳光司法机制，推进审判公开、检务公开、警务公开、狱务公开，依法及时公开执法司法依据、程序、流程、结果和生效法律文书，杜绝暗箱操作。加强法律文书释法说理，建立生效法律文书统一上网和公开查询制度。

（5）加强人权司法保障。强化诉讼过程中当事人和其他诉讼参与人的知情权、陈述权、辩护辩论权、申请权、申诉权的制度保障。健全落实罪刑法定、疑罪从无、非法证据排除等法律原则的法律制度。完善对限制人身自由司法措施和侦查手段的司法监督，加强对刑讯逼供和非法取证的源头预防，健全冤假错案有效防范、及时纠正机制。

切实解决执行难，制定强制执行法，规范查封、扣押、冻结、处理涉案财物的司法程序。加快建立失信被执行人信用监督、威慑和惩戒法律制度。依法保障胜诉当事人及时实现权益。

落实终审和诉讼终结制度，实行诉访分离，保障当事人依法行使申诉权利。对不服司法机关生效裁判、决定的申诉，逐步实行由律师代理制度。对聘不起律师的申诉人，纳入法律援助范围。

（6）加强对司法活动的监督。完善检察机关行使监督权的法律制度，加强对刑事诉讼、民事诉讼、行政诉讼的法律监督。完善人民监督员制度，重点监督检察机关查办职务犯罪的立案、羁押、扣押冻结财物、起诉等环节的执法活动。司法机关要及时回应社会关切。规范媒体对案件的报道，防止舆论影响司法公正。

依法规范司法人员与当事人、律师、特殊关系人、中介组织的接触、交往行为。严禁司法人员私下接触当事人及律师、泄露或者为其打探案情、接受吃请或者收受其财物、为律师介绍代理和辩护业务等违法违纪行为，坚决惩治司法掮客行为，防止利益输送。

对因违法违纪被开除公职的司法人员、吊销执业证书的律师和公证员，终身禁止从事法律职业，构成犯罪的要依法追究刑事责任。

坚决破除各种潜规则，绝不允许法外开恩，绝不允许办关系案、人情案、金钱案。坚决反对和克服特权思想、衙门作风、霸道作风，坚决反对和惩治粗暴执法、野蛮执法行为。对司法领域的腐败零容忍，坚决清除害群之马。

8. 增强全民法治观念，推进法治社会建设

《决定》指出，法律的权威源自人民的内心拥护和真诚信仰。人民权益要靠法律保障，法律权威要靠人民维护。建设法治社会，必须弘扬社会主义法治精神，建设社会主义法治文化，增强全社会厉行法治的积极性和主动性，形成守法光荣、违法可耻的社会氛围，使全体人民都成为社会主义法治的忠实崇尚者、自觉遵守者、坚定捍卫者。

（1）推动全社会树立法治意识。坚持把全民普法和守法作为依法治国的长期的基础性工作，深入开展法治宣传教育，引导全民自觉守法、遇事找法、解决问题靠法。坚持把领导干部带头学法、模范守法作为树立法治意识的关键，完善国家工作人员学法用法制度，把宪法、法律列入党委（党组）中心组学习内容，列为党校、行政学院、干部学院、社会主义学院必修课。把法治教育纳入国民教育体系，从青少年抓起，在中小学设立法治知识课程。

健全普法宣传教育机制，各级党委和政府要加强对普法工作的领导，宣传、文化、教育部门和人民团体要在普法教育中发挥职能作用。实行国家机关“谁执法谁普法”的普法责任制，建立法官、检察官、行政执法人员、律师等以案释法制度，加强普法讲师团、普法志愿者队伍建设。把法治教育纳入精神文明创建内容，开展群众性法治文化活动，健全媒体公益普法制度，加强新媒体新技术在普法中的运用，提高普法实效。

牢固树立有权力就有责任、有权利就有义务观念。加强社会诚信建设，健全公民和组织守法信用记录，完善守法诚信褒奖机制和违法失信行为惩戒机制，使尊法守法成为全体人民共同追求和自觉行动。

加强公民道德建设，弘扬中华优秀传统文化，增强法治的道德底蕴，强化

规则意识，倡导契约精神，弘扬公序良俗。发挥法治在解决道德领域突出问题中的作用，引导人们自觉履行法定义务、社会责任、家庭责任。

(2) 推进多层次多领域依法治理。坚持系统治理、依法治理、综合治理、源头治理，提高社会治理法治化水平。深入开展多层次多形式法治创建活动，深化基层组织和部门、行业依法治理，支持各类社会主体自我约束、自我管理。发挥市民公约、乡规民约、行业规章、团体章程等社会规范在社会治理中的积极作用。

发挥人民团体和社会组织在法治社会建设中的积极作用。建立健全社会组织参与社会事务、维护公共利益、救助困难群众、帮教特殊人群、预防违法犯罪的机制和制度化渠道。支持行业协会商会类社会组织发挥行业自律和专业服务功能。发挥社会组织对其成员的行为导引、规则约束、权益维护作用。加强在华境外非政府组织管理，引导和监督其依法开展活动。

(3) 建设完备的法律服务体系。推进覆盖城乡居民的公共法律服务体系建设，加强民生领域法律服务。完善法律援助制度，扩大援助范围，健全司法救助体系，保证人民群众在遇到法律问题或者权利受到侵害时获得及时有效法律帮助。

发展律师、公证等法律服务业，统筹城乡、区域法律服务资源，发展涉外法律服务业。健全统一司法鉴定管理体制。

(4) 健全依法维权和化解纠纷机制。强化法律在维护群众权益、化解社会矛盾中的权威地位，引导和支持人们理性表达诉求、依法维护权益，解决好群众最关心最直接最现实的利益问题。

构建对维护群众利益具有重大作用的制度体系，建立健全社会矛盾预警机制、利益表达机制、协商沟通机制、救济救助机制，畅通群众利益协调、权益保障法律渠道。把信访纳入法治化轨道，保障合理合法诉求依照法律规定和程序就能得到合理合法的结果。

健全社会矛盾纠纷预防化解机制，完善调解、仲裁、行政裁决、行政复议、诉讼等有机衔接、相互协调的多元化纠纷解决机制。加强行业性、专业性人民调解组织建设，完善人民调解、行政调解、司法调解联动工作体系。完善仲裁制度，提高仲裁公信力。健全行政裁决制度，强化行政机关解决同行政管理活动密切相关的民事纠纷功能。

深入推进社会治安综合治理，健全落实领导责任制。完善立体化社会治安防控体系，有效防范化解管控影响社会安定的问题，保障人民生命财产安全。依法严厉打击暴力恐怖、涉黑犯罪、邪教和黄赌毒等违法犯罪活动，绝不允许其形成气候。依法强化危害食品药品安全、影响安全生产、损害生态环境、破坏网络安全等重点问题治理。

9. 加强法治工作队伍建设

全面推进依法治国，必须大力提高法治工作队伍思想政治素质、业务工作能力、职业道德水准，着力建设一支忠于党、忠于国家、忠于人民、忠于法律的社会主义法治工作队伍，为加快建设社会主义法治国家提供强有力的组织和人才保障。

（1）建设高素质法治专门队伍。把思想政治建设摆在首位，加强理想信念教育，深入开展社会主义核心价值观和社会主义法治理念教育，坚持党的事业、人民利益、宪法法律至上，加强立法队伍、行政执法队伍、司法队伍建设。抓住立法、执法、司法机关各级领导班子建设这个关键，突出政治标准，把善于运用法治思维和法治方式推动工作的人选拔到领导岗位上来。畅通立法、执法、司法部门干部和人才相互之间以及与其他部门具备条件的干部和人才交流渠道。

推进法治专门队伍正规化、专业化、职业化，提高职业素养和专业水平。完善法律职业准入制度，健全国家统一法律职业资格考试制度，建立法律职业人员统一职前培训制度。建立从符合条件的律师、法学专家中招录立法工作者、法官、检察官制度，畅通具备条件的军队转业干部进入法治专门队伍的通道，健全从政法专业毕业生中招录人才的规范便捷机制。加强边疆地区、民族地区法治专门队伍建设。加快建立符合职业特点的法治工作人员管理制度，完善职业保障体系，建立法官、检察官、人民警察专业职务序列及工资制度。

建立法官、检察官逐级遴选制度。初任法官、检察官由高级人民法院、省级人民检察院统一招录，一律在基层法院、检察院任职。上级人民法院、人民检察院的法官、检察官一般从下一级人民法院、人民检察院的优秀法官、检察官中遴选。

(2) 加强法律服务队伍建设。加强律师队伍思想政治建设，把拥护中国共产党领导、拥护社会主义法治作为律师从业的基本要求，增强广大律师走中国特色社会主义法治道路的自觉性和坚定性。构建社会律师、公职律师、公司律师等优势互补、结构合理的律师队伍。提高律师队伍业务素质，完善执业保障机制。加强律师事务所管理，发挥律师协会自律作用，规范律师执业行为，监督律师严格遵守职业道德和职业操守，强化准入、退出管理，严格执行违法违规执业惩戒制度。加强律师行业党的建设，扩大党的工作覆盖面，切实发挥律师事务所党组织的政治核心作用。

各级党政机关和人民团体普遍设立公职律师，企业可设立公司律师，参与决策论证，提供法律意见，促进依法办事，防范法律风险。明确公职律师、公司律师法律地位及权利义务，理顺公职律师、公司律师管理体制机制。

发展公证员、基层法律服务工作者、人民调解员队伍。推动法律服务志愿者队伍建设。建立激励法律服务人才跨区域流动机制，逐步解决基层和欠发达地区法律服务资源不足和高端人才匮乏问题。

(3) 创新法治人才培养机制。坚持用马克思主义法学思想和中国特色社会主义法治理论全方位占领高校、科研机构法学教育和法学研究阵地，加强法学基础理论研究，形成完善的中国特色社会主义法学理论体系、学科体系、课程体系，组织编写和全面采用国家统一的法律类专业核心教材，纳入司法考试必考范围。坚持立德树人、德育为先导向，推动中国特色社会主义法治理论进教材进课堂进头脑，培养造就熟悉和坚持中国特色社会主义法治体系的法治人才及后备力量。建设通晓国际法律规则、善于处理涉外法律事务的涉外法治人才队伍。

健全政法部门和法学院校、法学研究机构人员双向交流机制，实施高校和法治工作部门人员互聘计划，重点打造一支政治立场坚定、理论功底深厚、熟悉中国国情的高水平法学家和专家团队，建设高素质学术带头人、骨干教师、专兼职教师队伍。

10. 加强和改进党对全面推进依法治国的领导

党的领导是全面推进依法治国、加快建设社会主义法治国家最根本的保证。必须加强和改进党对法治工作的领导，把党的领导贯彻到全面推进依法治国全过程。基于这一认识，全会重点讲了坚持依法行政，加强党内法规制度建设，提高党员干部法治思维和依法办事能力，推进基层治理法治化，深入推进依法治军从严治军，依法保障“一国两制”实践和推进祖国统一六个问题。

以上，我们详细地介绍、分析和评述了党的十八届四中全会通过的《关于全面推进依法治国若干重大问题的决定》。因为党的十八届四中全会是我们党建立 90 多年来，历史上第一次专门以法治为主题，召开党的全会来深入研讨，并作出详细的决定。这次全会对中国特色社会主义法治各个层次的问题，几乎都涉及了。可以这么说，对中国特色社会主义法治的系统、完整和全面阐述，以及对中国特色社会主义法治建设的宏伟蓝图的描述，2014 年 10 月召开的党的十八届四中全会是最为全面、最为系统和最为完善的。

（八）2017 年党的十九大对中国特色社会主义法治的创新阐述

2017 年 10 月 18 日，我们党召开了第十九次全国代表大会，以“不忘初心，牢记使命，高举中国特色社会主义伟大旗帜，决胜全面建成小康社会，夺取新时代中国特色社会主义伟大胜利，为实现中华民族伟大复兴的中国梦不懈奋斗”为大会主题。在对过去五年党和国家事务进行总结的基础上，深入探讨了新时代中国共产党的历史使命；新时代中国特色社会主义思想和基本方略；决胜全面建成小康社会，开启全面建设社会主义现代化国家新征程；贯彻新发展理念，建设现代化经济体系；健全人民当家作主制度体系，发展社会主义民主政治；坚定文化自信，推动社会主义文化繁荣兴盛；提高保障和改善民生水平，加强和创新社会治理；加快生态文明体制改革，建设美丽中国；坚持走中国特色强军之路，全面推进国防和军队现代化；坚持“一国两制”，推进祖国统一；坚持和平发展道路，推动构建人类命运共同体；坚定不移全面从严治党，不断提高党的执政能力和领导水平等 13 个重大问题和重点领域。其中，对中国特色社会主义法治有创新阐述的，主要有如下几个方面。

1. 在对过去五年工作回顾总结时，强调民主法治建设已经迈出重大步伐

党的十九大报告总结：国家积极发展社会主义民主政治，推进全面依法治国，党的领导、人民当家作主、依法治国有机统一的制度建设全面加强，党的领导体制机制不断完善，社会主义民主不断发展，党内民主更加广泛，社会主义协商民主全面展开，爱国统一战线巩固发展，民族宗教工作创新推进。科学立法、严格执法、公正司法、全民守法深入推进，法治国家、法治政府、法治社会建设相互促进，中国特色社会主义法治体系日益完善，全社会法治观念明显增强。国家监察体制改革试点取得实效，行政体制改革、司法体制改革、权力运行制约和监督体系建设有效实施。

2. 对新时代中国特色社会主义法治中的新时代的内涵作出了解释

党的十九大认为，经过长期努力，中国特色社会主义进入了新时代，这是我国发展新的历史方位。中国特色社会主义进入新时代，意味着近代以来久经磨难的中华民族迎来了从站起来、富起来到强起来的伟大飞跃，迎来了实现中华民族伟大复兴的光明前景；意味着科学社会主义在 21 世纪的中国焕发出强大生机活力，在世界上高高举起了中国特色社会主义伟大旗帜；意味着中国特色社会主义道路、理论、制度、文化不断发展，拓展了发展中国家走向现代化

的途径，给世界上那些既希望加快发展又希望保持自身独立性的国家和民族提供了全新选择，为解决人类问题贡献了中国智慧和中国方案。

党的十九大报告指出，这个新时代，是承前启后、继往开来、在新的历史条件下继续夺取中国特色社会主义伟大胜利的时代，是决胜全面建成小康社会、进而全面建设社会主义现代化强国的时代，是全国各族人民团结奋斗、不断创造美好生活、逐步实现全体人民共同富裕的时代，是全体中华儿女勠力同心、奋力实现中华民族伟大复兴中国梦的时代，是我国日益走近世界舞台中央、不断为人类作出更大贡献的时代。

3. 新时代，中国社会的主要矛盾发生了变化，法治建设的重点也跟着发生变化

党的十九大报告指出，中国特色社会主义进入新时代，我国社会主要矛盾已经转化为人民日益增长的美好生活需要和不平衡不充分的发展之间的矛盾。我国稳定解决了十几亿人的温饱问题，总体上实现小康，不久将全面建成小康社会，人民美好生活需要日益广泛，不仅对物质文化生活提出了更高要求，而且在民主、法治、公平、正义、安全、环境等方面的要求日益增长。同时，我国社会生产力水平总体上显著提高，社会生产能力在很多方面进入世界前列，更加突出的问题是发展不平衡不充分，这已经成为满足人民日益增长的美好生活需要的主要制约因素。

必须认识到，我国社会主要矛盾的变化，没有改变我们对我国社会主义所处历史阶段的判断，我国仍处于并将长期处于社会主义初级阶段的基本国情没有变，我国是世界最大发展中国家的国际地位没有变。全党要牢牢把握社会主义初级阶段这个基本国情，牢牢立足社会主义初级阶段这个最大实际，牢牢坚持党的基本路线这个党和国家的生命线、人民的幸福线，领导和团结全国各族人民，以经济建设为中心，坚持四项基本原则，坚持改革开放，自力更生，艰苦创业，为把我国建设成为富强民主文明和谐美丽的社会主义现代化强国而奋斗。

4. 中国特色社会主义法治的首要内涵，就是党的领导

党的十九大报告对党的领导的历史和任务进行了阐述，指出：我们党成立96年来，为了实现中华民族伟大复兴的历史使命，无论是弱小还是强大，无论是顺境还是逆境，我们党都初心不改、矢志不渝，团结带领人民历经千难万险，付出巨大牺牲，敢于面对曲折，勇于修正错误，攻克了一个又一个看似不可攻克的难关，创造了一个又一个彪炳史册的人间奇迹。实现伟大梦想，必须进行伟大斗争。社会是在矛盾运动中前进的，有矛盾就会有斗争。我们党要团结带领人民有效应对重大挑战、抵御重大风险、克服重大阻力、解决重大矛盾，必须进行具有许多新的历史特点的伟大斗争，任何贪图享受、消极懈怠、回避矛盾的思想和行为都是错误的。

党的十九大报告指出，全党要更加自觉地坚持党的领导和我国社会主义制度，坚决反对一切削弱、歪曲、否定党的领导和我国社会主义制度的言行；更加自觉地维护人民利益，坚决反对一切损害人民利益、脱离群众的行为；更加自觉地投身改革创新时代潮流，坚决破除一切顽瘴痼疾；更加自觉地维护我国主权、安全、发展利益，坚决反对一切分裂祖国、破坏民族团结和社会和谐稳定的行为；更加自觉地防范各种风险，坚决战胜一切在政治、经济、文化、社会等领域和自然界出现的困难和挑战。全党要充分认识这场伟大斗争的长期性、复杂性、艰巨性，发扬斗争精神，提高斗争本领，不断夺取伟大斗争新胜利。

5. 由于新时代中国特色社会主义的思想和基本方略，决定了中国特色社会主义法治的精神和面貌

党的十九大报告指出，全党要深刻领会新时代中国特色社会主义思想的精神实质和丰富内涵，在各项工作中全面准确贯彻落实。

（1）坚持党对一切工作的领导。党政军民学，东西南北中，党是领导一切的。必须增强政治意识、大局意识、核心意识、看齐意识，自觉维护党中央权威和集中统一领导，自觉在思想上政治上行动上同党中央保持高度一致，完善坚持党的领导的体制机制，坚持稳中求进工作总基调，统筹推进“五位一体”总体布局，协调推进“四个全面”战略布局，提高党把方向、谋大局、定政策、促改革的能力和定力，确保党始终总揽全局、协调各方。

（2）坚持以人民为中心。人民是历史的创造者，是决定党和国家前途命运的根本力量。必须坚持人民主体地位，坚持立党为公、执政为民，践行全心全意为人民服务的根本宗旨，把党的群众路线贯彻到治国理政全部活动之中，把人民对美好生活的向往作为奋斗目标，依靠人民创造历史伟业。

（3）坚持人民当家作主。坚持党的领导、人民当家作主、依法治国有机统一是社会主义政治发展的必然要求。必须坚持中国特色社会主义政治发展道路，坚持和完善人民代表大会制度、中国共产党领导的多党合作和政治协商制度、民族区域自治制度、基层群众自治制度，巩固和发展最广泛的爱国统一战线，发展社会主义协商民主，健全民主制度，丰富民主形式，拓宽民主渠道，保证人民当家作主落实到国家政治生活和社会生活之中。

（4）坚持在发展中保障和改善民生。增进民生福祉是发展的根本目的。必须多谋民生之利、多解民生之忧，在发展中补齐民生短板、促进社会公平正义，在幼有所育、学有所教、劳有所得、病有所医、老有所养、住有所居、弱有所扶上不断取得新进展，深入开展脱贫攻坚，保证全体人民在共建共享发展中有更多获得感，不断促进人的全面发展、全体人民共同富裕。建设平安中国，加强和创新社会治理，维护社会和谐稳定，确保国家长治久安、人民安居乐业。

（5）健全人民当家作主制度体系，发展社会主义民主政治。中国特色社会主义政治发展道路，是近代以来中国人民长期奋斗历史逻辑、理论逻辑、实践逻辑的必然结果，是坚持党的本质属性、践行党的根本宗旨的必然要求。世界上没有完全相同的政治制度模式，政治制度不能脱离特定社会政治条件和历史文化传统来抽象评判，不能定于一尊，不能生搬硬套外国政治制度模式。要长期坚持、不断发展我国社会主义民主政治，积极稳妥推进政治体制改革，推进社会主义民主政治制度化、规范化、法治化、程序化，保证人民依法通过各种途径和形式管理国家事务，管理经济文化事业，管理社会事务，巩固和发展生动活泼、安定团结的政治局面。

6. 新时代中国特色社会主义法治建设的目标和任务

与党的十八届四中全会的决定相比，党的十九大报告对依法治国有了新的提法。党的十八届四中全会提出“全面推进依法治国”，而十九大报告则改为“坚持全面依法治国”。取消“推进”一词，我们的理解是，经过3年时间，全党、全国人民的努力推进，中国特色社会主义法治有了重大进展，现在的任务是要进一步深入，向各个领域全面渗透。所以，“全面推进依法治国”改为了“全面依法治国”。党的十九大报告接着对“全面依法治国”作出了进一步的阐述。

党的十九大报告指出，全面依法治国是中国特色社会主义的本质要求和重要保障。必须把党的领导贯彻落实到依法治国全过程和各方面，坚定不移走中国特色社会主义法治道路，完善以宪法为核心的中国特色社会主义法律体系，建设中国特色社会主义法治体系，建设社会主义法治国家，发展中国特色社会主义法治理论，坚持依法治国、依法执政、依法行政共同推进，坚持法治国家、法治政府、法治社会一体建设，坚持依法治国和以德治国相结合，依法治国和依规治党有机统一，深化司法体制改革，提高全民族法治素养和道德素质。

在这里，党的十九大报告延续了党的十八届四中全会的精神，进一步明确中国特色社会主义法治的本质特征，就是“坚持党的领导、人民当家作主、依法治国有机统一”。党的十九大报告认为，这是中国特色社会主义法治的重点所在，也是实现中国特色社会主义法治的主要目标和基本路径。

最后，党的十九大报告对深化依法治国实践作出了部署。报告指出，全面依法治国是国家治理的一场深刻革命，必须坚持厉行法治，推进科学立法、严格执法、公正司法、全民守法。成立中央全面依法治国领导小组，加强对法治中国建设的统一领导。加强宪法实施和监督，推进合宪性审查工作，维护宪法权威。推进科学立法、民主立法、依法立法，以良法促进发展、保障善治。建设法治政府，推进依法行政，严格规范公正文明执法。深化司法体制综合配套改革，全面落实司法责任制，努力让人民群众在每一个司法案件中都感受到公平正义。加大全民普法力度，建设社会主义法治文化，树立宪法法律至上、法律面前人人平等的法治理念。各级党组织和全体党员要带头尊法学法守法用法，任何组织和个人都不得有超越宪法法律的特权，绝不允许以言代法、以权压法、逐利违法、徇私枉法。

关于中国特色社会主义法治建设，党的十八届四中全会作出了全方位的系统、详尽、完整的阐述，许多目标和任务已经为全党、全国人民所熟悉。党的十九大对此予以肯定和重申。而对 2014 年 10 月至 2017 年 10 月这三年法治建设新的情况，党的十九大则予以了回应，从而作出了有创新性的阐述。

(九) 2019 年党的十九届四中全会对中国特色社会主义法治的推进

在 2019 年 10 月 31 日党的十九届四中全会上，我们党又通过了《关于坚持和完善中国特色社会主义制度　推进国家治理体系和治理能力现代化若干重大问题的决定》，在延续党的十八届四中全会决定和十九大报告精神的基础上，对中国特色社会主义法治又作出了新的认识和新的部署，使中国特色社会主义法治的内涵进一步深入，外延进一步扩展。尤其是将中国特色社会主义法治，纳入坚持和完善中国特色社会主义制度、推进国家治理体系和治理能力现代化的伟大战略之中，予以理解，予以把握，予以贯彻。具体言之，有如下几个方面。

1. 坚持和完善中国特色社会主义法治体系，提高党依法治国、依法执政能力

建设中国特色社会主义法治体系、建设社会主义法治国家是坚持和发展中

国特色社会主义的内在要求。必须坚定不移走中国特色社会主义法治道路，全面推进依法治国，坚持依法治国、依法执政、依法行政共同推进，坚持法治国家、法治政府、法治社会一体建设，加快形成完备的法律规范体系、高效的法治实施体系、严密的法治监督体系、有力的法治保障体系，加快形成完善的党内法规体系，全面推进科学立法、严格执法、公正司法、全民守法，推进法治中国建设。

2. 健全保证宪法全面实施的体制机制

依法治国首先要坚持依宪治国，依法执政首先要坚持依宪执政。加强宪法实施和监督，落实宪法解释程序机制，推进合宪性审查工作，加强备案审查制度和能力建设，依法撤销和纠正违宪违法的规范性文件。坚持宪法法律至上，健全法律面前人人平等保障机制，维护国家法制统一、尊严、权威，一切违反宪法法律的行为都必须予以追究。

3. 完善立法体制机制

坚持科学立法、民主立法、依法立法，完善党委领导、人大主导、政府依托、各方参与的立法工作格局，立改废释并举，不断提高立法质量和效率。完善以宪法为核心的中国特色社会主义法律体系，加强重要领域立法，加快我国法域外适用的法律体系建设，以良法保障善治。

4. 健全社会公平正义法治保障制度

坚持法治建设为了人民、依靠人民，加强人权法治保障，保证人民依法享有广泛的权利和自由、承担应尽的义务，引导全体人民做社会主义法治的忠实崇尚者、自觉遵守者、坚定捍卫者。坚持有法必依、执法必严、违法必究，严格规范公正文明执法，规范执法自由裁量权，加大关系群众切身利益的重点领域执法力度。深化司法体制综合配套改革，完善审判制度、检察制度，全面落实司法责任制，完善律师制度，加强对司法活动的监督，确保司法公正高效权威，努力让人民群众在每一个司法案件中都感受到公平正义。

5. 加强对法律实施的监督

保证行政权、监察权、审判权、检察权得到依法正确行使，保证公民、法人和其他组织合法权益得到切实保障，坚决排除对执法司法活动的干预。拓展公益诉讼案件范围。加大对严重违法行为处罚力度，实行惩罚性赔偿制度，严格刑事责任追究。加大全民普法工作力度，增强全民法治观念，完善公共法律服务体系，夯实依法治国群众基础。各级党和国家机关以及领导干部要带头尊法学法守法用法，提高运用法治思维和法治方式深化改革、推动发展、化解矛盾、维护稳定、应对风险的能力。

6. 坚持和完善党和国家监督体系，强化对权力运行的制约和监督

党和国家监督体系是党在长期执政条件下实现自我净化、自我完善、自我革新、自我提高的重要制度保障。必须健全党统一领导、全面覆盖、权威高效的监督体系，增强监督严肃性、协同性、有效性，形成决策科学、执行坚决、监督有力的权力运行机制，确保党和人民赋予的权力始终用来为人民谋幸福。

7. 健全党和国家监督制度

完善党内监督体系，落实各级党组织监督责任，保障党员监督权利。重点加强对高级干部、各级主要领导干部的监督，完善领导班子内部监督制度，破解对“一把手”监督和同级监督难题。强化政治监督，加强对党的理论和路线方针政策以及重大决策部署贯彻落实情况的监督检查，完善巡视巡察整改、督察落实情况报告制度。深化纪检监察体制改革，加强上级纪委监委对下级纪委

监委的领导，推进纪检监察工作规范化、法治化。完善派驻监督体制机制。推进纪律监督、监察监督、派驻监督、巡视监督统筹衔接，健全人大监督、民主监督、行政监督、司法监督、群众监督、舆论监督制度，发挥审计监督、统计监督职能作用。以党内监督为主导，推动各类监督有机贯通、相互协调。

8. 完善权力配置和运行制约机制

坚持权责法定，健全分事行权、分岗设权、分级授权、定期轮岗制度，明晰权力边界，规范工作流程，强化权力制约。坚持权责透明，推动用权公开，完善党务、政务、司法和各领域办事公开制度，建立权力运行可查询、可追溯的反馈机制。坚持权责统一，盯紧权力运行各个环节，完善发现问题、纠正偏差、精准问责有效机制，压减权力设租寻租空间。

9. 构建一体推进不敢腐、不能腐、不想腐体制机制

坚定不移推进反腐败斗争，坚决查处政治问题和经济问题交织的腐败案件，坚决斩断“围猎”和甘于被“围猎”的利益链，坚决破除权钱交易的关系网。深化标本兼治，推动审批监管、执法司法、工程建设、资源开发、金融信贷、公共资源交易、公共财政支出等重点领域监督机制改革和制度建设，推进反腐败国家立法，促进反腐败国际合作，加强思想道德和党纪国法教育，巩固和发展反腐败斗争压倒性胜利。

虽然，党的十九届四中全会对中国特色社会主义法治的论述比较简练，但它一方面传承了自党的十五大以来形成的“依法治国，建设社会主义法治国家”的中国特色社会主义法治的传统和思路，另一方面把中国特色社会主义法治置于推进国家治理体系和治理能力现代化的重要步骤和实现路径之中，这是我们党对中国特色社会主义法治的理论深化和实践拓展，因此意义十分重大。

（十）党的十九届五中全会对中国特色社会主义法治远景的规划

2020 年 10 月 26 日至 29 日，中国共产党第十九届中央委员会第五次全体会议在北京举行。全会对中国特色社会主义法治未来五年和至 2035 年的发展远景进行了详尽周密的规划，主要体现在三个方面。

1. 关于“十四五”时期法治发展的指导思想和必须遵循的原则

即在法治发展中，一是必须高举中国特色社会主义伟大旗帜，坚定走社会主义的道路不动摇；二是深入贯彻党的十九大和十九届二中、三中、四中、五中全会精神，深入拓展中国特色社会主义法治的道路内涵；三是坚持以马克思列宁主义、毛泽东思想、邓小平理论、“三个代表”重要思想、科学发展观、习近平新时代中国特色社会主义思想为指导，保证法治建设的坚定社会主义方向；四是全面贯彻党的基本理论、基本路线、基本方略，统筹推进经济建设、政治建设、文化建设、社会建设、生态文明建设的总体布局，以及全面建设社会主义现代化国家的战略布局，并将法治建设纳入总体布局之中。在此指导思想和基本原则之下，全面推进法治建设，包括法律和法治体系建设，国法和党规体系建设，法治与德治的结合，等等。

2. 关于“十四五”时期法治领域发展的主要目标

党的十九届五中全会就“十四五”时期经济社会发展，提出了经济发展、改革开放、社会文明、生态文明、民生福祉和国家治理六大领域的主要发展目标。法治建设是第六大领域国家治理中的核心内容，具体包括：第一，社会主义民主得到充分发扬，社会主义法治更加健全；第二，人民群众的诉求得到进一步满足，社会公平正义进一步彰显；第三，国家行政体系更加完善，政府作用更好发挥，行政效率和公信力显著提升；第四，国家治理效能得到新提升，社会治理特别是基层治理水平明显提高，防范化解重大风险体制机制不断健全，突发公共事件应急能力显著增强，自然灾害防御水平明显提升；第五，发展安全保障更加有力，国防和军队现代化迈出重大步伐。这里，全会比以往更加强调军队的法治建设，强调只有严格依法治军，才能使国家的安全得到充分的保障。

3. 到 2035 年基本实现法治现代化远景目标

这一目标，与国家的现代化建设的整体目标融为一体，核心是“基本建成法治国家、法治政府、法治社会”。通过法治现代化目标的实现，来为我国社会主义现代化建设的其他各项目标（人民平等参与、平等发展权利得到充分保障；建成文化强国、教育强国、人才强国、体育强国、健康中国；形成绿色生产生活方式，美丽中国建设目标基本实现；人均国内生产总值达到中等发达国家水平，中等收入群体显著扩大，基本公共服务实现均等化，城乡区域发展差距和居民生活水平差距显著缩小；基本实现国防和军队现代化；等等）的实现保驾护航，提供坚实的行为规范基础和全方位的制度保障。

(十一) 习近平法治思想的提出

2020 年 11 月 16 日至 17 日，中央全面依法治国委员会召开会议，习近平总书记在会上发表重要讲话，系统阐述了习近平法治思想。它深刻回答了新时代为什么实行全面依法治国、怎样实行全面依法治国等一系列重大问题。其主要内涵就是“11 个坚持”。

之前，2018 年 8 月 24 日，习近平总书记主持召开中央全面依法治国委员会第一次会议时，曾把党的十八大以来提出的一系列全面依法治国新理念、新思想、新战略概括为“10个坚持”。而此次讲话中新增了“坚持在法治轨道上推进国家治理体系和治理能力现代化”、“坚持统筹推进国内法治和涉外法治”，原有的“坚持处理好全面依法治国的辩证关系”虽然不再专门表述，但辩证观点体现在讲话全篇之中。

在这次中央全面依法治国工作会议上，习近平总书记提出的“11个坚持”中，摆在第一位的是“坚持党对全面依法治国的领导”。习近平总书记强调，党的领导是推进全面依法治国的根本保证。“坚持以人民为中心”则是第二个坚持的内容。习近平总书记强调，推进全面依法治国，根本目的是依法保障人民权益。在2018年8月中央全面依法治国委员会第一次会议上，他曾指出：现在，人民群众对美好生活的向往更多向民主、法治、公平、正义、安全、环境等方面延展。他强调：“这要成为我们厉行法治的聚焦点和发力点。”他鲜明提出，要积极回应人民群众新要求新期待，系统研究谋划和解决法治领域人民群众反映强烈的突出问题，不断增强人民群众获得感、幸福感、安全感，用法治保障人民安居乐业。

第三个坚持是“坚持中国特色社会主义法治道路”，这是事关道路与方向的根本问题。习近平总书记强调，中国特色社会主义法治道路，本质上是中国特色社会主义道路在法治领域的具体体现。决不能照搬别国模式和做法，决不能走西方的法治发展道路。与坚持中国特色社会主义法治道路紧密相联系的是“坚持建设中国特色社会主义法治体系”，这是“11个坚持”中的第六个坚持，也是推进全面依法治国的总抓手。习近平总书记重申，要加快形成完备的法律规范体系、高效的法治实施体系、严密的法治监督体系、有力的法治保障体系，形成完善的党内法规体系。

第四个和第五个坚持，分别是“坚持依宪治国、依宪执政”和“坚持在法治轨道上推进国家治理体系和治理能力现代化”。依宪治国、依宪执政是依法治国、依法执政的升级版，它是“宪法和法律至上”理念的进一步拓展，是坚持在法治轨道上推进国家治理体系和治理能力现代化的基本前提，也是第七个坚持“坚持依法治国、依法执政、依法行政、共同推进，法治国家、法治政府、法治社会一体建设”和第八个坚持“坚持全面推进科学立法、严格执法、公正司法、全民守法”的根本保障。

习近平法治思想中的第九个、第十个、第十一个坚持，分别是“坚持统筹推进国内法治和涉外法治”、“坚持建设德才兼备的高素质法治工作队伍”和“坚持抓住领导干部这个‘关键少数’”。前一个坚持指引着我国的对外政策和国际法治建设，其根本目标是构建人类命运共同体，为人类作出我们中华民族应有的贡献。后两个坚持，主要目标是为了建设一支高效、廉洁、优秀的干部队伍。它既是中国古代“治吏”传统思想的发扬光大，是近代西方文官制度之精华的借鉴，也是当下中国之伟大的现代化建设事业的必然要求。因为法律再好，归根到底还是要靠人来执行实施的，没有一支强有力、高效廉洁的干部队伍，中国特色社会主义法治建设的伟大任务仍然是无法顺利完成的，法治国家、法治政府和法治社会的目标也是无法实现的。

五、中国特色社会主义法治的内涵及其本质特征

通过上述比较详尽的梳理和论证，我们已经大体了解了中国特色社会主义法治的形成和变迁。我们明白，中国特色社会主义法治，是中华民族在新的时期关于法治的思考和探索，也是中华民族对人类法治文明的重大贡献。它具有丰富的内涵，并具有鲜明的本质特征。而这些内涵及其本质特征，也在中国社会主义法治发展进程中不断丰富、不断深化、不断发展，并日益凸显。

那么，自20世纪50年代初步形成，1978年党的十一届三中全会重新提出，到1997年党的十五大进行系统阐述，经过2012年党的十八大、2013年党的十八届三中全会、2014年党的十八届四中全会、2017年党的十九大以及2019年党的十九届四中全会等的丰富完善，基本得以确立定型的中国特色社会主义法治，到底具有怎样的内涵，具有哪些本质特征呢？笔者下面谈一点自己的认识。

笔者认为，中国特色社会主义法治的内涵及其本质特征，主要内容可以归纳为十个方面：（1）加强党的领导；（2）“法治与德治”的结合；（3）“国法与党规”的衔接；（4）贯彻法律面前人人平等与宪法法律至上的理念；（5）以人民为主体，切实保障公民的基本权利；（6）限制公权力的滥用；（7）科学立法；（8）严格执法；（9）公正司法；（10）全民守法。①

---

① 关于中国特色社会主义法治的内涵及其本质特征，学术界有许多论述，但其核心内容与笔者所论大体相同。这里仅列举有代表性的学者张文显的观点。张文显认为，中国特色社会主义法治的内涵及本质特征就是“坚持党的领导、人民当家作主、依法治国有机统一”，这就是所谓“三统一”的理论。张文显还认为，习近平总书记以新论断新命题丰富和发展了“三统一”的理论。参见张文显：《治国理政的法治理念和法治思维》，《中国社会科学》2017年第4期。

(一) 加强党的领导

加强党的领导，是中国特色社会主义法治的第一个内涵及本质特征。

党的领导是中国特色社会主义法治之魂。离开党的领导，社会主义法治就会失去其政治优势。“加强党对全面依法治国的领导，就是要健全党领导全面依法治国的制度和工作机制，把党的领导贯彻到依法治国全过程和各方面，更好落实全面依法治国基本方略。这既是我国社会主义法治建设的一条基本经验，又是全党全国各族人民的广泛共识，更是中国共产党行使领导权和执政权的必然要求。”①

具体而言，首先，加强党对全面依法治国的领导，是全面依法治国的性质所决定的。因为全面依法治国是牵一发而动全身的国之大事，不仅关乎我国法治事业的成败，而且关乎中国特色社会主义在新时代的前景。其次，加强党对全面依法治国的领导，是中国特色社会主义本质所要求的。历史的经验告诉我们，办好中国的事情，关键在党，而要把全面依法治国这件大事办好，最关键的也是要坚持党的领导。我国《宪法》明确规定：“中国共产党的领导是中国特色社会主义最本质的特征”，而新时代坚持和发展中国特色社会主义更要牢牢把握这一本质特征。再次，加强党对全面依法治国的领导，是实现党的领导、人民当家作主、依法治国有机统一的必然要求和题中应有之义。只有坚持党的领导，人民当家作主才能充分实现，国家和社会生活制度化、法治化才能有序推进。最后，加强党对全面依法治国的领导，也是统筹推进国内法治与国际法治所需要的。我们不仅要为人类社会的法治文明提供中国方案，而且要参与到全球法治的发展和探索中来，推动全球治理规则、治理体系和治理体制变革，构建民主化、法治化、公正化、合理化的国际关系，构建人类命运共同体。②

加强党对全面依法治国的领导，不只是一个政治判断或战略原则，更是一

①② 张文显：《坚持加强党对全面依法治国的领导》，《法制日报》2019 年 5 月 15 日第 1 版。

个意涵丰富的法理命题。当前，最主要应把握以下几个方面：一是加强党对依法治国的战略谋划和顶层设计；二是加强党对法治建设和法治改革的集中统一领导；三是推进党的领导制度化、法治化；四是正确认识和处理好党和法的关系。

(二) 法治与德治的结合

法治和德治相结合的问题，一直受到党中央和学术界的高度重视，也推出了许多研究成果。而学术界讨论的重点，就在于法治和德治的内涵，以及两者的关系。

一般认为，法治，就是以法治国；德治，就是在治理国家时发挥道德的调整和规范作用。法律是准绳，任何时候都必须遵循；道德是基石，任何时候都不可忽视。在新的历史条件下，要把依法治国基本方略、依法执政基本方式落实好，把法治中国建设好，必须坚持依法治国和以德治国相结合，使法治和德治在国家治理中相互补充、相互促进、相得益彰。①二者的含义主要存在以下的区别：首先，法治就是通过强制性的规范对于人与人以及人与社会之间的关系进行调节和治理，从而使得社会的规则得以顺利实施；而所谓德治则是利用一系列的道德评价对人的行为进行约束，从而让大众在养成一种自律意识的基础上形成一种良好的社会风尚。其次，二者属于不同的建设范畴，比如德治属于精神文明建设的内容，而法治则属于政治建设的内容。尽管有上述的区别，但是在治国理政的过程中，二者都会发挥出极为重要的作用，对于社会的发展十分关键。②

法治与德治这两种不同的国家治理模式的社会作用，在当下建设法治中国的战略下，显得更加突出。这是因为，建设法治国家是大势所趋，我们之所以

① 刘艳琴：《对法治和德治要有深刻把握》，《河北经济日报》2019年9月21日第3版。

② 赵强：《关于德治与法治并举的理性思考》，《法制博览》2018年第35期。

强调法治在国家治理上的至关重要性，是因为法治有自己不可替代的作用。相比于德治，法治的作用至少有两条是独特的。一条是威慑力，另一条就是惩处力。问题是，法治的作用在实际执行中并非尽善尽美，诚如有学者指出的那样，法治可以提供社会安定的根基，但是很难保证社会具有高度的道德文明水平。换言之，法律可以让人们成为守法的公民，但难以让人们成为道德君子（圣贤）。而且在现实中，法治的威慑力和惩处力也存在着各种缺陷。所以，为了完善法治，我们需要德治给予法治必要的辅助。其一，德治的内在感召力是巨大的。其二，德治的价值追求是高位的。如果说，法律是做人的底线，那么道德是做人的上位，是更高的做人规范和要求，具有更高的价值位次。其三，德治的引导力是先行的。正是基于上面的理解，有学者认为，在建设社会主义法治国家的过程中，应当坚持依法治国和以德治国的有机结合。法安天下，德润人心。法治和德治不可分离、不可偏废，必须一手抓法治，一手抓德治。①

应该说，法治与德治，实际上是中国历史上一直受到历代统治者和士大夫阶层关注的问题，自从汉代儒家学派提出“德主刑辅”的治理国策之后，各个王朝的统治者都是借助于道德和法律（刑法）来实施国家的治理，维护自己的统治地位和社会秩序。进入近代以后，在西方法学观的冲击下，传统的“德主刑辅”的原则受到了冲击，主张法律和道德分开的分析实证主义法学派也受到学界的追捧。至改革开放以后，在“依法治国，建设社会主义法治国家”的国家战略下，法治日益受到全社会的重视。同时，为了使我们的法律得到很好的实施，人们对立法者、执法者和司法者的道德（人格品行）要求也越来越严格。因为大家都意识到，法律是要靠人来制定、执行和实施，包括每个公民来遵守的，尤其是对负有立法、执法和司法的领导干部，其承担的责任更加重大。于是“道德教育”“道德治理”“德治”问题，就不断地被学术界和中央领导提起。法治与德治相结合的思路也受到重视，并日益清晰。

因此，笔者的观点是，在当下中国，法治主要针对的是每一个公民，而德治主要针对的是干部，按照中国传统的做法，就是治吏——因为各级干部掌握

① 戴茂堂、葛梦喆：《德治与法治关系探微》，《价值论与伦理学研究》2018 年第 2 期。

着更大的权力，拥有更多的社会资源，承担着更加重要的领导和管理责任。正如习近平总书记指出的："坚持依法治国和以德治国相结合，就要重视发挥道德的教化作用，提高全社会文明程度，为全面依法治国创造良好人文环境。"①

（三）国法与党规的衔接

2014年召开的党的十八届四中全会，通过了《关于全面推进依法治国若干重大问题的决定》（以下简称《决定》），明确提出了依法治国的总目标，强调建立中国特色社会主义法治体系，建设社会主义法治国家。在建设法治体系中，《决定》强调，要形成完备的法律和党内法规体系，强调了加强党规建设在中国特色社会主义法治进程中的重要性。

这里，形成完备的党内法规体系，是一个立法的创造，是对中国特色社会主义法治内涵的创新。所谓党内法规，是指党的中央组织以及中央纪律检查委员会、中央各部门和省、自治区、直辖市党委制定的，规范党组织的工作、活动和党员行为的规章制度的总称。②而关于如何正确处理党规与国法之关系，则是一个较为复杂的理论与实践问题。党的十八届四中全会之后，法学界围绕这一问题，展开了热烈的讨论，逐步形成了一些思路。大部分学者认为，党规与国法二者作为中国特色社会主义法治体系的两个重要组成部分，其既有区别，又有联系。

如有学者认为，党规与国法，一方面是"互为联通"，均是党的意志的体现。任何一部法律、法规、规范的制定和出台，都是一类主体意志的高度凝合与充分展现。③从字面含义分析和理解党规与国法的意志体现，我们可以得出党规是由中国共产党制定，是全体党员集体智慧的结晶，充分体现和反映了党组

---

① 参见《习近平谈治国理政》第二卷，外文出版社2017年版，第134页。

② 张文显：《建设中国特色社会主义法治体系》，《法学研究》2014年第6期。

③ 参见杨小军：《国法与党规关系》，《法学杂志》2017年第8期。

织及党员的意志和终极价值。[1]国家法律则是由国家专门立法机关，即全国人民代表大会及其常务委员会制定的，它充分反映了国家意志。而国家意志归根到底可以说是中国共产党的意志体现，党规与国法的意志应属同根同源。党规与国法的研究探讨，亦需在认同思想意志层面“一元论”，即在中国共产党的意志前提下，才能得出论证结果的准确性。[2]

另一方面，党规和国法是“和而不同”，两者不可混同对待。党的十八届四中全会明确将“完善的党内法规体系”列入中国特色社会主义法治理论体系，“党内法规体系”与“法律规范体系”处于并列地位，充分证明了党内法规体系的重要性，有效回答了党内法规是不是“法”这一理论争议。[3]可以明确的是，党规与国法在意志上虽具有同一性，但其在本质上仍有较大差异，不可得出“国法含党规”“党规代国法”的结论，二者在关系上仍相辅相成、相得益彰。[4]

由于党规和国法的特殊地位，处理好两者的关系特别重要。一般认为，两者适用主体明确，党规严于国法。在适用上，可将党规与国法分为“双重严格”与“特殊严格”两个方面，前者即所谓“双重严格”，即党规与国法对具有党员身份的中国公民进行双重监督和制约，严格规范党员行为，对违反国法、党纪的行为要同时受到法律与党规的惩罚。后者即“特殊严格”，是指针对党员在生活、工作中的具体行为，党规与国法在规范中存在交叉而国法未规定是“不良行为”，或在国法中未对该类行为作出明确规范的，应遵从党规的规定而对党员行为作出处理。在衔接两者的关系上，具体而言，应加强对党内法规的重视力度，即完善党内法规制定内容，加强党内法规执行，加强党内法规监督等。[5]

也有学者认为，党的十八届四中全会将党内法规纳入社会主义法律体系，

---

① 秦前红：《论党内法规与国家法律的协调衔接》，《人民论坛·学术前沿》2016 年第 10 期。

② 参见杨小军：《国法与党规关系》，《法学杂志》2017 年第 8 期。

③ 付子堂：《法治体系内的党内法规探析》，《中共中央党校学报》2015 年第 3 期。

④⑤ 孟祥瑞：《党规与国法比较分析及衔接问题思考》，《大庆社会科学》2019 年第 4 期。

明确宣示了党规与国法的同等法律地位，为今后党规国法的衔接、协调定下了鲜明基调。而由中国共产党制定的各类党内法规，应该划归公共法的范畴。它具有形式和内涵的合法性、适用的普遍性以及文本的公开性。但是，鉴于中国共产党在我国政权体系及法治建设中的特殊地位，党规相较于其他公共法而言，又兼备了国家法的部分特性。因为党规不仅是对广大党组织和党员的硬性要求和约束，而且它一旦经过法定程序的转化，就能迅速转变成为正式的国家法，具有对全国范围的约束力和影响力。为了做好党内法规和国家法律之间的衔接，必须建立现行党规合法性审查机制，让党规法制化。一方面，要对党规法制化编码进行事前立法审查，具体而言，《中国共产党党内法规制定条例》（2012 年）分别从制定原则、审议批准和中央监督三个层次构建党规合法性的制度保障。另一方面，对党规法制化编码进行事后备案审查，强调“有件必备、有备必审、有错必纠”的备案原则（《中国共产党党内法规与规范性文件备案规定》第 3 条）。此外，明确提出建立备案审查衔接联动机制（同规定第 14 条），在党规和国法备案工作机构（党委、人大和政府）之间建立一种备案协作机制。最后，落实审查备案制度初衷的精准突破，如完善制度设计，强化审查备案主体的责任追究；强化党政交流互动等。这部分学者还提出，党规国法衔接的立法路径，就是党政联合发文，但出于对以党代政、党政不分历史教训的警惕和防范，有必要对党政联合发文的立法模式作出制度化的规范和约束，以确保其始终在法治化道路上的健康有序推进。①

还有学者认为，“党内法规是中国法治的一个特殊问题。它几乎从未被西方国家直接纳入法治的视域，而是被单纯看作为某一组织内部的规范，往往是法治影响党治，国法约束政党行为，政党制度受制于宪法、选举法、政党法等

① 冀明武：《党规国法衔接协调机制研究》，《天中学刊》2019 年第 1 期。当然，也有学者提出，国家监察机关入宪，是党规与国法衔接协调的新机制。他们认为，除党政联合立法之外，还可以通过先行先试的两阶段（党规先行、国法跟上）的法治路径，实现党规国法的转化关系。参见欧爱民、向嘉晨：《第五次宪法修正案蕴含的党规与国法关系》，《理论与改革》2019 年第 6 期。

的限制性要求。然而对中国的国家治理和法治之路而言，党规却发挥着更为积极的作用。它的地位、功能和价值源于中国特殊的政治体制”。[①]因此，党的十八届四中全会明确指出了党规在党内和党外的双重功能，党内法规是管党治党的重要依据，也是建设社会主义法治国家的有力保障。这些学者认为，有效实现党内法规与国家法律的衔接，前提是清晰把握两者关系。只有明确党规、国法各自的作用范围、功能差异，才可能更清晰地分析两者在何处需要协调、在哪里需要衔接，在哪里可以转化、在哪方面进行配合的问题。这里应该注意的就是，一方面，党规具有多重层次，不能一概而论；另一方面，在党规与国法的衔接中，应当坚持“党规不能与国法相冲突”的“国家法优先原则”或“合法性”原则。即，党规与国法有着自己的作用领域，原则上党规可以就自己的内部事务即党务工作作出自主选择的规定。然而，当某些领域党规和国法规定的对象、客体出现交叉时，无论党纪、党的领导规范和党的政策等，都须与法律相协调，不能与法律矛盾，符合“合法律性”的基本原则。[②]

当然，学术界也认为，不管党规国法多么重要，都必须在根本法宪法的框架之内运行。我国《宪法》第 5 条第 3 款规定：“一切法律、行政法规和地方性法规都不得同宪法相抵触。”第 4 款规定：“一切国家机关和武装力量、各政党和各社会团体、各企业事业组织都必须遵守宪法和法律。”这说明，国法的创设必须以宪法为基础，任何一部法律及其条文都不得违背宪法精神；而加强党内法规制度建设同样需要遵从“宪法至上”原则（“宪法法律至上”本身就是党的十九大坚守的理念）。《中央党内法规制定工作规划纲要（2013—2017年）》明确要求，制定党内法规当以“宪法为上”。在梳理党规与国法的关系

---

① 王若磊：《党规与国法的关系的三重维度：内容协调、机制衔接与相互保障》，《上海政法学院学报》2019 年第 5 期。

② “具体表现为：第一，不能违背宪法和宪法基本原则；第二，不能违反法律保留原则；第三，不能与相关领域的基本法律和上位法律的禁止性、强制性的实体规定相冲突；第四，不能与相衔接法律的程序性规定相冲突。”王若磊：《党规与国法的关系的三重维度：内容协调、机制衔接与相互保障》，《上海政法学院学报》2019 年第 5 期。

问题上，必须奉行以宪法为总依据，准确把握党规与国法二者的宪法定位，有效形成制度合力。

具体而言，第一，党规与国法坚守不得违宪之底线。党规作为规范党员及相关组织的文本载体，不得违反宪法规定和宪法精神。第二，党规与国法要细化落实宪法之原则性规定。第三，党规与国法的建设必须同步推进。党规与国法的关系如“鸟之两翼，车之双轮”，二者互联互通。在当下，就要在保证法律体系不断完善的基础上，更加注重党规体系的整体构思与建设，共同遵循社会主义法制统一原则，完善党规国法转化的立法实践。①

（四）贯彻法律面前人人平等与宪法法律至上的理念

党的十九大要求党和政府，必须明确坚持和贯彻两个理念：法律面前人人平等与宪法法律至上，这是对人类法律文明的传承和弘扬，也是推进当下中国法治建设的战略性思考和布局。

1. 贯彻法律面前人人平等的理念

为什么要贯彻这一理念？这是由法律的基本属性，尤其是社会主义法律的基本属性所决定的。法律一旦颁布，就必须得到一体遵行，对所有涉及法律的人都必须一视同仁。如果法律不被一体遵行，A 公民犯了法，不被处罚，B 公民犯了法就要受到处罚；A 公民在注册资本、成立公司时适用这个标准，而 B 公民在从事同样行为时适用另外一个标准；或者 A、B 两个公民犯了同样的罪，却受到了不同的处罚。这样，法律就没有了权威，也就失去了公信力。而没有权威、失去了公信力的法律，就是一纸空文。

由于法律具有上述一体遵行的效力和属性，因此，法律面前人人平等就成

① 孟祥瑞：《党规与国法比较分析及衔接问题思考》，《大庆社会科学》2018 年第 4 期。

为法律的本质属性，成为法律实施的基本原则。从古代社会开始，一些贤明的执政者和思想家就开始阐述乃至身体力行法律面前人人平等的原则和思想。在中国古代，先秦法家学派商鞅、韩非等就开始鼓吹“缘法而治”“刑无等级”的法律面前人人平等的思想，强调法律一体遵行的公信力，商鞅还为此处罚了犯法的太子的师傅公孙虔。但是，中国古代法家学派所强调的法律面前人人平等的思想，是不彻底的，也是不完整的。他们所强调的“刑无等级”，是不包括君主的，因而这种“刑无等级”的思想和原则，最终还是成为君主实施专制集权统治的工具。

而在西方，古代希腊、罗马，也提出了法律面前人人平等的思想和原则。亚里士多德就强调，城邦国家的法律必须得到一视同仁地严格执行，他认为这是“良法之治”的重要内容之一。至古代罗马，在早期的法律中，虽然私法很发达，但对私有财产或者说个人财产所有权的法律保护也是不平等的。当时法律中存在着市民法所有权、裁判官法所有权和万民法所有权等不同的所有权形态，法律依此给予不同的保护。随着罗马法治社会的进步，公元 212 年，罗马皇帝卡拉卡拉（Caracalla，211—217 年在位）颁布著名的《安敦尼努敕令》(Constitutio Antoniniana)，①将罗马公民权授予帝国境内的所有自由民（包括外邦人），这样，不同种类的所有权之间的差别就开始消失，罗马人在财产上的法律平等才真正得以实现，从而带来了所有自由民在法律面前平等的真正实现。②恩格斯在《家庭、私有制和国家的起源》一书中，对这一点给予了很高的评价。

自古代希腊、罗马产生了法律面前人人平等的思想和原则之后，经过中世纪意大利的阿奎那·托马斯，英国的布来克顿法官，以及近代英国思想家洛克，法国思想家孟德斯鸠和卢梭，美国思想家杰弗逊等的鼓吹和阐述，法律面

① 皇帝卡拉卡拉的本名，就是安敦尼努（Antoniniana）。

② 2012 年 12 月 14 日，华东政法大学法律史研究中心就《安敦尼努敕令》颁布 1800 年召开了国际学术研讨会，来自意大利、德国、日本和中国的学者，就该敕令颁布的社会历史背景、敕令颁布之后西方公法和私法的变迁，以及该敕令的世界意义进行了热烈而深入的讨论，收获颇丰。

前人人平等逐步成为进步之法学家和法律实务工作者的理念和信仰，而他们的实践就铸成了一批将法律面前人人平等之原则和理念固化为宪法和法律规定的经典法律文献，如1776年美国《独立宣言》、1789年法国《人权宣言》、1804年《法国民法典》、1810年《法国刑法典》、1898年《日本民法典》、1900年《德国民法典》、1907年《日本刑法典》等，法律面前人人平等成为法治政府、法治国家和法治社会通行的基本准则。1945年第二次世界大战结束以后，经过一批民主宪法和民主法典，如日本1946年《宪法》，德国1949年《波恩基本法》等，法律面前人人平等的原则得到了进一步的普及。

1949年新中国成立后，“法律面前人人平等”作为一个法治原则，也经历了坎坷的命运。在1949年2月中共中央所发布的《中共中央关于废除国民党六法全书以及解放区司法工作的指示》中，国民党政府所颁布的《六法全书》及其法律、法令，和西方资产阶级所颁布的法律、法令，包括他们的法律理念和法学观，都在批判和废除之列。在这种氛围下，从1949年到1954年《宪法》颁布之前的5年时间内，“法律面前人人平等”和“法治”等，被作为资产阶级法律的反动观点、欺骗人民群众的虚伪口号受到批判和否定。在1949年至1953年前后的《人民日报》《光明日报》等报纸上，会定期刊登一些重量级别的长文，对“法律面前人人平等”予以批判。

1954年《宪法》颁布以后，《宪法》通过第3条第3款：“各民族一律平等。禁止对任何民族的歧视和压迫，禁止破坏各民族团结的行为。”尤其是第85条：“中华人民共和国公民在法律上一律平等”，全面肯定了法律面前人人平等的原则，跟上了人类法律文明进步的步伐。只是中国的法治建设历程一直坎坷，1954年《宪法》明文规定的“法律面前人人平等”原则，贯彻不到3年，在1957年6月开展的反右派斗争扩大化中就受到了批判。在这之后，随着一系列事件的发生，“法律面前人人平等”这一由古代罗马社会发端的人类法律文明的基本原则，遭到彻底的否定。

1978年党的十一届三中全会后，“法律面前人人平等”的原则重新受到了法学界和最高领导层的认可和重视，但在认识上还存在着许多分歧。为了统一认识，1978年底至1979年初，法学界的一批学者推进了全国范围的关于“法律面前人人平等”问题的大讨论。当时，在要不要奉行“法律面前人人平等”之原则的问题上，大家基本上已经没有什么意见，但在如何实现法律面前人人平等问题上，则存在着两种尖锐的对立意见：一种意见认为，法律面前人人平等，只是说在司法上的人人平等，即不管是什么人，犯了罪就应该受到一视同仁的制裁，任何人都不能在法律之外；另外一种意见认为，法律面前人人平等，不应该只是司法上的平等，也包括了立法上的平等，即只要是自然人，彼此之间自始至终就是平等的。经过激烈而有效的讨论，最后学术界和领导层达成了共识：法律面前人人平等是全方位的，不仅包括了司法上的平等，也包括了立法上的平等，只要是生活在中华人民共和国境内的自然人，都享受着同样的法律权利，受到同样的法律保护。

自 1978 年改革开放 40 多年以来，法律面前人人平等的原则已经深入人心，也成为宪法和一切法律、法规的出发点。但由于中国 2000 多年等级社会的传统影响，在现实生活中，法律面前人人平等的原则和理念，还会受到各种挑战。尤其是一些在政治上、经济上拥有权力和财富的人，经常会显示出与众不同的利益诉求，以及追逐各种各样的特权。因此，党的十九大明确提出了中国特色的社会主义法治必须贯彻两大理念。第一项理念，就是法律面前人人平等，强调各级党组织和全体党员，要带头尊法、学法、守法、用法，任何组织和个人都不得有超越宪法法律的特权，绝不允许以言代法、以权压法、逐利违法、徇私枉法。这不仅使中华法治文明跟上了人类法律文明发展的步伐，也使我们的法治政府、法治国家和法治社会的建设有了明确的进步方向，并为中国特色社会主义法治的内涵注入了鲜明的中国元素，无论是在当下，还是未来，都有着重大的意义。

应该说，“法律面前人人平等”也是西方法治发达国家宪法和法律上的一项基本原则，因此，它应该是人类法治文明进步的标志之一，也是人类法律文明的共同财富。但考虑到中国是一个具有 2000 多年等级传统的社会，虽然也曾有过古代法家学派的“刑无等级”，以及明末清初一些进步的思想家提出的“法者，天下之公器”等的法的平等之思想，但“法律面前人人平等”的原则从来就没有出现和实现过，强调“法律面前人人平等”的原则显得格外重要。

因此，笔者这里也将贯彻“法律面前人人平等”的理念视为中国特色社会主义法治的内涵及其本质特征。

2. 贯彻宪法法律至上的理念

宪法法律至上，首先就是宪法至上。为什么必须要强调宪法至上，主要基于如下两个原因：第一，宪法为国家根本法，是一国整个法律体系的基础，是国家最高的法律，所有其他法律、法规，都不能与宪法相违背。第二，宪法规定的是国家政治、经济和文化生活中的最重要的事项，如国体、政体、政党、军队、外交，以及公民基本权利的保障、国家公权力行使的边界（限制）等。

但一方面，宪法的至高无上性，并没有改变它的法律的本质属性。另一方面，宪法是不可诉的，宪法的规定也不能在法庭审理中直接引用，宪法的规定要靠各个领域和各个方面的法律、法规来予以贯彻、落实。所以，宪法法律至上，在当前阶段，实际上就是法律至上。

“法律至上”，英语表达是“rule of law”，它最先起源于英国，是在1688年“光荣革命”之后，君主立宪制度确立之时，因议会的立法权和政府的行政权之间寻求平衡而提出，借以限制议会和国王政府之间的权力，避免发生公权力的恶性膨胀和滥用。到了近代，19世纪中叶以后，“rule of law”最初从英国传到了日本，日本用了汉字“法律至上”予以对译，日文汉字“法律至上”，与中文“法律至上”的写法一模一样，但发音不同，读作“ほうりつしじょう”，其含义有时也被解读为“法律至上主义”。后来，“法律至上”这个词就传到中国来了。

日本虽然原创性地使用了“法律至上”这个词，但后来感觉不太好。因为这个词除了表达法律的重要性，强调法律的权威以外，还暗含了另外两层意思。第一层意思，在日本的国民中讲到“至上”，就是指“天皇至上”，这是唯一的解释，不会有其他理解。第二层意思，“法律至上”暗含了“恶法亦法”的含义，就是不管是良法还是恶法，都是至上的，都必须严格执行，这与第二次世界大战后日本民主与法治的理念是不相符的。所以，现在日本不太用“法律至上”，而是一般用“法の统治”（法的统治）、“法の支配”（法的支配）这两个词，来取代“法律至上”，或者有时直接就用“法治”。

但在中国的语境下，第一，讲到“至上”时，没有天皇的暗喻；第二，中国的法治根基较弱，现在提出法律至上，也是必需的；第三，就字面而言，区分良法和恶法是第二步的事情，强调法律权威、法律神圣、法律信仰是第一步。因此，在当下我们建设现代法治国家时，应该认识到我们所讲的法治，就是“良法之治”。即我们现在说到法治时，其前提是我们知道法律中有良法和恶法的问题，我们在强调加强社会主义法治时，实际上对这一法治的理解，就是排除了恶法的因素，我们实行的是“良法之治”。在这一情形下，我们现在强调法律至上，党的十九大提出贯彻“宪法法律至上”的理念，完全是一个准确的提法，是一个正确的决策。

“法律至上”在英文、日文中，与“法治”同源，其内涵相同，都是英文“rule of law”的汉字表述，强调了法的权威、法是权力的本源、对法要敬畏等。但细细琢磨，在中文中，经过一百多年的演变，“法律至上”与“法治”还是有一点区别：（1）“法律至上”在一般场合是作为一个口号，而“法治”是作为一种制度；（2）“法律至上”是一种追求、一种理念，“法治”表达的是一种原则、一种制度；（3）“法律至上”是一种信仰，“法治”是权力运作的设计；（4）“法律至上”带有主观性，“法治”具有客观色彩；（5）“法律至上”是最高纲领，“法治”是一种实践模式。

那么，党的十九大提出并强调的法律至上的内涵，到底是什么？笔者的理解，就是“所有的组织、机构和个人都必须在宪法法律规定的范围内活动”。法治既是治国的理念、治国之方法，也是一套治理国家的制度与机制。其核心目标就是“追求绝大多数人的最大幸福，实现社会的公平正义，达到社会秩序的最大安宁”。而这个核心目标，不仅是自亚里士多德以来 2400 多年西方法治传统的精髓，也是中国历代社会精英的理想和追求。如中国古代法家的重要思想之一，就是：“刑期于无刑”——现在我们实施刑（法律），其最终目标就是为了将来消灭刑（法律）；儒家提出：“讼，为了无讼”——现在我们进行诉讼（打官司），其将来最终目标就是为了消灭诉讼；道家是一个善于阐述辩证法的学派，他们提出的理想更加带有哲理："法令滋彰，盗贼多有"——盗贼，就是罪犯；罪犯所犯的罪，是由法律（刑法）来规定的，所以规定犯罪的刑法越多、越密，罪犯（盗贼）就越多。所以法律不能太多、太密。所有这些社会精英，所表达的都是希望建成一个绝大多数人达到最大幸福的和谐社会。

（五）社会主义法律体系和社会主义法治体系同步建设

2008 年 3 月 8 日，在十一届全国人大一次会议第二次全体会议上，全国人大常委会委员长吴邦国在向大会做工作报告时宣布：中国特色社会主义法律体系已经基本形成。2011 年的《全国人民代表大会常务委员会工作报告》进一步宣布，中国特色社会主义法律体系已经于 2010 年建成。至此，中国形成了以宪法为核心，以法律为主干，包括行政法规、地方性法规等规范性文件在内的，由七个法律部门、三个层次法律规范构成的法律体系。国家经济建设、政治建设和文化建设，社会生活的各个方面基本做到有法可依，为依法治国、建设社会主义法治国家、实现国家长治久安提供了有力的法制保障。建设中国特色社会主义法律体系，走出了一条不同寻常的中国特色之路。

法律体系，一般是指一国的各种部门法组成的体系，如《法学辞典》对该词的定义是"由各法律部门组成的一国法律有机联系的整体"。研究中国法律体系，也即研究如何将中国全部法律分门别类，从而建立起一个由各部门法组成的具有内在联系的体系。一国的法律体系仅指本国仍生效的法律，不包括国际法或已不生效的国内法。中国的法律体系大体由在宪法统领下的宪法及宪法相关法、民法商法、行政法、经济法、社会法、刑法、诉讼与非诉讼程序法七个部门构成，包括法律、行政法规、地方性法规三个层次。

在新中国，法律体系的形成经历了一个长期的、曲折的、不平凡的过程。1978 年 12 月 22 日，党的十一届三中全会通过公报，将民主法治建设提到崭新的高度：为了保障人民民主，必须加强社会主义法制，使民主制度化、法律化，做到有法可依，有法必依，执法必严，违法必究。这是比较早地提出了建设社会主义法律体系的目标。1982年，现行《宪法》通过。宪法是法治建设的基础，是法律体系的核心和统帅，国家根本大法的通过，使中国社会主义民主法治建设进入一个新阶段。1997年，党的十五大确立了宏伟的目标：依法治国，建设社会主义法治国家，到2010年形成有中国特色社会主义法律体系。2002年11月14日，时任全国人大常委会委员长李鹏指出，中国已初步形成了有中国特色的社会主义法律体系。截至2008年全国"两会"期间，中国现行有效的法律已达229件，涵盖宪法等七大法律部门；现行有效的行政法规近600件，地方性法规7000多件。

法律体系自2011年形成以后，并没有一成不变，而是继续向着丰富、成熟和完善的方向发展。尤其是在立法上，立法职能部门和学术界都继续努力，为推动这一法律体系而努力。如学界，就推出了《完善以宪法为核心的中国特色社会主义法律体系研究》①等作品。就党和国家的领导者而言，我们通过2012年党的十八大，2013年党的十八届三中全会，2014年党的十八届四中全会，2017年党的十九大，以及2019年党的十九届四中全会，进一步在发展、完善中国特色社会主义法律体系方面作出贡献，尤其是提出了中国特色社会主义法治体系建设，使法律体系和法治体系两个体系共同发展、互相促进的宏大构思和长远规划。

按照第十八次、第十九次党的全国代表大会，以及党的十八届四中全会、十九届四中全会的阐述，法律体系是规范体系，而法治体系则是运行体系。尤其是按照党的十九大报告的阐述，法治体系包括了五个体系：（1）完备的法律规范体系；（2）高效的法治实施体系；（3）严密的法治监督体系；（4）有力的法治保障体系；（5）完善的党内法规体系。

从上述党的十九大报告的内容来看，社会主义法律体系和社会主义法治体系，既是两个需要建设的并行的体系，同时前者又是包含在后者之内，即社会主义法律体系是社会主义法治体系五个组成部分之一。一般而言，法律体系是

① 冯玉军：《完善以宪法为核心的中国特色社会主义法律体系研究》，中国人民大学出版社2018年版。

形式上的，法治体系是实质上的；法律体系是静态的，法治体系是动态的；法律体系是有没有法律可依的问题，法治体系是解决如何运用好现有的法律、如何通过法律来达到最佳的国家和社会的治理。由于法律体系是法治体系运行的前提和基础，所以在论述这两个体系时，我们首先就必须明确社会主义法律体系的形成和变迁。

与中国特色社会主义法律体系相比，中国特色社会主义法治体系的建设，提出的时间要稍微晚一些，它的正式提出可以追溯到党的十八大。即以习近平同志为核心的党中央，在领导全面依法治国的伟大实践中，形成了新理念、新思想、新战略，提出了“中国特色社会主义法治体系”的建设问题。其主要内容包括：第一，中国特色社会主义法治体系是法治诸多要素、结构、功能、过程内在协调统一的有机综合体，是国家治理体系的重要组成部分。第二，中国特色社会主义法治体系是中国特色社会主义制度体系的规范表达。第三，中国特色社会主义法治体系是在法律体系形成后实现法治建设重心战略转移的必然要求。第四，中国特色社会主义法治体系是以体系化视野掌舵法治建设降低成本减少风险的有效途径。中国特色社会主义法治体系是在法治领域为推进国家治理现代化增添总体效应的重要举措。中国特色社会主义法治体系是在新的历史起点上全面推进依法治国、建设社会主义法治国家的骨干工程。

应该说，“社会主义法治体系”对深化全面依法治国具有纲举目张的重要意义。全面推进依法治国，涉及立法、执法、司法、守法、法治监督、法治保障、法学教育等各环节；涉及依法治国、依法执政、依法行政共同推进，法治国家、法治政府、法治社会一体建设，国家法治、地方法治、社会法治、国际法治统筹发展等各个方面；涉及依法治国与依规治党、依法治国与以德治国等各个层面的关系。①因此，中国特色社会主义法律体系和中国特色社会主义法治体系同时建设、一起推进，其根本目标就在于先解决有法可依，再解决将良法

① 张文显：《在新的历史起点上推进中国特色法学体系构建》，《中国社会科学》2019 年第 10 期。

完善地予以贯彻实施。这是我们实现“依法治国，建设社会主义法治国家”的重要举措。

(六) 对公民基本权利的保障与对公权力滥用的限制

保障公民基本权利与限制公权力滥用，是法治的两个核心要素。

1. 公民基本权利保障

在我国，公民基本权利（在西方称人权）的保障体制是以立法保障和司法保障为主要内容，并以宪法为核心的。立法保障是国家权力机关通过立法这一法律手段来对我国公民权利进行的保障。为了更好地理解新中国公民权利保障的进步，我们可以来梳理一下人类在公民权利保障领域的法治的进程。

公民（拉丁文 Civis；法语 Citoyen；英语 Citizen）概念，最早出现于古希腊的雅典和古罗马的城邦时期。在这两个奴隶制国家，与广大在政治上没有权利、在经济上被视为财产所有权的客体的奴隶不同，存在着一个自由民阶级，这些自由民在古希腊、古罗马民主政治的雏形的阶级结构中，被称为“公民”，也叫“市民”。古罗马曾经颁布过市民法。

当然，古希腊、古罗马之公民的出现，也是经历了一个长期的政治上的进步和经济上的改革才慢慢达成的。最早，虽然出现了自由民，但他们之间也是不平等的。相传公元前 8 世纪，古希腊雅典的提秀斯（Theseus）进行了改革。他设立了以雅典城为中心的管理机关，并将雅典的自由民划分为贵族、农民和手工业者三个等级，形成了城邦国家的雏形。提秀斯时期，雅典城邦的权力掌握在氏族贵族手中，其城邦法还处于习惯法阶段。贵族因操纵司法权而任意解释法律，时常作出不利于平民的判决，引起平民阶层的极大不满。

公元前 7 世纪，随着雅典经济的发展，特别是商业、手工业的发展，雅典平民阶层的地位日益重要。公元前 621 年，在平民反对氏族贵族操纵司法的斗争中，德拉古（Draco）当选为执政官，他迫于平民阶层的压力，将现行习惯法加以整理编纂，颁布了雅典第一部成文法，史称《德拉古法》。该法主要有三项改革：规定公民权取得的条件，即只有能够自备武装者才享有公民权；将贵族会议选拔官吏改为公民抽签选举；组成一个由公民选举产生的四百零一人议事会。①

德拉古法原文曾在公元前409年重行刻石，但传存的碑文已残缺不全，仅保留了关于杀人行为的法律片段。这些断片显示，故意与非故意在杀人罪中已有了分别，并规定了不同的刑罚和责任。德拉古法以广泛采用重刑著称于世。例如，窃盗、纵火、故意杀人等罪同处死刑；甚至窃取蔬菜、水果也要处极刑。毫无疑问，德拉古法是维护贵族利益的，带有残酷性。但是，它开启了雅典成文法的发展，标志着雅典法已进入成文法时期。另外，法律的一些条文禁止血亲复仇，对私有财产关系作了相应的调整，并在一定程度上限制了贵族专横的司法权，具有一定的进步意义。

公元前594年，新兴的商业贵族梭伦（Solon，公元前638—前559年）当选为执政官，被授权为仲裁者和立法者，视为“民选调解官”。梭伦就任后，进行了一系列的立法改革。其主要有：

第一，颁布“解负令”（Seisacktheia），废除一切债务。拔除立在债务人份地上的记债碑，作为债务抵押品的土地无偿归还原主；禁止人身奴役和买卖奴隶。因债务而抵押为奴者一律恢复自由，因债务而卖身到外国为奴的自由人由国家出金赎回。但已经归属债权人的土地不予返还。

第二，以拥有的财产为标准重新划分雅典公民的等级，并按等级高低确定政治权利，废除贵族在政治上的世袭特权。将雅典公民按财产多寡分为富农、骑士、中农、贫民四个等级，第一等级可以担任高级公职，第二、第三等级可以担任一般公职，第四等级没有被选举权，只享有参加公民大会（Ecclesia）的权利。公民大会直接选出执政官和其他执政人员，国家重要政务都由公民大会通过，提交公民大会议案的预审工作则由新设立的“四百人议事会”担任。

① 任寅虎、张振宝：《古代雅典民主政治》，商务印书馆1983年版，第5页。

第三，新设陪审法庭（Heliaea of the Thesmothetae）和四百人议事会等国家机构。“Heliaea”的原意为集会，陪审法庭的原意为“作为法庭的公民大会”（Assembly as A Court），这与近代意义上的“法院”不同。实际上，它是由行政官员于集市日在市场上审理讼案，并由有空暇的若干公民参加。然而，将这一做法制度化，则是司法民主化的重要措施，后来成为雅典民主制度的一个重要组成部分，是公民“参与审判”权利的表现。四百人议事会的职能主要是为民众大会准备议程，由雅典四个部落各选 100 人组成。

第四，在经济方面，禁止输出谷物，只准许输出橄榄油、酒等到国外，鼓励种植经济作物和造船，鼓励传授技术，准许外邦手艺人居住雅典，使雅典经济迅速过渡到集约型的果园与园圃经营，为发展工商经济奠定基础。后又公布了遗产处分自由法令，禁止奢侈，限制葬礼的浪费和铺张。梭伦立法改革的根本原则是确认私有财产，容许土地的转让和分割，这使得人们有了更多的经济自由，推动了工商经济的发展。

第五，在法律方面，废除了德拉古法，只保留了关于杀人罪方面的规定。还立法禁止对他人包括奴隶在内的暴力伤害，从而使奴隶得到相对的人身安全，并对婚姻家庭法作了改革，创立了遗嘱继承制度。

梭伦在经济方面的立法改革实际上是一种改良主义的措施。“解负令”并没有重新分配土地，贵族阶级的优越经济地位并没有受到摧毁性打击。尽管如此，废除债务奴役制连同其他的经济措施，是鼓励富裕阶级以其财产投入工商业，从而使无地的人们获得就业于农业以外的职业机会。限制谷物输出，鼓励橄榄油出口的立法改革，推动了小农发展集约经营的园圃农业，并使雅典迅速地从一个农业区域发展为工商业区域，这为日后雅典成为希腊世界第一大工商业城邦奠定了坚实的基础。梭伦所奠定的雅典的经济发展路线，不是传统的“分裂繁殖”路线，不是广泛殖民于海外，而是相反地保持了人力资源于国内，使纵横不过百里的一个小区域发展成为乡郊有小康的农业人口的大工商业城市，从历史观点说来，这无疑是很大的成功。

梭伦关于政治方面的立法改革，其中心是以财产的多寡作为区分公民等级的标准。这一标准使最低一级的平民有选举权而无被选举权。议事会成员、行政官员一律由选举方法产生。按照希腊的政治概念，这是一种金权政治(timocracy)，而不是民主政治。所谓民主政治（democracy），必须是平民统治的政体，必须不论财产多寡都有资格被选任为议事会成员及行政官员，而其选任又必须用拈阄方法，这样全体公民才有可能全都有轮流任职为议事会成员或陪审法庭成员的机会。至于梭伦立法改革给予平民的，只不过是在公民大会内发言与表决、选举的权利，但这种权利却一定程度地阻止了上层阶级对权力的垄断。

然而，梭伦的有关政制的立法改革对于当时的雅典来讲仍不失为一次革命。梭伦以前的雅典是贵族阶级的寡头专政，平民不仅无权议政，而且处于债务奴役状态。改革以后，贵族阶级固然还当政，但并非贵族的富裕农民也成了当政阶级。这显然是一种革命性质的变革。梭伦有关政制方面的立法改革是针对雅典的现实而进行的，为希腊的城邦政制开辟了一条“主权在民”的新路。事实上，希腊世界进入“主权在民”的时代始自梭伦立法。梭伦立法为建成一个繁荣强大的雅典准备了条件。

梭伦在财产、继承、犯罪的惩罚等方面的立法都有革新，其立法又以完善、简洁、富于弹性为后世称道。它是亚历山大征服后希腊化国家法典的楷模，在罗马帝国时代通行于帝国旧希腊地区，是罗马法的“竞争对手”。法典原文保存于雅典议事会堂，并在市场上立柱公布，从此以后，雅典进入“法律”统治，即希腊语所称的优鲁米亚（Eunomia）时代。由于梭伦的功绩和高尚的人品，他被列为“希腊七贤”之一，为后世人们所敬仰。①

梭伦离职以后的雅典虽然经历了庇西特拉图（Peisistratus）的僭主政治(僭主政治是事实上的君主专制政治)，但公民权利的保障仍然得以继续。“僭主”，希腊原文为“Tyrannos”，是“终身执政官”“全权将军”的意思，并不含有褒贬之意。Tyrannos后被转为拉丁语“Tyrant”，近代西方把它用在很不好的意义上，中文译为“暴君”符合近代西方用法，但这与早期它的本来意义并不符合。虽然，僭主政治带有贬义，但这一政制客观上起了贯彻梭伦立法改

① 关于梭伦立法改革，部分资料取自顾准：《希腊城邦制度》，载《顾准文集》，贵州人民出版社1995年版，第171—174页。

革的作用。从此以后，在雅典由贵族阶级独占政权的那种旧秩序再也不可能恢复了。经过努力奋战，雅典人民推翻了僭主政治。公元前 509 年，克里斯提尼（Cleisthenes）作为平民领袖当选为执政官，进一步推进了立法改革，使雅典的民主政治从此得以确立，公民的基本权利保障更加坚实。这次立法改革的主要内容是：

第一，根据地域原则重新划分居民。取消原有的四个氏族部落，整个雅典城邦被分成三个区域：雅典城及其近郊；内陆中央地带；沿海地区。每个区域分为 10 个部分，每个部分名为"三分区"（Trlitys），三个区域中各抽一个"三分区"共三个"三分区"，合在一起成为一个选区。这样，雅典境内实际上已被分为 10 个选区。这种选区不是集合在一片毗连地带，而是跨三个区域的一种人为的集合，它惟有在公民大会表决期间才结合起来。这样的组织方法依据的是地区原则，因而它打乱了氏族传统，削弱了以氏族为基础的贵族势力，从而也削弱了僭主复辟时所依恃的力量。"三分区"之下的基层单位是"自治村社"（Demos），是一种政治性、经济性、行政性、宗教性、军事性的单位。"自治村社"负责招募兵士和用抽签的方法选出陪审员。村社的满 18 岁男性要登记入公民和兵役名册，负有服兵役的义务，享有参与审判的权利。满 20 岁男性，便取得全权公民的资格。

第二，创设了五百人议事会，由每个选区选出 50 人组成，取代了梭伦时期的四百人议事会。议事会选出议长委员会，共 50 人。这 50 人分为 10 个组，每组 5 人，每组轮流主持日常政务。有资格选任为议事会成员的仍限于公民中富农和骑士两级，而在其以下的中农和贫民两级仍不得选任为议事会成员。每个选区还出一个将军，统率本区征集的公民军，并组成一个"十将军委员会"统率全军。以后，雅典最高政权实际上操纵在"十将军委员会"手中。

第三，确立"贝壳放逐法"（也称"陶片放逐法"）制度，它是克里斯提尼立法改革中最富特色的一种制度。这一制度是针对那些滥用权力、危害国家利益、侵犯公民权利的官员而实施的。每个春季召开一次非常公民大会，先用口头表决的方式提出是否有要被放逐的人。如果有，就召开第二次公民大会，每个人在贝壳或陶片上写下他认为应被放逐的人的名字。凡被大多数投票认为应被放逐的人，就要离开雅典，为期 10 年，但其财产不被没收，期满返回，便享有其财产权，以前的其他一切权利也随之得以恢复。该制度设立的目的在于防止阴谋夺取政权的僭主政变，在实际政治生活中也确实起过重要的作用。希波战争后，僭主政变的威胁实际上不再存在，而这个制度仍维持了一个时期，不过那时已失去其原意，成为党争的工具了。

公元前 5 世纪中叶，希波战争后，雅典成为整个希腊世界的经济和文化中心，其民主政治制度和法律制度也随之达到了极盛时期。早在希波战争期间，民主派领袖阿菲埃尔特便积极推行立法改革，通过了一系列剥夺贵族权力的法案，规定雅典公民大会的决议不再受贵族会议的干预和监督，取消其审判公职人员渎职罪的权力。公元前 443 年至前 429 年，民主派领袖伯里克利（Pericles，约公元前 495—前 429 年）成为雅典最高执政官，进一步推进了民主的立法改革，公民的基本权利保障得到了进一步的提升。

首先，官职向所有等级的公民开放，取消了任职资格的财产限制。

其次，公民大会基本上成为雅典城邦国家的最高权力机关。公民大会每隔 10 天召开一次，凡年满 20 岁的男性公民都可参加，并享有提出建议和弹劾公职人员渎职或违法行为的权利，参与国家一切重大政策的讨论。与此相关的五百人议事会已具有了公民大会常设机构的性质，它除了为公民大会准备议案外，还负责执行公民大会的决议，监督国家行政部门的日常事务。

最后，为吸引下层公民参与城邦管理实行了官职津贴制。按此制度，若下层公民担任执政官、五百人议事会的成员和陪审法庭的陪审员，国家一律实行津贴或补助。这样，基本实现了官职向每一个等级公民开放的目标，把少数公民的民主制转变成多数公民的民主制。

综上所述，德拉古、梭伦、克里斯提尼和伯里克利四次立法改革，大致代表了雅典公民社会之民主制度和法律制度的开创、建立、发展和完善四个阶段，雅典民主法制的发展是沿着不断削弱、剥夺氏族贵族的权力，不断提高、强化公民大会和陪审法庭的地位与作用的途径进行的，到伯里克利时代，雅典的民主法制发展到了顶峰。

正是在公民、公民社会（市民社会）形成的基础上，雅典形成了在整个希腊世界里最为完备的民主制度，形成了公民权利的保障机制。它由梭伦的立法改革所开创，至伯里克利时代达到极盛，主要有以下特点：

第一，实行直接民主制，即雅典城邦的政治主权属于公民，公民们直接参与城邦的治理。主要表现为：雅典公民都直接参加公民大会，公民大会实际上作为最高权力机关，每月举行二至四次，解决城邦的一切重大问题，如宣战与媾和，城邦粮食问题，听取负责人的报告，审查终审法庭的诉讼，实行国家的最高监督，等等。每个公民在公民大会中都有选举权，每个公民都有可能被选为议事会的成员，每个公民都要轮流参加陪审法庭。雅典的实际政权由“十将军委员会”掌握，但将军任满离职要接受审查，有叛国行为或作战失败的要受到制裁，陪审法庭和公民大会可以没收其财产，可以将其放逐或处死，等等，这都体现了直接民主制的特征。

第二，官制实行义务职制和“合一制”。雅典官制在其民主制度中占有显要的位置，而且颇具特色。初期，雅典的行政官员都是义务职，不支薪金。对此，伯里克利为了吸引下层公民参与城邦管理，实行了官职津贴，但并未废除义务职。在雅典，全部行政官员并不组成为某一个行政首脑统一领导之下的“政府”，各种行政官员任期不一，全都由公民大会或其他相应机构直接选出，各自独立对公民大会或其相应机构直接负责。这样一来，公民大会自身就要处理许多具体行政事务，立法权与行政权很难分开；而且，陪审法庭也对公民大会及议事会负责，重大诉讼案件的上诉和终审机构是公民大会而不是陪审法庭自身。

第三，监督制度完善而且发达。雅典民主制度的运行得益于它较为完善的监督机制，其中包括：官员任职前的资格审查制；信任投票制，即公民大会有权对执政官和将军进行信任投票，以检查是否称职；卸任检察制，即每个官员任期届满后，都要由专人对其在职期间的活动和账目进行审查；不法申诉制，即公民就现行立法是否违反民主制度问题向陪审法庭进行申诉，目的在于保护民主制度不受反对势力的干扰。此外，还有前述的贝壳（陶片）放逐法等。

雅典能够形成直接民主制，对公民的基本权利作出最为系统、完善的保障，有其深刻的社会经济原因。

一方面，雅典是一个领土狭小的城邦国家，乡居的公民进城参加公民大会可以朝出暮归，人们相互间比较熟悉，国家政务比较简单，易于在公民大会中讨论和表决，这是雅典实行直接民主的先决条件。

另一方面，雅典是一个沿海城邦，氏族贵族势力相对软弱，工商业贵族阶层的力量则不断强大，并与广大农民、手工业者结成联盟。

此外，奴隶和自由民数量对比悬殊，这也使得雅典城邦内部较容易形成民主势力。

当然，雅典民主制和公民权利保障机制的确立、发展与巩固经历了长期的过程。在此过程中，贯穿着平民与氏族贵族的斗争，并出现过反复，但每一次斗争的胜利都推动了民主制度的发展。

因此，雅典城邦制度和公民直接参与民主，两者是互相依赖，互为条件的。雅典民主制度的确立与发展表明了东西方在公法制度及其法文化方面的最早差异，它是西方民主传统形成的母胎。但就其本身而言，它存在着无法绕越的历史局限。虽然雅典公民在形式上都享有平等权利，但享有公民权者在雅典总人口中仅占极少数。即使在雅典民主鼎盛时期，号称贤明的热诚的民主主义者伯里克利在发展了雅典公民范围内民主的同时，也没有突破“公民”本身的限制。公元前445年，伯里克利恢复了一条旧法，规定“其父母皆为雅典人者，始能为雅典人”，而且法律具有追溯既往的效力，执行得十分严格。这样一来，广大奴隶和外邦人是没有公民权的，同时占自由民一半的广大妇女也被置于无权地位，释放的奴隶也不得享有公民权，所有雅典居民中真正拥有公民权的仅占总人口的1/20。从本质上看，雅典的民主政治主要是奴隶主阶级内部的民主。

与古希腊同时，古罗马社会也出现了公民和公民权利保障的运动和制度。

古代罗马国家地处欧洲地中海中部的亚平宁（Apennines）半岛。罗马居民属印欧语系民族的一支——拉丁族人（latini），很早就从意大利以北的欧洲内陆分批进入半岛中部的拉丁姆（Latium）地区定居下来。①公元前10世纪前

① ［英］迈克尔·格兰特：《罗马史》，王乃新、郝际陶译，上海人民出版社2008年版，第9页。

后，罗马已成为该地区许多氏族公社中主要的一个。传说它分为三个部落（“特里布斯”，tribus），每个部落下有十个胞族（“库里亚”，curia），每个胞族又由十个氏族组成，其联结的纽带并非人为的组织，而是自然的血缘关系。整个罗马共有 300 个氏族。

公元前 8 世纪至前 6 世纪，是罗马原始公社制向阶级社会过渡的阶段，史称“王政时代”。当时的社会管理组织有“库里亚”会议，氏族长老组成的元老院和“王”（rex），而调整人们的行为规则是长期以来形成的大家共同遵守的习惯。

公元前 7 世纪以后，氏族内部出现了财产不平等和阶级分化现象，出现了“保护人”（patronus，氏族贵族）和“被保护人”（cliens，依附贵族的贫困破产之家族）。后者从前者那里取得份地并为之服役，遇战争则须作亲兵出征。与此同时，奴隶制也发展起来了，不过，当时奴隶数量不多，主要来源是战争俘虏。

此外，在罗马居民中还出现了“平民”（plebis）这个特殊阶层。其来源是拉丁姆境内的被征服者和因工商业的发展而迁移来的居民。他们的人身虽然是自由的，也有一定的经济实力，却不能享有与罗马人同等的权利。这种状况促使平民与贵族进行了长期的斗争。至公元前 6 世纪左右，终于迫使贵族让步，从而出现了塞尔维乌斯・土利乌斯（Servius Tullius，约公元前 578—前 534 年）改革。

这次改革，按照财产的多少将罗马居民分为五个等级，并按财产等级规定不同的兵役义务；废除原来以血缘关系为基础的三个氏族部落，按居住地区把罗马城划分为四个部落，居民就所在部落登记户口和财产，确定权利和义务。这次改革是一场深刻的政治革命，是罗马原始公社制瓦解、国家产生的标志。

随着罗马国家的形成，适应奴隶主阶级统治的需要，罗马的法律也就应运而生。它是一种反映罗马奴隶主阶级的意志，保护奴隶制的剥削关系，巩固奴隶主阶级在国家机关中的统治地位以及对奴隶的支配权力的社会规范体系。公元前 509 年，罗马公民阶层将最后一个王——卢修斯・塔克文・苏佩布（Lucius Tarquinius Superbus，？—前 496 年）驱逐出了罗马，结束了延续 250 多年的王政时代，进入了共和国时期，这也是一个由习惯法向成文法过渡的时期。随着奴隶制经济的发展，平民与贵族斗争的展开，那种由贵族垄断立法与司法权、随意解释习惯法的局面再也维持不下去了。颁布成文法与抑制贵族的专横，成为社会发展的必然趋势。公元前 462 年，平民保民官特兰梯留（A.G. Terentilie）曾在民众大会上提议编纂成文法，虽遭到贵族的反对，但后来仍同意成立十人委员会，从事立法工作。委员们在希腊考察法制回来后，于公元前 451 年制定了法律十表。由于平民仍不满意，公元前 450 年改组了十人委员会，又制定两表，作为前者的补充。两者合称《十二表法》（Lex Duodecim Tabularum）。

《十二表法》是罗马第一部成文法，共有 105 条，涉及土地占有、债务、家庭、继承和诉讼等方面的法规。①它反映了罗马奴隶制的发展和社会分化的过程，固定了自由民与奴隶地位和权利的不平等（如第十一表规定平民与贵族间不得通婚），维护私有财产（如第八表规定放火或夜间行窃者处死），还特别详细地规定了债务奴役制（如第三表规定，对于限期届满的债务人，债权人有权以铁链扣押债务人 60 天，并将债务人押赴“集市”三次，如有他人为之赎身，债务作为清偿；如无人赎取，则可将债务人杀死，甚至可以肢解其身，也可将其出卖为奴隶）。此外，《十二表法》也保留了许多原始社会的遗迹，如第五表规定，死者无遗嘱又无继承人及父系近亲时，可由氏族成员共同继承财产；第八表规定了同态复仇等。

《十二表法》的许多内容体现了它是平民争取公民权利斗争的胜利成果，如第九表规定了立法者不得为个人利益立法，贪官污吏应受到严惩，任何人非经审判，不得被处死刑；第八表限制了利率，每月利息不得超过 1%；第三表规定了还债的 30 天“恩惠期”，等等。同时，《十二表法》冲破了贵族对法律知识和司法权的垄断；设表分条地把不同的法律规范按类分别汇集，条理比较

① “《十二表法》是民法，涉及的是罗马公民（cives Romani）的权利与义务和公民之间的关系。”载［英］迈克尔·格兰特：《罗马史》，王乃新、郝际陶译，上海人民出版社 2008 年版，第 64 页。

清楚；确定了适合于当时社会发展水平的一定的诉讼形式；比较注意条文之间的联系和一致性，等等。因此，《十二表法》是罗马法发展史上的一个里程碑，也是古代奴隶制法中具有世界性意义的法律文献之一。①

此后，平民又通过公元前 367 年的《李锡尼—绥克斯图法案》（Lex Licinia Sextia）、公元前 326 年的《波提利阿法案》（Lex Poetetia）等有关成文法律，获得了担任执政官和其他高级官职的权利。这些法律还对占有国有土地规定了最高限额（每户 500 犹格鲁姆），②并废除了债务奴役制。特别是公元前 287 年《霍腾西阿法案》（Lex Hortensia），又使平民会议成为具有完全立法权的机构。这样，至公元前 3 世纪左右，平民在政治、经济和法律上都已取得与贵族平等的地位，开始享有完全的公民权。

公元前 3 世纪以后，罗马的经济获得很大发展，对外战争的胜利又使罗马版图日益扩大，最后成为一个横跨欧亚非的庞大的奴隶制帝国。此时，在公民权利的保护方面，出现了市民法、万民法和裁判官法并行的局面。

市民法（ius civile）亦称公民法，是罗马国家固有的法律，包括民众大会和元老院所通过的带有规范性的决议以及习惯法规范。其适用范围仅限于罗马公民。市民法的内容主要涉及罗马共和国的行政管理、国家机关及一部分诉讼程序的问题，其特点是体系不完整、带有保守性和浓厚的形式主义色彩。

由于经济生活的发展和复杂化，墨守成规的市民法已无法满足新兴大商人和大土地所有者等奴隶主的要求，罗马居民也迫切要求在法律关系方面进一步明确私人之间的权利和义务。这些都促使市民法进一步发展。公元前 367 年，罗马设置内事最高裁判官（praetorur banus），他在保证市民法适用的同时，通过审判实践和颁布告示，补充和修改了市民法。至共和国末期，经过长期积

① 《十二表法》制定后，刻在铜板（也有说木板、象牙板、大理石板等）上，被公布安置在了罗马广场上。公元前 390 年前后的一次高卢人（Gauls）入侵时，将其烧毁了。因此，《十二表法》的原文并没有能够完整地保存下来。现在我们所看到的该法的内容，是后人根据当时学者在其著作中引用的条文加以重新整理、恢复而成。目前，最为完整的《十二表法》的中文文本，是由周枏先生所翻译的，参见周枏：《罗马〈十二表法〉》，《安徽大学学报》1983 年第 3 期。

② 一个犹格鲁姆（jugerum），约等于 25 公亩。

累，这种告示便形成一整套广泛的、固定而统一的规范，独立于市民法之外，称“最高裁判官法”。它体现所谓“公平合理”的原则，不拘泥于形式，更具灵活性，以适应统治阶级的实际需要。

随着居住在罗马的外来自由民数量的增多，罗马市民法逐渐无法适应社会发展的需要。因为市民法采用属人主义，即只赋予罗马公民以法律权利，不论他们居住在什么地区，而对居住在罗马的异邦人和被征服地区的广大居民，则不予保护，处理纠纷时，适用他们各自的本国法，往往产生很多困难。为了解决异邦人和被征服地区居民内部以及他们同罗马居民相互之间的权利义务关系，公元前242年，罗马又设置外事最高裁判官（praetor peregrinus），专职处理此类案件，逐渐形成一套“万民法”。

所谓万民法（ius gentium），意即“各民族共有”的法律，它适用于罗马公民和非公民之间以及非罗马公民之间的纠纷。其主要来源是：清除了形式主义的罗马固有的“私法”规范；同罗马人发生联系的其他各民族的规范；地中海商人通用的商业习惯与法规等。其内容绝大部分属于财产关系。特别注重调整有关所有权和债的关系。万民法比市民法更加灵活，更加适应罗马经济的发展和统治阶级利益的要求。

万民法与市民法不是完全对立的。内事裁判官往往将万民法的原则移用到市民法中去。公元212年，皇帝卡拉卡拉（Caracalla，211—217年在位）颁布著名的《安敦尼努敕令》（Constitutio Antoniniana），①将罗马公民权授予帝国全体自由民（包括外邦人）以后，万民法与市民法两个体系逐渐接近，至公元6世纪，制定《查士丁尼法典》时最终统一起来。

古希腊、古罗马的公民社会、民主政治等，随着公元前3世纪以后古希腊城邦国家的解体，以及公元476年罗马帝国的灭亡而退出了历史舞台。在中世

① 卡拉卡拉皇帝，原名叫 Septimius Bassianus，卡拉卡拉（Caracalla）是他的绰号。安敦尼努（Antoniniana）是他后来的名字。其性格反复无常，时人对其评价不高，主要是因为他的皇位是谋杀了其胞弟盖塔（Geta）后夺得的，站在盖塔一边的罗马著名法学家帕比尼安也被其所杀。但卡拉卡拉皇帝作出了授予罗马境内所有居民以平等的罗马公民权的决定，这是具有巨大的历史贡献的。

纪欧洲封建农奴制度下，虽然社会生产力的主体是广大农奴，但他们在政治、经济和军事上，都处于无权地位，社会的政治统治权、经济支配权，都为僧（教会）俗（以国王为首）的封建主所掌控，并没有公民以及公民社会生存的空间，公民权利保障也未能进入立法者和司法者的视野之内。

12—13世纪以后，中世纪社会进入后期阶段，商品经济开始发展，市民阶级登上历史舞台，资本主义生产方式开始兴起，文艺复兴、罗马法复兴和宗教改革三大运动席卷欧洲各国，在古希腊和古罗马兴盛辉煌一时的公民、公民社会和公民权利保障的意识与制度设计开始在各国出现。1215年，英国颁布了《大宪章》，对僧俗贵族（中产阶级，包括贵族、骑士和富裕市民）和各项基本权利做出保障，出现了公民权利保障的萌芽。1628年，英国议会通过了《权利请愿书》，对公民基本权利保障进一步提出了诉求。1679年，英国议会针对英王查理二世的专横暴虐，颁布了《人身保护法》，进一步为被拘禁者申请"人身保护令"作出了规定。

1688年"光荣革命"以后，英国议会制定颁布了《权利法案》，对公民的基本权利作出了进一步的保障规定。

在原来英国的殖民地美国，1776年制定颁布了《独立宣言》。起草人、美国的开国元勋、近代自然法学派的代表人物之一杰弗逊在《独立宣言》中，除了谴责英国殖民者对殖民地人民犯下的种种罪行之外，明确宣告了公民之基本权利即人权的主要内容，即生命、自由和追求幸福。这是西方人权发展史上的一个伟大转折点，在人类历史上第一次对人权的内涵下了明确的定义。

在法国，1789年8月26日制定颁布了震惊世界的《人权宣言》，在美国《独立宣言》的基础上，进一步开宗明义地宣告：组成国民议会之法国人代表认为，无视、遗忘或蔑视人权是公众不幸和政府腐败的唯一原因，所以决定把自然的、不可剥夺的和神圣的人权阐明于庄严的宣言之中，以便本宣言可以经常呈现在社会各个成员之前，使他们不断地想到他们的权利和义务；以便立法权的决议和行政权的决定能随时和整个政治机构的目标两相比较，从而能更加受到他们的尊重；以便公民们今后以简单而无可争辩的原则为根据的那些要求能确保宪法与全体幸福之维护。因此，国民议会在主宰面前并在他的庇护之下确认并宣布下述人与公民的基本权利：

第 1 条：在权利方面，人们生来是而且始终是自由平等的。除了依据公共利益而出现的社会差别外，其他社会差别，一概不能成立。

第 2 条：任何政治结合的目的都在于保护人的自然的和不可动摇的权利。这些权利就是自由、财产、安全和反抗压迫。

第 4 条：自由就是指有权从事一切无害于他人的行为。因此，各人的自然权利的行使，只以保证社会上其他成员能享有同样权利为限制。此等限制仅得由法律规定之。

第 5 条：法律仅有权禁止有害于社会的行为。凡未经法律禁止的行为即不得受到妨碍，而且任何人都不得被迫从事法律所未规定的行为。

第 6 条：法律是公共意识的表现。全国公民都有权亲身或经由其代表去参与法律的制定。法律对于所有的人，无论是施行保护或处罚都是一样的。在法律面前，所有的公民都是平等的，故他们都能平等地按其能力担任一切官职、公共职位和职务，除德行和才能上的差别外不得有其他差别。

第 7 条：除非在法律所规定的情况下并按照法律所指示的手续，不得控告、逮捕或拘留任何人。凡动议、发布、执行或令人执行专断命令者应受处罚；但根据法律而被传唤或被扣押的公民应当立即服从；抗拒则构成犯罪。

第 8 条：法律只应规定确实需要和显然不可少的刑罚，而且除非根据在犯法前已经制定和公布的且系依法施行的法律以外，不得处罚任何人。

第 9 条：任何人在其未被宣告为犯罪以前应被推定为无罪，即使认为必须予以逮捕，但为扣留其人身所不需要的各种残酷行为都应受到法律的严厉制裁。

第 10 条：意见的发表只要不扰乱法律所规定的公共秩序，任何人都不得因其意见、甚至信教的意见而遭受干涉。

第 11 条：自由传达思想和意见是人类最宝贵的权利之一；因此，各个公民都有言论、著述和出版的自由，但在法律所规定的情况下，应对滥用此项自由负担责任。

第12条：人权的保障需要有武装的力量；因此，这种力量是为了全体的利益而不是为了此种力量的受任人的个人利益而设立的。

第14条：所有公民都有权亲身或由其代表来确定赋税的必要性，自由地加以认可，注意其用途，决定税额、税率、客体、征收方式和时期。

第16条：凡个人权利无切实保障和分权未确立的社会，就没有宪法。

第17条：私人财产神圣不可侵犯，除非当合法认定的公共需要所显然必需时，且在公平而预先赔偿的条件下，任何人的财产不得受到剥夺。

法国1789年《人权宣言》在美国《独立宣言》的基础上，在人权的三个要素即生命、自由和追求幸福之上，又增加了保护公民个人财产权、保障公共安全和反抗压迫的权利三个要素。应该说，《独立宣言》和《人权宣言》是人类历史上公民权利（人权）保障的里程碑。尤其是《人权宣言》中所宣告的“无视、遗忘或蔑视人权是公众不幸和政府腐败的唯一原因”，“凡个人权利无切实保障和分权未确立的社会，就没有宪法”等理念，基本上奠定了近代人权理论和实践的基础。

进入20世纪，对公民基本权利的保障进一步受到执政者和社会各界的重视，西方各国纷纷在自己的宪法中，对公民的各项权利作出了详细的规定。在这方面，1919年德国《魏玛宪法》（Weimarer Verfassung）最为突出。该宪法是德国历史上第一部实现民主制度的宪法。它建立了一个议会民主制、联邦制的共和国。现今的德意志联邦共和国宪法《波恩基本法》仍保留着《魏玛宪法》的少许条文。在公民权利的保障方面，《魏玛宪法》作出了空前绝后的极其详尽的规定，具体如下：

第109条：德国人民，在法律面前一律平等。原则上，男女均有同等之公民权利及义务。公法特权及不平等待遇由出生或阶级来看，概行废止。贵族之御称，仅视为姓氏之一部，以后不得再行颁给。

第 111 条：一切德国人民，在联邦内享迁徙自由之权，无论何人，得随意居留或居住于联邦内各地，并有取得不动产及自由营生之权。惟根据联邦法律，始得限制以上之规定。

第 112 条：德国人民有移住国外之权。此项移住，惟联邦法律得限制之。在联邦领土内外之联邦人民，对于外国，有要求联邦保护之权。德国人民不得被引渡于外国政府受诉追及处罚。

第 113 条：联邦居民有操外国语者，不得以立法及行政手续，妨害其民族性之自由发展。在教育上，内政及司法上使用其母语时，不得干涉。

第 114 条：人身之自由不得侵犯。凡用公共权力以妨害或褫夺人身之自由者，惟依法律始得为之。凡被褫夺自由之人，最迟应于翌日受通知，由何官署，以何理由下令将其自由褫夺，并应立予其人以机会，使对于被夺自由提出抗辩。

第 115 条：德国人民之住宅为其自由居处，不得侵犯，其例外应依法律为之。

第 116 条：无论何种行为，非在行为之前已有法律规定处罚者，不得科以刑罚。

第 117 条：书信秘密以及邮政、电报、电话之秘密，不得侵害，其例外惟依据联邦法律始得为之。

第 118 条：德国人民，在法律限制内，有用言语、文字、印刷、图书或其他方法，自由发表其意见之权，并不得因劳动或雇佣关系，剥夺其此种权利。如其人使用此权利时，无论何人，亦不得妨害之。不得施行检查。惟对于电影，得依据法律，酌设相当规定。又为防止淫亵文书之发行，及于公开展览及演艺时为保护青年起见，得以法律处置之。

第 119 条：婚姻为家族生命及民族生存增长之基础，受宪法之特别保护，并以男女两性平权为本。家族之清洁康健及社会之改良，为国家与公共团体之任务，其有儿童众多之家庭，得享受相当之扶助以轻负担。产妇得要求保护及扶助之。

第 120 条：教育子女，使之受身体上、精神上及社会上美格，为父母之最高义务及自然权利。关于其实行，由政治机关监督之。

第 121 条：私生子之身体上、精神上及社会上之进展，在立法上，与嫡生子同等待遇。

第 122 条：应保护青年，使勿受利用及防道德上、精神上及体力上之荒废。国家及公共团体对此亦应有必要之设备，以达其保护之目的。出于强制之保护处置，惟依据法律始得为之。

第 123 条：德国人民（原文系无武器装备）不必报告官署及得特别许可，有和平及无武器集会之权。露天集会，依据联邦法律，有报告官署之义务。其直接危害公共治安者，得禁止之。

第 124 条：德国人民，其目的若不违背刑法，有组织社团及法团之权。此项权利不得以预防方法限制之。宗教上之社团及法团，得适用本条规定。社团得依据民法规定，获得权利能力。此项权利能力之获得，不能因该社团为求达其政治上、社会上、宗教上目的而拒绝之。

第 125 条：选举自由及选举秘密应受保障，其详细另以选举法规定之。

第 126 条：德国人民有以书面向该管官署或议会请愿或抗告之权利。此权利得由一人或多人行使之。

第 128 条：市民，不分差别，均得依法规定，按其才能及其劳绩，准予充任官吏。反对女子服官之例外规定，应完全废止。

第 129 条：官吏之任用，除法律有特别规定者外，皆为终身职。养老金及遗族抚养金，另以法律定之。官吏既得之权利，不得侵害。关于金钱上之权利，得向法院起诉。惟依法律规定及程式，始得将官吏暂行免职，停职或退职，或降任于薪俸较低之他职。官吏职务上之惩罚判决，得上诉可能时，应予再审。其在官吏人事检查簿中，拟登决不利于该官吏事实时，应先予该官吏发表其对于此事实之意见之机会，而后始登记之。官吏之欲阅览其本人之人事检查簿者，亦应照准。既得权之不可侵犯及得向法院请求金钱上权利之救济两种权利，职业军人一律享受之。

第 135 条：联邦内居民得享完全之信教自由及良心自由。凡清静之宗教演习，应由宪法保障及由国家保护之。但一般国家法律，不受本条拘束。

第136条：民事上及公务上之权利义务，不以宗教自由之行使而附条件或受限制。民事上及公务权利之享受及就任公职之认许，与宗教信仰无关。无论何人，皆无宣告其宗教上信仰之义务。但为隶属某种宗教团体之故而有权利义务之关系，或为法定统计上调查之必要，官署得在此范围内，有权询问人民属于何种宗教团体。无论何人，皆不受强迫，使参加宗教仪式或宗教大典，或参加宗教演习，或强用宗教宣誓仪式。

第137条：宗教团体设立之自由，应保障之。在联邦领土内，宗教团体之联合不受限制。宗教团体，在对一般适用法律限制内，得独立规定管理其事务，并不必受国家或人民自治区之干涉，得自行委用职员。宗教团体得依据民法规定，取得法律能力。

第138条：宗教法团及宗教社团之为文化、教育、慈善各目的而设立机关、财团及其他财产之所有权，应保障之。

第139条：星期日及由国家所认许之休假日为工作休息日及精神修养日，以法律保护之。

第145条：受国民小学教育为国民普通义务。就学期限，至少八学年，次为完成学校至满足十八岁为止，国民小学及完成学校之授课及教育用品，完全免费。

第146条：联邦及各邦及自治区，应于预算内准备公款，以资助穷困无资入中学及高等学校者。适合受中学及高等学校教育之贫乏儿童之父母，应受奖学金之资助，至其儿童毕业为止，使其儿童得终所学。

第151条：经济生活之组织，应与公平之原则及人类生存维持之目的相适应。在此范围内，各人之经济自由，应予保障。法律强制，仅得行使于恢复受害者之权利及维持公共幸福之紧急需要。工商业之自由，应依联邦法律之规定，予以保障。

第152条：经济关系，应依照法律规定，为契约自由之原则所支配。重利，应禁止之。法律行为之违反善良风俗者，视为无效。

第 153 条：所有权，受宪法之保障。其内容及限制，以法律规定之。公用征收，仅限于裨益公共福利及有法律根据时，始得行之。公用征收，除联邦法律有特别规定外，应予相当赔偿。赔偿之多寡，如有争执时，除联邦宪法有特别规定外，准其在普通法院提起诉讼。联邦对于各邦自治区及公益团体行使公用征收权时，应给予赔偿。

第 154 条：继承权，应依照民法之规定受保障。国家对于继承财产所应征收之部分，以法律定之。

第 155 条：土地之分配及利用，应由联邦监督，以防不当之使用，并加以监督，以期德国人均受保障，并有康健之住宅，及德国家庭尤其生齿繁多之家庭，得有家产住宅及业务之所需规定章则时，尤应特别注意参战人员。

第 156 条：雇主及劳工参加管理经济财务之生产、制造、分配、消费、定价、输出、输入，依公共经济原则规定。生产组合，经济组合及其联合邦团体，如其自行提出要求时，得审查其组织及其特质，使并入于公共经济中。

第 157 条：劳力，受国家特别保护。

第 158 条：智识上之工作，著作权，发明权，美术权，同享受国家之扶持扶助。

第 159 条：为保护及增进劳工条件及经济条件之结社自由，无论何人及何种职业，均应予以保障。规定及契约之足以限制或妨碍此项自由者，均属违法。

第 163 条：德国人民应有可能之机会，从事经济劳动，以维持生计。无相当劳动机会时，其必需生活应筹划及之。其详细，另以联邦单行法律规定之。

第 164 条：农工商业之独立中流社会，应由立法行政机关设法发展及保护之，使不负担过重及被吞并。

第 165 条：劳动者及受雇者，得以同等权利会同企业家制定工金劳动条件及生产力上之全部经济发展之规章。双方所组织之团体及其协定，均受认可。劳动者、受雇者为保持其社会上及经济上之利益起见，得在企业工会及按照经济区域组织之区工会与联邦工会，有法律上之代表。区工会、联邦工会，为履行其全部之经济任务及为执行社会法律之协助起见，得与企业家代表及其余有关系之人民各界代表集会于区经济会议及联邦经济会议。区经济会议及联邦经济会议之组织，应使全国之重要职业团体，视其经济上、社会上之重要关系，派选代表出席。

虽然，《魏玛宪法》所规定的总统权力过大，尤其是强制执行权与独裁权，在历史上产生了很大的消极影响，为后来希特勒的上台提供了可乘之机。但它关于公民权利的各项明文规定，在魏玛共和体制内，人民所享有的社会福利较同期宪政国家多了许多，体现了国家对人民也有一定照顾义务的概念。经过19世纪工人运动，私有财产无限制原则开始受到节制，福利权保障的提出标志着资产阶级宪法走上改良路线，因此是进入近代宪法时代的标志。《魏玛宪法》作为现代时期的第一部资产阶级宪法，使宪法原则和制度得到发展，对其后许多国家的宪法产生影响。尤其是对第二次世界大战结束以后在世界各国出现宪政民主浪潮，影响更为巨大。1946年《日本国宪法》颁布实施，在日本建立和平民主体制；1949年联邦德国《波恩基本法》颁布实施，确立了尊重人的权利、人的尊严的宪政体制，都与《魏玛宪法》的影响是分不开的。

中国自清末民初以后，民众对公民权利保障的立法呼声日益高涨，但统治者对此一直是敷衍了事，虽然有一些立法，如1911年11月3日，载沣发布诏令，接受由资政院确立了宪法的19个基本原则之《宪法重大信条十九条》，1912年孙中山主导的《中华民国临时约法》，民国2年（1913年）中华民国第一届国会提出的《中华民国宪法草案》（又称“天坛草案”）。《中华民国宪法草案》的基础是《中华民国临时约法》，其中的规定使当时掌权的袁世凯非常不满，因此他不让国会讨论这部草案，相反，他于民国3年（1914年）将国会解散，于5月1日公布了自己的《中华民国约法》（“袁记约法”）。之后，民国8年（1919年）段祺瑞执政期间提出过一部《中华民国宪法草案》（八年草案），民国12年（1923年）曹锟任中华民国大总统期间公布一部《中华民国宪法》（“曹锟宪法”），民国14年（1925年）段祺瑞再次执政时又提出过一部《中华民国宪法草案》（十四年草案）。还有后期的1928年《中华民国训政时期约法》,①1936年的《五五宪草》,②乃至1947年实施的《中华民国宪法》③等。

上述各个宪法中规定的公民所享有的各项权利是比较充分的。如1923年“曹锟宪法”，就从第4条至第18条，对公民的基本权利进行了详细的规定。例如，第4条：凡依法律所定属中华民国国籍者为中华民国人民。第5条：中华民国人民于法律上无种族阶级宗教之别，均为平等。第6条：中华民国人民非依法律不受逮捕监禁审问或处罚。人民被羁押时，得依法律以保护状请求法院提至法庭审查其理由。第7条：中华民国人民之住居，非依法律不受侵入或搜索。第8条：中华民国人民通信之秘密，非依法律不受侵犯。第9条：中华民国人民有选择住居及职业之自由，非依法律不受制限。第10条：中华民国人民有集会结社之自由，非依法律不受制限。第11条：中华民国人民有言论著作及刊行之自由，非依法律不受制限。第12条：中华民国人民有尊崇孔子及信仰宗教之自由，非依法律不受制限。第13条：中华民国人民之财产所有权不受侵犯，但公益上必要之处分依法律之所定。第14条：中华民国人民之自由权除本章规定外，凡无背于宪政原则者，皆承认之。第15条：中华民国人民依法律有诉讼于法院之权。第16条：中华民国人民依法律有请愿及陈诉

① 民国17年（1928年）中国国民党于10月3日由中国国民党中央常务委员会通过了《训政纲领》，在民国20年（1931年）5月5日召开的国民大会中通过了《中华民国训政时期约法》。在这部约法中，三民主义作为国家基本思想和行政、立法、司法、考试、监察五权分立的国家组织方法被确定。这部约法于同年6月1日开始施行。

② 民国25年（1936年）5月5日国民政府公布了《中华民国宪法草案》（五五宪草），这是《中华民国宪法》的雏形，它本来应该在预定同年召开之制宪国民大会通过，但大会因日本人侵东北及隔年爆发的抗日战争延宕而未能如期召开。

③《中华民国宪法》于1946年12月25日于国民大会通过。1947年1月1日由中国南京国民党政府颁布，计14章175条。《中华民国宪法》的基本特点是：以自由平等为标榜，坚持维护国民党的一党专制；以“平均地权”“节制资本”为名，保障封建土地剥削制度和官僚资本的经济垄断；以“民有，民治，民享”的“民主共和国”之名，行国民党一党专制和蒋介石个人独裁之实。

之权。第 17 条：中华民国人民依法律有选举权及被选举权。第 18 条：中华民国人民依法律有从事公职之权。但这些宪法规定在实际生活中并没有得到很好地贯彻，许多都是一纸空文，公民权利的保障和实现并不理想。

1949 年 9 月 19 日，中国人民政治协商会议颁布了起着宪法作用的《中国人民政治协商会议共同纲领》，规定了新中国的国体和政体，确认“中国人民民主专政是中国工人阶级、农民阶级、小资产阶级、民族资产阶级及其他爱国民主分子的人民民主统一战线的政权，而以工农联盟为基础，以工人阶级为领导”。规定人民代表大会制为我国的政权组织形式；宣布取消帝国主义在华的一切特权；没收官僚资本，进行土地改革等；还规定了新中国的各项基本政策与公民的基本权利和义务。例如，第 4 条：中华人民共和国人民依法有选举权和被选举权；第 5 条：中华人民共和国人民有思想、言论、集会、结社、通讯、人身、居住、迁徙、宗教信仰及示威游行的自由权；第 6 条：中华人民共和国废除束缚妇女的封建制度。妇女在政治的、经济的、文化教育的、社会的生活各方面，均有与男子平等的权利，等等。

1954 年，在新中国经济、政治和文化建设都取得巨大进步的基础上，制定颁布了新中国第一部《宪法》，对当时中国国情的关注更加深入，对公民的各项基本权利作出了更加充分完整的规定。例如，第 2 条：中华人民共和国的一切权力属于人民，人民行使权力的机关是全国人民代表大会和地方各级人民代表大会；第 8 条：国家依照法律保护农民的土地所有权和其他生产资料所有权；第 9 条：国家依照法律保护手工业者和其他非农业的个体劳动者的生产资料所有权；第 10 条：国家依照法律保护资本家的生产资料所有权和其他资本所有权；第 11 条：国家保护公民的合法收入、储蓄、房屋和其他各种生产资料所有权；第 12 条：国家依照法律保护公民的私有财产的继承权。

然后，《宪法》第 85—99 条，又进一步详细、周密地规定了公民所享有的各项自由和权利，如言论、出版、集会、结社、示威、宗教信仰、居住和迁徙的自由，科学研究、文学艺术创作和其他文化活动的自由，规定国家要创造各种条件来帮助公民实现这些自由；公民享有选举权与被选举权，劳动和休息的权利，在年老、疾病或丧失劳动能力时获得物质帮助的权利，有向国家机关书面控告和口头控告任何违法和失职的国家机关工作人员的权利，有在受到国家机关和工作人员侵害时获得赔偿的权利等，国家必须通过各种措施和制度建设来确保这些权利的实现。同时，国家保护华侨的合法的正当的权利。以上自由和权利的享有，各个民族平等，男女平等，即法律面前人人平等。

应该说，1954 年《宪法》对公民权利保障的规定，一方面比较充分，比较完善，基本跟上了第二次世界大战以后世界各国对公民权利保障立法，尤其是如 1946 年《日本国宪法》和 1949 年德国《波恩基本法》为代表的民主宪制立法的潮流；另一方面，也比较适合中国当时的国情，比较好地处理了中国的问题，如对资本家及小业主的财产（资产）所有权以及其他各项权利的保护，对农民的财产和各项基本权利的保护，对工人以及知识分子各项权益的保护，明确宣告了言论、出版、集会、结社、示威、宗教信仰、居住和迁徙的自由，宣告了公民享有选举权与被选举权，劳动和休息的权利，并且规定国家要创造各种条件来帮助公民实现这些自由和权利。因此，1954 年《宪法》在新中国公民权利保障立法上，具有重要的地位。

然而，1954 年《宪法》确立起来的保障公民基本权利的法律体系，只维持三年不到的时间，就趋于消退了。虽然，1975 年和 1978 年我国也曾相继制定过两个《宪法》，但前者的中心任务是“以阶级斗争为纲”，“坚持无产阶级专政下的继续革命”；后者即 1978 年《宪法》制定时，虽然我国已经粉碎了“四人帮”，结束了无产阶级“文化大革命”，但此时因“文化大革命”的影响，对公民基本权利的保障立法还没有进入正轨。一直到 1978 年年底党的十一届三中全会的召开，以及 1982 年《宪法》的制定颁布，公民权利的保障才重新受到了党和国家的重视。

按照 1982 年《宪法》的规定，我国公民权利的法律保障制度有了巨大的进步，基本跟上了世界宪制民主法治的潮流。例如，《宪法》第 2 条规定：中华人民共和国的一切权力属于人民。人民依照法律规定，通过各种途径和形式，管理国家事务，管理经济和文化事业，管理社会事务。尤其是《宪法》第二章“公民的基本权利和义务”，宣告了公民在法律面前一律平等，强调了对工人、农民以及知识分子各项权益的保护，明确宣告了言论、出版、集会、结社、示威、宗教信仰、居住和迁徙的自由，宣告了公民享有选举权与被选举权，享有劳动和休息的权利，并且规定国家要创造各种条件来帮助公民实现这些自由和权利。之后，经过对1982年《宪法》的5次修订，《宪法》对公民权利的法律保障更加完善了。虽然，在现实生活中，我国公民权利保障立法还存在不足之处，但道路已经开通，基础已经打下，我国公民的基本权利的法律保障会越来越进步。

2. 对公权力滥用的限制

与加强对公民基本权利的保障并列的，或者说具有同等重要意义的就是对公权力滥用的限制。新中国成立，尤其是1978年改革开放以来，我国在加大对公权力滥用方面的立法力度上，做出了许多探索。至当前，终于慢慢形成了制度，使其成为中国特色社会主义法治的内涵及其本质特征之一。为了理解这一本质特征，我们需要对权力制约理论和实践的历史做一些梳理。

革命导师马克思和恩格斯在创建科学社会主义理论、探讨人类社会从原始氏族部落时代进入阶级社会国家文明时代时就反复指出，从原始氏族部落中产生的社会公共权力的不断增长、庞大，最后成为凌驾于社会之上的强大力量，是原始社会转为阶级社会的重要表现，是国家最终形成的显著特征。正因为这种国家统治权（公共权力）十分强大，所以自从它产生起，一些有长远眼光的思想家，就开始警惕国家统治权力的过于强大，警惕这种权力的滥用，警惕这种权力的腐败。

在古代希腊时期，在雅典城邦国家时代，柏拉图就在他的名著《法律篇》中强调，要通过周密的制度设计，使国家的统治者、国家的官员，成为“法律的仆人”。他指出，法律的统治，虽然不是最好的治国方式（最好的方式是贤人哲学王治理），但仍然是第二等的治理国家的模式，因为它可以防止官员的腐败。柏拉图强调，如果国家的法律被破坏了，国家也就要走向灭亡了。[①]柏拉

① ［古希腊］柏拉图：《法律篇》，张智仁、何勤华译，商务印书馆2016年版，第150页。

图的学生亚里士多德继承了老师的思想，在比较研究了150多个古代希腊的城邦国家之后，提出了如何限制国家权力滥用，如何防止这种权力走向腐败的制度安排，这就是将国家权力分成三个不同的领域：一种权力负责议事，制定规则，可以理解为后世的议会，掌握立法权；一种权力负责国家日常事务的管理，起着现代政府的功能，可以视为现代社会的行政权；一种权力着重于对社会纠纷的处理，对公民的诉讼进行审判，这就是后世的司法权。亚里士多德的这一思想，对后世“三权分立、三权制衡”理论的提出和实践的发展产生了很大的影响。

到了中世纪以后，在欧洲大陆出现了阿奎那·托马斯的“要用法律来限制国王权力滥用”的思想。虽然阿奎那的权力制约理论，带有很强的宗教色彩，因为他是一位神学家，在当时教会与世俗国王争夺国家乃至社会的领导权时，当然会站在教会一边，强调对国王权力的限制。但阿奎那提出的思想则是有历史性贡献的，对后世西方的政治哲学和法律的进步产生了很大的影响。在英国，同一时期则产生了布来克顿的要求“国王在法律之下”的思想。布来克顿提出，在英国，国王的权力至高无上，但他也必须受到两个方面的限制，一是必须受到上帝的领导，二是必须受到法律的约束。虽然，在1688年“光荣革命”之前，英国国王一直没有承认自己必须在法律之下，但在英国市民阶层、教俗贵族和知识精英的思想中，“国王在法律之下”的思想是得到大家认可的。

1688年英国“光荣革命”以后，形成君主立宪的权力格局。当时的国家权力分为：(1) 下院，上院，加国王，组成了议会，掌握了立法权；(2) 首相，加上各部委的大臣，形成政府；(3) 上院枢密院司法委员会，加上高等法院和各级法院，形成司法系统，掌握了司法权。此时，议会权力强大；而政府力量也不弱。主要是三个原因：一是首相是议会中多数党的领袖，在议会中有很强大的支持力量；二是以首相为首的政府处理的是每天发生的国家日常事务，在国民心目中占据着重要地位；三是当时司法系统和政府是同盟军，在英国资产阶级革命中，普通法法院是站在新兴的资产阶级一边的。正是在这种权力分布和权力角逐中，形成了洛克关于限制国家公权力滥用的英国模式的三权分立和三权制衡的理论和实践。

洛克是英国近代著名哲学家、经济学家、法学家和政治学家，他在《政府论》这一名著中，阐述了上述分权与制衡理论。他认为，英国议会掌握着立法权，由于英国议会历史悠久，早在1265年就召开了第一届国会，因此，它的权力十分巨大，必须对其进行限制。而政府和法院掌握着执行权（包括政府的行政权和法院的司法权），力量也很强大。而外交在英国地位非常特殊，因为英国是一个海洋帝国，其本身国土面积不大，只有24万平方公里，但它拥有的殖民地十分广大，最多的时候曾经达到3300多万平方公里，因此，对外交权也必须分立，对其进行限制。这样，洛克就为英国革命贡献了将国家统治权力分为立法权、执行权和外交权这一英国模式的三权分立、三权制衡的理论。

虽然，洛克的分权理论对世界其他国家影响不大，但法国思想家孟德斯鸠却在洛克理论的基础上，发展起了经典的三权分立和三权制衡的理论。孟德斯鸠认为，不受约束的权力必然走向腐败，这是万古不易的真理。为了防止权力发生腐败，就必须用权力限制（制约）权力。他强调，为了防止国家权力走向腐败，最简单易行、成本最低、最管用有效的方法就是将国家权力一分为三，一部分为立法权，主要是由议会来行使，负责制定法律；一部分为行政权，掌握在政府手里；另外一部分为司法权，由法院行使。孟德斯鸠指出，只有在三权分立、三权制衡的体制、机制下，权力才能受到有效的制约，公权力被滥用的风险才能得到有效的防控。

孟德斯鸠关于权力分立、权力制约的理论影响很大，一直到大洋彼岸的美国，在其获得独立、成立美利坚合众国时，也将孟德斯鸠的理论作为制度设计的蓝本。只是美国的一批开国元勋，认识到美国的国情与法国的不同，因此，在限制国家权力滥用时采用了更具美国特色的制度设计。比如，孟德斯鸠没有提到中央权力和地方权力的分立与制衡，而美国人在建国时，就将国家权力一分为二，一半保留在中央，由联邦政府行使；一半保留在地方，由各个州掌握。再如，孟德斯鸠基于对权力本质的认识，强调立法、行政和司法三种权力互相之间不得相兼，认为三种权力如果彼此兼容、混用，那么，权力就必定会走向腐败，公民的自由和权利也就不复存在。但美国人不是这样认为，他们认为美国是一个大国，立法、行政和司法三种权力彼此有所兼容，可以提高国家治理的能力和效率，所以宪法以及宪法惯例确定，立法权兼有司法权，如国家官员犯罪，都由法院来审判，而总统犯罪，则由国会，即参议院组织审判委员会（参议院议长出任审判委员会主席）进行审判。同时，司法权也拥有立法权，如违宪审查制度就是法院立法的经典表现。作为行政权的掌握者、政府领导者、国家元首总统，不仅是立法机关的组成部分，因为每一个法律草案要公布，都必须得到总统的签字，如果总统不签字，一段时间后这个法律草案就被废了，法律上称总统此权为“搁置否决权”。而且总统对司法也有巨大的制衡权力，即最高法院的大法官是由总统提名、参议院任命的，总统不提名，谁也当不成大法官。美国的这一制度设计，这一三权分立、三权制衡的模式，吸收了孟德斯鸠的理论精华，又结合了美国的具体国情，在关于限制公权力滥用方面，作出了里程碑式的贡献。

新中国成立以后，尤其是改革开放 40 多年来，我国在限制国家公权力滥用方面，做出了许多努力，进行了诸多探索。我国的人民代表大会制度，共产党领导的多党合作和政治协商制度，政法委统一协调公检法司各机关活动制度，国家监察委对国家各权力机关的监督制度，党、人大、政协、媒体、舆论、社会团体、人民群众对国家权力机构的监督制度，等等，都是试图对公权力滥用所进行的限制。虽然在权力制约方面，我们还存在一些制度的缺陷，还有许多工作要做，但对公权力滥用必须做出严格的限制，“将权力关进制度的笼子里”已经成为全党和全国人民的共同心愿和奋斗目标。它也成为中国特色社会主义法治的核心内涵及本质特征之一。

（七）科学立法

科学立法，目标就是要制定出良法。它是中国特色社会主义法治的内涵之一，也是中国特色社会主义法治的本质特征。

2014 年召开的党的十八届四中全会指出：“法律是治国之重器，良法是善治之前提。”党的十八届四中全会确定的“良法之治”，虽然最早是由古代希腊思想家亚里士多德提出来，并经过中世纪思想家阿奎那·托马斯，近代思想家洛克、孟德斯鸠、卢梭等人丰富、发展，逐步成为人类法律文明的精华之一。但党的十八届四中全会确立下来的良法，已经具有了中国特色，有了自己的标准。

这些特色和标准，我们可以将其归纳为三个方面：一是法律应符合人性、人文、自然、经济、政治、社会等的规律，与作为法律调整对象的各种关系的存在与发展规律保持一致，而不能蔑视规律、抗拒规律。习近平总书记认为："科学立法的核心在于尊重和体现客观规律。"①数千年的法治文明史充分证明，法律要立得住、行得通、真管用，立法者必须注重发现规律、尊重规律、反映规律、顺应规律，使法律成为科学的法律。二是法律制定得良好。这是形式法治的基本要求。立法权法定，法律规则确定的行为标准适度、可遵守、可执行、可适用，权利、义务、责任对等，公开透明，标准统一，普遍适用，连续稳定，非溯及既往，规则与规则、法律与法律、法律部门与法律部门、实体法与程序法之间协调一致，不矛盾、不冲突等。三是法律体现社会良善价值。这是实质法治的基本要义。是不是良法善治，关键是看法律体系、法治体系以及国家治理制度体系贯通什么样的价值观和价值标准。我国学者倾向于把秩序、自由、民主、公平、人权、效率、和谐、文明等作为现代法治的基本价值。②

也有学者将良法归纳为四个性：第一，人民性。这是以人民为中心这一导向和良法在立法领域的首要标准，也是根本性标准。在立法上以人民为中心必须贯穿于立法的全过程，立法要依靠人民、为了人民，以人民的真实意志的反映为出发点，以人民满意为落脚点。第二，客观性。即规律性，是良法的基础性标准。这里讲的规律性，既包括该草案是否符合应制定法律的客观规律性，还包括该法律所属部门法的发展规律，甚至还包括是否符合中国特色社会主义

---

① 习近平：《关于〈中共中央关于全面推进依法治国若干重大问题的决定〉的说明》，载《〈中共中央关于全面推进依法治国若干重大问题的决定〉辅导读本》，人民出版社2014年版，第54页。

② 张文显：《习近平法治思想研究（中）——习近平法治思想的一般理论》，《法制与社会发展》2016年第3期。

法律发展的规律。第三，时代性。法律与所处时代有密切关系，任何法律都处在一定时间与空间中，因此，不同时代便有不同法律。当前我国处于全面建设中国特色社会主义现代化强国的时代，因此，良法必须为这个新时代服务，为富强、民主、文明、和谐、美丽国家服务。第四，操作性。良法既符合人民群众的法律诉求，又针对社会上的现实问题，且简便易行，因而也具有操作性。①

笔者以为，在这四个性的基础上，还应当加一个“公正性”。立法必须符合、追求社会的公平正义，这是从古希腊柏拉图、亚里士多德以来人类法律文明进步的成果和标志，也为中国共产党人所认可并发扬光大。

那么，如何才能实施良法之治？如何才能制定出良法呢？这就需要把住立法这一关，进行科学立法。强调科学立法，是为了突出提高立法质量。正如习近平总书记在党的第十八届中央政治局第四次集体学习时的讲话中所指出的：“人民群众对立法的期盼，已经不是有没有，而是好不好、管用不管用、能不能解决实际问题；不是什么法都能治国，不是什么法都能治好国；越是强调法治，越是要提高立法质量。”提高立法质量，关键在于：一要尊重和体现经济、政治、文化、社会、生态建设和发展的客观规律，使法律准确适应改革发展稳定需要，积极回应人民期待，更好协调利益关系；二要坚持问题导向，切实提高法律的针对性、及时性、系统性、协调性，发挥立法凝聚共识、统一意志、引领公众、推动发展的作用；三要注重增强法律的可执行性和可操作性，努力使每一项立法都符合宪法精神、反映人民意愿、得到人民拥护；四要坚持立、改、废、释并举，全方位推进立法工作；五要坚持民主立法、科学立法，完善立法体制和程序，提高立法效率。②

总之，良法之治，科学立法，是人类法律文明的共同经验和财富，凡是法治发达国家都在强调这一点，也在努力践行这一点。那么为什么又说这是当下中国特色社会主义法治的内涵和本质特征呢？这是因为，中国是社会主义国

① 李龙：《坚持马克思主义法学在深化依法治国实践中的指导作用》，《法治现代化研究》2018 年第 1 期。

② 张文显：《建设中国特色社会主义法治体系》，《法学研究》2014 年第 6 期。

家，其立国之本在于为人民服务，法律作为为人民服务的重要载体，必须符合最广大人民群众的利益，必须符合社会主义经济、政治、文化、科技和教育等发展规律，必须符合世界文明进步的潮流。而要达到这些目标，科学立法就是一个必须要遵循的基本原则，也是唯一的立法工作的选择。因此，中国特色社会主义法治的内涵和本质特征中，必须包含科学立法这一要素。

（八）严格执法

严格执法是中国特色社会主义法治的坚实基础，是确保体现党的意志和人民利益的法律正确实施的关键。

早在马克思主义经典作家的思想中，执法严明就是一个重要原则和内容。在马克思所写的《法兰西内战》一书中，革命导师就不仅热情地歌颂和积极支持了 1871 年革命者创建的“巴黎公社”，而且对这个无产阶级政权的尝试作了科学的总结，其中便论及政府行政执法，提出了“议行合一”的原则。党的十八大以后，我们党在各种场合强调了严格执法，以及作为执法主体的政府的建设，即法治政府建设的重要性，包括健全依法决策机制，把公众参与、专家论证、风险评估、合法性审查、集体讨论决定确定为重大行政决策程序，确保决策制度科学、程序正当、责任明确，建立行政机关内部重大决策合法性审查机制，等等。

应该说，从中央高层到学术界，基本上都已经认识到，作为中国特色社会主义法治的坚实基础，加强法治政府建设，贯彻严格执法的理念和原则，目前是政府工作的重点，必须切实做好如下一些工作。第一，建设法治政府，首要的是科学设定政府职能、依法履行政府职能。习近平总书记强调：“各级政府必须依法全面履行职能，坚持法定职责必须为、法无授权不可为。”①第二，必须建立法治化的决策制度和机制。一是完善重大行政决策程序制度，健全依法

① 习近平：《加快建设社会主义法治国家》，《求是》2015 年第 1 期。

决策机制；二是建立行政机关内部重大决策合法性审查机制；三是建立重大决策终身责任追究制度及责任倒查机制。第三，深化行政执法体制改革。习近平总书记指出：依法治国的关键之一是各级政府能不能依法行政、严格执法。因此，“要严格执法资质、完善执法程序，建立健全行政裁量权基准制度，确保法律公正、有效实施”。①第四，坚持严格、规范、公正、文明执法。第五，强化对行政权力的制约和监督。第六，全面推进政务公开。

实际上，严格执法，涉及的最主要问题就是让已经制定颁布的法律如何得到有效的实施，如何树立法律的公信力问题。对此，党的十八届四中全会曾明确指出：法律的生命力在于实施，法律的权威在于实施，法律的威力也在于实施。学术界对我国法律实施的情况进行了分析：无论在直观感受上，还是参照法治评估数据，我国法律实施的情况都严重低于立法预期。例如，不把宪法和法律当回事、不给宪法和法律“留面子”的实例时常发生。正如习近平总书记所指出的：“在充分肯定成绩的同时，我们也要看到存在的不足，主要表现在：保证宪法实施的监督机制和具体制度还不健全，有法不依、执法不严、违法不

① 习近平：《加快建设社会主义法治国家》，《求是》2015 年第 1 期。推进行政执法体制改革，重点在于：(1) 大幅度减少市县执法队伍种类，重点在食品药品安全、工商质检、公共卫生、安全生产、文化旅游、资源环境、农林水利、交通运输、城乡建设、海洋渔业等领域内推行综合执法，有条件的领域可以推行跨部门综合执法，坚决清除“大盖帽满天飞”、重复执法、执法扰民的现象。(2) 完善执法程序，建立执法全过程记录制度。明确具体操作流程，重点规范行政许可、行政处罚、行政强制、行政征收、行政收费、行政检查等执法行为。严格执行重大执法决定法制审核制度。(3) 建立完善的执法激励机制和责任追究机制，实行执法责任制，权责一致，治理争权诿责。全面落实行政执法责任制，严格确定不同部门及机构、岗位执法人员执法责任和责任追究机制，加强执法监督，坚决排除对执法活动的干预，防止和克服地方和部门保护主义，惩治执法腐败现象。(4) 建立健全行政执法自由裁量权基准制度。细化、量化行政裁量标准，规范裁量范围、种类、幅度。加强行政执法信息化建设和信息共享，提高执法效率和规范化水平。(5) 根据不同层级政府的事权和职能，按照减少层次、整合队伍、提高效率的原则，科学划分执法权限、合理配置执法力量，把执法重心和执法力量向市县下移，清除多层执法、多头执法，提高执法效能。(6) 健全行政执法和刑事司法衔接机制，实现行政处罚和刑事诉讼无缝对接。参见张文显：《习近平法治思想研究（下）——习近平全面依法治国的核心观点》，《法制与社会发展》2016 年第 4 期。

究现象在一些地方和部门依然存在；关系人民群众切身利益的执法、司法问题还比较突出；一些公职人员滥用职权、失职渎职、执法犯法甚至徇私枉法严重损害国家法制权威；公民包括一些领导干部的宪法意识还有待进一步提高。对这些问题，我们必须高度重视，切实加以解决。”①为了保证法律有效实施，必须建立高效的法治实施体系。完善法治实施体系，最重要的是健全宪法实施体系机制。②一部法律、法规，如果得不到执行，那它就是一纸空文，就是一部“僵尸”法律、法规，对社会不仅无用，而且还有害。所以，中国特色社会主义法治的内涵中，必须包含严格执法这一要素，严格执法是法治政府建设的基本前提。

（九）公正司法

公正司法是中国特色社会主义法治的主要目标之一，是“努力让人民群众在每一个司法案件中都感受到公平正义”的坚实保障，也是中国特色社会主义法治的内涵和本质特征之一。如同习近平总书记指出的那样：“公正是司法的灵魂和生命。”

为了实现公正司法的目标，必须努力做到司法程序和内容的公正、廉洁、公开、民主和高效，提升司法公信力，尤其是在确保审判独立方面，建立和健全完善的制度和机制。

例如廉洁司法，就是司法公正的关键，也是建立司法公信力的前提条件。反之，如果司法腐败，那它对司法公正和司法公信力的摧毁就是致命的。司法系统高级官员的腐败案件都给我们国家的司法公正和司法公信力带来了重大的

① 习近平：《在首都各界纪念现行宪法公布施行30周年大会上的讲话》，《人民日报》2012年12月5日，第2版。

② 张文显：《习近平法治思想研究（中）——习近平法治思想的一般理论》，《法制与社会发展》2016年第3期。

伤害。所以，习近平总书记指出："在执法办案各个环节都要设置隔离墙、通上高压线，谁违反制度就要给谁最严厉的处罚，终身禁止从事法律职业，构成犯罪的要依法追究刑事责任。"①"对司法腐败，要零容忍，坚持'老虎''苍蝇'一起打，坚决清除害群之马。"②

公正司法，也必须做到司法工作的公开、民主。司法，在通常的语境下，是包括了侦查、检察、审判、执行等国家专门活动在内的一个概念，如"司法体制""司法公信力""司法腐败""司法改革"等。我国的司法机关包括哪些部门？学术界也有不同观点。对此，习近平总书记明确指出：在我国，司法机关是包括公安机关、检察机关、审判机关、司法行政机关等在内的，并要求"优化司法职权配置。健全公安机关、检察机关、审判机关、司法行政机关各司其职，侦查权、检察权、审判权、执行权相互配合、相互制约的体制机制"。③与司法和司法机关相联系，总书记还提到了司法权的问题。他认为，"司法权是对案件事实和法律的判断权和裁判权"。④将司法权界定为"判断权和裁判权"，一方面，给了司法权一个开放的结构，司法各个环节都行使着对事实和法律的判断权；另一方面，又强调了在司法权力当中具有决定意义的审判权。审判权的核心是裁判权，无论是侦查，还是检察，说到底都围绕着定罪量刑，都是裁判的前期工作；司法行政机关执行的是人民法院的裁判，只有裁判才是终局意义上的司法。⑤

司法、司法机关的运作、司法权的使用，都必须本着一个基本的原则，就

---

① 习近平：《习近平谈治国理政》，外文出版社2014年版，第149页。

② 习近平：《在中央政法工作会议上的讲话》（2014年1月7日），载《习近平关于全面依法治国论述摘编》，中央文献出版社2015年版，第76页。

③ 习近平：《关于〈中共中央关于全面推进依法治国若干重大问题的决定〉的说明》，载《〈中共中央关于全面推进依法治国若干重大问题的决定〉辅导读本》，人民出版社2014年版，第21页。

④ 习近平：《在中央政法工作会议上的讲话》（2014年1月7日），载《习近平关于全面依法治国论述摘编》，中央文献出版社2015年版，第102页。

⑤ 张文显：《习近平法治思想研究（下）——习近平全面依法治国的核心观点》，《法制与社会发展》2016年第4期。

是公开、透明，坚持民主化、制度化、法治化。早在20世纪初叶沈家本进行变法修律之时，他所想到的重大改革之一，就是创建独立的法院审判体系，结束自古以来行政司法不分的局面。在他领导的清末司法制度立法中，包括1906年编定《大清刑事民事诉讼法草案》，1907年颁布《直隶天津府属试办审判厅章程》和《各级审判厅试办章程》，1911年编纂制定《大清民事诉讼律草案》和《法院编制法》，逐步将西方诉讼概念、原则、制度引进中国，尤其是行政与司法分开，司法机关各司其职，审判公开、陪审制度、律师制度等，都陆续进入了中国的司法体制之中。1904年颁布《高等厅以下各级审判厅试办章程》，始树法院独立的基础。1909年正式颁布《法院编制法》，之前的1906年改革官制，刑部改为法部，"专任司法"；大理寺改为大理院，"专掌审判"。清末审判体制上确立四级三审制，即大理院、高等审判厅、地方审判厅、乡谳局（城谳局）。这样，自清末《法院编制法》和《各省审判厅办事章程》到南京国民政府1932年《法院组织法》的颁布，独立司法体系构建完成。①

基于中国传统司法文化，新中国成立以后，进一步吸收了以往司法机关独立于行政机关的改革成果，建立起了独立的法院审判体系，并且将审判公开、陪审制度、律师制度等这些促进司法民主、司法公开、司法透明的传统因素全部规定进了我们的宪法和法院组织法等法律之中。党的十八届四中全会以后，关于司法民主、司法公开、司法透明等进一步受到了中央高层领导和学术界的重视，并将其视为确保司法公正的重要环节和举措。大家达成的共识就是，促进公正司法是我国法治建设工作的核心价值追求，司法机关是维护社会公平正义的最后一道防线。围绕公正司法这一核心价值，我国司法机关担当着"权利救济""定分止争""制约公权"的功能，其运行必须遵循司法规律，如权责统一、权力制约、公开公正、尊重程序、裁判终局等。而党的十八届三中全会、四中全会、十九大、十九届四中全会，将这些中国近代以来的传统精华，以及

① 但一种作为过渡的司法制度较长期出现在中国司法近代化的历程之中，即清末民初开始至北洋政府时期实行的县知事兼理司法制度，民国时期改为设司法处或司法所。该制度违背司法权与行政权分离的原则，常为人所诟病。

新中国成立后的经验，尤其是改革开放40多年来的实践，予以规范化、法治化，从而使公正司法成为了中国特色社会主义法治的内涵之一。

（十）全民守法

全民守法，是全面依法治国的必然要求，也是建设法治社会的基本前提。学术界普遍认为，全民守法，就是全国各族人民、一切国家机关和武装力量、各政党和各社会团体、各企业事业组织，都必须以宪法和法律为根本活动原则，并负有维护宪法和法律尊严、保证宪法和法律实施的职责。任何组织或者个人，都不得有超越宪法和法律的特权。一切违反宪法和法律的行为，都必须予以追究。任何公民、社会组织、国家机关、政党（包括执政党），都要依照宪法和法律行使权利或权力、履行义务或职责。在社会转型、矛盾凸显的形势下，要引导全体人民通过法律程序来合理表达诉求、依法维护权利、文明解决纷争；要努力培育社会主义法治文化，在全社会形成学法尊法守法用法的良好氛围。①

笔者以为，社会是由民众组成的，法治社会的构建，当然要求其每个成员学法尊法守法用法，因此，全民守法与建设法治社会是同一方向，相互促进，共同推进的关系。在此，首先，全民守法要求全民必须认真学法。而在学法方面，其关键就是完善学法的体制和机制，注重实效。现在学习法律，除了政法院系的专业机构之外，对广大人民群众而言，主要是通过普法的渠道。而普法目前遇到的最大问题，是如何将运动式的学法，改为日常性的、细水长流式地学法，如何消除普法中的形式主义，注重实效，并形成一种全社会重视的学法环境和氛围。

其次，就是必须养成全民尊法的风尚。尊法，具体就是要使每一个公民都要重视法律、敬畏法律、信仰法律。如同美国法学家哈罗德·J.伯尔曼

① 张文显：《建设中国特色社会主义法治体系》，《法学研究》2014年第6期。

（Harold J. Berman，1918—2007年）在《法律与宗教》一书中所说：“法律必须被信仰，否则将形同虚设。”中国自秦末“恶法之治”后，就萌发了法律虚无主义的思潮。这一思潮经历代统治者的不断强化，至清代，终于出现了纪昀（晓岚）的名言：“刑（法律）为盛世所不能废，而亦盛世所不尚”的法律工具主义、法律虚无主义的结局。清末民国时期，由于国家动荡，战乱频繁，国家政局并没有因法律而定，而是都由武力强盛者所决断，从而使得法律的地位不稳，权威不存，并未受到人们的尊敬和重视，更何况信仰了。1949年新中国成立后，本来中国应该走上依法治国的道路，但由于在1949年2月发布了由王明代表党中央起草的《中共中央关于废除国民党六法全书以及解放区司法工作的指示》，提出了两个批判和两个蔑视的指导意见，即要批判和蔑视国民党政府所颁布的《六法全书》及一切反人民反民主的法律、法令，批判和蔑视西方资产阶级所颁布的一切法律、法令。在这种批判加蔑视的前提下，法律的地位、法律的权威大大被削弱。因此，法律信仰没有能够被树立起来。

1978年党的十一届三中全会召开以后，我们党又开始重视法制建设，国家迎来了法治的春天。全民的普法运动，“法治”和“人治”的讨论，以及“依法治国，建设社会主义法治国家”的方略的实施，都大大提升了全民重视法律、敬畏法律和信仰法律的意识。党的十九大和十九届四中全会也都突出强调了全民守法，包括全民“尊法”的问题。

再次，要形成全民守法、用法的风气。学法、尊法，其目的当然是要守法和用法。守法和用法，是法律运行的最后一个环节，也是社会主义法律体系得以实施的关键，是社会主义法治体系建设的重要内容和重要目标。这里的守法和用法，主要包括两个方面的含义：一是每一个公民都遵守国家各个部门的法律，大到宪法、物权法、合同法、侵权法、公司法、刑法、刑事诉讼法等，小到开车不能喝酒，红灯停、绿灯行等交通法规；既要遵守国家的法律、法规，也要遵守团体章程、行业规则等民间法，是党员的话，还要遵守“党规”。这里，在要求全民守法时，必须抓住关键少数，这个关键少数，就是领导干部。领导干部必须带头守法，形成榜样，并引领广大人民群众紧紧跟上，从而形成全社会遵守法律的风尚，这是现代法治国家、法治社会的应有之义。二是每一个公民，都要学会运用法律来捍卫自己的权利，并与一切违法行为、犯罪行为做斗争。用法，既是每一个公民拥有的权利，按照德国近代著名法学家耶林（Rudolph von Jhering，1818—1892 年）在《为权利而斗争》一书中的说法，也是每一个公民承担的义务，即看到违反法律的行为，看到破坏法治、侵害公民权利的行为，必须勇敢地站出来，与之斗争。这样，才能树立全社会重视法治、敬畏法治和信仰法治的局面。

结　语

当前，中国特色社会主义的建设已经进入了新时代，中国人民正满怀信心地为实现中华民族伟大复兴而努力奋斗。在这样一个伟大的时代、这样一个伟大事业中，中国特色社会主义法治建设在整个国家事业的发展中具有何种意义？同时，中国特色社会主义法治的形成对推动人类法律文明的进步有何贡献和具有什么样的历史地位？这是本书最后需要回答的问题。

（一）中国特色社会主义法治对中华民族伟大复兴的意义

中华民族具有非常悠久的历史，但其发展极其曲折，并不是每一阶段都处在辉煌的时代。据考古资料显示，在古代中国，人类活动印迹的出现很早。在漫长的史前时期，中国土地上已经有了人类的活动印迹。从考古报告中可以得知，当时人类主要的任务就是为了生存，主要的活动就是狩猎、捕鱼和采集果实、种籽和块茎等，尚无财产的私有、社会的等级以及阶级的冲突等现象。而中国的传世文献也对这种状况有所记叙。在中国古籍中，就有许多描述初民社会实行原始民主制度，以及法律规范尚未成型阶段社会的形态："太古之时，蒸黎初载，未有上下而自顺序。天未事焉，君未设焉"；①"昔者神农无制令而民从，唐、虞有制令而无刑罚"。②"刑政不用而治，甲兵不起而王。"③

进入部落时代，法律文明的萌芽进一步成长，开始显示其初步的面貌。

---

① （汉）王符：《潜夫论·班禄》。

② 《淮南子·氾论》。

③ 《商君书注译》，"画策第十八"，高亨注译，中华书局1974年版，第136页。

至仰韶文化（公元前 5000—前 3000 年）和龙山文化（公元前 2500—前 2000 年）时期，在各考古遗址中普遍发现有水井，这与夏禹之前文献记载的水井基本一致；同时，还发现了家畜饲养；甚至在多处出土坟墓中发现墓主以猪头为财富而随葬。①这表明，在此时，早期法律中的所有权之意识和对象已经出现：动产（猪头）和不动产（水井），虽然还是早期，但已经在成长。这些考古发现也得到了中国古代传世文献记录的印证。如中国古籍记载，在颛顼时代，就对婚姻进行了规范（婚姻禁忌），以法律形式严格禁止兄弟与姐妹为婚，推行族外婚。《搜神记》对此有记录："昔高阳氏有同产而为夫妇，帝放之于崆峒之野，相抱而死。"②高阳氏就是颛顼，黄帝之孙，是蚩尤的继承人。他作为部落首领的年代，大约在公元前 2500 年前后。可见，在此时，各种法的意识和规范开始出现，法律文明的曙光开始照耀。③

部落的进一步壮大、发展，就形成了由各部落组合而成的部落联盟，这就是酋邦（Chiefdom）。在酋邦时代，一方面，"政府结构的基本元素依次出现，这些元素是永久性的集权领导和以合法化的权力垄断作为其后盾的"；④另一方面，法律渊源进一步丰富、多元，法律文明进一步成长，即将迈入文明社会的门槛。"酋邦是一个非常广泛传播的组织形式，可能因为与（氏族部落之）平等社会相比非常成功，它改变了邻居，或者邻居通过效法改变了自己。"⑤按照

① 李学勤主编，王宇信、王震中、杨升南、罗琨、宋镇豪：《中国古代文明与国家形成研究》，云南人民出版社 1997 年版，第 86—91 页。

② （晋）干宝：《搜神记》卷十四"蒙双氏"。

③ 美国著名人类学家埃尔曼·R.塞维斯（Elman R. Service）在分析这一点时，很明确地指出："日常社会生活中，内部秩序维护的最普遍的形式，在各种社会中一种统一的形式，一定是礼仪。接下来就是道德教诲及其内化变为良心。最后是社会奖惩，它是正式的、个人通过社会方式的惩罚和奖励……这三个类别都在习俗领域。" 参见 Elman R. Service，*Origins of the State and Civilization*，*The Process of Cultural Evolution*，W.W. Norton & Company. Inc. New York. 1975. p.11。

④ Elman R. Service，*Origins of the State and Civilization*，*The Process of Cultural Evolution*，W.W. Norton & Company. Inc. New York. 1975. p.44.

⑤ Ibid，p.79.

历史学和考古学界最新的观点，酋邦时代大约于新石器时代晚期逐步跨入，因为各个地区和民族的具体情况不同而有所区别，时间约在公元前 3500 年至前 1000 年之间（各个文明形态诞生法律文明的时间是不同的）。

在中国，考古学界一般将酋邦时代，说成是中心聚落或者都邑国家时代。“中心聚落与半从属聚落形态在史前的出现，既是聚落内外都发生不平等的结果，也是中国父权家族——宗族形态的产物，它是中国由史前走向文明和国家的重要途径。”①都邑国家形态的时间，大致为公元前 3000—前 2000 年。黄河中游地区陶寺遗址、下游的山东龙山文化，长江中游的石家河文化、下游的良渚文化，都是这一时期的文化类型。龙山文化的时间，大约相当于传世文献记述的黄帝、颛顼、帝喾、唐尧、虞舜时代（五帝时代），是中国法律文明开始诞生的时代。据学界的考证，该时代，原始社会的评议会（“四岳”，各地部落首领），已经开始由作为社会最高权力机关的军事民主制下的氏族社会的联盟议事会议，为阶级社会国家时代的国王所代替，它是一个原始社会向阶级社会的过渡阶段。如当唐尧和虞舜执政时期，评议会还在作为最高权力机构发挥作用，唐尧、虞舜在确定氏族部落首领的人选时，以及治理洪水的负责人选时，都还要与四岳共同商议。但是到了舜统治的后期，军事民主的色彩越来越淡，评议会的权力越来越小，后来就成为摆设，所有军国大事，都由王说了算。比如，舜在选择自己的接班人时，就没有与四岳商议，直接推荐禹担任；禹在选择自己的继承人时，也不再与四岳商议，直接推荐皋陶，后来又直接推荐伯益，最后连这个安排都没有实现，国王的统治权就直接转移到了自己的儿子启的手里。

黄帝、唐尧、虞舜时代刑法的诞生，也是酋邦时代法律文明诞生的一个方面。在中国的传世文献中，关于夏王朝之前的法律制度，有一些零散的关于刑法的记载。例如，传说中黄帝时代（约公元前 2717—前 2599 年）的《黄帝李法》和虞舜时代的《皋陶制刑》就是这方面的代表。就前者而言，据《汉书·

① 李学勤主编，王宇信、王震中、杨升南、罗琨、宋镇豪：《中国古代文明与国家形成研究》，云南人民出版社 1997 年版，第 46 页。

胡建传》记载："《黄帝李法》曰：'壁垒已定，穿窬不由路，是谓奸人。奸人者杀。'"李，是法官名。《黄帝李法》就是黄帝部落联盟时期任命法官李制定的一部刑书，主要规定对盗窃行为的惩罚措施。穿，穿壁。窬，通逾，越墙的意思。穿窬，指穿越他人墙壁的行窃行为。对于实施了这种行为的人，处死刑。有学者分析，黄帝部落联盟时代，我国恰恰处在私有制产生阶段，关于土地等财产经常发生争夺纠纷，为了维护刚刚出现的财产私有权，解决各类纠纷，打击盗窃等侵害各种财产的行为，作为部落联盟首领（酋长）的黄帝，亲自或委托手下的官员"制定一些与社会大变动相适应，维护私有制，维护氏族首领权威的处于萌芽状态的刑事法律规范，也不是不可能的"。①而从我国近期考古出土的遗存来看，也印证了上述《黄帝李法》的可信性。黄帝时代，约相当于我国考古学上的仰韶文化末期和龙山文化初期（公元前 2600 年前后）。

而从出土的这段时期的遗存来看，财富的分化、私有制的出现、处过刑的遗骸等，都与《黄帝李法》的内容有相合之处。中国古代的其他传世文献如《韩非子·难一》《墨子·尚贤中》《孟子·公孙丑上》《隋书·刑法志》《辽史·刑法志》以及《尚书·甘誓》《韩非子·饰邪》和《国语·鲁语》对此都提供了可以佐证的论述。因此，《汉书·胡建传》的这条记载，虽然夹杂了后人的附会，因为"法"的称谓是从战国《法经》开始，之前夏商周的法均称为刑而不是法，且当时尚未有文字，何来"刑书"？但学术界认为《黄帝李法》的内容，还是具备了中国酋邦时代法律文明孕育时期法的胚胎性质。②

就后者《皋陶制刑》而言，据司马迁所著《史记·五帝本纪》记载：在舜任部落联盟首领时，为适应社会发展的需要，进行了公共权力机构的改革，皋陶担任司法的长官，在刑事立法方面作出了贡献："舜曰：'皋陶，蛮夷猾夏，寇贼奸轨（宄），汝作士，五刑有服，五服三就；五流有度，五度三居；维明

① 胡留元、冯卓慧：《夏商西周法制史》，商务印书馆 2005 年版，第 10 页。

② 胡留元、冯卓慧：《夏商西周法制史》，商务印书馆 2005 年版，第 10—11 页。

能信；’”“皋陶为大理，平，民各伏得其实。”[①]其意思就是，舜对皋陶说，现在蛮夷侵犯中国，奸宄亦乘机作乱，我任命你为士（司法官），运用五刑，对蛮夷进行大刑征讨，对奸宄不法之徒予以刑事惩罚。不过在使用刑罚时，要用刑适当、公平、公正，体现出我们法律的诚信。皋陶作为大理（士），能够公平处理案件，民众得到了公正，因而获得了民众的信任。而皋陶刑法的具体内容，按照《左传·昭公十四年》引《夏书》说：“昏、墨、贼，杀。皋陶之刑也。”有学者认为，由于夏王朝还没有出现发达系统的文字，所以皋陶制定的刑法，很可能是用象形文字公布的，这也就是后世一直存有争议的“象以典刑”的真实含义。[②]笔者以为，这种说法很有参考启发意义，因为我们在与夏王朝同时代龙山文化出土的陶器中，已经发现了许多属于早期文字的符号。

以上这些零零碎碎的传说和记载，尽管不是非常精准，但大体说明了一个事实：唐尧、虞舜时期作为一个酋邦时代，是一个从原始社会向阶级社会（国家）的过渡阶段。在这一过渡阶段，原始社会的公共权力机关，向国家机关转变；原始社会的风俗、习惯，以及首领经与部落联盟议事会商议定下来的决议、规则等，开始向国家的正式法律转变。立法成为国王个人意志的体现，从原来的民主色彩，转为具有集权、擅杀的特征，或者成为维护酋长等氏族长老贵族神圣不可侵犯的保护工具。不管是其亲自立法，还是委托属下官员（如舜让皋陶制刑等），性质都一样。如《史记·夏本纪》记载：“皋陶于是敬禹之德，令民皆则禹。不如言，刑从之。”又如禹在一次部落联盟大会上，就因为

① 也有学者对这句话的理解有分歧，认为中华书局标点本的断句错了。建立国家以前的尧舜传说时代，是没有“理”这种官名。当时的狱官，在传说中称作“士”。所以，皋陶在尧时担任的是“士”，主司刑狱，并不称作“理”。据此，唐人张守节曾对《史记·五帝本纪》中的这段文字作了修正，他的《正义》云：“皋陶作士，正平天下罪恶也。”后人根据注疏家的精详考证，认为《史记·五帝本纪》中的“大”与“理”是应分拆开来理解的：大，应为“士”字，传说时代的刑狱官名；理，与平相连用，为“理平”，不是名词，更不是职官名，而是动词。那么，《史记·五帝本纪》原文的正确标点断句应是，“皋陶为（大）士，理平，民各伏得其实”。参见“寻根问祖话共识——兼谈颛顼、皋陶、李利贞、老子与李姓起源”；参见 http://www.hxtopic.com/NewsView.asp?ID=5182，访问时间：2017 年 6 月 25 日。

② 胡留元、冯卓慧：《夏商西周法制史》，商务印书馆 2005 年版，第 13 页。

另一个部落首领防风氏晚到，就将其擅杀（“防风氏后至，禹杀而戮之”①），这些就是酋邦首长权力向国王专制权力转化过程中法律发挥作用的一个事例。

酋邦的继续发展，就把人类带入了文明时代，国家产生、法律成型了。②

在中国，大约是在夏王朝（公元前2076—前1600年），开始进入阶级社会，国家形态日益成熟，法律文明开始诞生。当然，国家的形成和法律文明的诞生，不是短时期内所能够实现的，它是经过了一个漫长的时间。法律史学界一般认为，唐尧、虞舜、夏禹这三代传说中的酋邦（聚落）首领，是由各个部落推选出来的，上一代首领将统治权移交给下一代首领，是通过“禅让”的方式。而到了夏禹手里，他也“想”将权力“禅让”给其他部落的首领，开始是东夷的皋陶，后来皋陶去世，就又选择伯益。但禹的儿子启利用父亲的势力和统治权力，直接继承了王位，从而使夏王朝进入了世袭制度。王位的世袭，意味着专制集权国家的诞生，原始公社制度的废除。

当然，此时的国家也不完善，法律也欠成熟。夏禹的一生就是诠释这种社会、法律过渡的一个生动事例。一方面，他是原始社会末期由民主推选产生的最后一位部落联盟首领，因而在他身上还保留着原始社会末期风俗习惯的遗迹（如他还不敢公开、赤裸裸地将王位传给他的儿子启，开始还要推荐其他部落的首领）。另一方面，他的时代已经迈入了国家的门槛，因而他的权力已经变得至高无上，他的意志和话语就是其他人所必须遵守的法律，如有违抗，则当然地要受到严厉惩罚。防风氏开会迟到，被他当场处死，就是突出的一例。

此外，传说中关于夏代刑法的诞生与发展，也是说明夏王朝建立之后中国古代从原始社会进入阶级社会，国家和法律正式诞生的一个生动例子。《左传·昭公六年》记载：“夏有乱政，而作禹刑。”但“禹刑”，到底是成文法典，

① 《国语·鲁语下》。

② 美国学者戈登·柴尔德（V. Gordon Childe）很明确地指出，国家的基础，就是“占有大量社会剩余财富的少数统治阶级与仅仅能维持生存的、并被排除在文明带来的精神利益之外的大多数人之间在经济利益上的激烈冲突”。正是这种激烈冲突，为国家和法律的最终定型开辟了道路（当然这仅仅是一条道路）。引自 Elman R. Service, *Origins of the State and Civilization, The Process of Cultural Evolution*, W.W. Norton & Company. Inc. New York. 1975. p.7。

还是一部刑书，还是只是一些刑事处罚的习惯（或司法官员的判例）的汇编，其规定有哪些内容，这些都因为没有其他史料尤其是地下遗存的佐证，因而不清楚。学术界通过对史料的梳理，爬梳出若干夏禹时期的刑罚，①如“夏后氏正刑有五，科条三千”；②“夏刑三千条”；③“夏刑大辟二百，膑辟三百，宫辟五百，劓墨各千”；④“夏后肉辟三千”。⑤这些关于夏刑罚的传世文献记载，虽然还没有得到考古遗存的印证，但多少可以为我们了解夏代刑罚提供一些线索。尤其必须注意的，是《左传·昭公十四年》上的一句话：“叔向曰：‘已恶而掠美为昏，贪以败官为墨，杀人不忌为贼’。《夏书》曰：‘昏、墨、贼，杀’。皋陶之刑也。”这里，皋陶之刑是虞舜酋邦时期的法律规定，而《左传》却将其放入《夏书》之中，说明夏代的刑法是继承虞舜之刑法而来，也说明到夏王朝，中国虽然建立起了正规的国家，但在各个方面还都带有一种从原始社会向阶级社会、从酋邦向国家过渡的色彩，其法律也处在从形成到成熟到定型的阶段。⑥

① 参见胡留元、冯卓慧：《夏商西周法制史》，商务印书馆2005年版，第49页。

② 《隋书》卷三十三“经籍二”。

③ 《唐律疏议》引《尚书大传》。见（唐）长孙无忌等撰：《唐律疏议》，刘俊文点校，中华书局1983年版，第2页。

④ 《周礼·司刑》“郑氏注”。见（清）阮元校刻：《十三经注疏》（全二册），上册，中华书局1980年版，第880页。

⑤ 扬雄：《法言义疏》十二，先知卷第九（上）。

⑥ 许多学者认为，在中国古代社会，只有刑法，没有民法，民法起源发达的很晚。实际上，中国古代的民法，包含在“礼”之中，如关于物权、债权、婚姻和家庭生活的许多重要原则和制度，都存在于礼制之中。而礼制，许多学者认为萌芽于夏代，发展于商代，定型于周代（《周礼》是其代表）。那么，最初的礼制又是如何一步步形成的呢？考古学者认为，它是由原始社会末期的礼俗演变而来，“礼俗是礼制的早期形态，或者可以认为是具有地方特点、有目的、有组织、有计划的集体行为；礼制是这些行为的制度化、标准化，是超越地域范围而在更广泛的社群组织中实行的规定”（卜工：《文明起源的中国模式》，科学出版社2007年版，第19页）。而这一点，已经得到地下考古出土文物的佐证。根据考古发现，江汉地区（三苗所在地）的屈家岭文化（公元前3300—前2600年），之后的石家河文化（公元前2600—前2000年），都在夏之前；二里头文化经测定为公元前1900年至前1600年，与夏王朝有交叉。这些考古遗址说明，夏时处在从酋邦向国家的转变时期。而“甘誓”等文献所记载下来的夏时的“法律事迹”，经口耳相传，先作为祖训，出现文字后再由史官记录下来，就成为了传世文献史料。参见詹子庆：《夏史与夏代文明》，上海科学技术文献出版社2012年版，第56、86、100页。

在说到中国法律文明的诞生与成长时，不能不提及中国古代的“礼”。因为礼在夏、商、周三代，实际上具有法的性质，“三代之后的令、式、章程等大都源于礼制之中。古代社会中有关诉讼、宗族、婚姻、继承、身份及行政等方面的法律，也都与礼制有着密切的联系”。①夏、商、周时期的礼，是由氏族部落的风俗习惯转化而来。当然，其最早的内涵，学术界尚有不同的解释。有的学者认为礼源于中国原始社会末期，分配和享用食物的风俗习惯，以及为取得祖先的保佑和赐福，向祖先贡献食物的祭祀程序。“饮食程式次序通过祭祀而得到强化、明确化、规范化，成为最初的礼。”②而大部分学者认为，礼就源于部落的祭祀活动。他们认为，在氏族部落成员长期的共同生活中，自然而然地形成了风俗习惯，以规范人们的行为，维持社会的秩序。这种风俗习惯依赖部落成员自幼所接受的教育、部落首领的权威与表率，以及社会公共舆论来维护和执行。而这种风俗习惯至原始社会末期因贫富分化、等级出现等社会变化而无法继续规范全体部落成员的言行。以规范的仪式与程序表达人们敬畏天地鬼神及祈祷神灵保护之心情的礼，便应时代的要求而成为具有法的性质的新的规范。③因此，礼源于氏族部落的风俗习惯，而又高于风俗习惯，是对风俗习惯中最为重要的，即联结酋邦与国家、宗教信仰与政治统治的祭祀活动之仪式和程序的凝练与升华。

以上对中华民族的形成，尤其是中华民族法律文明的形成和发展进程的详细回顾，主要是为了说明中华民族是一个历史悠久的伟大民族，具有脉络清晰的几千年发展历程，法律文明的发展和进步，也是一以贯之的，没有中断过，并且这种法律文明在推动中华民族形成、壮大中发挥了积极的作用。而周王朝末期，在春秋五霸、战国七雄中崛起的秦国，充分利用了商鞅变法的成果，经过数代君主和国民的艰苦奋斗，最终统一了整个华夏地区，建立起了中华民族历史上第一个强大的中央集权的帝国，成为当时世界上唯一一个可以和西方的

① 蒲坚主编：《中国法制通史》第一卷“夏、商、周”，法律出版社 1999 年版，第 118 页。
② 叶孝信主编：《中国民法史》，上海人民出版社 1993 年版，第 12 页。
③ 蒲坚主编：《中国法制通史》第一卷“夏、商、周”，法律出版社 1999 年版，第 119 页。

罗马帝国相媲美的强大国家。

自汉代以后，历经魏晋南北朝、隋唐、两宋、元，以及明清，虽然朝代不断更替，战火常常烧起，社会在封建王朝的循环往复中蹒跚前行，但中华民族整体上处在一个文明程度比较高、封建法律制度比较健全的境界。正是由于这样一个原因，在中国法律的基础上，吸引日本、朝鲜和越南等国家前来学习、模仿、取经、移植，从而在中国古代法律的基础上，形成了中华法系，成为世界法律的一极。

近代以后，西方由于地理的大发现，商品经济的兴起，资本主义生产方式的出现，以及文艺复兴、宗教改革和罗马法复兴等各项社会变革的成功，迅速崛起，无论是社会生产力和生产关系，还是人类智识文化，都走在了世界前列，成为引领世界近代发展的主要力量。而中国，由于封建的小农经济生产方式的束缚，中央集权体制的保守性，国家治理中长期的“人治”模式的随意性，凌驾于社会之上的国家公共权力没有受到有效的制约，越来越走向腐败，生产力和生产关系受到了严重束缚，广大人民群众的智慧和才能没有得到释放，也没有可以释放的条件和渠道，中国的发展终于越来越落后，成为西方资本主义国家宰割的对象。从 1840 年鸦片战争开始，中国逐步沦为一个半殖民地半封建国家，中华民族处在历史上最为悲惨的发展低谷阶段。

然而，中华民族是一个伟大的民族，中国人民也是伟大的人民，在中国落入发展低谷、中华民族发展遇到磨难时，始终没有屈服，没有沉沦，没有停止探索和抗争，包括在法治的发展领域。从鸦片战争开始，我们出现了林则徐、魏源、王韬、郑观应等要求立法变革的先进中国人，1898 年的戊戌变法，1901 年的沈家本修律变法，1905 年以后聘请冈田朝太郎、松冈义正等日本法律专家到中国来帮助立法，1912 年中华民国建立后的南京政府的立法，1913 年以后中华民国北京政府的立法，以及 1928—1935 年南京国民政府的《六法全书》编纂，等等。中国的政治精英，以及法治派试图通过法律的变革，来推动国家政治经济制度的改革，改变中华民族积贫积弱的现状。虽然所有以上努力，都是在为中华民族的伟大复兴添砖加瓦，但离实现中华民族的伟大复兴，还有很多的路要走。

1949年中华人民共和国的成立，为实现中国梦、实现中华民族的伟大复兴开辟了道路，创造了条件。事实上也是如此，在“中国人民从此站起来了”的历史背景下，从1949年到1956年，在短短的7年多时间中，中国人民爆发出了巨大的能量，中国的新民主主义建设事业，以及接下来的中国的社会主义建设事业，都取得了令世人震撼的成就。在法治建设领域，情况也一样。1949年，我国颁布了由中国人民政治协商会议通过的《中国人民政治协商会议共同纲领》，之后，又有一系列的法律、法规出台，直到1954年《宪法》制定颁布，带来了20世纪50年代中国法治建设的最好时期。此时，中国经济建设、政治制度建设与法治建设同步，一起步入了新中国成立以后的最佳黄金时期。

2014年10月召开的党的十八届四中全会深刻地指出：法治，关乎我们党的兴衰存亡，关乎国家的长治久安，关乎人民的幸福安康。中华民族要实现伟大复兴，必须要依靠法治。法治，可以保证我们党更加强大；法治，可以确保我们的政府权力不会走向腐败；可以确保我们国家更加安定；法治，可以确保我们社会更加和谐。古今中外的历史表明，新中国70多年的历史证明，法治是中华民族伟大复兴的必由之路。

（二）中国特色社会主义法治在人类法律文明史上的历史地位

中国特色社会主义法治，不仅是中华民族伟大复兴的必由之路，也是人类法律文明的重要进步标志之一。

1. 中国特色社会主义法治对人类法治文明的传承

如上所述，人类怀揣法治之梦，为实现法治政府、法治国家和法治社会已经奋斗了数千年。从最早的公元前2378年的乌鲁卡基那立法，到公元前2095年的《乌尔纳姆法典》，到公元前1765年巴比伦王国的《汉穆拉比法典》，建立起人类早期社会古代美索不达米亚的第一个法治社会，到公元前 451—450 年古代罗马国家的《十二表法》，公元前 406 年中国春秋战国时代魏国魏文侯命李悝制定颁布《法经》，都是早期人类在探索法治之路进程中作出的各种努力及其贡献。

之后，从中国古代法家的法治理论，到西方古代希腊、罗马的法治实践，形成法治的传统，到近代资本主义法治政府、法治国家和法治社会的形成，人类在寻求法治文明的征程中，又奋斗了两千多年，从而不仅形成了一系列法治的理念，如法治（Rule of Law），法律面前人人平等，公民基本权利的保障，法不溯及既往，罪刑法定，无罪推定，罪刑相适应，等等；而且形成了一整套系统、完备的法律体系（包括各个部门法制度，实体的和程序的），以及法治体系。人类的法治水平和法治生态达到了前所未有的境界。

而中华民族传承了上述人类法治文明发展的成果，尤其是党的十八届四中全会传承了人类法治文明中的核心元素，如对法治的高度重视，强调良法之治，突出法律实施的重要意义和价值，强调法律的保障，设计了司法公正的制度措施，指明了全民尊法、学法、守法、用法的具体路径，使中国的社会主义法治发展跟上了人类法治文明发展的步伐，成为人类法治文明进步的东方阵营，为推动人类法治文明作出了中华民族应有的贡献。

2. 中国特色社会主义法治对人类法治文明的发展

中国特色社会主义法治，在对人类法治文明传承的同时，通过突出自身的特色，也丰富和发展了人类法治文明。这种丰富和发展，主要体现在中国社会主义法治文明的特色之中。这就是中国共产党的领导，法治与德治的结合，国法与党规的衔接，世界上人口最多国家中法治政府、法治国家和法治社会的建设实践，从 2000 多年历史之专制集权国家的人治向现代民主共和国家的法治的转换模式，以及将古今中外各个国家和地区的法治发展成果吸纳、传承，予以融合，发扬光大的伟大实践，等等。

近 5000 年人类社会法治的实践表明，人类的法治理论、模式、样态和道路，既是一以贯之的，也是多元的；既有着带有普适价值的共同性，也具有各自的特殊性。如上述所列举的法治、法律面前人人平等，就是在这些多元的法治理论、模式、样态和道路中，又带有一些普适的、共同的法治要素。而古代美索不达米亚的法治，则带有人类早期社会农业、商业法治文明的特色；古代希腊、罗马的法治，带有自然法、城邦国家、市民社会性质的法治文明；中国古代法家的法治理论，带有集权专制的大一统社会法治的特色，而近代以后的西方法治国家，又带有民主、自由、商业等特色的法治。在当代世界，新中国的法治建设，则是带有中国特色（如中国共产党的领导等）的社会主义法治，这一法治既吸收了人类法治进步、发展的成果，又带有自己的鲜明特色，因此，它丰富和发展了人类法治文明，成为人类法治文明的重要组成部分，也为整个人类社会的进步和繁荣作出了贡献。

附　录

1. 改革开放 40 年来我国民族区域自治法治的发展与完善

何勤华　周小凡*

［摘要］　民族区域自治法是中国特色社会主义法律体系的重要组成部分，是具体规定民族区域自治制度的基本法。改革开放 40 年来我国民族区域自治法不断发展与完善，取得了举世瞩目的成就。文章重点梳理了改革开放以来民族区域自治法的立法进程，统计了民族区域自治法落实到地方的实施情况，最后对民族区域自治法的历史贡献进行介绍，并对我国民族区域自治法中尚存在的问题以及发展趋势进行了阐述。

民族区域自治制度是当代中国特色社会主义的三大基本制度之一，而民族区域自治法治是在我国宪法之下关于民族区域自治制度的法律保障。改革开放 40 年来，我国民族区域自治法治在发展中不断继承创新，并取得了举世瞩目的成就。

一、民族区域自治法立法进程的回顾

我国民族区域自治立法进程随着 1952 年《民族区域自治实施纲要》的颁布逐步开启，至 1954 年宪法颁布，民族区域自治制度的基本模式在法律上已初步确立。①但是，十年“文革”期间民族法制工作遭到严重破坏，直至改革开

* 何勤华，华东政法大学法律文明史研究院教授；周小凡，华东政法大学法律史专业硕士生。本文系上海市哲社规划“三大系列”一般课题“中国特色社会主义法治的形成与发展研究”（2017BHC012）的阶段性研究成果。

① 陈绍凡：《从民族法制到民族法治——中国民族法制建设理论研究》，2007 年兰州大学博士学位论文，第 39～40 页。

放以后，立法者从历史中吸取教训，才重新开启了民族区域自治法立法的新篇章。

（一）1978～1988 年：重新建立

1978 年 3 月 5 日，五届全国人大第一次会议通过了新宪法，恢复了 1975 年宪法中被废除的关于自治地方自治机关制定自治条例和单行条例自治权的规定。1979 年颁布的《中华人民共和国刑法》最早授权了民族自治地方的自治机关可依照本民族区域的特点制定变通或补充规定。1982 年 11 月 26 日召开的五届全国人大第五次会议通过的《全国人大常委会工作报告》，报告中明确指出："加强和推进民族立法工作，是我国社会主义法制建设的一个重要方面。"①我国的民族区域自治立法工作也由此全面展开。

1982 年 12 月 4 日，第五届全国人大第五次会议通过了《中华人民共和国宪法》，在总结过去 30 多年实行民族区域自治的经验和教训的基础上，从民族自治地方的实际出发，作了一系列重要的修改和补充。②同 1978 年宪法相比，其中关于民族区域自治制度的规定从 3 条增至 11 条；民族自治地方的自治权也从原来的未予明确规定到明确规定了 6 项自治权。1984 年 5 月 31 日，第六届全国人大二次会议最终通过了第一部民族区域自治的基本法——《民族区域自治法》，有 7 章 67 条，除序言外，包括总则、民族自治地方的建立和自治机关的组成、自治机关的自治权、民族自治地方的人民法院和人民检察院、民族自治地方内的民族关系、上级国家机关的帮助和领导六个部分，其内容是对 1952 年《民族区域自治实施纲要》的进一步丰富和发展。

（二）1989～1998 年：长足进步

1991 年 12 月 8 日，国务院发布了《关于进一步贯彻实施〈中华人民共和

① 中共中央文献研究室编：《中华人民共和国第五届全国人民代表大会第五次会议文件》，北京：人民出版社，1983 年，第 210 页。

② 全国人民代表大会民族委员会编：《中华人民共和国民族法律法规全书》，北京：中国民主法制出版社，2008 年，第 3～5 页。

国民族区域自治法〉若干问题的通知》，强调："《中华人民共和国民族区域自治法》是实施《中华人民共和国宪法》规定的民族区域自治制度的基本法律。"同时指出："要贯彻实施《民族区域自治法》，必须帮助民族地区加速发展经济文化事业，逐步改变其相对落后的状况，使之与全国的经济和社会发展相适应。"

1992年1月14日，在北京召开的中央民族工作会议是我国首次以"中央民族工作会议"的形式召开的全国民族工作会议，强调要"坚持与完善民族区域自治制度，全面贯彻落实《民族区域自治法》"，提出"到本世纪末，要形成比较完备的社会主义民族法规体系和监督机制"。①

1997年9月12日，党的十五大召开，大会报告提出："要建设有中国特色的社会主义政治……必须坚持和完善人民代表大会制度、中国共产党领导的多党合作和政治协商制度以及民族区域自治制度。"这是我国首次把民族区域自治制度和人民代表大会制度、中国共产党领导下的多党合作和政治协商制度一同表述为我国社会主义基本政治制度的三大形式，实质上是将民族区域自治制度的政治地位从"重要政治制度"提升为"基本政治制度"。而后修订的2001年《民族区域自治法》在阐述民族区域自治的性质时，将"民族区域自治是国家的一项重要政治制度"改为"民族区域自治是国家的一项基本政治制度"，是在立法上对党的十五大作出这一新定位的跟进。

（三）1999～2008年：新的突破

2000年3月15日，第九届人大第三次会议通过了《中华人民共和国立法法》，该法第66条规定："民族自治地方的人民代表大会有权依照当地民族的政治、经济和文化的特点，制定自治条例和单行条例……自治条例和单行条例可以依照当地民族的特点，对法律和行政法规的规定作出变通规定。"

2001年2月28日，第九届人大常委会第二十次会议修改并通过了新的

---

① 中共中央统一战线工作部、中共中央文献研究室编：《新时期统一战线文献选编》（续编），北京：中共中央党校出版社，1997年，第39页。

《民族区域自治法》。新法主要对第3章“自治机关的自治权”、第6章“上级国家机关的领导和帮助”进行了较大幅度的修改。在内容上，新法对民族区域自治制度的地位、民族自治地方经济结构调整、民族自治地方变通权的行使、民族教育水平的提高等方面作了更为完善的规定。

2005年5月31日，国务院颁布了《国务院实施〈中华人民共和国民族区域自治法〉若干规定》，共35条，主要从加快经济社会发展、培养各类人才、维护民族团结、明确法律责任和建立监督机制等方面作出具体规定，是国务院发布的第一个有关贯彻实施《民族区域自治法》的行政法规。它的颁布也标志着以宪法为基础、以民族区域自治法为主干，包括国务院及其职能部门制定的行政法规、部门规章以及民族自治地方制定的自治条例和单行条例，各省、自治区、直辖市和地方各级人大、政府制定的民族方面的地方性法规等在内的民族法律法规体系的基本形成。①

（四）2009年至今：细节完善

2012年11月党的十八大召开，大会再次强调：“要坚定不移坚持党的民族政策、坚持民族区域自治制度。”

2015年3月15日，第十二届全国人大第三次会议通过了修改《立法法》的决定，对2000年《立法法》中有关自治地方立法的规定进行了修改（第72、73、79和85条），新增了自治州的人民代表大会及其常务委员会可以依照具体情况和实际需要制定地方性法规。

2016年4月29日，全国人大常委会召开了“关于国务院及其有关部门制定实施民族区域自治法配套法规情况专题调研组全体会议”，这是全国人大常委会首次启动的有关民族区域自治法配套法规的专题调研，专题调研分6个调研小组，分赴内蒙古、广西、云南、贵州、青海、四川等6个省区进行调研。调研组的主要调研任务就是解决民族区域自治法的相关配套法律问题。

① 戴晓明：《法制中国建设与民族区域自治——纪念〈民族区域自治法〉公布实施30周年》，《湖北民族学院学报》2014年第2期。

二、改革开放以来民族区域自治法的实施状况

我国《民族区域自治法》是实施宪法规定的民族区域自治制度的基本法律，而民族区域自治是指在国家统一领导下，各少数民族聚居的地方实行区域自治，设立自治机关，行使自治权，其核心是自治地方的设立和自治权的行使。

（一）民族自治地方

民族自治地方是指一个或多个少数民族在其聚居的地方依法实行区域自治的行政区域。根据《宪法》第30条和《民族区域自治法》第2条的规定：在民族自治地方的行政区域划分上，分为自治区、自治州、自治县。我国的民族自治地方建立格局早在20世纪90年代就已基本完成，改革开放以后主要是对自治县的建立进行完善。截至目前，我国已完成了5个民族自治区、30个自治州、120个自治县，共155个民族自治地方的建立工作。①

我国的5个民族自治区早在改革开放前就已经建立，即1947年5月1日建立内蒙古自治区、1955年10月1日建立新疆维吾尔自治区、1958年3月15日建立广西壮族自治区、1958年10月25日建立宁夏回族自治区及1965年9月1日建立西藏自治区。在30个自治州中，有28个自治州都集中在20世纪50年代建立完成，仅贵州省黔西南布依族苗族自治州和湖北省恩施土家族苗族自治州分别于1982年5月1日和1983年12月1日建立。

虽然我国自治区和自治州的建立基本完成于改革开放前，但近一半的自治县建立于改革开放后，属于改革开放以来民族区域自治法落实到地方的一个重要表现。我国目前120个少数民族自治县中，有61个建立于改革开放前并集中于20世纪50年代，这是因为1954年宪法首次确立了民族区域自治制度，该宪法颁布以后各自治县就如雨后春笋般迅速建立；而改革开放以后我

① 中华人民共和国国务院新闻办公室：《白皮书：中国的民族区域自治》，2005年2月28日。

国共建立了59个民族自治县（表1统计了改革开放前后我国自治县建立的对比情况①）。

表1 改革开放前后我国自治县建立对比情况

省 份	改革开放前自治县数量	改革开放后建立的自治县		
		数量	年份	名 称
河北省	2	4	1987	青龙满族自治县、丰宁满族自治县
			1990	宽城满族自治县、围场满族蒙古族自治县
内蒙古自治区	3	0		
辽宁省	2	6	1985	岫岩、新宾满族自治县
			1990	清源、本溪、桓仁、宽甸满族自治县
吉林省	2	1	1989	伊通满族自治县
黑龙江省	1	0		
浙江省	0	1	1984	景宁畲族自治县
湖北省	0	2	1984	长阳、五峰土家族自治县
湖南省	4	3	1987	芷江侗族自治县、靖州苗族侗族自治县
			1990	麻阳苗族自治县
广东省	3	0		
广西壮族自治区	7	5	1984	罗城仫佬族自治县、富川瑶族自治县
			1987	大化瑶族自治县、环江毛南族自治县
			1990	恭城瑶族自治县
海南省	0	6	1987	白沙、昌江、乐东、陵水黎族自治县，琼中、保亭黎族苗族自治县
重庆市	0	4	1983	秀山、酉阳土家族苗族自治县
			1984	石柱土家族自治县、彭水土家族苗族自治县
四川省	1	3	1984	马边、峨边彝族自治县
			2003	北川羌族自治县

① 本表数据源自王生华：《民族区域自治法理论与实践探索研究》，北京：法律出版社，2011年，第333～341页；史为乐：《中华人民共和国政区沿革》，北京：人民出版社，2006年。

（续表）

省份	改革开放前自治县数量	改革开放后建立的自治县		
		数量	年份	名称
贵州省	5	6	1981	关岭布依族苗族自治县
			1984	玉屏侗族自治县
			1987	道真、务川仡佬族苗族自治县、印江土家族苗族自治县、沿河土家族自治县
云南省	14	15	1979	寻甸回族彝族自治县、墨江哈尼族自治县
			1980	元江哈尼族彝族自治县、新平彝族傣族自治县
			1985	双江拉祜族佤族布朗族傣族自治县、维西傈僳族自治县、景东彝族自治县、景谷傣族彝族自治县、宁洱哈尼族彝族自治县、漾濞彝族自治县、禄劝彝族苗族自治县、金平苗族瑶族自治县
			1988	兰坪白族普米族自治县
			1990	镇沅彝族哈尼族自治县
			2002	玉龙纳西族自治县
甘肃省	6	1	1981	积石山保安族东乡族撒拉族自治县
青海省	5	2		大通、民和回族土族自治县
新疆维吾尔自治区	6	0	1986	

从上表可以总结出改革开放以来我国民族区域自治法落实到自治地方实施的两点进步：（1）填补了相关省份的自治地方建立空白。改革开放以前浙江省、湖北省、海南省以及重庆市是没有民族自治地方的，而随着改革开放的深入，这三省一市，共有 13 个民族自治县相继建立。（2）补充了少数民族聚居省份的自治地方建立。诸如贵州省、云南省以及广西壮族自治区等由于历史沿革存在大量少数民族聚居区，改革开放以后上述省区又相继建立了 26 个自治县。

（二）民族自治地方的自治立法

根据《宪法》第 166 条、《民族区域自治法》第 19 条以及《立法法》第 75 条的规定，民族自治地方的人民代表大会有权依照当地民族的政治、经济和文化特点，制定有所变通和补充的自治条例和单行条例。这是民族区域自治法地方实践的重要方面。在党的十一届三中全会前的30年，我国没有批准过一个民族自治地方的自治条例，经批准实施的单行条例有84个。改革开放以后这方面的自治立法则大有改观。①

表2　1981年至今我国民族自治地方立法情况②

时　间	自治条例		单行条例		变通和补充规定	
	制定	修改	制定	修改	制定	修改
1981～1985年	1	0	0	0	29	1
1986～1990年	94	6	11	0	10	3
1991～1995年	28	5	107	0	11	0
1996～2000年	11	12	154	28	8	2
2001～2005年	1	33	164	36	10	2
2006～2010年	8	57	138	38	5	1
2011～2015年	2	15	155	50	6	0
2016年至今	0	3	44	8	0	0
合　计	145	131	773	160	79	9

在以上三种自治地方基本立法形式中，自治条例是由自治地方的人民代表大会制定的调整民族关系的法律规范，③其在自治州的所有法规中处于最高层级，被喻为自治地方的"小宪法"，因此自治条例的制定情况是衡量民族区域自治法落实到地方的重要指标。笔者以5年为一单位，用折线图的形式

① 该表格中1981～2004年自治立法数据信息源自国家民委政法司、全国人大民委法案室编：《中国民族自治地方自治条例和单行条例汇编》（全3卷），北京：东方出版社，2005年；2005年至今自治立法数据信息源自 http://www.pkulaw.cn,北大法律信息网及各民族自治地方政府网站信息，表3同表2（其中单行条例统计截至2018年5月20日新疆维吾尔自治区十三届人大常委会三次会议通过的《克孜勒苏柯尔克孜自治州立法条例》）。

② 2001～2005年制定的单行条例现已失效4部，2006～2010年制定的单行条例现已失效4部。

③ 韩大元：《论自治条例的若干问题》，《中央民族大学学报》1996年第6期。

统计了改革开放以来我国民族自治地方自治条例制定与修改的发展趋势（见图1）。

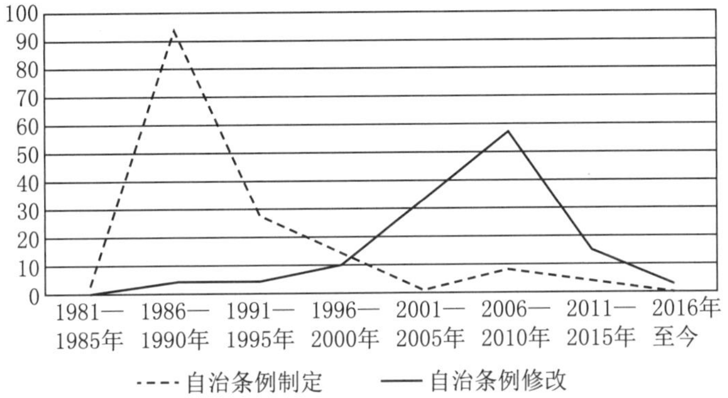

图1　1981年至今我国民族自治州自治条例的制定与修改

从上图可以总结出两点发展规律：

第一，从自治条例的制定状况来看：1985年以后自治条例的制定数量每年呈高速增长趋势，至1990年达到顶峰后放缓，到2000年以后呈平缓稳进发展趋势。这是因为自1984年我国制定了第一部《民族区域自治法》后，少数民族聚居区由法律授权建立自治地方并且被赋予根据实际需要制定自治条例的权力，各民族自治地方纷纷据此建立，而自治条例也随自治地方的建立迅速制定。直至1990年我国民族自治地方格局已经基本建立，自治条例的制定放缓，到1995年达到饱和。

第二，从自治条例的修改状况来看：自改革开放后至2000年都处于年增长数不超过10件的平缓期，自2000年前后自治条例的修改处于迅速增长期，至2010年达到顶峰后逐渐下降。其中2000年前后自治条例修改数量的迅速增长是因为2001年我国《民族区域自治法》进行了第一次修改，删除了旧的需摒弃的条款，增加了适应新时期少数民族地区政治、经济、文化发展的新规定，而自治地方制定的自治条例也在此基础上适应《民族区域自治法》的变动而进行了修改。经过2000年前后自治条例的修改热潮后，民族自治地方的单行条例之后修改逐渐放缓，呈现出折线图中第三段的发展趋势。

相较于自治条例，单行条例的制定具有较强的操作性、灵活性和变通性，单行条例的制定与修改情况可以反映我国民族区域自治法落实到地方的发展程度。但是我国单行条例的起步较自治条例晚了很多，笔者找到的第一部至今仍生效的单行条例《延边朝鲜自治州朝鲜语文工作条例》是1988年7月21日制定的，①因此我们以1988年为初始时间统计了近30年来我国自治地方单行条例的制定与修改情况（见图2）。

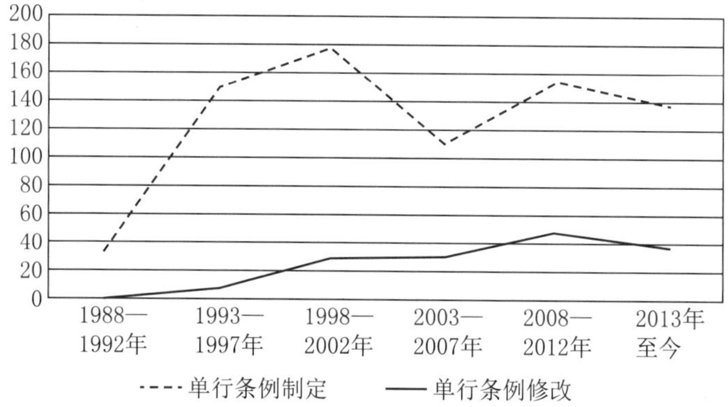

图2　1988年至今我国自治地方单行条例的制定与修改

对比民族自治地方自治条例三段式的制定与修改趋势的线路，单行条例的制定与修改单纯呈现出一种整体增长趋势。从细节上看，单行条例的制定在2002年以前增长情况更为迅速，而2002年后增长速度有所放缓，而其修改数量一直处于逐渐增长的趋势中。改革开放以后自治地方单行条例的制定从无到有，再到不断增多与修订的过程，深刻体现了民族自治地方自治权的逐步落实。

但是，单行条例制定的发展不仅体现在其数量的增多与修改的及时跟进，还体现在单行条例涉及的内容范围变化上。因此，表3统计了改革开放以后不同时期我国自治地方单行条例制定的种类分类变化。

① 国家民委政法司、全国人大民委法案室编：《中国民族自治地方自治条例和单行条例汇编》第1卷，北京：东方出版社，2005年，第11页。

表 3　1988 年至今我国自治地方单行条例制定种类

时　间	种　　类①
1988～1997 年	森林和林业管理（28 部）；水资源和水利（17 部）；语言文化（16 部）；生态环境保护，矿产资源（各 12 部）；土地管理，教育（各 11 部）；草原和草场管理（10 部）；城镇道路（7 部）；非公有制经济，城镇管理建设（各 5 部）；禁毒，畜牧业，牲畜管理，野生动物保护（各 4 部）；计划生育，医疗和医药，经济财政（各 3 部）；农民管理，产品管理，治安管理，防疫，邮电电信，历史名胜与文化遗产保护（各 2 部）；旅游管理，消防，未成年人保护，经济开发区管理，立法，赌博，产业发展，城镇水电，其他资源保护，酒类买卖，烟草买卖（各 1 部）
1998～2007 年	城镇管理建设（49 部）；水资源和水利（32 部）；生态环境保护（30 部）；森林和林业管理（26 部）；非公有制经济（17 部）；历史名胜与文化遗产保护（16 部）；矿产资源（15 部）；语言文化，旅游管理（各 9 部）；城镇道路（8 部）；土地管理（7 部）；立法，治安管理（各 5 部）；其他资源保护，计划生育，草原和草场管理，防疫，教育（各 4 部）；医疗和医药，科技，产业发展，野生动物保护，经济财政，（各 3 部）；档案管理，税收，殡葬，产品管理，人口管理，牲畜管理（各 2 部）；商品市场，灾害防治，食品安全，法制宣传，农场管理，政府采购，劳务合作，物业管理，粮种管理，非公有制经济，经济开发区管理，山林管理，畜牧业，城镇水电，就业促进，消防（各 1 部）
2008 年至今	历史名胜与文化遗产保护（48 部）；城镇管理建设（34 部）；水资源和水利，生态环境保护（各 26 部）；旅游管理，城镇道路（各 13 部）；产业发展（11 部）；矿产资源（10 部）；宗教事务（9 部）；医疗和医药（8 部）；民族团结进步（7 部）；消防，供水和饮水（各 6 部）；教育（5 部）；畜牧业，物业管理，森林和林业管理，畜禽业，产品管理（各 4 部）；气象，山林管理，立法（各 3 部）；禁毒，殡葬，老年人权益保护，灾害防治，其他资源保护，农药管理，农场管理，计划生育，非公有制经济，粮种管理，供热，草原和草场管理（各 2 部）；犯罪预防，经济开发区管理，野生动物保护，外国人管理，农村产权抵押贷款，学校安全，经济和财政，法制宣传，语言文化，劳动保障监察，口岸管理，献血，客运班车，科技，防疫，突发事件应对，防空，经济开发区管理，水政渔政检监察，人口管理，档案管理，艾滋病防治，安全生产（各 1 部）

三、改革开放以来民族区域自治立法的贡献

改革开放 40 年来，我国民族区域自治法治在不断发展与完善的同时贡献斐然，主要体现在保障民族区域自治制度建设、维护民族自治地方政治稳定以及促进民族自治地方经济、文化、教育事业的发展等三个方面。

① 以上分类表中不包含现已失效条例。

（一）保障民族区域自治制度建设

民族区域自治作为我国的一项基本政治制度，在解决民族问题、调整民族关系、推动民族发展上发挥着重要作用。

第一，《民族区域自治法》文本制定的保障。1984 年《民族区域自治法》的出台，填补了长期以来我国民族区域自治法的立法空白。该法规定了少数民族聚居地自治地方的构成和自治机关的建立、自治权的行使、自治地方的人民法院和检察院、民族自治地方内的民族关系以及上级国家机关的领导和帮助等内容，它的制定使我国民族区域自治制度的发展步入了法制化轨道。

第二，《民族区域自治法》文本修订的保障。民族区域自治法在制定后并不是一成不变的，随着国家民族政策及民族自治地方境况的不断变化，民族区域自治法也须不断修改。2001 年《民族区域自治法》的修改顺应了中央制定的实施西部大开发战略，完善了民族自治地方自治权行使的具体规定，为民族区域自治制度提供了更为坚实的法律保障，成为我国民族区域自治法立法进程中的一个新的里程碑。

第三，民族自治地方立法的保障。我国的民族自治地方有根据本民族实际情况制定自治条例、单行条例以及变通与补充规定的自治权，这些作为民族区域自治法的重要配套立法，与《民族区域自治法》一同构成保障民族区域自治制度的重要法律依据。根据前述表 2 中所作的统计，改革开放以来我国民族自治地方共制定了 145 个自治条例、773 个单行条例、79 个变通和补充规定。这些条例和规定对我国《民族区域自治法》中抽象的原则和规则进行细化，切实保障了民族自治地方各项自治权的行使，是改革开放以来民族区域自治法发展的重要成果。

（二）维护民族自治地方政治稳定

我国民族区域自治法对民族自治地方政治稳定的维护，主要表现在对民族内部稳定因素的维护与对外部不稳定因素的抵制两个方面。

首先，在维护民族内部稳定因素方面，民族区域自治法的主要贡献在于促进了民族平等关系的形成和推动了统一的多民族国家认同。

1. 对民族平等关系的促进。我国《民族区域自治法》中有相当数量的条款规定了少数民族平等的政治民主权，如第 17 条中规定："自治区主席、自治州州长、自治县县长由实行区域自治的民族的公民担任。自治区、自治州、自治县的人民政府的其他组成人员，应当合理配备实行区域自治的民族和其他少数民族的成员。"同时，少数民族在长期的历史发展中形成了独特的语言文字、风俗习惯和宗教信仰，尊重少数民族的语言文字、风俗习惯和宗教信仰，是充分尊重少数民族平等权利的重要体现。我国民族区域自治法在此方面均作出了具体规定。

2. 对统一的多民族国家的推动。《民族区域自治法》在序言中指出："中华人民共和国是全国各族人民共同缔造的统一的多民族国家……民族区域自治是在国家统一领导下，各少数民族聚居的地方实行区域自治，设立自治机关，行使自治权。"这将我国人口中占绝对多数的汉族同各少数民族紧紧联系在一起，推动了统一的多民族国家的认同。同时《民族区域自治法》专门确立了有关各民族间平等关系的第 4 章"民族自治地方内的民族关系"，第 48 条明确说明了"民族自治地方的自治机关保障本地方内各民族都享有平等权利"；并且在第 53 条规定了"民族自治地方的自治机关应当教育各民族的干部和群众互相信任，互相学习，互相帮助，互相尊重语言文字、风俗习惯和宗教信仰"。

其次，在抵制外部不稳定因素方面，民族区域自治法更是作出诸多规定。如对民族分裂主义的抵制，《民族区域自治法》第 2 条明确规定："民族自治地方都是中华人民共和国不可分割的一部分"，第 9 条规定："上级的国家机关和民族自治地方的自治机关维护和发展各民族的平等、团结、互助的社会主义民族关系，禁止破坏民族团结和制造民族分裂的行为。"

(三) 推动民族自治地方经济、文化、教育、医疗等事业全面发展

首先，民族区域自治法对于少数民族自治地方经济发展的贡献主要在于赋予自治地方经济自治权和给予自治地方经济发展的优惠政策两个方面。

1. 对自治地方经济自治权的赋予。我国民族区域自治法赋予了民族自治地方的自治机关根据本区域实际情况建设地方性经济的经济自治权，如《民族区域自治法》第29条明确规定："民族自治地方的自治机关在国家计划的指导下，根据本地方的财力、物力和其他具体条件，自主地安排地方建设项目"，第32条第2款规定："民族自治地方的自治机关有管理地方财政的自治权。凡是依照国家财政体制属于民族自治地方的财政收入，都应当由民族自治地方的自治机关自主地安排使用。"

2. 给予自治地方经济发展优惠政策。如《民族区域自治法》第31条第3款规定："民族自治地方在对外经济贸易活动中，享受国家的优惠政策"，第32条第3、4款规定："民族自治地方在统一的财政体制下，通过国家实行的规范的财政转移支付制度，享受上级财政的照顾。民族自治地方的财政预算支出，按照国家规定，设机动资金，预备费在预算中所占比例高于一般地区。"

其次，大力发展少数民族和民族地区文化、教育、医疗等各项社会事业，尊重少数民族语言文字、风俗习惯和宗教信仰是我国民族区域自治法治的重要内容。

1. 在文化建设方面。《民族区域自治法》第38条规定："自治地方的自治机关自主地发展具有民族形式和民族特点的文学、艺术、新闻、出版、广播、电影、电视等民族文化事业，加大对文化事业的投入，加强文化设施建设，加快各项事业的发展。民族自治地方的自治机关组织、支持有关单位和部门收集、整理、翻译和出版民族历史文化书籍，保护民族的名胜古迹、珍贵文物和其他重要历史文化遗产，继承和发展优秀的民族传统文化。"

2. 在教育事业建设方面。《民族区域自治法》第37条第1款规定："民族自治地方的自治机关自主地发展民族教育，扫除文盲，举办各类学校，普及九年义务教育，采取多种形式发展普通高级中等教育和中等职业技术教育，根据条件和需要发展高等教育，培养各少数民族专业人才。"

3. 在医疗事业建设方面。《民族区域自治法》第40条规定："民族自治地方的自治机关自主地决定本地方的医疗卫生事业的发展规划，发展现代医药和民族传统医药。民族自治地方的自治机关加强对传染病、地方病的预防控制工作和妇幼卫生保健，改善医疗卫生条件。"

四、民族区域自治法治的发展前瞻

自《民族区域自治法》颁布实施以来，我国民族自治制度以及民族地方治理取得了长足进步。但由于我国执行民族自治制度的内外部条件的变化，[①]民族区域自治法治仍需不断完善。

(一)《民族区域自治法》的修订

首先，必须将《民族区域自治法》纳入《宪法》解读的体系中去，明确其在民族区域自治制度中“承上启下”的地位。有学者认为，《宪法》在调整中央与民族自治地方关系过程中处于核心规范地位，作为《宪法》相关法的《民族区域自治法》应当以宪法规范作为立法原则，[②]并对相关问题予以扩充，使得其“源于《宪法》又细于《宪法》”，并指导配套规范的制定与实施。

其次，从立法技术层面，《民族区域自治法》的修订应关注用语的规范化。有学者认为，《民族区域自治法》的制定有其独特的历史背景，在这样的背景下其文本体现的政治宣示倾向难以避免。[③]但当代法治进程逐步发展，法律用语的规范与严谨是时代的需求，因此在下一次法律修改过程中口号式的表达应仅存在于“序言”中，正文的表达可以参考《立法法》、各级《组织法》的表述。同时，法律条文之间的逻辑顺序可以进一步优化，需要杜绝对《宪法》条文的抄袭与同义替换，而应当将其予以细化和解释。

再次，从立法内容层面，《民族区域自治法》的修改应当关注可执行性。应当在努力细化原则性条款的同时增加程序性规定，尤其是对于诸如中央权力与自治区自治权的边界等关键问题给予充分的法律依据；同时明确法律责任，

---

① 关凯：《内与外：民族区域自治实践的中国语境》，《清华大学学报》（哲学社会科学版）2015 年第 1 期。

② 郑毅：《论作为“半部中央与地方关系法”的我国〈民族区域自治法〉——兼论中央与民族自治地方关系的法制建构》，《政治与法律》2018 年第 3 期。

③ 陈光、梁俊菊：《论〈民族区域自治法〉立法技术的缺陷与修补》，《西北民族大学学报》（哲学社会科学版）2014 年第 5 期。

增加正式罚责，使该法真正实现由软法向硬法的转化，以提升其实现程度和实施效果。[①]《民族区域自治法》第73条规定："国务院及其有关部门应当在职权范围内，为实施本法分别制定行政法规、规章、具体措施和办法。"为"落实这一规定，一是国务院必须制定民族区域自治的行政法规，使民族区域自治法有关国务院职责的原则规定具体化；二是国务院有关部门必须制定实施民族区域自治法的规章，使民族区域自治法有关国务院有关部门职责的原则规定进一步具体化"。[②]

（二）监督机制的不断完善

首先，中央层面的检查监督应当予以常态化。2015年全国人大常委会执法检查组通过对民族自治地方调研，完成了《关于检查〈中华人民共和国民族区域自治法〉实施情况的报告》指出："检查组认为，全国人大常委会及地方各级人大常委会对民族区域自治法实施情况的监督检查，应该做到常态化、制度化。在检查方式上更灵活多样，在检查内容上更突出重点，更具针对性，增强监督检查的实效。国务院、有关地方政府作为民族地区的上级国家机关，对贯彻实施民族区域自治法负有重要职责，既要做到依法行政，也要督促所属职能部门贯彻实施好民族区域自治法，从而在依法治国中充分发挥这部法律的作用。"[③]值得注意的是，这次检查是31年来常委会就《民族区域自治法》的实施开展的第二次执法检查。如此低的频率使得诸多问题的暴露不够及时，因此在未来提升检查频率与深度颇有必要。

其次，地方层面的检查监督的规范化。与中央层面的监督不同，自治地方具有自治条例与单行条例的立法权，对《民族区域自治法》的监督应当侧重对该权力行使的规范性。解决方式主要有二：其一，强化多元监督。立法听证、

① 熊文钊、郑毅：《论〈民族区域自治法〉的地位、作用及其完善》，《中央民族大学学报》（哲学社会科学版）2014年第3期。

② 敖俊德：《中华人民共和国民族区域自治法释义》，北京：民族出版社，2001年，第114页。

③ 向巴平措：《全国人民代表大会常务委员会执法检查组关于检查〈中华人民共和国民族区域自治法〉实施情况的报告》，2015年12月22日。

人大的审议通过权的规范运行以及社会各界积极运用《立法法》中监督权，是有效监督中不可或缺的一部分。其二，强化问责机制。之前，《民族区域自治法》文本以及地方因循的自治立法均缺失问责机制。相信在不久的将来，上位法的修改将对地方监督起积极作用，设定违法责任也将是民族区域自治法治的重大进步。

（原载《新疆社会科学》2018年第5期）

2. 法制成为法治：宪法修改推进社会主义法治建设

何勤华　齐凯悦*

［摘要］　我国2018年宪法修正案将序言中的“健全社会主义法制”修改为“健全社会主义法治”，被视为我国法治建设的新发展。从法制到法治的转变反映出我国治国方略的演进。法制与法治是两个不同的概念，在20世纪90年代曾作为法学界争辩的主题备受关注。随着社会的发展与依法治国的不断推进，法制成为法治具有历史发展的必然性和推动国家法治建设的必要性。宪法上的一字之改并不意味着社会现实的转变，为保障全面依法治国和社会主义法治的健全，将良法和善治相结合，加强宪法法律的顶层设计、完善配套制度及保障和推动宪法的实施显然应成为推动法制成为法治的必由之路。

2018年3月11日，我国通过并公布施行了《中华人民共和国宪法修正案》，该修正案将序言中的“健全社会主义法制”修改为“健全社会主义法治”，引发了诸多关注，普遍观点认为从法制到法治的修改意味着我国全面依法治国和中国特色社会主义法治建设取得了新发展。法制与法治两个概念之争是20世纪90年代引起广泛关注和探讨的问题，并随着宪法修改和法治理论的不断深化而更加明确。法制成为法治具有必要性，但仅仅一字之改无法完全推动社会主义法治的健全，如何保障法治的实现显然有待探索。

---

*　何勤华，华东政法大学法律文明史研究院教授，法学博士。齐凯悦，山东师范大学法学院讲师，法学博士。

基金项目：本文系上海市哲社规划“三大系列”一般课题“中国特色社会主义法治的形成与发展研究”（项目编号：2017BHC012）的阶段性成果。

一、从法制到法治：宪法修改折射治国方略之演进

从“健全社会主义法制”到“健全社会主义法治”，是我国此次宪法修改具有代表性的内容之一，虽然仅有一字之改，却引起广泛关注。从法制到法治的修改，反映了我国宪法修改的不断深入，也反映了我国在依法治国与法治建设道路上的不断前进。

（一）从“社会主义法制”到“社会主义法治”：宪法修改之不断深入

2018 年 3 月 11 日，第十三届人大第一次会议表决通过并公布施行了《中华人民共和国宪法修正案》，该修正案将宪法序言第七自然段中的“健全社会主义法制”修改为“健全社会主义法治”。尽管只改了一个字，但仍是引起诸多探讨，各界普遍将其视为宪法修改历程中的重要突破。

有观点指出尽管只有一字修改，却体现了依法治国理念与方法的新飞跃，显示出我国法治建设理念的提升，构成伟大的跨越。①有委员将该修改视为推进国家治理体系和法治治理能力的现代化的重要举措，体现了政治文明的发展，有利于进一步弘扬宪法精神及增强宪法意识。从法制到法治的一字之变鲜明地体现了党的十八大以来全面依法治国的理论和实践成果，传递出法治建设的坚定信心。②从“社会主义法制”到“社会主义法治”的修改，普遍被认为构成我国此次宪法修改中的重要内容之一。

从法制到法治的发展，实际上在我国宪法的制定与修改过程中有一个不断深化的过程。1982 年 12 月 4 日，第五届全国人大五次会议通过了“八二宪法”，构成我国法治史上的重要里程碑。1982 年宪法在序言中首次规定，“不断完善社会主义的各项制度，发展社会主义民主，健全社会主义法制”，从而在我国宪法中引入了“法制”一词。1999 年宪法修正案增加了一款“中华人民共

① 金成波：《从“法制”到“法治”是党依法治国理念和方式新飞跃》，《中国纪检监察报》2018 年 3 月 26 日第 2 版。

② 黄昆仑、杨嘉宜：《为实现中国梦提供根本法治保障》，《解放军报》2018 年 3 月 21 日第 11 版。

和国实行依法治国，建设社会主义法治国家”。该修改正式将依法治国确立为治国的基本方略，并将“法治”一词引入宪法之中。

至2018年此次宪法修改，将“社会主义法制”修改为“社会主义法治”，更加强调法治的重要性，以国家根本法的形式推动了依法治国理念的新发展。宪法是国家的根本法，是治国安邦的总章程，在宪法制定与修改过程中实现从法制到法治的变化，实则反映了社会主义法治理念的不断强化与发展。

（二）从法制到法治：社会主义法治建设之体现

从法制到法治的宪法修改，是我国法治建设发展轨迹之呈现。在1978年召开的中央工作会议上，邓小平提出：“为了保障人民民主，必须加强社会主义法制”的经典论断。十一届三中全会公报强调：“为了保障人民民主，必须加强社会主义法制，使民主制度化、法律化，使这种制度和法律具有稳定性、连续性和极大的权威，做到有法可依，有法必依，执法必严，违法必究”。1979年的大规模立法构成新时期法治建设开始的最明显标志。

1996年成为中国政治史和法律史上的“法制国家年”，在1996年3月召开的第八届人大第四次会议上，“依法治国，建设社会主义法制国家”成为备受关注的议题。最终该会议通过的《关于国民经济和社会发展“九五”计划和2010年远景目标纲要及关于〈纲要〉报告的决议》明确要求，“必须把社会主义精神文明和民主法制建设提到更加突出的地位……要坚持和实行依法治国，积极推进社会主义法制建设的进程，加强立法，严格执法，不断提高广大干部和人民群众的法律意识和法制观念，努力建设社会主义法制国家”。

1997年，中共十五大提出了“依法治国，建设社会主义法治国家”的口号，并建议人大修宪。中共十五大报告强调“发展民主必须同健全法制紧密结合”，主张实行依法治国并对其含义作出界定。“依法治国，就是广大人民群众在党的领导下，依照宪法和法律规定，通过各种途径和形式管理国家事务，管理经济文化事业，管理社会事务，保证国家各项工作都依法进行，逐步实现社会主义民主的制度化、法律化，使这种制度和法律不因领导人的改变而改变，不因领导人看法和注意力的改变而改变。"①该含义实际上构成了法治的内涵。《人民日报》社论指出"建设社会主义法制国家"与"建设社会主义法治国家"虽然仅有一字之差，却反映了建设中国特色社会主义政治认识的深化。这一论断把加强民主法制建设上升为依法治国的基本方略，将加强法制建设、实行依法治国作为发展民主的重要保障。"依法治国，建设社会主义法治国家"最终载入了1999年的宪法修正案中。

2011年，全国人大常委会工作报告中宣布，中国特色社会主义法律体系已经形成，这是我国法治建设史上的重要里程碑，表明中国已实现从无法可依到有法可依的历史性转变，各项事业进入法制化轨道。为推动法制向法治的进一步发展，2014年，《中共中央关于全面推进依法治国若干问题的决定》规定了全面推进依法治国，强调将法治作为治理国家的基本方式。2017年，十九大报告明确指出全面依法治国是中国特色社会主义的本质要求及重要保障。宪法修正案中的一字之改，以我国法治建设发展为基础，反映了治国理政理念的不断发展与创新，改革背后呈现出的实际上是国家治理理念和依法治国方略的不断深化。

二、一字之差：法制与法治之解读

法制与法治仅有一字之差，其内涵却大有不同。20世纪90年代以来，关于法制与法治的概念之争一度成为学界关注的焦点。学者纷纷就法制与法治两个概念作出探讨，并对社会主义法制与社会主义法治作出研究。对法制与法治概念的研究，并非局限于概念本身，实则反映了社会发展背景下法学界关于法治建构理论研究的探讨。法制与法治概念大有区别，却也存在相互联系之处，正确把握两者的含义与关系显然成为推进法治建设的理论保证。

（一）词义分析及演变

对法制和法治两者概念的分析，可以从梳理两个词语的概念、研究两者在

① 江泽民：《高举邓小平理论伟大旗帜，把建设有中国特色社会主义事业全面推向二十一世纪——在中国共产党第十五次全国代表大会上的报告》，人民出版社1997年版，第34页。

法律史上演变的角度出发作出研究，从而形成关于法制与法治概念的初步解读。

1. 法制：静态法律制度与动态法律秩序

根据《现代汉语词典》，法制指法律制度体系，既包括一个国家的所有法律法规，也包括一个国家的立法、司法、守法及法律监督等活动。[①]该定义将法制界定为法律制度体系，但在列举的内容中实则将法制的含义分为两类，一是一个国家的全部法律、法规，即静态意义上的法制；二是立法、执法、司法、守法及法律监督等，即动态意义上的法制。之所以对法制的定义有所区分，实则在于“制”字有制度、制定等不同含义。

《辞海》将法制区分为三种含义。最广泛的含义指国家的法律和制度，其中法律既包括成文法也包括不成文法，制度则指经济、政治、文化等方面制度。较狭义的含义指法律制度和法律秩序。最狭义的含义仅指法律制度，也就是说法律制度的简称就是法制。我国通常使用较狭义的含义，认为法制包括制定、执行与遵守法律三方面，并认为法律秩序以实行法律制度为前提，是实行法律制度的体现。[②]《辞海》指出我国常用较狭义的含义，实则与《现代汉语词典》界定的法制含义一致，即包含静态的法律制度和动态的法律秩序。

实际上，法制一词古已有之，最早的记载见于《礼记·月令》中的“命有司，修法制，缮囹圄”，此处法制为设规立范以使人们遵从之意，即动态意义上的法制。古代法家著作中也出现了法制一词，如《管子·法禁》中的“法制不议，则民不相私”。《商君书·君臣》中记载“民众而奸邪生，故立法制、为度量以禁之，是故有君臣之义、五官之分、法制之禁”。《韩非子·饰邪》中指出，“明法制，去私恩”。此处的法制解释为法律和制度，也即静态的法律制度。

董必武在1957年的《论社会主义民主与法制》中对法制作出定义：“现在世界上对法制的定义，还没有统一的、确切的解释，我们望文思义，国家的法

① 中国社会科学院语言研究所辞典编辑室编：《现代汉语词典》，商务印书馆2012年版，第354页。

② 夏征农、陈至立主编：《辞海》，上海辞书出版社2009年版，第560页。

律和制度就是法制。”邓小平同样以此含义使用法制一词，在 1978 年党的十一届三中全会上指出，“为了保障人民民主，必须加强法制，必须使民主制度化、法律化”。将法制定义为法律和制度，实则是对静态含义的法制的认识。十一届三中全会后，社会主义法制的表述得到了普遍适用，其通常指社会主义国家的法律和制度，或指社会主义民主的制度化、法律化，包括在国家的政治生活、经济生活及社会生活等各个方面都做到“有法可依，有法必依，执法必严，违法必究”。①

结合法制一词之适用与解释，狭义的法制含义显然具有可取性。也即，法制包含两层含义，一方面法制的基本含义是法律和制度，另一方面法制指立法、司法、守法及法律监督等各个环节所形成的体系，也即以静态法律制度为基础的系统法律秩序。

2. 法治：根据法律治理国家

法治在《现代汉语词典》中包含双重含义，一是先秦时期的政治思想，二是根据法律治理国家和社会。②“治”字为管理、治理之意，如《商君书·更法》中的“治世不一道”。《辞海》中关于法治的定义指出法治与人治相对，指根据法律治理国家的政治主张。战国时期法家大力提倡的法治理论，明确提出“以法为本”“治强生于法”等观点。古希腊亚里士多德（Aristotle，公元前 384—前 322）在《政治学》一书中指出“法治应包含两重含义：已成立的法律获得普遍服从，而大家服从的法律本身是制定得良好的法律”。③资产阶级启蒙思想家提倡法治，现代社会的法治则更注重法律和社会的互动、个人与社会之间的和谐等。④由此，法治指根据法律治理国家。

法治一词在我国古书中很早出现，《晏子春秋·谏上九》：“昔者先君桓公之地狭于今，修法治，广政教，以霸诸侯。”《淮南子·氾论训》中指出：“知

① 夏征农、陈至立主编：《辞海》，上海辞书出版社 2009 年版，第 1994 页。

② 中国社会科学院语言研究所辞典编辑室编：《现代汉语词典》，商务印书馆 2012 年版，第 354 页。

③ ［古希腊］亚里士多德：《政治学》，吴寿彭译，商务印书馆 2002 年版，第 199 页。

④ 夏征农、陈至立主编：《辞海》，上海辞书出版社 2009 年版，第 560 页。

法治所由生，则应时而变；不知法治之源，虽循古终乱。”有时法治并非作为一个词汇出现，如《史记·蒙恬列传》中的“高有大罪，秦王令蒙毅法治之”，实则法、治两字单独表达其含义。

“法治”一词历史久远，在不同国家和地区、不同学派有不同解释，亚里士多德指明了法治的两重含义。至17世纪，英国著名大法官柯克（Edward Coke，1552—1634）在与国王的争论中提出了“法律是国王”“王在法下”等论断，构成了法律至上这一现代法治的基本内涵。在近代英国，洛克（John Locke，1632—1704）主张法律的目的在于保护和扩大自由，戴雪（Albert Venn Dicey，1835—1922）则将法治作为英国宪政的三个原则之一。现代英国学者普遍认同法治是一个宪法原则，政府受法律约束，法律在政府和公民之间平等。法国具有代表性的法治论者为孟德斯鸠（Montesquieu，1689—1755）和卢梭（Jean-Jacques Rousseau，1712—1778），前者重视法的精神，主张法治的核心内容是法律下的自由和权力；卢梭则以人民主权学说为核心，认为法治是一种民主共和国。在美国，托马斯·潘恩（Thomas Paine，1737—1809）以人权为基础推论出法律至上，托马斯·杰斐逊（Thomas Jefferson，1743—1826）主张没有宪法和法律的绝对权威就不会有共和政体和人权，亚历山大·汉密尔顿（Alexander Hamilton，1757—1804）同样论证联邦政府、共和政体及分权制均应以宪法和法律为基础。俄罗斯或前苏联法学界同样对法治进行探讨，多数认为所谓法治国家即法律占据统治地位。①社会主义法治则指社会主义国家的与人治相对的治国理论、制度及方法，其中依法治国是核心内容。社会主义法治更多地体现为动态的依法治国过程，社会主义法制则偏重于静态的法律与制度。②

法治实际上是一个复杂的、容易引起争议的理念，尽管存在多方面含义，不同国家或学派强调的重点有差异，但整体而言法治的核心内涵包括行为的标准能约束所有人、规则应公开颁行、规则在实施时应与其含义保持一致、规则

① 王勇飞：《法治的概念分析》，刘海年、李步云、李林主编：《依法治国　建设社会主义法治国家》，社会科学文献出版社2008年版，第274—277页。

② 夏征农、陈至立主编：《辞海》，上海辞书出版社2009年版，第1994页。

不能无法遵守等内容。富勒（Lon Fuller，1902—1978）的自然法理论对法治这一理念作出阐述，法律的内在道德要求公民的行为有效地得到普遍规则的指引，或因此内在道德得到促进。哈耶克（Friedrich von Hayek，1899—1992）等学者主张对法治作一种更为形式化、程序化的理解，部分学者试图对法治作出更具实质性的解决，即法治不仅在于弘扬民主，还在于保障个体的权利。①

实际上，抛开法治的实质内容不谈，单就法治的概念来看，法治是与人治相对立的治理国家的基本方略，两者区分的标准在于是依靠少数人的意志、能力的权威来治理还是依据能够体现众人意志、智慧的良好的法律权威来治理。法治贯彻有利于维护法律至上地位的法律原则，并呈现出重要的法律理念、精神和结果。因此，法治与人治相对立，是以合乎人类理性的价值精神为指导、贯彻有利于维护法律权威的法律原则以及保障个人权利和社会良好有序状态的治国方法或方略。②

（二）法制与法治之辩

自 20 世纪 70 年代以来，如何建构中国法治是法学界关注的重要问题，舒国滢将学界关于法治的讨论划分为两个阶段。自 20 世纪 70 年代末至 80 年代末为第一阶段，该阶段探讨主题为人治与法治，学者围绕人治与法治作出探讨，并就法律面前人人平等、权与法等问题作出扩展性探讨。1982 年宪法的制定标志着社会主义法律体系的初步建立，人治与法治之辩基本实现预期目的。自 20 世纪 90 年代以来，尤其是十四大确认建立社会主义市场经济以来，学者在更广泛语境中探讨法治建构问题，尤以法制与法治的论辩最为突出。之所以出现该论辩，在于法学界认识到只提社会主义法制已经无法确切反映我国法制正在或将要发生的变化，社会主义法制建设应进入新高度，即建设高度民主的社会主义法治。③由此，关于法制与法治两个概念之间的辩论在 20 世纪 90 年代中后

① ［美］布莱恩·H.比克斯：《牛津法律理论词典》，邱昭继、马得华、刘叶深、冉杰、鲁强译，法律出版社 2007 年版，第 207—208 页。

② 孙育玮：《“法制”与“法治”概念再分析》，《求是学刊》1998 年第 4 期。

③ 舒国滢：《中国法治建构的历史语境及其面临的问题》，刘海年、李步云、李林主编：《依法治国　建设社会主义法治国家》，社会科学文献出版社 2008 年版，第 267—273 页。

期成为备受关注的问题。

对法制与法治两词的研究是法学界在讨论法治定义及其原理时需要辨析的重要词语。对法制与法治两个概念的认识，实际上随着时间的推移也有所发展，并逐渐产生不同的观点和认识。20 世纪 80 年代主要讨论的问题在于人治与法治，普遍观点认为法制与法治两词都包含“有法可依”“依法办事”的含义，法治一词并无必要性。例如，有学者指出尽管法制与法治是两个既有联系又有区别的概念，但在一般情况下可以通用，从内容方面看法治已经逐渐被视为法制的内容之一，故而不宜用“社会主义法治”取代“社会主义法制”。①

20 世纪 80 年代和 90 年代初坚持法治论的学者则认为两者的含义截然不同，法制是静态的法律制度的简称，不必然地和民主政治相关联，应当严格区分法制与法治，并且积极倡导法治。例如，有学者指出法制和法治是两个有着本质区别的范畴，法治不能被法制所同化，法治概念也不能包容法制的概念，两者有各自的内涵和外延。法制是对民主状态的法律控制，法治则是以法律为核心的社会控制状态。②也有观点认为法制与法治都与一定的法律原则、制度相关，两者之间联系与区别并存，应当注意研究如何从法制转变成法治。例如，朱庞正指出法制和法治是内涵相通但外延不会全部重叠的概念，法制有动态和静态双层含义，法治可从实证意义层面（一种社会组织形式）和价值意义层面（现代文明社会追求的理想和原则）来考量。法制为法治的实现提供载体，符合法治原则的法制才能促进社会发展。③还有第四种观点认为这两个概念很大程度上可以通用，两者存在的问题不是使用哪个概念进行表述，而是两者的内涵是否符合依法治国的要求。④

① 王启富：《对“法制与法治”之我见》，《政法论坛（中国政法大学学报）》1993 年第 5 期。

② 刘惊海：《界定“法治”与“法制”——一个实践的要求》，《吉林大学社会科学学报》1993 年第 3 期。

③ 朱庞正：《“法制”与“法治”——一种法律文化学探讨》，《南京师大学报（社会科学版）》1995 年第 4 期。

④ 刘瀚、李林：《开创跨世纪法理学研究的新局面——近年来中国法理学研究的回顾与前瞻》，《法律科学》1998 年第 2 期。

从“发展社会主义民主，加强社会主义法制”的基本方针到1996年社会主义法制国家的提出，被视为我国关于治国方略的重大改变。1996年至1997年，“社会主义法制国家”的提法成为法学界尤其是法理学界的研究焦点。部分学者和法律界人士对“社会主义法制国家”的表述表示认同，并就社会主义法制国家的理论问题和实践操作作出思考和建议。①中国社会科学院法学研究所、中国法学会法理学研究会、深圳大学法律系等机构组织和举办了各种相关的座谈会、研讨会，就依法治国与法治等问题作出探讨。同时，诸多学者通过发表论文或出版著作的方式对法制与法治问题作出研究。在对法治构建的研究过程中，如何准确表达中国未来政治和依法治国发展走向和价值目标成为学界关注的问题。因此，“法制国家”还是“法治国家”成为学界讨论的问题。②

1996年4月13日至15日，在中国社会科学院法学研究所举办的“依法治国，建设社会主义法治国家学术研讨会”上，近百名与会学者对法制与法治这两个容易混淆的概念作出辨析，结合学者论文与相关会议发言，梳理关于法制与法治之辩的观点，基本分为三类。

其一是相同论。尽管已无学者持两者完全相同的主张，但部分学者认为两者存在相同的一面，都强调依法办事，不应割裂两者的关系。谷安梁认同两者在依法办事的意义上可以通用的观点，但仍主张将两者分开适用，原因在于两方面：一是法制一词两用容易造成误解，将法制限定在法律制度含义上适用则不会造成误解；二是法治一词除依法办事外还有其他内涵，混用不利于对法治问题的深入研究。张浩主张法制与法治的内涵有广狭义之别，但存在政治基础与核心内容方面的一致性，不应割裂开来褒扬法治而

---

① 参见沈宗灵：《依法治国，建设社会主义法制国家》，《北京大学学报（哲社科版）》1996年第6期；肖扬：《坚持依法治国，努力建设社会主义法制国家——学习江泽民同志关于依法治国重要讲话的体会》，《求是》1996年第12期；邓翼盛：《坚持依法治国，建设社会主义法制国家》，《社会科学研究》1997年第4期；陆德生：《实施依法治国，建设社会主义法制国家》，《理论建设》1996年第3期；等等。

② 程燎原：《从法制到法治》，法律出版社1999年版，第263—264页。

贬低法制，而是应有所侧重和分工，只用法治一词、取消法制的观点有失偏颇。①

其二是相异论。认为法制与法治之争并非仅是概念之争，而是观念上的差异，即主张还是否定法律至上、工具论还是价值论的法律观等差异。郭道晖认为工具论者往往把法制视作工具，价值论者主张法制民主化和民主法制化。尽管有学者主张对法制一词进行扩大解释以解决法制与法治的矛盾，但该权宜之计不利于行。健全社会主义法制与健全社会主义民主并提，“民主法制”四字连用才可与专制制度下的法制相区别，而“民主法制”显然构成现代意义上法治的含义，故而以法治代法制显然更为合理。②朱景文指出法制的含义包括法律制度、法律体系及依法办事原则三层，法治则有法的普遍约束力、将法律作为治理国家的手段以及与专制对立的民主的法律化等多重含义，且法治的含义会随着时代的发展不断发展变化。③

沈宗灵将法制界定为静态的法律与制度和动态的法律系统及“依法办事”三方面含义。法制与法治的内涵与外延不同，法治强调通过法制对国家和社会事务进行管理。④谷春德主张法制与法治存在区别，法制的核心是现行法律而法治则为依法办事，法治既有立法的内容也有执行和遵守法律的内容。刘瀚、李林明确指出法制与法治不宜混用，法治表达的是法律运行的方式、状态、过程和程度，法制是静态概念；法治在价值取向上与人治根本对立，法制不具备该价值特性；法治建立在市场经济的发展和民主政治的基础之上，法制可建立在不同的经济基础之上，或与任何政治体制为伴。⑤孙国华主张法制与法治是两个

① 张浩：《简论法制与法治》，《中国法学》1993 年第 3 期。

② 郭道晖：《治国方略的根本转变》，刘海年、李步云、李林主编：《依法治国　建设社会主义法治国家》，社会科学文献出版社 2008 年版，第 78—79 页。

③ 朱景文：《关于法制和法治的几个理论问题》，《中外法学》1995 年第 4 期。

④ 沈宗灵：《依法治国，建设社会主义法治国家》，《中国法学》1999 年第 1 期。

⑤ 刘瀚、李林：《开创跨世纪法理学研究的新局面——近年来中国法理学研究的回顾与前瞻》，《法律科学》1998 年第 2 期。

含义不同的术语，不应混用，否则既损害法制与法治的概念，也不利于健全法制、厉行法治。①

其三是联系区别论。主张两者之间联系和区别都存在，法律制度简称为法制，与政治、经济制度相对应，法治是与人治相对应的治国方略。②李步云指出将法制与法治视为一回事的观点是一种误解。两者之间存在区别与联系，任何国家在任何时期都有自己的法律制度但不一定有法治，法治有其特定的科学内涵、适用范围和社会作用。法治作为一种治国方法、法律作为调整社会关系的工具没有阶级性，法律的内容和法治的原则却存在不同，带有一定阶级性，故而社会主义法治与法律具有社会主义性质。③张少瑜主张应更多地看到法制与法治两者之间的共性，重在实质，法治的提法比法制更新，含有更多的否定人治或权治的含义，更符合现实需要和理论宣传效果。④曹建明指出之所以强调两个概念的区别在于两者既有联系又有区别，法制属于制度范畴，法治则属于方法范畴。⑤

周永坤指出法制与法治是两个不同的概念，法制是任何大型社会中都会有的法律制度，法治是具有独特价值内涵的法律制度，两者有上位概念与下位概念之区别。他将法制分为人治型法制和法治型法治两类，认为法制进化过程即为从人治型向法治型发展。尽管法制与法治不同，现代的法制不一定是法治，但“社会主义法制”与“社会主义法治”却可以相同，因为法制加上“社会主义”就具备了法治的含义。⑥有学者对该观点持异议，尽管“社会主义”的修饰语相同，但法制与法治的含义、价值取向存在差异，社会主义法制与社会主义法治仅在“社会主义”这一点上相通，前苏联斯大林时代的法制也并非社会

① 孙国华：《法制与法治不应混同》，《中国法学》1993 年第 3 期。

②⑥ 周永坤：《依法治国　建设社会主义法治国家理论研讨会述评》，《法制与社会发展》1997 年第 2 期。

③ 李步云：《实行依法治国　建设社会主义法治国家》，刘海年、李步云、李林主编：《依法治国　建设社会主义法治国家》，社会科学文献出版社 2008 年版，第 33—34 页。

④ 《依法治国　建设社会主义法治国家学术研讨会纪要》，《法学研究》1996 年第 3 期。

⑤ 曹建明：《从“法制”到“法治”》，《探索与争鸣》1997 年第 12 期。

主义法治。[①]有学者对法制和法治两个概念作出区分，但指出不应割裂两者之间的关系，而是应推动两者互相融合，法制应体现法治精神，法治又需要落实到法制中，这才是区分的意义所在。[②]

经过几年论证，至20世纪90年代末期，强调区分法制与法治基本成为学界共识，学者大都认为法制和法治是两个不同的概念，不宜将两者混用，从而保证依法治国、建设社会主义法治国家相关理论的彻底性。[③]20世纪90年代关于法制与法治的辨析，其实并非对两个概念的语义诠释，实则反映出在社会主义市场经济发展和现代化社会建设的背景下，学者不满足于形式主义的法制制度设计，探究与市场经济和现代化建设相协调的法律精神和体系。为推动法律的现代化、与国际上通行的法律规则接轨，学者重点关注法制与法治、法制改革或法律体系重构等法治建构问题，展现出中国法治建构的多样局面，也反映了我国复杂的法治变迁历程。[④]从法制与法治的辨析到用法治置换法制，既反映了法学理论研究的不断深入，也体现了我国治国方略的转变，为我国从法制国家走向法治国家提供了理论上的支持。

（三）法制与法治之辩证关系

法制和法治并非一般的法学术语，而是两个涵盖范围广泛、使用频率较高、法学最高概括层次上的重要概念。结合对两个概念的词义分析和20世纪90年代论辩的探究，对法制和法治两个概念的含义及其关系显然可以得出基本得到普遍认同的结论。法制的概念可从静态和动态两个不同角度进行考量，静态的法制指法律和制度，动态的法制包括立法、司法、守法和法律监督等在内的一整套法制体系。部分学者主张的法制第三层含义“依法办事”实则属于法治的内容之一，不属于法制概念范围之内。法治的含义更为丰富，与人治相对立，体现了人类理性的价值精神指导，贯彻并形成了一整套有利于维护法律权

① 程燎原：《从法制到法治》，法律出版社1999年版，第267—268页。

② 曹贤文：《略论法制、依法治国和法治》，《社会科学》1998年第2期。

③ 孙首娟：《关系论视角下的法治辨析》，《山东社会科学》2006年第12期。

④ 舒国滢：《中国法治建构的历史语境及其面临的问题》，刘海年、李步云、李林主编：《依法治国 建设社会主义法治国家》，社会科学文献出版社2008年版，第267—273页。

威并保证法律被普遍有效遵守的法律原则，从而形成对人们权利的有效保障和社会良好有序状态的治国方略。有一字之差的法制与法治，实则具有诸多联系与区别。

法学界曾用“刀制”和“水治”的形象说法揭示法制与法治的区别。法制的“制”部首从“刀”，故曰“刀制”以强调其制裁因素；法治的“治”部首从“水”，称为“水治”以指明其含疏导、规范之义。①实际上，法制与法治两个概念之间具有显著区别。其一，法制相对于经济制度、政治制度、文化制度等其他类别制度而存在，法治与人治相对立，两者所属的概念序列不同。其二，两者的基本含义不同，法制的基本要素在于法律和制度，属于上层建筑中的制度层面；法治的基本内容为治国的理论、方法、原则或方略，属于上层建筑中的思想层面。其三，法制是个中性的概念，其在各种社会形态中都可以存在，该概念本身不涉及价值评价；法治与人治对立，该概念是在与人治孰优孰劣的比较中产生，法治概念自身包含着价值判断的内容。其四，法制的内容反映的是国家统治阶级意志的法律与制度，法治则回答统治阶级用何方法治理国家以实现其意志的问题。②除此之外，两者与人治、民主等概念的关系不同。法治与人治相对立，人治社会中却不排除法制；尽管法制是民主的保障，但只有在法治社会中才能实现真正的民主。法制与法治是完全不同的两个概念，显然不应混用。

尽管法制与法治完全不同，但两者之间同样存在着相互联系之处。一方面，就作为制度的法制和作为理论方略的法治而言，法制的健全需要由正确的治国理论、方法或方略的指导，也即法制的健全需要法治理论的指引。同时，法治理论效果的发挥、法治方略的实施显然需要一整套法律制度的健全和运作，也即法治效果的发挥需要法制的运作。另一方面，为实现法治的价值目标，健全的法制的运作显然是必要途径。同时，法制的运行和完善显然需要以法治原则或目标为基准，否则会与发展目标背道而驰。③可以说，法制是法治的

① 人民代表大会制度研究所组织编写：《与人大代表谈依法治国方略》，人民出版社 2004 年版，第 5 页。

②③ 孙育玮：《“法制”与“法治”概念再分析》，《求是学刊》1998 年第 4 期。

前提和基础，法治则构成法制的目标和价值追求。

法制与法治两个概念实际上存在着既相互区别又相互联系的关系，这种辩证关系随着人类法律文明的发展不断凸显。无论从两个概念的词义分析、历史演变、学术争辩还是联系区别来看，两者虽一字之差却完全不同，正确把握两者的关系显然是推进法治建设的重要保证。

三、一字之改：法制成为法治的必然发展

从法制到法治，这两个术语并非只是改变了一个字，而是法律理念的发展，实则体现了中国法治文明发展的必然性。1999 年宪法修改案中将法制改为法治，反映了时代与社会发展背景下依法治国与法治建设的不断推进。我国宪法中从法制到法治的一字之改，不只在于法制与法治相关理论的深入研究，更在于时代与社会发展的推动和需要、法治建设的重要意义及法治建设的必要性。

（一）法治相关理论研究之深入

20 世纪 90 年代出现的法制与法治的概念之争，在于两个概念在很长一段时间内曾出现混用的局面。诸多理论文章、法学教材、舆论宣传文件中两个概念的使用标准不一，即使是权威文件中也是法制一词的使用远远多于法治。之所以在 20 世纪 90 年代之前出现两个概念混用的局面可能存在一定原因。其一，新中国成立以后我国的法律制度和法学理论受苏联影响较大，而苏联的法学著作或教材一般使用法制而非法治一词。其二，翻译的不准确造成误导也是导致两者混用的原因之一。一方面，在翻译《列宁全集》《法学经典理论》等著作中将法治翻译为法制，引发了对法制与法治不需严格区分的误解。另一方面，法治对应英文中的“Rule of Law”，法制应为“Legal System”，但之前存在语义分析不够、翻译混乱等问题，导致产生了两者可以通用的结论。①其三，尽管法制与法治两个概念的区别得到了辩论，但人们的认知观念可能受思维定

① 孙国华：《法制与法治不应混同》，《中国法学》1993 年第 3 期。

势的影响，故而出现两者可以混用的结论，或将法制的含义扩展至包括依法办事。这实际上模糊了两个概念之间的界限和区别。其四，法治来源于西方法治理论，20 世纪 90 年代之前人们在很长一段时间内对使用法治、法治主义等词汇存在疑虑。①

法制与法治之辩在很大程度上厘清了法制与法治两个概念的区别与联系，并加深了对法治理论的研究和认识。随着 1999 年宪法修正案将“建设社会主义法制国家”修改为“建设社会主义法治国家”，法治建设得到了广泛认可和推崇。2018 年宪法修正案中将“健全社会主义法制”修改为“健全社会主义法治”，在于强调和重视法治建设，体现了我国依法治国理念的新发展。全面依法治国是实现我国奋斗目标的基本方式和可靠保障，也是推进、引领和保障我国全面深化改革的重要路径。进一步通过国家根本大法的方式强调法治建设的关键意义，实际上是依法治国理论研究不断深入的结果。

（二）社会发展之需求与推动

从法制到法治的修改，不仅以法治理论研究的深入为基础，本质上还在于时代与社会发展的推动。20 世纪 90 年代的从法制到法治，是在市场经济体制改革冲击下引发的，经济发展也为法治社会提供了生长点。在我国从计划经济向市场经济转变的过程中，法律发挥着尤为重要的作用。市场经济是法制经济，并由此推动法治社会的产生。依法治国方略的确立，恰好符合我国发展社会主义市场经济的客观需要。正如江泽民所指出：“依法治国是社会进步、社会文明的重要标志之一，也是建设社会主义现代化国家的必然要求。”②建设社会主义法治国家是我国实行依法治国方略的目标，也是推动我国市场经济体制改革和社会发展的有力保障。从法制到法治虽然只有一字之改，却在当时引发了学界诸多讨论与称赞，实则在于法治建设回应了经济社会发展的需求并推动了自改革开放、社会主义市场经济体制确立以来的经济和社会发展。

---

① 孙育玮：《“法制”与“法治”概念再分析》，《求是学刊》1998 年第 4 期。

② 江泽民：《实行和坚持依法治国，保障国家长治久安》，《人民日报》1996 年 2 月 9 日第 1 版。

2018年3月11日，第十三届全国人大一次会议通过了宪法修正案，将法制修改为法治，同样符合时代大势所趋、国家事业所需，为新时代坚持中国特色社会主义、实现“两个一百年”奋斗目标和中华民族伟大复兴的中国梦提供有力的宪法保障。从法制到法治的修改，是我国依法治国理念和方法的新发展，是自党的十八大以来全民依法治国理论和实践发展的新成果，也传递出了我国建设中国特色社会主义法治体系的坚定信心。依法治国理念的不断升级，反映和推动了新时代我国全面依法治国实践的行稳致远。此次修改中强调健全社会主义法治，实则是在新时代背景下全面依法治国方略的进一步深化与发展。习近平在党的十九大报告中指出：“全面依法治国是中国特色社会主义的本质要求和重要保障，必须坚定不移地走中国特色社会主义法治道路，建设中国特色社会主义法治体系，建设社会主义法治国家，发展中国特色社会主义法治理论。”

（三）国家治理能力现代化和公平正义的实现基于法制成为法治

之所以从法制到法治以保障国家和社会发展，本质原因在于法治本身的优势和作用。作为一种与人治相对立的社会治理模式，法治以规范公权力、保护私权利为目的，是现代社会治理的主要方式，具有民主性、科学性、稳定性和长期性等特点。作为现代社会发展的产物，法治本身与民主紧密结合，是民主的重要保障。同时，法治也是一个国家治理能力现代化的重要表现。一方面，法治要求我们应当通过制度手段完善职权配置，建设法治政府，实现治理手段的现代化、法治化；另一方面，则需要运用法治思维、法律方法化解矛盾及维护社会稳定。国家治理体系和治理能力的现代化最终必然表现为法治的现代化，法治作为治理国家的基本方式，运用法律方法和法治思维深化改革、解决矛盾、维护社会稳定等。鉴于法治的民主性、科学性，法治是维护社会秩序和推动社会正常运作的重要保障。法治的稳定性和长期性可以推动稳定的社会秩序的构建，是国家长治久安的重要保障。①

公平正义是法治社会的追求，法治社会注重保障程序的公正、权利的公

---

① 王利明：《法治：良法与善治》，北京大学出版社2015年版，第23—24页。

正、规则的公正、过程的公正，通过该相对的公正的坚守致力于实现或在一定程度上实现事实的公正、结果的公正。通过全面推进依法治国，推动良法善治和保障人权来推动法治建设的深化来保障公正的实现显然具有重要意义。法治在全面深化改革过程中发挥重要保证、引领、保障作用。如果缺乏法治发挥作用，缺乏法律对各项事务统筹安排或作出全面规划，宪法和法律未得到有效实施，全面深化改革也不会成功。用法治方法和思维深化改革以推动社会公平正义的实现，符合我国目前全面深化改革的需求，也是我国法治建设与发展的时代使命和历史责任。①

从法制到法治的一字之改体现了我国社会治理方法的法治转向和强化，无论是基于法治的优势、法治理论的发展或社会发展的推动而言都具有必要性。实际上，从法制到法治的变化并非简单变化，而是从理念至实践、从治国者到社会民众的全方位的变革。法治在社会主义核心价值观中的核心地位决定了从法制到法治的价值必然性，通过法治思维和法治方法破解改革难题回应了现实需求，同时也是在全球化背景下谋求国家持续发展的时代需要。②从法制到法治虽然仅有一字之改，却反映了我国社会治理方式的必然发展和中国特色社会主义法治建设的不断推进。

四、健全社会主义法治：良法与善治结合，制度与实践并重

2018 年宪法修正案将“健全社会主义法制”修改为“健全社会主义法治”，一字之改反映了我国全面依法治国方略和国家治理方式的新发展，以国家根本大法的形式推动了中国特色社会主义法治建设的不断推进。但徒法不足以自行，如梁治平所言，词语表达上的变化并不一定能够代替社会现实的改变。在思想转变、理论反思、制度构建及社会结构调整等方面未取得实质性推进之前，仅仅改变词语的表达方式并不能具有足够的意义或效果。如果不认识到这

① 李林：《推进法制改革　建设法治国家》，《社会科学战线》2014 年第 11 期。

② 杨巧蓉：《中国社会治理方式法治转向的必然性探源》，《山东社会科学》2017 年第 10 期。

一点甚至放弃在思想、理论、制度及社会等多方面的努力，显然该改变的积极意义会消失殆尽。①因此，在法制成为法治的背景下，如何落实健全社会主义法治的宪法号召显然有待探讨。一方面，法治需要将良法与善治有机结合；另一方面，法治建设需要通过顶层设计、配套机构完善和社会实践推动其进一步发展与健全。

（一）良法与善治需有机结合

就法治而言，良法和善治是不能分开的两个方面，无论是从亚里士多德阐述的法治的两层含义还是近现代以来学者关于法治价值追求和实质内涵的探索来看，法治在现代社会发展中仍然要求良法与善治。法治的灵魂是良法，良法是善治的前提，法治是良法和善治的有机结合。要推进国家治理体系和治理能力的现代化，在于推进国家治理的良善化和法治化。法治是经过人类社会发展历史证明的最为有效的社会治理方式，全面推进依法治国是我国全面深化改革的核心。一方面要以良法促进和保障善治。良法能够在最大程度上获得人民群众的遵守和认可，从而发挥法治的功能。善治本身是规则之治，没有良好的规则、规则之间相互冲突等问题的出现都会影响治理的效果。只有良法才能保证善治的实现，善治的应有之义就在于实行良法，通过良法确认各项治理方法。另一方面，善治需要以贯彻和实施良法作为核心内容。只有良法显然不能实现国家治理的现代化、法治化，尽管我国的中国特色社会主义法律体系已经形成，从法制到法治的宪法修改不断深化，但法律体系仅是立法层面的问题，只有当法律体系得到有效实施之后才能够形成法治体系。正所谓“法令行则国治，法令弛则国乱”，如何推动法律体系向法治体系的迈进，在形成完备的法律规范体系的同时，推动法治实施、监督和保障等体系的构建，显然需要通过善治来实现。②

---

① 梁治平：《法治：社会转型时期的制度建构——对中国法律现代化运动的一个内在观察》，《当代中国研究》2000 年第 2 期。

② 王利明：《迈向法治——从法律体系到法治体系》，中国人民大学出版社 2015 年版，第 61—62 页。

法治的基本内涵需要把良法和善治有机结合。用良法进行治理是善治所希望达到的目标，法治中关于良法的追求也可以和善治相结合。因此，在中国特色社会主义建设进入新时代的背景下，推进国家治理能力发展的核心就是将良法和善治相结合，将法治原则和理论贯彻到各项建设之中。从法制到法治的变化体现了全面依法治国理论和我国社会主义法治建设事业的新发展，如何将这种发展通过良法和善治来实现显然是我国在中国特色社会主义事业进一步推进过程中需要持续探索的问题。党的十九大提出了“以良法促进发展、保障善治”，将立法和国家治理、社会发展有机集合，丰富了良法善治思想的内容。为实现良法善治，我国应切实推进科学、民主、依法立法的工作，不断提高立法质量。①

（二）法治建设当需顶层设计

宪法序言中从“健全社会主义法制”到“健全社会主义法治”的修改，体现了国家对全面依法治国理论与实践发展的重视，从顶层设计角度推进法治建设的推进。实际上，为保障法制成为法治，增强全面依法治国的顶层设计显然具有必要性。

学术界普遍认为法治在西方有两千多年的发展历史，并且未曾中断。中世纪后期受文艺复兴、罗马法传播及宗教改革等影响，法治在英国、法国等欧陆国家中自然生长，并通过资产阶级革命成为治国的主要方式，之后法治逐渐成为一种较为成熟的国家治理模式。日本、中国等东方国家的近代化起步较晚，国家治理方式往往经过政府的顶层设计，由国家自上而下地推进才获得成功。自然生长起来并发展成熟的法治国家不多，大多数国家的法治发展也都是采取顶层设计的道路。例如，美国 1787 年制定了《联邦宪法》，1789 年《联邦宪法》及所附前十条修正案《权利法案》生效，美国开国元勋通过对国家治理模式的顶层设计保障了法治的顺利运行。日本同样是通过法治改革等顶层设计方式的改革确立了近代资产阶级的法律体系，保障了其资本主义法治道路的形成。我国 1954 年宪法的制定是一次卓有成效的顶层设计，但随后的各类“运

① 陈冀平：《奋力推进新时代全面依法治国基本方略》，《求是》2018 年第 1 期。

动”摧毁了基本的政治和经济社会秩序。党的十一届三中全会以来我国开始了新的法治道路建设，开启了新的顶层设计之路。①2017年党的十九大和2018年宪法修正案的通过，将社会主义法治道路的顶层设计进一步往前推进。

法治道路的顶层设计中必须在宪法中有一定的刚性的内容，否则会陷入人治以致带来恶果。从法制到法治的一字之改，实际上反映了顶层设计中对健全社会主义法治的强调。然而需要注意的是，顶层设计只是法治建设、实施国家治理的一种形式，关键问题还在于设计的内容。在进行全面依法治国的顶层设计的同时，吸收古今中外的优秀成果和经验，发扬民主和法治，推动全面依法治国的稳步推进显然具有必要性。根据我国宪法和十九大报告，我国社会主义法治道路的顶层设计包含三方面内容：一是法治的路径和目标，即“建设中国特色社会主义法治体系，建设社会主义法治国家”；二是法治体系的内容，即“完备的法律规范体系、高效的法治实施体系、严密的法治监督体系、有力的法治保障体系，形成完善的党内法规体系”；三是“坚持依法治国、依法执政、依法行政共同推进，坚持法治国家、法治政府、法治社会一体建设，实现科学立法、严格执法、公正司法、全民守法、促进国家治理体系和治理能力现代化”。从法制到法治的宪法修改，是我国推进国家治理体系和治理能力现代化的最新成果，是一次彰显宪法权威的顶层设计。②在我国全面依法治国进一步推进的今天，显然应通过顶层设计来进一步保障法制成为法治的效果，将法治中国的建设推上一个新的台阶。

（三）配套制度落实与完善

全面依法治国是中国特色社会主义的本质要求和重要保障，也是国家治理的一次深刻革命。从法制到法治的宪法修改体现了顶层设计中对全面依法治国和健全社会主义法治的重视。然而，字词的变化不能代替社会现实的转变，仅仅修改一字显然并未能够完全实现推进全面依法治国进入新高度的目标。在完善顶层设计的同时，通过思想观念转变、理论完善和制度落实与完善等推进法

① 何勤华：《论中国特色社会主义法治道路》，《法制与社会发展》2015年第3期。

② 马怀德：《彰显宪法权威的顶层设计》，《人民法院报》2018年3月14日第2版。

治建设升级蓝图的实现，完成全面依法治国的重要部署，显然更具必要性。

在思想理论逐步完善的同时，通过配套制度的落实和完善以促进法治建设事业的不断推进显然意义重大。目前我国正在深化司法体制综合配套改革，贯彻司法责任制，让群众在案件中感受到公平正义是我国司法体制改革的追求。尽管司法体制改革工作已经取得了阶段性成效，但相关的综合配套制度还需进一步完善。因此，为实现让人民群众在每一个司法案件中感受到公平正义为目标，注重深化司法改革与现代科技相结合、落实司法责任制、规范司法权力的运行、强化监督制约、健全保障机制等配套制度的改革完善显然成为我国社会主义法治建设的重要内容之一。

从法制到法治的变化彰显了我国健全社会主义法治的目标和决心，顶层设计效果的发挥还有待于各项配套制度的完善。无论是司法体制改革中各项配套制度的改革，还是立法、守法、法律监督等领域相关法律制度的完善，以及政治、经济、文化、社会等领域制度的完善，均为健全社会主义法治提供具体的制度保障和强有力的制度支撑。

（四）宪法的生命在于实施

从法制到法治的宪法修改，彰显了我国全面依法治国的新发展，为实现“两个一百年”的奋斗目标发挥了宪法保障的作用。宪法的生命在于实施，宪法的权威同样在于实施。之所以修改宪法，在于更好地实施宪法，以发挥宪法的国家根本法的作用。在推进社会主义法治建设过程中增强顶层设计及完善配套制度的同时，应用科学系统的制度体系保障宪法的实施。

法治建设的实施在于贯彻全面依法治国方略，推进立法、司法、守法及法律监督等各个领域和环节的法治建设。例如，法治政府建设已经取得了一定成就，依法行政已经成为鲜明的时代特征，但我国仍需深入推进依法执政，严格规范公正文明执法，从而建设人民群众满意的服务型政府，进而努力提升法治政府建设的水平。社会主义法治文化建设同样是值得关注的重要内容。从员额制改革到裁判文书上网，从法院全面实行立案登记制到完善司法责任制，从纠正冤假错案到推进以审判为中心的诉讼制度改革，我国司法领域的诸多举措均在于解决影响司法公正实现和制约司法能力的深层次问题，从而真正树立宪法法律至上的权威，让法治真正成为国家和社会的信仰。[①]党的十九大将全民普法提升到了法治文化建设的高度，指出应当加大全民普法的力度，在中国特色社会主义建设过程中，通过法治教育进课堂等活动深入开展全民普法工作，真正让法治理念深入人心并成为全社会的思维方式和行为方式，显然是落实宪法修改中强调的“健全社会主义法治”的有力途径。

五、结语

2018 年宪法修正案的通过与施行引起了世界广泛关注，从“健全社会主义法制”到“健全社会主义法治”虽然仅有一字之改，却彰显了我国全面依法治国和中国特色社会主义法治建设的新发展。我国通过根本法修改的方式加强法治建设，但顶层设计的进一步完善、配套制度的落实和中国特色社会主义建设过程中全面依法治国理念的落实才是保障法制成为法治的根本途径。只有不断推进中国特色社会主义法治建设，贯彻全面依法治国，将宪法规定在实践中不断贯彻和运用，才能保障我国至 2035 年基本建成“法治国家、法治政府、法治社会”，基本实现“国家治理体系和治理能力现代化”的目标。

（原载《山东社会科学》2018 年第 7 期）

① 《人民法院报》评论员：《投身新时代全面依法治国新征程》，《人民法院报》2017 年 10 月 31 日第 1 版。

3. 我国监察机关的法理解读

魏 琼*

［摘要］ 2018年3月11日，第十三届全国人大一次会议通过了《中华人民共和国宪法修正案》和《监察法》，明确规定设立国家监察委员会。宪法修正案和《监察法》对国家监察委员会和地方各级监察委员会的性质、地位、名称、人员组成、任期任届、领导体制、工作机制等作出了详细的规定，从而以最高法律权威的形式确立了监察权力体系的合法性，为我国监察制度有序建构与合法运行奠定了基础。本文结合宪法修正案和《监察法》的规定，就我国监察机关的历史沿革，监察机关存在的意义，监察机关的法律地位，监察机关的职能定位，监察机关的运作机制等做了详尽的分析和讨论。指出，监察机关的上述法律职能和定位对推进国家治理体系和治理能力现代化，建设法治国家和确保中国共产党长期执政等都具有重大的意义。

一、问题的提出

2018年3月11日，第十三届全国人民代表大会第一次会议正式通过的《中华人民共和国宪法修正案》，对我国1982年宪法作出了21条修改，其中11条与设立监察委员会有关。如该修正案在国家机构一章中增加了一节“监察委员会”，就国家监察委员会和地方各级监察委员会的性质、地位、名称、人员

---

* 魏琼（1969— ），女，华东政法大学教授、博士生导师，法学博士，主要从事行政法学研究。

基金项目：本文系上海市哲社规划“三大系列”一般课题“中国特色社会主义法治的形成与发展研究”（项目编号：2017BHC012）、国家社科基金重大项目“人民代表大会制度理论创新研究”（项目编号：14ZDA014）的阶段性成果。

组成、任期任届、领导体制、工作机制等作出规定。3月20日上午，在第十三届全国人大一次会议第八次全体会上，《中华人民共和国监察法》（以下简称《监察法》）经表决通过，自公布之日起施行。其中，第1条中明确规定，“根据宪法，制定本法”。至此，框定了当下的国家监察体制改革与监察法治建设应当合宪、依法而为。

国家监察体制改革是“宪制变迁”，[①]它既要推动全面从严治党向前发展，又要加强对公权力的监督。2018年修改后的宪法以最高法律权威的形式确立了监察权力体系的合法性，为我国监察制度有序建构与合法运行奠定了基础。

随后颁行的《监察法》共九章69个条文，由组织法和程序法两个部分构成，其中，第一章总则、第二章监察机关及其职责和第三章监察范围和管辖，是组织法的内容，规定了监察机关的职能定位和组织体系；第四章监察权限、第五章监察程序、第六章反腐败国际合作，是程序法的内容，仍是以监察机关为中心，与它的监督权、调查权和处置权三大权力相对应，规定有三大程序：监督、调查和处置程序。第七章对监察机关和监察人员的监督、第八章法律责任，兼具实体与程序法的内容。

这部新法在法律层面总结了中国改革开放以来开展权力监督和反腐败斗争经验，实现了权力监督机构从纪检监察到国家监察的脱胎换骨的革新和法治化转型。当下，事关我国监察体制改革与监察法治建设成败，就在于能否有效地实施《监察法》，以实现制度反腐、法治反腐。这项重大国家权力的配置，相关法律制度的实施需要从以下三方面进行考量：一是权力功能考量，监察权力配置的基本思路是什么，即在反腐败过程中监察机关要发挥什么法律职能；二是权力格局考量，国家权力重新配置对于现有国家权力格局的影响，是扩张还是限缩了既有的国家权力，即监察机关权力配置的模式选择与职责职权的权限边界在哪里；三是权力运行考量，监察机关行使监察权应当遵循什么样的程序，是否需要与其他权力行使程序相协调，是否需要外部力量的协作与合作，特别是如何强化对监察权自身的监督制约。

① 秦前红、叶海波等：《国家监察制度改革研究》，法律出版社2018年版，第16页。

作为中国特色监察法治体系的创举之一，新诞生的监察机关必须积极回应上述三方面的问题，这些问题可以归结为一个最为基本的问题，即如何对国家的监察权进行法治化设置与合理规范？

二、监察机关的存在意义

（一）监察机关的沿革

观今宜鉴古，无古不成今。在中国历史上，稳中有变的传统监察制度形成了自己的发展逻辑。[①]与之相向的古代监察机关亦有自己的特色，发掘中国监察机关的传统资源对当下科学把握监察机关的法律地位，无疑有一定的启发与警示意义。

在中国古代，监察机关的沿革、传承及演进历程，大体可以分为七个时期。西周时期，有专职监察官员，称为小宰、宰夫或御史，分属于天管冢宰及春官宗伯之下。这些官职机构仅具备初步的监察意义。[②]春秋战国时期，秦、赵、魏、齐等国，在郡县设立御史之职用以监察地方。但也有学者认为“这一时期的监察还不属于严格意义上的御史监察制度”。[③]秦统一六国后，开创了中国古代监察制度的先河。在中央设御史大夫，御史大夫之下有御史丞、御史中丞、侍御史、监御史等，组成御史府。两汉时，监察机关进一步发展，形成御史台制。汉武帝创立了刺史制度，根据朝廷发布的《六条问事》，刺史行使监察权。[④]魏晋时期，基本沿袭汉代的御史台制，实行御史台总辖、中丞司、隶分置原则。隋唐时期，监察体系臻于完备。隋朝设立“三台”，即作为中央监察

---

① 武夫波：《中国监察制度的逻辑、传统与意义》，《国家行政学院学报》2017 年第 6 期。

② 魏建新：《我国古代监察机构之演变及其法治意义》，《广西政法管理干部学院学报》2004 年第 1 期。

③ 李铁：《中国文官制度》，中国政法大学出版社 1989 年版，第 282 页。

④ 张晋藩：《中国古代监察机关的权力地位与监察法》，《国家行政学院学报》2016 年第 6 期。不过，需指出的是东汉以后，刺史由监察官变成了地方的军政长官，隋朝以后已变为行政官员，再无监察职权。

机构的御史台；作为监察地主官吏的司吏台和谒者台；同时，还设有监察皇帝过错的言谏官。唐朝御史台的地位明显高于其他府衙，直接向皇帝负责。①在御史台下分设台院、殿院、察院三院，形成一台三院体制。另设有转运使、盐铁使等特设的监察机构，并以专职设置言谏官，且在所有的行政机关内部设立勾检制度，以监督百官为政。宋元时期，宋承袭唐制，仍设一台三院，监察御史的任命从唐朝由宰相任命或举荐，改为皇帝亲自任命，并设立"通判"专门从事监察地方官员及其所属的部吏。②元朝改一台三院为一台两院，撤销台院，将其职权并入察院，改殿院为殿中司，形成御史台下辖殿中司、察院的体制；御史台与中书省、枢密院、尚书省平级，在地方派出临时监察机构"行御史台"下辖各道监察机关。此外，元朝还设肃政廉访司，负责监察一切干扰官府正常活动的行为。③

至明清时期，监察机关的名称、职权等发生了重大变化。明朝将监察权力一体化，集中并加强了监察权。改御史台为都察院，作为全国最高监察机关，都察院内专设监察御史 118 人，监察各省。在都察院系统之外，专设六科给事中，对六部进行监察；地方监察官设十三道监察御史，专掌地方监察。此外，如巡按、巡抚和总督等，充当临时的监察机构。清朝基本沿用明代都察院、六科、十三道（增列十五道）的监察体制，但明确规定科、道均隶属于都察院，使监察系统在体制上归于统一。④清雍正以后，将六科给事中并于都察院，与各道监察御史合称"科道"，分别负责京内外官吏的纠察，从而解决了系统上的重叠，提高了监察机关的监察效能。⑤

显见，中国古代的监察形成了"一种以御史台或都察院为主体的多层次、多元化的网络严密的全方位监察体制"，⑥其监察对象既不是君主，也不是民众，

① 钱大群、艾永明：《唐代行政法律研究》，江苏人民出版社 1996 年版，第 60 页。

② 黄崇岳：《中国历朝行政管理》，中国人民大学出版社 1998 年版，第 553—554 页。

③ 张晋藩：《中国古代监察思想制度与法律论纲——历史的经验》，《环球法律评论》2017 年第 2 期。

④ 王士伟：《中国行政法制史》，陕西人民出版社 1993 年版，第 324 页。

⑤ 蒲坚：《中国古代行政立法》，北京大学出版社 1990 年版，第 499 页。

⑥ 张晋藩、李铁：《中国行政法史》，中国政法大学出版社 1991 年版，第 69 页。

而是封建官僚机构中的各级大小官吏。虽然传统中国是以德礼为主要治理手段，对于朝廷官员可能的偏私和错误行为，却并未寄希望于依靠官员的道德自律来实现政治清明，而是基于认识到人性的弱点主张通过制度的方式予以补救。①古代监察权及监察机关由此应运而生，有关监察的法律体系因此相当完备。

（二）监察机关的流变

古代监察机关的发展史充分表明，在治理国家过程中，监察机关不仅具有存在的必然性，而且还有传承与借鉴的意义。

民国时期，依据孙中山“五权”宪法理论建立起来的国家机构中，行使监察权的“监察院”就源自中国封建官僚制度中的御史台。其时，南京国民政府在总统之下设立五院，即立法院、行政院、司法院、监察院、考试院。这一时期民国政府的监察组织体系甚为严密。②

与此同时，1931 年成立的中华苏维埃共和国人民委员会内部就设立了工农检察人民委员部，作为最高监察机构，该机构有五项职责，包括监督各级苏维埃机关的政策执行、人事任免、贪污受贿等内容，工农检察人民委员部不同于历史上类似机构的最大特点就是引入了群众监督，该部下面设有控告局、群众法庭、工农通信员和轻骑队等群众性监察组织。延安时期，中国共产党建立了陕甘宁边区政府，没有建立类似苏维埃共和国时期的工农检察机构，监察职责主要由边区参议会行使。解放战争时期，1948 年，华北人民政府设立人民监察院，负责检查各级行政机关、司法机关和公营企业的工作情况，检举上述机关工作人员的违法失职行为，接受人民对有关机关和人员的控诉和揭发，并行使调查权和一定的行政处分权。

新中国成立后，监察机关设置经历了一个相当曲折的过程，大致可以分三个时期。一是新中国成立初期的人民监察委员会；二是 1954 年宪法框架下的监察部；三是 1982 年宪法至今的纪检、监察合署办公，监督权力分散于不同

① 储建国：《中国监察制度及其理论的传承和发展》，《中国党政干部论坛》2017 年第 2 期。

② 胡斌：《孙中山的监察思想概述》，《湖北教育学院学报》2007 年第 7 期。

的国家机构之中。1986 年 11 月 15 日，第六届全国人大常委会第十八次会议根据国务院的提请决定设立监察部，国家行政监察体制才得以确立。1988 年，全国县级以上各级政府中设立了相应的行政监察机构。1990 年，《中华人民共和国行政监察条例》通过，从法律制度上明确了监察机构的行政属性和职责。① 1997 年通过了《中华人民共和国行政监察法》，开启了我国行政监察制度的法治完善过程。2016 年 12 月 25 日，十二届全国人大常委会第二十五次会议表决通过全国人大常委会作出《关于在北京市、山西省、浙江省开展国家监察体制改革试点工作的决定》（以下简称“《试点决定》”），标志着我国监察体制改革的正式启动。2017 年 11 月 4 日，全国人大常委会作出《全国人民代表大会常务委员会关于在全国各地推开国家监察体制改革试点工作的决定》，指出“为最后完成监察体制改革，必须制定《监察法》”。11 月 7 日，全国人大常委会正式公布《监察法》草案，向社会公开征询意见。

长期以来，我国继承前苏联的监察模式，权力监督是分散在不同国家机构之中，形成党内巡查、行政监察、立法监督、司法监督、审计监督的反腐败格局。其中，党内纪律检查机构通过与国家行政监察机构合署办公，这一模式对于改革开放初期打击贪污腐败和纠正不正之风起到了积极的作用。随着权力腐败形势的严峻，自党的十八大以来，纪检监察机构查处了大量的贪污腐败案件，但“漏监”“虚监”“难监”的情况仍无法避免。况且，在前一轮改革中，国家纪检监察机关的地位虽有所提升，却仍有进一步提升的空间，与其合署办公的行政监察机构在国家机构中的地位，也有相应提升的必要，亟待从一个单纯的行政机构变成一个独立的权力部门。党的纪律检查机构是由党的代表大会选举产生的，国家监察机构也应由国家权力机构选举产生，这样一种制度安排既需要符合中国共产党相关的政治理念，也有利于汲取以往监察体制经验，实现国家监察的集中统一与廉政建设。

（三）监察机关的价值

中国监察机关的发展史不是简单的变迁史，梳理监察机关的沿革与监察机

① 韩大元：《论国家监察体制改革中的若干宪法问题》，《法学评论》2017 年第 3 期。

关权力的演变，从中汲取监察机关的设立与运行的经验与教训，对当前国家监察体制改革和监察机关法治建设而言，具有重要的价值和意义。

一方面，以史为鉴，对于监察机关的组建与运作，不妨从以下六个角度把握：

一是监察机关有存在的必要。中国古代监察机关本质上是专制、人治的产物，但它的存在凝聚了中国人的政治智慧，对于发挥官吏的职能、提高官吏的素质、保证中央集权制的国家机器的有效运转，均有着一定的积极作用。当下，国家监察制度的改革与完善，关键在于加强对监察机关的法制建设，惟有正面肯定并有效发挥监察机关存在的法治意义，国家监察体制才能发挥积极的作用。

二是确保监察机关的独立性极为重要。发挥监察制度的有效作用，首要之举就是要确保监察机关能独立地行使其监察职权，避免其他权力非法干涉。①

三是监察官吏的职位不高却必须拥有重权。中国古代对监察官实行位卑权重加厚赏制度。此举有利于防止监察权力的膨胀，同时也有利于避免监察机构蜕变为行政事务机关。历代监察机关的名称一再变化，甚至有的监察机关最后竟演变成为行政事务机关，其原因之一就是监察机关的地位过高，监察官员的官阶也很高，以至于在监察实践中就极易取代被监察的机关，插手处理具体事务，背离了本来的监察职能。

四是监察机关的设立必须精简高效。中国古代从宋代以后监察机关的演变表明，监察机关的设立易产生一些副作用，如广设各种监察机构，有的监察机关沦为某些监察官吏谋取私利，争夺权力的工具，监察官吏因其处于不同的系统而排斥异己、掩饰同党，加剧了政治混乱。

五是监察机关的设立和监察活动必须以法律形式明示规定。在铸造强有力的监察机关过程中，宜以组织法规范监察机关的产生、监察职责及权限，避免形成权力巨大的秘密监察组织；宜以程序法规范监察活动，防止监察机关滥用

① 参见魏建新：《我国古代监察机构之演变及其法治意义》，《广西政法管理干部学院学报》2004 年第 1 期。

监察权乃至超越监察权等职权违法情形的发生，实现反腐败目标，以切实保障人权为监察最终归宿。

六是必须建立起严密的监察法治体系。中国古代较为完备的监察组织体系表现为把中央监察机构与地方监察机构，一般监察机构和专门监察机构，常设监察机构和临时监察机构相结合，特别是发挥了专门监察机构和临时监察机构在监察中的作用，形成了遍布于全国的监察网络。这一组织架构有利于集中统一行使监察权，提高监察的权威性，同时在法定范围内实现监察对象的全覆盖。

从我国古代监察机关沿革及流变中汲取以上的经验教训，凸显监察机关的存在意义，无疑对当前我国监察机关的制度建设及监察法的实施大有裨益。

另一方面，从新中国成立以来数次监察体制变迁来审视，对强化监察机关的地位也有启发。在当代，我国监察机关从人民监察委员会、监察部，到今天设立的监察委员会这一发展历程，其核心是如何控制与监督公权力。与其他国家机关的创设不同，监察机关的创设、演变与不同时期的宪法功能有着密切联系，目前组建的监察机关及运行体制，实际上是权力制约形式的一种新探索、新总结、新发展。

根据前述《试点决定》，在北京市、山西省、浙江省开展了国家监察体制改革试点工作，在省（市）及所辖县、市、市辖区设立监察委员会，作为行使国家监察职能的专责机关。试点地区监察委员会由本级人民代表大会产生，对本级人民代表大会及其常务委员会和上一级监察委员会负责，并接受监督。从表层的目标来看，这一改革试点主要是为了整合办案力量、整合监督资源，建立集中统一、权威高效的监察体系，但深层的目的，则是对过去监督权隶属于行政权的权力结构进行调整分解，将分散的监督资源整合为统一的国家监督，使监察权成为与行政权、司法权平行的、相对独立的国家监督权，由监察机关独立行使，实现国家治理体系和治理能力的现代化。①监察机关作为重新配置国

① 焦洪昌、古龙元：《从全国人大常委会授权看监察体制改革》，《行政法学研究》2017 年第 4 期。

家监督权的组织结构由此诞生。

现行《监察法》第 3 条明确规定，“各级监察委员会是行使国家监察职能的专责机关”，第 4 条强调，“监察委员会依照法律规定独立行使监察权，不受行政机关、社会团体和个人的干涉”。这就是对监察机关的法律地位完整而清晰的表述。

三、监察机关的法律地位

（一）监察委员会的机构性质

依照前述《试点方案》，已经成立的山西、北京和浙江监察委员会，采取党政双兼的模式，即同级党的纪委负责人和同级监察委员会的负责人完全重合。作为对这些改革的经验总结，《监察法》规定的监察委员会，是一个党政合署办公的机构，将所有行使公权力的公职人员纳入监察范围，生成了一种内容极为宽泛且地位独立的监督权，由监察委员会独立行使。

首先，监察委员会是国家机关，是国家机构的重要组成部分。

国家机构是一个具有内在逻辑联系的统一整体，是“组成严密体系的国家机关的总和”。[①]在我国，国家机构是围绕着人民代表大会制度这一政体展开的。根据 2018 年修正后的宪法规定，监察委员会系由人民代表大会产生、向人民代表大会负责，受人民代表大会监督。这就意味着监察委员会不是行政机构，更不是行政机关的内部机构抑或附属机构，而是国家机关。我国宪法所规定的“国家机关”一般是包括中央和地方的各级国家机关，故《监察法》第二章对这一国家机构的设置作出了具体规定，即国家监察委员会，是最高监察机关，由全国人民代表大会产生，负责全国监察工作；地方各级监察委员会由本级人民代表大会产生，负责本行政区域内的监察工作。这一组织结构确保了监察委员会作为一个国家机关，具有独立的法律地位。

对于监察委员会的机构性质，学界曾有不同的界定与表述。比如，有的观

① 许崇德：《中华人民共和国宪法史》，福建人民出版社 2003 年版，第 305 页。

点认为，监察委员会应属于政治机关；也有观点认为监察委员会属于“政法机关”，这些观点都是从政治角度进行定位，无法揭示监察委员会的法律属性，也很难体现监察委员会的国家职能。况且，无论是定位为政治机关还是政法机关，都不能彻底摆脱监察不力、乏力的制度困境。还有的观点认为，监察委员会是“党统一领导下的国家反腐败机构”、“独立于一府两院的新型监察机关”等。①这些观点不足以完全概括集党纪监督、行政监督与法律监督于一体的监察委员会特色，难以彰显监察委员会位高权重的特色。

《监察法》将监察委员会界定为国家机关，更有利于监察体制改革整合既往监察资源，实行独立监察，扩大监察覆盖面，实现法纪衔接，以最终健全国家监督职责，形成全面覆盖国家机关及其公务员的国家监察体系。且作为国家机关，监察委员会与权力机关、行政机关、审判机关、检察机关等其他国家机关依照宪法与法律独立负责，相互协调，各自发挥着不同的国家职能，构成一个完整的国家机构体系。因此，从法治角度而言，监察委员会的自身性质是国家的机关，而非党的机关。

其次，监察委员会是国家的监察机关，具有宪制机关的属性。

权力法定是法治国家的基本理念，2018 年修正后的宪法对监察机关这一机构权力性质进行了最为基本的定位，该法第 123 条规定“中华人民共和国各级监察委员会是国家的监察机关”，这说明监察委员会既非行政机关，也非司法机关。在此，所谓“国家”，是指统一的政治实体或者共同体意义上的“国家”。②与此同时，宪法文本使用“国家”来概括监察委员会的法律地位，旨在从权力配置角度着眼，强调这一新型监察职能既区别于传统的行政监察职能，也区别于党的纪检职能。正如全国人民代表大会和地方各级人民代表大会都是“国家”的权力机关，国务院和地方各级人民政府均是“国家”的行政机关一样，国家监察委员会和地方各级监察委员会则是“国家”的监察机关，它旨在

① 韩大元：《论国家监察体制改革中的若干宪法问题》，《法学评论》2017 年第 3 期。

② 韩大元：《中国宪法文本中“法治国家”规范分析》，《吉林大学社会科学学报》2014 年第 3 期。

体现监察机关的国家性，彰显了国家的监察机关与党的纪律检察机关、行政监察机关等在性质上的区别。

监察委员会应当如何命名，直接关系到监察委员会的机构性质。对此，学界也曾有不同的论争。①对国家机关的命名，不是一个单纯的语言文字问题，而是有着深刻的宪制意涵。②自新中国成立以来，我国制宪机关的命名在实践中逐渐形成了自己的传统用法，这一用法体现在对国家机构的命名上，尤其是对“国家”“院”“中央”“人民”等一些基本概念的使用上，能起到概括国家机构属性的宣示性意义。根据修改后《宪法》第124、125条和《监察法》第7条的规定，将领导地方各级监察委员会工作的监察委员会称之为“国家”监察委员会，此处“国家”的含义主要是指中央，故以国家监察委员会作为中央层面监察机关的名称，指明了国家监察委员会是最高监察机关。这一名称的用法虽然符合我国政治体制与国家宪制传统，是与监察机关的法律地位、政治性质相匹配的，但是结合我国宪法文本中最高人民法院、最高人民检察院等国家机关的通用名称，却不够统一与规范。与此同时，在地方上，监察委员会亦未冠之以“人民”二字。这种名实不相符的做法，在今后《监察法》的实施中难免存在一些隐性缺陷，如监察机关监察权的实际运行是否能真正符合人民的意志和利益，落实人民主权和人权保障等宪法原则，还有待观察。

此外，还需指出的是虽然这一监察机关冠之以监察“委员会”名，但《监察法》对该国家机构的领导决策与工作机制却未作出明确规定。根据决策权归属的不同，通常情况下可以将国家机关区分为独任制和合议制两种类型，前者是指机关首长独自负责作出具有外部效力的决定，后者则要求具有外部效力的决定必须由委员会经合议作出。独任制的优点在于反应迅速、指挥灵活、责任

① 在宪法学与行政法学界，有多位学者建议在监察机关的名称中加入“人民”二字，参见童之伟：《将监察体制改革全程纳入法治轨道之方略》，《法学》2016年第12期；马岭：《监察委员会如何纳入（宪法）的“国家机构”体制》，《财经法学》2017年第6期；任喜荣：《国家机构改革的宪法界限》，《当代法学》2017年第4期；李洪雷：《论我国监察机关的名与实》，《当代法学》2018年第1期。

② 李洪雷：《论我国监察机关的名与实》，《当代法学》2018年第1期。

明确，缺点则在于首长高度集权，对其业务能力、投入精力等构成重大挑战；合议制实行少数服从多数的决策原则，其优点在于有利于集思广益，提高决策的民主性、科学性和公正性，缺点则在于反应迟钝，要求过多，极易妥协，甚至久议不决，责任分散且不明晰。

在行政活动的实践中，曾有大量的委员会尤其是作为国家行政机关的工作职能部门的委员会，一般采取首长负责制。自 1993 年开始的中央纪委与监察部合署办公以来，大量的监察活动也实行首长负责制，故在新型的监察机关成立后，监察监督活动的开展，究竟是采取独任制还是合议制，宜结合其所承担的监察职能特点和具体监察活动内容，全面比较独任制与合议制的优缺点加以确定。[①]比如，按照《监察法》第 43 条规定，监察机关采取留置措施，应当由监察机关领导人员集体研究决定。

再次，监察委员会是行使国家监察职能的专责机关，是新型的监督监察机关。《监察法》第 3 条既进一步落实了 2018 年宪法修正案中有关监察委员会机构性质，也阶段性地总结了国家监察体制改革试点设立监察委员会的经验。作为行使国家监察职能的专责机关，监察委员会及其职责、监察范围及管辖，监察权限等相关职能定位问题，通过《监察法》相关条款加以具体的落实，这些内容为监察机关成立后，进行监察活动的合法性与科学性，提供了制度保障，可谓依法治国的根本体现。在学界，曾有学者将监察委员会定义为“履行监督执法职能机关”，也有学者认为监察委员会是“专门的监督机关”，这两种提法虽能较准确地勾勒出监察委员会的组织结构特征，但以“专责机关”来定位监察委员会的机构职能，却更为精准、到位，可以在权责上更加明晰监察机关的主体资格，而且为建立专业、独立的监察机关体制留下空间。

毋庸置疑，我国在人大监督作用有限而司法监督左右为难的大背景下，面对改革开放以来相当严重的权力腐败问题，反腐败活动是由多个部门进行的，反腐败资源分散。第一个反腐手段是党纪反腐，党的部门纪委对违纪党员实行党内处分。相对来说，党纪反腐不太受国家法律约束，如“双规”在很大程度

① 参见李洪雷：《论我国监察机关的名与实》，《当代法学》2018 年第 1 期。

上保证了反腐败的效果，但这一手段却是没有法律依据的。第二个反腐手段是行政反腐，即行政监察部门反腐。但“双指”等行政监察的作用及手段均有限，且行政监察只能对行政机关工作人员进行监察，不能对人大、党的机关、政协、法院和检察院进行监察，其监察面甚窄。虽然在长期的反腐工作中，业已逐步形成了以纪检监察制度为核心的权力监督制度，其宝贵经验是纪检部门与行政监察部门“合署办公”的工作模式，将党纪反腐与行政反腐等合二为一，自上而下进行权力监督。①随着法治战略的不断推进，以纪检监察为代表的中国式权力监督机制出现了诸多困境和问题，已经无法适应社会发展和政治改革的需求。②这一纪检监察制度最致命的短板，在于行政反腐与司法反腐是分离的。

检察机关是司法机关，“合署办公”的监察部门与司法机关只能相互配合，资源分散，出现了一种中国特色的反腐败路径，即几乎所有的反腐败案件都是来自纪委党纪政纪处理，其后移交行政机关处罚，最后才移交司法机关，这一处理过程效率低下、反腐败效果不佳。

为了整合反腐败资源、提高反腐败效率，就有必要建立监察委员会。它的出现，意味着中国纪检监察监督模式法治化转型的正式启动，一个专门的、专业的监察监督国家机构——监察委员会因此产生。截至 2018 年 2 月底，全国省、市、县三级监察委全部组建完成，并就监察委的职责定位、领导体制、工作机制、权限手段、监督保障等方面均作了积极深入地探索，积累了宝贵经验。随着《监察法》的颁行，监察委一身兼五任，党纪反腐、政务反腐（非行政反腐，因为反腐对象包括人大机关工作人员、政协和党机关的工作人员）、刑事反腐、预防腐败和反腐败国际司法协助（《监察法》第六章作了专章规定），监察职责集于一身，名正言顺地成为反腐败及监督的专责机关。

---

① 徐理响：《现代国家治理中的合署办公体制探析——以纪检监察合署办公为例》，《求索》2015 年第 8 期。

② 李红勃：《迈向监察委员会：权力监督中国模式的法治化转型》，《法学评论》2017 年第 3 期。

（二）监察委员会与其他国家机关的关系

确立监察机关的法律地位，除了依宪法和法律设立监察委员会之外，还有赖于理顺监察委员会与其他国家机关的关系。①通过相关制度设计，打造一个身份独立、地位权威的监察机关。其实践意义在于，既对国家监察体制改革成败及《监察法》有效实施至关重要，也对当下我国政府职能转换及机构改革、司法制度改革等影响深远。监察委员会与其他国家机关的关系主要表现有三：一是监察委员会与同级人大的关系；二是监察委员会与党的纪检机关的关系；三是监察委员会与人民政府、人民法院、人民检察院等的关系。在此，仅以监察委员会与纪检机关、人民检察机关的关系为例来做一分析，进一步阐明监察机关的法律地位。

1. 厘清监察委员会与纪检机关的关系

如前所述，传统的反腐工作机制就是纪检机关和监察委员会合署办公，这一监察监督机制属于一种“政党嵌入型”的腐败治理结构。为实现国家治理体系与治理能力现代化，从党政关系的优化、党纪与国法的结合、监督机制的衔接等多维视角出发，当下国家监察体制改革中的合署办公必须贯彻两大举措，一是实行“有分有合”的工作机制，二是坚持“业务上以监察委员会为主”的原则。②

第一，实行“有分有合”的工作机制是有国家监察体制改革经验为基础的。所谓“分”就是指“各司其职、各负其责”；所谓“合”就是指办公、办案上的合作，例如，两机关在一个办公场所，共用办公设施；又如业务上的配合，特别是查处违纪、违法问题上相互合作与沟通。

第二，坚持“业务上以监察委员会为主的原则”，主要体现在职能定位上，监察委员会的法律地位已经一改以往行政监察机构隶属于行政机关的格局，其

---

① 参见秦前红、叶海波等：《国家监察制度改革研究》，法律出版社 2018 年版，第 132—134 页。

② 李红勃：《迈向监察委员会：权力监督中国模式的法治化转型》，《法学评论》2017 年第 3 期。

职权和功能依照《监察法》得到了极大强化，作为独立的国家机关，监察委员会能够依法在权力监督、反腐惩治中发挥主角的作用；在监督对象上，监察委员会依法扩大了监察的覆盖面，一改原来党的纪律检查对象仅限于中共党员，行政监察仅限于国家行政机关工作人员的局面，监察委员会的监察对象涵盖了所有行使公权力的公职人员；在监督性质上，监察委员会的监督属于国家法律监督，几乎涉及立法、执法、司法的各个领域，一改原来党的纪律检查仅属于党内纪律监督的情形，其监督效果对法律实施、法治深化势必产生无可替代的作用。

2. 重新构建监察机关与检察机关的关系

法律监督是国家监督不可分割的一部分，具有整体构造的特征，具有专门性与国家性，法律监督的对象是一切遵守和执行法律的情况。依据宪法规定，检察机关是国家的法律监督机关。《宪法》第 129 条规定了检察院的性质，而第 131 条规定的检察权，虽包含了检察机关作为法律监督机关的职权，但并不等于法律监督权。检察机关的法律监督职权配置格局是侦查权、刑事法律监督权以及诉讼法律监督权三分天下。检察机关作为独立的、专门的法律监督机关，其外延更广，其职权内容会随宪法格局的变迁而变化。[①]比如，对于国家工作人员违纪、违法和犯罪的监督，检察机关原来的监督权包括立案侦查权和诉讼监督权，而 2018 年宪法修改后，监察机关的监察权吸纳了检察机关对国家工作人员的立案侦查权，检察机关就只剩下了诉讼监督权，即保留了对公安机关、法院和执行机关的诉讼监督权。

依据宪法规定，监察委员会是国家的监察机关。依据《监察法》第四章有关监察权限的规定，监察机关行使监督、调查职权，故在程序法上，监察机关也是法律监督机关。其中，对国家工作人员违纪、违法和犯罪的监督权本来是一体的，但现在分为检察权和监察权两部分，由检察机关和监察机关分别行使。此次国家监察体制的改革，最大的亮点是将检察机关行使的反贪、反渎与

① 姚岳绒：《监察体制改革中检察院宪法地位之审视》，《中国政法大学学报》2018 年第 1 期。

职务犯罪侦查权“转隶”到监察机关，整合行政监察、预防腐败与职务犯罪侦查等职权后建立起来的监察委员会，其行使的监察权是党纪、政务和刑事监督合而为一。在此意义上，可以说检察权和监察权都属于法律监督权。

此外，在此次监察法颁行后，对于调查权的重新配置问题，直接影响到监察机关与检察机关之间的实质关系。根据《刑事诉讼法》的规定，检察机关对职务犯罪等部分案件行使自行侦查权，这就是基于法律监督权而派生的权力，检察机关依法行使的侦查权不仅有别于公安机关的侦查权，而且有别于监察机关的侦查权。故在行使侦查权问题上，检察机关应当坚持自己的法律监督专长，在其专属管辖范围，依法采取适当的处理方式，以保持一定的独立性与专业性。

监察机关最为重要的职权就是依法行使调查权，包括对腐败问题的一般调查权和对职务违法、职务犯罪的特殊调查权即侦查权。监察机关的调查虽与检察机关侦查类似，却不执行《刑事诉讼法》，这是二者最大区别所在。也有学者认为监察委员会的调查权与检察院的侦查权不同，调查权不能完全取代检察院的侦查权。调查权更为常态化，更强调过程预防和源头控制，而侦查权则更为特殊化。①因此，监察机关这一调查权是有限的，是部分调查权。《监察法》第3、4条明确规定，各级监察委员会依法调查职务违法和职务犯罪案件，应当与检察机关互相配合，互相制约。这一规定充分表明，监察委员会是反腐败的工作机构，无权行使审判权、检察权等司法权，不能直接进入刑事诉讼程序，不能直接处置涉嫌犯罪的行为，对特殊的职务违法、职务犯罪的调查程序，是属于刑事诉讼的前置程序，且对职务违法、职务犯罪等行使的部分侦查权，也不是作为主体内容来行使。根据《监察法》第45条第1款第（四）项“对涉嫌职务犯罪的，监察机关经调查认为犯罪事实清楚，证据确实、充分的，制作起诉意见书，连同案卷材料、证据一并移送人民检察院依法审查、提起公诉”的规定，如需要对职务犯罪提起公诉，还是由检察机关行使公诉权。当然，根据《监察法》第46条第4款规定，对于检察机关依法作出不起诉的决定，监察机

① 马怀德：《国家监察法的立法思路与立法重点》，《环球法律评论》2017年第2期。

关认为不起诉的决定有错误的，可以向上一级检察机关提请复议。由此可见，监察机关尽管整合了检察机关的反贪、渎职、职务犯罪侦查权，但在职务犯罪监察调查程序结束后，应积极通过与检察机关的审查起诉程序衔接，形成监察机关与检察机关之间的协调配合、相互制约的机制。①

四、监察机关的职能定位

（一）监察委员会的监察职责和监察权限

与以上讨论的监察机关的法律地位不同，监察机关的职能定位，主要是构建监察委员会的组织结构，厘清监察委员会的职权。正如有学者指出的，改革国家监察体制，设立监察委员会，建立集中统一、权威高效的监察体系，是事关全局的重大政治体制改革，其实质就是“对国家监督权的重新配置”。②其改革途径就是“将传统体制中分散在诸多机构中的反腐败监督权加以重新整合，并将其提升为一种新的权力类型即国家监察权，使其成为一个专门承担反腐败综合职能并与其他国家权力相独立的宪法性权力”。③在监察法治化过程中，监察机关的职权至少具有三个特点：第一，它是一种宪法性权力；第二，它是一种与立法权、行政权、司法权相并列的“第四权”；第三，它是专门承担一种综合性反腐败的重要职能。《监察法》中有关监察职责、监察权限、监察范围及管辖等内容，蕴涵了上述特点。

1. 监察委员会的监察职责

通常意义上，职权是有权力去做什么，职责是有义务去做什么，故它们是一个问题的两个方面，其内容相辅相成。监察委员会作为监察机关，其与监察对象的关系，无疑是《监察法》最主要的调整对象。该法第二章、第四章详尽

① 笔者认为，监察机关与检察机关之间的协调配合、相互制约机制，同样适用于构建监察机关与公安机关之间的关系。限于篇幅关系，对于监察机关与公安机关的关系，就不再赘述。

② 秦前红：《监察体制改革的逻辑与方法》，《环球法律评论》2017 年第 2 期。

③ 周佑勇：《监察委员会权力配置的模式选择与边界》，《政治与法律》2017 年第 11 期。

规定了监察机关的职责、职权和监督措施、监督手段，确定其有权对监察对象采取和实施什么样的监督行为，就是为了理顺监察机关与监察对象的关系，实现监察法的立法目的。①

该法第二章设定了监察委员会的各种职权，着重于对监察委员会的职责进行了具体的配置。依照《监察法》第 11 条规定，将监察委员会负责履行的监督、调查、处置的责任、任务以法律的形式予以明确，主要内容是规定了监察委员会监督、调查、处置三项职责。②

一是监督职责。监督是监察委员会的首要职责。监察委员会代表党和国家，依照宪法、监察法和有关法律法规，对所有公职人员行使公权力的情况进行监督，确保权力不被滥用、促进国家公务人员依法履职、秉公用权。这是对公权力最直接最有效的监督，实现监察全覆盖和监督的严肃性、实效性。2016 年 10 月，党的十八届六中全会通过了《中国共产党党内监督条例》（以下简称《党内监督条例》），明确规定党的各级纪律检查委员会是党内监督的专责机关，履行监督执纪问责职责，实现党内监督全覆盖。新型的纪律检查委员会、监察委员会合署办公，关键在于落实它们的双重职责。在这一合署办公体制下，纪律检查委员会的监督、执纪、问责与监察委员会的监督、调查、处置是对应的，实现党纪与国法相衔接。

二是调查职责。调查公职人员涉嫌职务违法和职务犯罪，是监察委员会的一项经常性工作。它是监察委员会开展廉政建设和反腐败工作，维护宪法和法律尊严的一项重要措施。对公职人员涉嫌职务违法和职务犯罪的调查，突出地体现了监察委员会作为国家反腐败的监察职能定位。调查的主要内容，包括涉嫌贪污贿赂、滥用职权、玩忽职守、权力寻租、利益输送、徇私舞弊以及浪费国家资财等职务违法和职务犯罪行为，这八大类行为基本涵盖了公职人员的腐败行为类型。

---

① 姜明安：《国家监察法立法的若干问题探讨》，《法学杂志》2017 年第 3 期。

② 中共中央纪律检查委员会、中华人民共和国国家监察委员会法规室编写：《〈中华人民共和国监察法〉释义》，中国方正出版社 2018 年版，第 88—95 页。

三是处置职责。主要包括四个方面：（1）对违法的公职人员依照法定程序作出警告、记过、记大过、降级、撤职、开除等政务处分决定。（2）对履行职责不力、失职失责的公职人员中的领导人员进行问责。在此，所谓“问责”，是指监察委员会根据问责的有关规定，对不履行或者不正确履行职责的，按照管理权限对负有管理责任的领导人员作出问责决定，或者向有权作出问责决定的机关提出问责建议。（3）对涉嫌职务犯罪的，将调查结果移送人民检察院依法审查、提起公诉。对被调查人涉嫌职务犯罪，监察机关经调查认为犯罪事实清楚，证据确实、充分的，制作起诉意见书，连同案卷材料、证据一并移送检察机关依法审查、提起公诉。（4）对监察对象所在单位提出监察建议。监察建议是监察委员会依照法定职权，根据监督、调查结果，对监察对象所在单位廉政建设和履行职责存在的问题等提出的。监察建议具有法律效力，被提出建议的有关单位无正当理由必须履行监察建议要求其履行的义务，否则，就要承担相应的法律责任。

必须指出的是，《监察法》采取了概括的方式，从“正面”规定监督职责，其范围宽，比较抽象；调查则是采用列举方式，将涉嫌贪污贿赂、滥用职权、玩忽职守、权力寻租、利益输送、徇私舞弊以及浪费国家资财等职务违法和职务犯罪规定为调查范围。

概言之，监察委员会的权力属性具有复合性，集中了党权（党的纪律检查权）与国权（行政监察权、刑事侦查权）于一身。[①]依法赋予监察委员会职责也是复合的，是健全党和国家监督体系的重要组成部分，该职责的落实不仅实现了监察对象全覆盖，也实现了监察职能全覆盖。

2. 监察委员会的监察权限

监察委员会成立之后，到底应该行使哪些权限，是充分发挥监察职能的关键要素，为此《监察法》第四章列举了监察委员会的诸多“监察权限”，通过第18—34条[②]详尽地设定了监察权的各种权力规则，以期塑造一个强有力的监

① 张建伟：《监察至上还是三察鼎立》，《中国政法大学学报》2018年第1期。

② 中共中央纪律检查委员会、中华人民共和国国家监察委员会法规室编写：《〈中华人民共和国监察法〉释义》，中国方正出版社2018年版，第122—173页。

察委员会。

其中，该法第 18 条是关于监察机关收集证据一般原则的规定。监察机关行使监督、调查职权，有权依法向有关单位和个人了解情况，收集、调取证据。有关单位和个人应当如实提供。监察机关及其工作人员对监督、调查过程中知悉的国家秘密、商业秘密、个人隐私，应当保密。任何单位和个人不得伪造、隐匿或者毁灭证据。其立法目的在于从原则上确保监察机关行使监督、调查职权，明确有关单位和个人有如实提供证据的义务。在此，所谓“证据”，是指以法律规定形式表现出来的，能够证明监察机关所调查事项的真实情况的一切事实。它是监察机关调查工作的基础和核心。①第 19 和 20 条是关于监察机关运用谈话措施对可能发生职务违法的监察对象进行处理的规定，以及监察机关要求被调查人陈述和讯问被调查人的权限的规定，而第 21 条是关于监察机关可以运用询问措施调查案件的规定。

“对可能发生职务违法的监察对象，监察机关按照管理权限，可以直接或者委托有关机关、人员进行谈话或者要求说明情况”，这一规定的目的在于使监察工作与党内监督执纪“四种形态”的第一种形态相匹配，使谈话成为一种法律手段。“在调查过程中，对涉嫌职务违法的被调查人，监察机关可以要求其就涉嫌违法行为作出陈述，必要时向被调查人出具书面通知。对涉嫌贪污贿赂、失职渎职等职务犯罪的被调查人，监察机关可以进行讯问，要求其如实供述涉嫌犯罪的情况”的规定，借鉴了纪律检查机关监督执纪工作中的做法和刑事诉讼法的有关规定。

第 22 条是关于监察机关采取留置措施的对象、适用情形等的规定，留置是从常用的“双规”“双指”②转化而来的。特别是将留置确立为监察机关在调查过程中可以运用的法定权限，实现了“双规”的法治化，解决了长期困扰反

① 关于监察机关收集证据材料，由第 33 条做出了规定，旨在与其他法律及司法解释等相衔接、相一致。

② “双规”是 1994 年《中国共产党纪律检查机关案件检察工作条例》第 28 条第 3 款规定的。“双指”是《行政监察法》第 20 条的规定。

腐败的法治难题。此外，留置取代“双规”的进步表现在两方面，一是留置有期限限制，“双规”没有明确期限；二是留置须依法定程序，其审批机制相对完备。[①]本条分为三款，分别就留置的要件、其他留置对象、留置场所设置、管理和监督等问题做了具体的规定。

而第 23 条到第 30 条相继规定了监察机关运用查询、冻结措施调查案件，监察机关运用搜查措施调查案件，监察机关运用调取、查封、扣押措施调查案件，监察机关运用勘验检查措施调查案件，监察机关运用鉴定措施对案件中专门性问题进行调查，监察机关运用技术调查措施调查案件，监察机关如何运用通缉措施追捕在逃的被调查人，以及监察机关运用限制出境措施调查案件的事项。

第 31 条和第 32 条是关于监察机关对涉嫌职务犯罪的被调查人和职务犯罪的涉案人员提出从宽处罚建议的规定，旨在与最高人民法院、最高人民检察院、公安部、国家安全部、司法部于 2016 年联合印发的《关于在部分地区开展刑事案件认罪认罚从宽制度试点工作的办法》作了衔接，以鼓励职务违法犯罪的涉案人员积极配合监察机关的调查工作，节约监察机关办案成本，提高监察机关反腐败的效率。

第 34 条是关于职务违法犯罪问题线索移送制度和管辖的规定，有利于监察机关和其他国家机关各司其职、各尽其责，避免争执或推诿。本条分两款，分别规定了公职人员涉嫌职务违法或者犯罪问题线索移送制度、监察机关对同时涉嫌严重职务违法犯罪和其他违法犯罪的被调查人案件的管辖权。依据该条规定，监察机关在调查涉嫌职务违法犯罪的被调查人其他违法犯罪案件时，需要检察机关、公安机关等其他机关协助的，其应当予以协助。

（二）监察委员会的监察范围和管辖

在以往的国家监察体制中，所谓国家监察实质上乃是行政监察，其监察对象限于国家行政机关及其公务员和国家行政机关任命的其他人员。[②]这一监察

---

① 参见《监察法》第 43、44 条。

② 参见汤唯、孙季萍：《法律监督论纲》，北京大学出版社 2001 年版，第 351—352 页。

难免存在盲区，故而在此次国家监察体制改革中，亟需改变国家监察机关的监察范围，以形成“全面覆盖国家机关及其公务员的国家监察体系”。①《监察法》规范国家监察的“全覆盖”的可能与限度，从对人、对事等角度对监察委员会的监察范围进行了框定，实现了监察委员会监察管辖权的法定，其具体内容表现为：

首先，《监察法》第15条规定了监察对象范围，即所有行使公权力的公职人员。公职人员是指在国家的经济、政治和社会生活中行使公共职权、履行公共职责等的人员。判断一个人是不是公职人员，关键在于他是否行使公权力、履行公务，而不是看他是否有公职。本条规定了六类监察对象。②

一是公务员和参照《公务员法》管理的人员。这是监察对象中的关键和重点。在此，所谓“公务员”是指《公务员法》所规定的公务员。③对于公务员身份，必须依据严格的法定程序进行确定。只有经过有关机关审核、审批及备案等程序，登记、录用或者调任为公务员后，方可确定为公务员。所谓“参照《中华人民共和国公务员法》管理的人员”，是指根据公务员法规定，法律、法规授权的具有公共事务管理职能的事业单位中除工勤人员以外的工作人员，经批准参照公务员法进行管理的人员。比如，中国证券监督管理委员会，就是参照公务员法管理的事业单位。列入参照公务员法管理范围的“人员”，也应当严格按照规定的条件、程序和权限进行审批。

二是法律、法规授权或者受国家机关依法委托管理公共事务的组织中从事公务的人员。这主要是指除参照公务员法管理以外的其他管理公共事务的事业

① 习近平：《在第十八届中央纪律检查委员会第六次全体会议上的讲话》，《人民日报》2016年5月3日第2版。

② 中共中央纪律检查委员会、中华人民共和国国家监察委员会法规室编写：《〈中华人民共和国监察法〉释义》，中国方正出版社2018年版，第108—114页。

③《公务员法》上的“公务员”是指依法履行公职、纳入国家行政编制、由国家财政负担工资福利的工作人员。主要包括八大类，分别是中国共产党机关、人民代表大会及其常务委员会机关、人民政府、监察委员会、人民法院、人民检察院、中国人民政治协商会议各级委员会机关、民主党派机关和工商业联合会机关工作人员。

单位的工作人员。在我国，事业单位人数多，分布广，在一些地方和领域，法律、法规授权或者受国家机关依法委托管理公共事务的事业单位工作人员，其数量甚至大于公务员的数量。由于这些人员也行使公权力，为实现国家监察全覆盖而将其纳入了监察对象范围。

三是国有企业管理人员。根据有关规定和实践需要，作为监察对象的国有企业管理人员，主要是国有独资企业、国有控股企业（含国有独资金融企业和国有控股金融企业）及其分支机构的领导班子成员。此外，对国有资产负有经营管理责任的国有企业中层和基层管理人员，既包括部门经理等重要岗位上工作的人员，也包括会计、出纳人员等；国有企业所属事业单位领导人员，国有资本参股企业和金融机构中对国有资产负有经营管理责任的人员，也被理解为国有企业管理人员的范畴。

四是公办的教育、科研、文化、医疗卫生、体育等单位中从事管理的人员，主要是该单位及其分支机构的领导班子成员，以及该单位及其分支机构中的国家工作人员。需注意的是，公办的教育、科研、文化、医疗卫生、体育等单位中究竟有哪些人员属于从事管理的人员，仍需要随着实践的发展，不断完善。

五是基层群众性自治组织中从事管理的人员。作为监察对象的基层群众性自治组织中从事管理的人员，包括村民委员会、居民委员会的主任、副主任和委员，以及其他受委托从事管理的人员。根据有关法律和立法解释，所谓“从事管理”，主要是指：（1）救灾、抢险、防汛、优抚、扶贫、移民、救济款物的管理；（2）社会捐助公益事业款物的管理；（3）国有土地的经营和管理；（4）土地征用补偿费用的管理；（5）代征、代缴税款；（6）有关计划生育、户籍、征兵工作；（7）协助人民政府等国家机关在基层群众性自治组织中从事的其他管理工作。

六是其他依法履行公职的人员。这是一个兜底条款，以防止出现对监察对象列举不全的情况。必须指出的是，对于“其他依法履行公职的人员”，不宜做无限制地扩大解释。判断一个“履行公职的人员”是否属于监察对象的标准，主要看他是否行使公权力，所涉嫌的职务违法或者职务犯罪是否损害了公权力的廉洁性。

其次，《监察法》第16条规定了监察事项，确立了监察机关管辖原则，目的是明确各级监察机关办理监察事项的职权分工。监察机关各司其职、各尽其责的前提是责任清晰。对监察机关的管辖范围作专门规定，既有效避免监察机关对监察职权争执或监察职责推诿，又有利于有关单位和个人按照监察机关的管辖范围提供问题线索，发挥公众参与反腐败的积极性。同时，对提级管辖和管辖争议解决方式做出规定，可以增强监察工作的机动性、实效性，做到原则性与灵活性相结合。①

本条分三款。第1款规定的是监察机关对监察事项的一般管辖原则，即实行级别管辖与地域管辖相结合的原则，各级监察委员会按照干部管理权限对本辖区内的监察对象依法进行监察。

第2款规定的是提级管辖。这是对分级管辖制度的必要补充，便于处理一些难度较大的监察事项。上级监察机关办理下级监察机关管辖范围内的监察事项，应当是有前提条件的，即"必要时"。从实践来看，限于以下三种情况：（1）上级监察机关认为在其所辖地区有重大影响的监察事项；（2）上级监察机关认为下级监察机关不便办理的重要复杂的监察事项，以及下级监察机关办理可能会影响公正处理的监察事项；（3）领导机关指定由上级监察机关直接办理的监察事项。

第3款规定了管辖争议的解决方式。"管辖争议"，是指对于同一监察事项，有两个或者两个以上监察机关都认为自己具有或者不具有管辖权而发生的争议。两个或者两个以上监察机关发生管辖争议之后，应报请它们的共同上级监察机关，由该上级监察机关确定由哪一个监察机关管辖。"共同的上级监察机关"，是指同发生管辖争议的两个或者两个以上监察机关均有领导与被领导关系的上级监察机关。为了确保监察权的有效和积极运行，监察机关既不能越权监察不属于自己管辖的事项，也不能恣意放弃对自己管辖事项的监察职责。

---

① 中共中央纪律检查委员会、中华人民共和国国家监察委员会法规室编写：《〈中华人民共和国监察法〉释义》，中国方正出版社2018年版，第115—118页。

再次，《监察法》第 17 条规定了指定管辖和报请提级管辖原则，对监察事项的一般管辖原则做出补充，明晰上下级监察机关的管辖权限，以规范上下级监察机关之间的关系。在此，“指定管辖”，是指根据上级监察机关的指定而确定监察事项的管辖机关。“报请提级管辖”，是指监察机关因法定事由可以报请上级监察机关管辖原本属于自己管辖的监察事项。①

本条分两款。第 1 款规定的是指定管辖原则。规定指定管辖，体现了上级监察机关对下级监察机关的领导，同时也能够增强工作灵活性。之所以指定管辖必须是出于工作的需要，即要根据办理监察事项的实际需要和下级监察机关的办理能力等因素确定，不能把自己管辖的监察事项一概指定下级监察机关管辖。指定管辖有两种，第一种是对于原本属于自己所管辖的监察事项，上级监察机关可以将其指定给所辖的下级监察机关管辖。第二种是上级监察机关可以将下级监察机关有管辖权的监察事项，指定给自己所辖的其他监察机关管辖，一般适用于以下两种情况：（1）地域管辖不明的监察事项；（2）原来有管辖权的监察机关不适宜或者不能办理某监察事项。

第 2 款规定的是报请提级管辖原则。监察机关应当按照一般管辖的分工，处理自己管辖范围内的监察事项。但是，当监察机关考虑到所在地方的实际情况，以及本机关的地位、能力，认为所管辖的监察事项实属重大、复杂，而自己不能或者不适宜管辖的，可以报请上级监察机关管辖。从实践来看，它主要包括以下三种情况：（1）监察机关认为有重大影响、由上级监察机关办理更为适宜的监察事项；（2）监察机关不便办理的重大、复杂监察事项，以及自己办理可能会影响公正处理的监察事项；（3）因其他原因需要由上级监察机关管辖的重大、复杂监察事项。

概言之，对监察委员会的职能定位，可以概括为六个字，即“位高”“权重”“有力”。②“权重”和“有力”，往往取决于“位高”。“位高”指的是监察委

① 中共中央纪律检查委员会、中华人民共和国国家监察委员会法规室编写：《〈中华人民共和国监察法〉释义》，中国方正出版社 2018 年版，第 119—121 页。

② 参见戴立兴：《设立监察委员会为的是啥》，《人民论坛》2016 年第 35 期。

员会在国家权力架构中的位置，体现在修改后的《宪法》第三章“国家机构”中增加一节，作为第七节“监察委员会”，对监察委员会在国家权力结构中进行了宪法定位，而“权重”和“有力”则是指监察委员会的权力配置和运行规则，分别落实在《监察法》第二至四章有关组织法和程序法的规定上。

五、监察机关的运作机制

（一）监察委员会的监察程序

国家监察体制改革与监察法治建设中离不开机关思维与程序思维①这两种制度改革的方法论。如果说对监察机关的法律地位、职能定位是出于机关思维的考量，那么，监察机关的运作机制就是从程序思维的角度补强监察机关的宪法价值，促进现代法治文明的发展。在程序思维视域下，监察机关的监察权实施环节的核心问题就是监察程序应当如何展开，以确保监察权的运行体现民主价值，保障被监察对象的基本权利得以落实，实现监察与司法的无缝衔接，形成对监察权的权力制约。《监察法》第五章第35—49条对此作了比较详细的规定，涵盖了监察委员会监督、调查及处置的程序规范。在此，仅以调查活动为例分析对监察机关的程序要求，揭示监察机关监察权的内在运作机制。

监察机关依法行使的调查权，是属于监察权的一种表现，监察委员会进行调查活动，关乎监察机关的宪制定位，调查活动的法律规制，直接影响到监察委员会监察权力的制约平衡。2017年全国人大常委会授权在北京、山西、浙江三个地方开展监察体制改革试点，赋予监察委员会可以采取谈话、讯问、询问、查询、冻结、调取、查封、扣押、搜查、勘验检查、鉴定、留置等12项调查措施，这些措施都是反腐败实践中使用比较成熟的权限和措施，其中查询、复制、冻结扣留、封存等手段属于《行政监察法》中规定的监察机关的调查手段和权限。在此基础上，《监察法》将它修改完善为查询、冻结、调取、

① 参见秦前红、叶海波等：《国家监察制度改革研究》，法律出版社2018年版，第80—94页。

查封、扣押、勘验检查、鉴定等手段。与此同时，把纪检监察机关实际使用的谈话、询问等措施也确定为法定权限和调查措施，写入法律。这样的完善调查手段和措施，将权力监督所有的调查手段法治化，亟待进一步制定监察行为和监察基准规范，为监察职权的行使提供清晰的法律根据。

依照《监察法》的规定，监察机关依法履行职责，采取 12 项调查措施，须经立案、告知、调查等多个步骤。对监察对象涉嫌职务违法犯罪，需要追究法律责任的，根据《监察法》第 39 条规定，监察委员会采取调查措施之前，须按照规定的权限和程序办理立案手续，经监察委员会主要负责人依法批准立案后，应当主持召开专题会议，研究确定调查方案，决定需要采取的调查措施。根据《监察法》第 41 条规定，调查人员采取讯问、询问、留置、搜查、调取、查封、扣押、勘验检查等调查措施，均应当依照规定出示证件，出具书面通知，由二人以上进行，形成笔录、报告等书面材料，并由相关人员签名、盖章。其中留置，是最为重要的调查措施之一，对监察对象的影响也相对最为严厉，故对它进行特别的程序规范，包括对留置的审批程序、使用条件、措施采取的时限等做出严格的法律规定，尤显必要。

2017 年 4 月 13 日，山西省监察委员会官网挂出消息，日前已对山西煤炭进出口集团有限公司原董事长郭某采取了留置措施，对其涉嫌严重违纪违法问题进行调查；根据山西省纪委监委网站报道，此前 3 月 22 日郭某已接受组织审查。4 月 14 日，该省纪委监委网站又发布消息，经山西省监察委员会批准，运城市监察委员会对运城市水务局、林业局两名官员采取留置措施，对其涉嫌严重违纪违法问题进行调查。公开资料显示，“郭某案”（以下简称“山西省第一案”）是国内授权试点地区监察体制改革以来，山西省监察委采取留置措施的第一案，是试点地区监察体制改革的阶段性成果。该案的重大意义在于探索了监察委员会在依法行使调查职权过程中采取留置措施的具体流程。

从山西省监察委员会对郭某采取留置措施，以及经其批准后运城市监察委员会采取的留置措施可知，省级监察委员会有权决定自己和下级监察委员会采取留置措施。换句话说，检察机关对监察委员会的留置措施已无侦查监督职能，也就是说，对于监察委员会采取留置措施这一限制公民人身自由权的最严厉措施，无须检察院的批准。那么，就采取留置措施而言，亟待建立起一个比较规范且行之有效的程序制度。为此，《监察法》第 43 条明确规定，监察机关采取留置措施应当由监察机关领导人员集体研究决定。设区的市级以下监察机关采取留置措施，应当报上一级监察机关批准。省级监察机关采取留置措施，应当报国家监察委员会备案。留置时间不得超过三个月。在特殊情况下，可以延长一次，延长时间不得超过三个月。省级以下监察机关采取留置措施的，延长留置时间应当报上一级监察机关批准。与此同时，在检察院丧失了批准监察委员会采取留置措施的职权下，为了确保留置措施的实现，《监察法》第 43 条进一步规定，监察机关采取留置措施，可以根据工作需要提请公安机关配合。公安机关应当依法予以协助。不过，该条还规定，监察机关发现采取留置措施不当的，应当及时解除。但监察机关究竟如何确定所谓“不当”，通过什么程序来发现并确定“不当”等诸多问题，还有待于监察法治实践的进一步细化与补白。

《监察法》第 44 条在明确监察机关职责权限和调查手段的同时，对规范权力行使也作出多项严格规定，要求保障被调查人员特别是被留置人员的合法权利，这既是保障被留置人的合法权益，也有利于保障调查活动的顺利进行。在此，所谓“合理安排讯问时间”是指应当尽量安排在白天或者夜晚十二点之前。这一规定坚持以人为本，有助于积极落实宪法原则，实现惩治职务违法犯罪与保障人权并重。

显见，以上有关采取留置措施的各种程序规范是监察机关注重法治思维和法治方式反腐的重要体现，这些程序规范无疑将提升依法执行留置乃至调查的公信力。

与此同时，要求监察机关在收集、固定、审查、运用证据时，应当与刑事审判关于证据的要求和标准相一致，解决了长期以来党纪与国法衔接不畅的问题。该条还明确规定，被留置人员涉嫌犯罪移送司法机关后，被依法判处管制、拘役和有期徒刑的，留置一日折抵管制二日，折抵拘役、有期徒刑一日。这一规定在一定程度上也解决了监察程序与司法程序的有序衔接问题。

此外，在监察委员会的调查程序上，不再单设任何性质的“侦查程序”，调查活动结束后，直接移交人民检察院审查起诉，即对涉嫌职务违法犯罪的案件，“调查—起诉—审判—执行”程序，是一个较为完整的办案流程。在《监察法》实施过程中，正如有学者指出，“留置措施与人民检察院、人民法院和公安机关的工作衔接机制和国家监察法与刑事诉讼法的联动互补，将成为未来立法的重中之重”。①实际上，除了留置之外，其他的调查措施只要构成对公务人员基本权利的实际影响抑或限制的，都应恪守正当程序原则，都有必要尽快以更加恰当而精细的程序法来规制监察委员会的调查活动。诸如，监察委员会调查活动的审查批准、调查活动的执行操作、调查活动的期限问题、技术侦查与通缉措施等，均宜纳入程序法治的轨道，接受国家监察有关法律、法规以及《刑事诉讼法》等多重规制。

（二）对监察委员会及监察人员的监督

强化对监察委员会的制约和监督，既是法治国家建设的应有之义，也是国家监察体制改革和监察法治建设的具体内容之一。依照《监察法》第七章第53—61条的规定，对监察委员会及监察人员的监督，具体包括1.负责；2.监督；3.公开；4.内部监督；5.遵纪守法；6.回避；7.保密与竞业禁止；8.申诉；9.问责等全方位的制约。在此，着重分析其中比较重要的三种监督内容。

1. 负责。我国现行宪法、组织法、人大议事规则等法律规定同级“一府两院”对本级人大负责。同样的道理，依照修改后宪法第126条和《监察法》第8、9条的规定，国家监察委员会对全国人民代表大会和全国人民代表大会常务委员会负责。地方各级监察委员会对产生它的国家权力机关和上一级监察委员会负责。

但是，国家监察委员会和地方各级监察委员会在向本级人大及其常委会和上级监察委员会负责时，是否需要报告工作，修改的现行宪法和《监察法》并未作规定。在法治国家、法治政府及法治社会建设中，不妨参考国家行政机关负责和报告工作的规定，监察委员会也应向本级人大及其常委会和上级监察委员会负责并报告工作。

---

① 秦前红、叶海波等：《国家监察制度改革研究》，法律出版社2018年版，第194页。

2. 监督。修改后宪法第3条第3款规定为“国家行政机关、监察机关、审判机关检察机关都由人民代表大会产生，对它负责，受它监督”。这一规定表明，监察委员会被纳入既有的监督体系之中，重点落实了人大及其常委会对监察委员会的法律监督。这为学者主张“可以尝试在人大及其常委会设立对口监督的监察监督委员会”①提供了一种制度依据与可能。依照《监察法》第8、9条规定对监察委员会的监督是一种刚性监督。《监察法》第53条不仅规定“各级监察委员会应当接受本级人民代表大会及其常务委员会的监督”，而且还规定“各级人民代表大会常务委员会听取和审议本级监察委员会的专项工作报告，组织执法检查。县级以上各级人民代表大会及其常务委员会举行会议时，人民代表大会代表或者常务委员会组成人员可以依照法律规定的程序，就监察工作中的有关问题提出询问或者质询”。据此可知，所谓“听取”“审议”监察委员会的专项工作报告、组织执法监察，以及有关“就监察工作的有关问题”提出“询问或者咨询”等，均属于我国权力机关人大及其常委会对监察委员会进行监督的具体途径。

根据修改后《宪法》第127条以及《监察法》第4条“监察委员会依照法律规定独立行使监察权，不受行政机关、社会团体和个人的干涉。监察机关办理职务违法犯罪和职务犯罪案件，应当与审判机关、检察机关、执法部门互相配合，互相制约”的精神，明晰了人民法院、人民检察院、公安机关和监察委员会之间的监督制约关系，特别是检察机关的监督权。

按照《监察法》第45条关于监察机关根据监督、调查结果，依法作出处置中“（四）对涉嫌职务犯罪的，监察机关仅调查认为犯罪事实清楚，证据确实、充分的，制作起诉意见书，连同案卷材料、证据一并移送人民检察院依法审查、提起公诉”的规定，表明检察机关“依法审查、提起公诉”的职责中隐含了对检察委员会的监督，这是检察机关依托公诉制度发挥其法律监督功能的一种表现。②然而，对现行《宪法》第41条有关公民参与的监督规定，《监察

① 童之伟：《对监察委员会自身的监督制约何以强化》，《法学评论》2017年第1期。

② 沈思：《国家监察体制改革中法治保障初步思考》，《中国纪检监察报》2017年2月15日第8版。

法》并未具体规定公民参与监督监察委员会的外部监督制度，仅是原则上规定监察机关接受民主监督、社会监督、舆论监督，因此也肯定了公民对监察委员会进行监督的可能。宪法是国家根本大法，依照现行《宪法》第41条的规定，公民可以对于任何国家机关和国家工作人员提出批评和建议，也可以对任何国家机关和国家工作人员的违法失职行为向有关国家机关提出申诉、控告或者检举，在国家机关和国家工作人员侵犯公民权利而受到损失时，可以依照法律规定取得赔偿。既然监察委员会是国家的监察机关，属于国家机关的一种，那么公民也可以以提出批评和建议、提出申诉、控告或者检举等方式监督监察委员会。此外，《监察法》第67条规定“监察机关及其工作人员行使职权，侵犯公民、法人和其他组织的合法权益造成损害的，依法给予国家赔偿”，说明公民依法通过提出国家赔偿方式，也同样能实现对监察委员会的间接监督。

3. 公开。现代法治要求程序正当，实现公平、公正、公开。依照《监察法》第54条规定的“监察机关应当依法公开监察工作信息，接受民主监督、社会监督、舆论监督”，监察委员会的监察活动应当公开，是一个原则，是一种常态。《监察法》第57条“有关情况应当登记备案”的规定，既是对监察委员会制作信息的一种要求，也是敦促监察委员会监察活动信息公开是一种全面的公开。

在今后的监察法治建设中，不妨借鉴《政府信息公开条例》和《人民检察院案件信息公开工作规定（试行）》以及检察信息公开的经验，建立监察案件程序性信息和重要、复杂的监察案件信息的公开和发布机制。

六、结论

随着2018年宪法修改和《监察法》的颁行，我国国家监察改革整合“三驾马车”为“一马当先”，将监督权从行政权中剥离出来，打破既有“一府两院”格局，变为“一府一委两院”的宪制安排，生成了具有中国特色的监察法治体系，即于人大制度之下设独立行使监察权的监察委员会，与党纪委合署办公，以保证监察机关发挥实效，形成监察良制。监察机关这一法律职能对推进国家治理体系和治理能力现代化，全面依法治国、建设法治国家、依宪执政和确保中国共产党长期执政等都具有重大的意义。

（原载《山东社会科学》2018 年第 7 期）

4. 改革开放四十年与外国法制史的成长

何勤华　王　静*

［摘要］　1978年12月，党的十一届三中全会召开，中国进入了改革开放的新时代，外国法制史学科也得以茁壮成长。这其中，一批教材被出版，使外国法制史学科得到学界认可；推出了大量专著与论文，深化了对外国法制史的学术研究；通过译著、译文引入国外先进的法律制度、程序和方法，为我国经济、政治、文化、教育和科技等事业的发展作出巨大的贡献；对外国法学人物、作品和文化的译介和探究，把握外国法律变迁背后的历史背景；通过法律面前人人平等等法观念的传播与普及，彰显外国法制史研究的魅力与价值。改革开放40年的经验说明，法律的成长既需要紧密联系本国的实践，更需要吸收其他国家优秀的法律文明成果，因为作为治理社会、治理国家的经验凝练，法律文明对每个国家都有相通的价值。

前言　外国法制史研究的原动力：改革开放

1978年党的十一届三中全会决定实施“改革开放”的国策，给中国的法学研究带来了春天。因此，外国法制史学科也开始成长起来。

当然，中国早在20世纪初叶的清末，京师大学堂等就有了介绍罗马法等外国法制史的课程，至30年代的民国时期，除罗马法以外，日耳曼法等外国

---

* 作者单位：华东政法大学。华东政法大学法律史专业硕士研究生李琴、陈梅、罗锐和曹诗腾为本文收集资料提供了帮助，在此谨表示笔者的一片谢意。本文是上海市哲社规划“三大系列”一般课题“中国特色社会主义法治的形成与发展研究”（项目批准号：2017BHC012）的阶段性成果。

法制史的内容也成为在大学课堂讲授的课程。但1949年新中国成立以后，上述内容作为西方资本主义性质的法遭到全面禁止。当时即使学习一点外国的法律，也都是苏联的法律。以中国人民大学法律系为中心，我们聘请苏联法律专家，派法科学生赴苏联学习，翻译引进苏联的法学著作、教材，50年代基本上是一边倒的学习苏联。而到了50年代末，因中苏关系破裂，苏联的法律也不能学习、讲授，外国法制史的教学与研究整个被取消了。①

1978年改革开放国策实施后，我国开始面向世界。《国外法学》《法学译丛》《比较法研究》《法学》《现代法学》《法学家》《法律科学》《法商研究》《法制与社会发展》《政治与法律》等较多刊登外国法律制度、外国法学人物和作品、外国法院判决等的刊物，或者恢复，或者创刊。而一些出版社，也开始内部或公开出版一些外国法制史的作品，如商务印书馆出版的《拿破仑法典（法国民法典）》（李浩培、吴传颐、孙鸣岗译，1979年版）等。认真梳理、系统总结改革开放40年来外国法制史学科的成长，学术研究的进程及规律，取得的成就及其缺憾，我们可以体会到中国改革开放的无比正确性，可以认识到全球化的视野、海纳百川的胸怀，对中华民族跟上人类法律文明进步之潮流的巨大历史意义。

一、外国法制史学科得到认可：教材

与新中国成立后前30年我们没有出版过一本外国法制史的教材相比，改革开放40年来，我们已出版了众多的外国法制史教材。它们不仅为全国各大政法院校的师生提供教学和学习的范本，而且使外国法制史这门学科走向了公众的视野，从而为当代中国的法学研究增加一个重要的知识领域。

在这方面，首先必须提及的就是改革开放以后第一本面世的外国法制史的统编教材，由陈盛清主编，林榕年和徐轶民副主编的《外国法制史》（北京大

① 详细参见何勤华：《新中国外国法制史学60年》，《河南省政法管理干部学院学报》2011年第1期。

学出版社 1982 年版，简称“82 版教材”）。[①]该教材对新中国成立 30 多年外国法制史课程体系作了重大改革，即在 1982 年以前，外国法制史采用“四大段”或“四大块”的体系，将外国法制史的发展分为奴隶制、封建制、巴黎公社前资本主义时期和巴黎公社、帝国主义时期资产阶级国家与法权等四个大的阶段。在这四大段中，又将论述内容分为历史概况、阶级结构、国家制度和法权的基本特征四个部分。这种体系的缺点是国家与法不分，对象不清，内容杂乱，且涉及法的内容只占整个课程的很少一部分。“82 版教材”的出版，改善了这门课的体系，去掉了“四大块”中的前三大块，只讲法律发展的历史，对象比较明确，内容也变得较为简练。而且，该教材基本上摆脱了苏联《国家与法权通史》的模式，广泛吸收国内外学者的研究成果，且条理清楚，分量也较适合本科生外国法制史的教学。

经过五年时间的适用，吸收课堂教学的经验和教训，1987 年，北京大学出版社出版了“82 版教材”的修订本《外国法制史》，其主编和撰稿人没有变化，框架结构也无大的变动，但在内容和资料上有了许多补充和发展。1992 年由嵘主编的《外国法制史》面世，由北京大学出版社出版。该教材内容比较丰富、体系比较庞大、学术色彩也很浓，其优点是资料多、内容细、讲述面广，许多其他教材没有涉及或涉及不多的内容，如古代埃及、希伯来、拜占庭、古代日本等的法律制度，在该教材中都有讲述。1994 年，群众出版社出版了由林榕年主编、徐轶民副主编的新的统编教材《外国法制史新编》（简称“新编教材”）。它在结构体系上作了重大改革，彻底抛弃了“四大段”的模式，将课程分为“综述”和“分述”两部分，共十九章，对楔形文字法，古印度法，古希腊法，古罗马法，日耳曼法，教会法，中世纪欧洲的城市法、商法、海商法、伊斯兰法，以及英、美、法、德、日、苏联和欧共体的法律作了叙述，对

① 如上所述，新中国成立后，在苏联法学家的帮助下，我国首先在中国人民大学开设了外国法制史课，但当时全部使用苏联的教材。至 20 世纪 50 年代末 60 年代初，我国开始仿照苏联教科书的模式，北京大学和中国人民大学自己编写了一批外国法制史的教材，当时称《外国国家与法律制度史》。但一方面，这些教材的基本体系、内容、用语，几乎都是照搬苏联的；另一方面，这些教材都没有能够公开出版。

一个法系或一个国家的法律，从产生起一直讲到其衰亡或当代，条理比较清楚。

1997年，法律出版社出版了由何勤华主编的"'九五'规划高等学校法学教材"《外国法制史》。该教材的特色是，一方面，吸取了上述"新编教材"的体例，古代中世纪部分按照法系，近代以后按照国家，从巴比伦法一直讲到欧共体法，条理比较清楚。另一方面，本书用一篇20多页的"导论"，对世界各国法律发展的基本过程和一般规律作了提纲挈领的阐述，以帮助学生对外国法制史有一个简明扼要的了解。本教材出版后受到了学术界的肯定，至2016年已经出至第六版。并被确定为国家"十一五"和"十二五"规划教材。2015年，由高鸿钧、李红海主编的《新编外国法制史》（上、下，清华大学出版社）出版。此教材可以说是改革开放以来所出版的容量最大、篇幅最长的一部外国法制史教材。它具有撰稿人专家化，研究领域纵深化，以及作者众多（30位）等特点。

表1　改革开放40年外国法制史代表性教材①

作　　者	书　　名	出版社	时间
北京大学法律史室　编	外国国家与法律制度史	学校内部印刷	1979
中国人民大学法史教研室　编	外国法制史讲义（共3册）	学校内部印刷	1980
北京政法学院法制史室　编	外国法制史讲义	学校内部印刷	1981
西南政法学院法制史室　编	外国法制史参考资料选辑	学校内部印刷	1981
陈盛清　主编	外国法制史	北京大学出版社	1982
《外国法制史》编写组	外国法制史资料选编	北京大学出版社	1982
华东政法学院法制史室　编	外国法制史教学大纲	学校内部印刷	1983
徐尚清　主编	外国法律制度史	吉林大学出版社	1985
徐轶民　编著	简明外国法制史	中央广播电视大学出版社	1987
由嵘、孙孝堃　编著	外国法制史简编	光明日报出版社	1987
潘华仿、许显侯、皮继增　编著	外国法律简史	法律出版社	1987
中国政法大学法律史室　编	外国法制史纲	中国政法大学出版社	1988

① 为节省篇幅，文中已有专门介绍评述的教材，不再列入本表。

（续表）

作　　者	书　　名	出版社	时间
由嵘、胡大展　主编	外国法制史	北京大学出版社	1989
杨联华　主编	外国法制史	四川大学出版社	1989
李昌道　主编	当代西方经济法律制度	上海人民出版社	1991
李启欣　主编	外国法制史	湖南师范大学出版社	1992
皮继增　等撰	外国法制史教程	中国政法大学出版社	1992
杨联华　主编	外国法制史	四川大学出版社	1992
林榕年　主编	外国法制史新编	群众出版社	1994
张寿民　主编	外国经济法制史	华东理工大学出版社	1996
张飞舟、蒙振祥　编著	外国法制史	陕西人民出版社	1999
苏喆、张建梅　主编	外国法制史	中国城市出版社	1999
崔林林、顾元　编著	外国法制史	西苑出版社	1999
朱庆育　主编	外国法制史	中国法制出版社	2000
王文　主编	外国法制史	南海出版公司	2001
吴礼林　编著	外国法制史	武汉理工大学出版社	2001
沈林壮	外国法制史	金城出版社	2001
郭志祥、郭九灵　主编	外国法制史	中国人事出版社	2001
朱晓东　编著	外国法制史	龙门书局	2001
何勤华、李秀清　主编	外国法制史	复旦大学出版社	2002
连晓畅　主编	中外法制史简明教程	贵州人民出版社	2002
庞正、严海荣　编著	外国法制史纲	南京师范大学出版社	2003
季安照　编	外国法制史	学苑出版社	2004
王军　编	外国法制史	延边人民出版社	2004
崔林林　主编	外国法制史	北京大学出版社	2004
刘文明　主编	外国法制史	湖南人民出版社	2005
王菲　编著	外国法制史教程	北京大学出版社	2005
里赞　主编	外国法制史	四川大学出版社	2006
饶艾　主编	外国法制史	西南交通大学出版社	2006
蔡晓荣　主编	外国法制史	厦门大学出版社	2007
林静晖　编	外国法制史	海南出版社	2007

（续表）

作者	书名	出版社	时间
刘艺工、王继忠　主编	外国法律史	中国人民大学出版社	2008
何勤华　主编	外国法制史	清华大学出版社	2008
江润南　主编	外国法制史教程	对外经贸大学出版社	2008
曾尔恕　主编	外国法制史	北京大学出版社	2009
郭义贵、方立新等　编著	外国法制史	清华大学出版社	2010
何勤华、李婧　编著	新编外国法制史	中国政法大学出版社	2010
夏新华　主编	外国法制史	厦门大学出版社	2012
林榕年、叶秋华　主编	外国法制史	中国人民大学出版社	2012
李秀清　主编	外国法制史	北京大学出版社	2012
周伟文、陈颐　主编	外国法制史	科学出版社	2012
张彩凤、郭苓、于泓　编	外国法制史	中国人民公安大学	2012
王云霞　编著	外国法制史	商务印书馆	2014
徐爱国　主编	外国法制史	北京交通大学出版社	2014
郑祝君　主编	外国法制史	北京大学出版社	2014
尚绪芝　主编	外国法制史教程	知识产权出版社	2014
王云霞、夏新华　著	外国法制史	高等教育出版社	2015
曾尔恕　主编	外国法制史	中国政法大学出版社	2016

据初步统计，改革开放40年，我国共出版外国法制史教材达100余种（主要者见表1），不仅满足了每年数十万法科学生学习外国法制史的要求，也推动了外国法制史学科的诞生、成长和完善。作为我国法科学生必要的知识基础，作为我国法学研究中的一个重要领域，作为国家实施对外开放，实现立法、司法、法律实务以及法律理念和法律学术国际化、全球化的基础，外国法制史学科已经得到了学术界的认可。

二、外国法律制度研究内容的拓展与深化：专著与论文

在外国法制史教学活动开展、学科成长的过程中，该领域的学术研究成果

为其提供了强有力的支撑。可以说，与改革开放之前外国法制史研究成果几乎是零的状况相比，改革开放之后，外国法制史领域内的研究成果十分丰硕。这些成果，既有对外国法制史的整体梳理和反思，也有对古代美索不达米亚法、古埃及法、古希腊法、罗马法、日耳曼法、教会法、商法、城市法、封建习惯法、大陆法系等各个时代、法域的探索和研究。

首先，在外国法制史通史研究方面，我们要提及的就是由何勤华主持（李秀清、王立民、洪永红、张寿民等参与主编）的“世界各国法律发达史系列”。该丛书在20世纪90年代首先推出了三种，即由上海人民出版社出版的《美国法律发达史》（1998年）《日本法律发达史》（1999年）和法律出版社出版的《英国法律发达史》（1999年）。之后，自2000年开始，至2012年完成，历时十多年，由法律出版社继续出版了法、德、俄、意、澳、加、东南亚、非洲、拉丁美洲等国家和地区的法律发达史，整个系列共12卷，基本上囊括了世界各个国家和地区法律形成、发展和演变的历史进程和主要内容。虽然这套丛书还显得比较稚嫩，但在外国法制史研究的起步阶段，这套丛书还是起到了入门书的作用。吸收此经验教训，在主编“法律文明史”系列丛书中的《古代西方法》《宗教法》《中世纪欧洲世俗法》《英美法系》《大陆法系》《苏联法》《近代亚非拉地区法》（均由商务印书馆出版）等作品时，就着重在质量上花费时间，反复修改打磨，使其成为外国法制史研究领域中的精品。

其次，我们国家在对各个时代、地区、国家及领域法律制度史的梳理和总结方面，40年来也取得了巨大的成就。比如，在人类最早的法律文明——古代美索不达米亚地区法律研究方面，于殿利和魏琼的成果值得介绍。于殿利的《巴比伦与亚述文明》（北京师范大学出版社2013年版），虽然主要是论述文明史，但其中也有大量关于法律规范的梳理和解读。作者依据大量原始资料证明：“美索不达米亚孕育了人类最早的文明。”而在这一文明中，城市文明、商业文明和法律文明是其基本特征。“纵观古代美索不达米亚的历史，我们可以得出这样的结论，即法律意识和契约观念渗透到美索不达米亚人日常生活的方方面面，上到君王和廷臣，下到寻常百姓，离开了法律和契约，他们寸步难行，他们赖以生存的社会也就无法正常运转。”①魏琼的《民法的起源——对古代西亚地区民事规范的解读》（商务印书馆 2008 年版）一书，对苏美尔民事规范、巴比伦民事成文法、亚述民事习惯法、赫梯民法制度和希伯来民事规约等进行了比较深入的分析和探索。

表 2　代表性著作②

作　　者	书　　名	出版社	时间
外国法制史研究会　编	外国法制史汇刊	武汉大学出版社	1984
李昌道	美国宪法史稿	法律出版社	1986
曲可伸　编著	罗马法原理	南开大学出版社	1988
林榕年、李启欣　主编	外国法制史论文集	中山大学出版社	1990
徐尚清	当代英国法律制度	延边大学出版社	1990
李昌道　主编	当代西方经济法律制度	上海人民出版社	1991
江平、米健	罗马法基础	中国政法大学出版社	1991
何勤华	西方法学史	中国政法大学出版社	1996
丁玫	罗马法契约责任	中国政法大学出版社	1998
李启欣	外国法制史研究文选	中国法制出版社	2000
叶秋华	外国法制史论	中国法制出版社	2000
徐国栋　主编	罗马法与现代民法（多卷本）	中国法制出版社	2000
程汉大	英国法制史	齐鲁书社	2001
王云霞	东方法律改革比较研究	中国人民大学出版社	2002
黄风　编著	罗马法词典	法律出版社	2002
戴东雄	中世纪意大利法学与德国的继受罗马法	中国政法大学出版社	2003
何勤华	20 世纪日本法学	商务印书馆	2003
蒙振祥	罗马法	陕西人民出版社	2004

① 于殿利：《巴比伦与亚述文明》，北京师范大学出版社 2013 年版，第 36 页、第 307 页。

② 为节省篇幅，由全国外国法制史研究会自 2000 年起主持召开的年会收录出版的论文集（法律出版社出版，每年一卷），如 20 世纪宪政、民商法、经济法、刑法、诉讼法，以及多元的法律文化、混合的法律文化、英美法系、大陆法系、法律与宗教、罗马法与现代世界、大学法学教育的起源、公法与私法的互动、超国家法的历史变迁和《大宪章》800 年等，这里就不再详述。

（续表）

作　　者	书　　名	出版社	时间
何勤华、贺卫方　主编	外国法律史研究	中国政法大学出版社	2004
陈可风	罗马共和宪政研究	法律出版社	2004
史彤彪	法国大革命时期的宪政理论与实践研究	中国人民大学出版社	2004
任东来等	美国宪政历程：影响美国的 25 个司法大案	中国法制出版社	2004
何勤华、张海斌　主编	西方宪法史	北京大学出版社	2005
何勤华、夏菲　主编	西方刑法史	北京大学出版社	2006
魏琼	西方经济法发达史	北京大学出版社	2006
何勤华、魏琼　主编	西方民法史	北京大学出版社	2006
程汉大、李培锋	英国司法制度史	清华大学出版社	2007
何勤华、魏琼　主编	西方商法史	北京大学出版社	2007
何勤华、严存生　编著	西方法理学史	清华大学出版社	2008
李中原	欧陆民法传统的历史解读	法律出版社	2009
施蔚然　编著	外国法律史要论	公安大学出版社	2009
姚建龙	美国少年司法史纲	法律出版社	2009
咸鸿昌	英国土地法律史	北京大学出版社	2009
何勤华　主编	检察制度史	中国检察出版社	2009
冷霞	英国早期衡平法概论	商务印书馆	2010
夏秀渊	拉丁美洲国家民法典的变迁	法律出版社	2010
起立新	日本法制史	知识产权出版社	2010
陈惠馨	德国法制史：从日耳曼到近代	中国政法大学出版社	2011
屈文生	普通法令状制度研究	商务印书馆	2011
林榕年等　编	外国法制史研究导论	商务印书馆	2012
全国外国法制史研究会	外国法制史研究基础理论（上、下）	商务印书馆	2012
何勤华　主编	法的移植与法的本土化	商务印书馆	2012
张建文　编	俄罗斯民法典编纂史研究	中国政法大学出版社	2012
杨利华	美国专利法史研究	中国政法大学出版社	2012
胡骏	古希腊民商事立法研究	上海人民出版社	2012
于宵	英国土地登记法律制度史研究	上海人民出版社	2012
胡骏	古希腊刑事立法研究	上海人民出版社	2013

（续表）

作　者	书　名	出版社	时间
王磊	19 世纪英国刑法改革研究	四川大学出版社	2013
裴亚琴	17—19 世纪英国辉格主义与宪政传统	中国社会科学出版社	2014
胡骏	19 世纪以来欧陆古希腊法律史研究	上海人民出版社	2015
任超	英国财税法史研究	法律出版社	2017

在古埃及法研究方面，最近也有了突破，这就是井涛著、于明补遗的《古埃及法研究》（商务印书馆 2015 年版）。该书对古代埃及法律的整体发展进行了探索，内容涉及文化与文明的区别、前王朝时期的法律、埃及最早的成文法典、公元前 700 年前后出现的古代埃及的法律汇编、古代埃及法的 4 种渊源（法 hp、习惯 nt、法令 wdt 或 nsw、先例）、法律适用以及行政执法体系（法律对所有社会成员一律适用，所有争议通过审判来解决）、古代埃及法对后世的影响等等。

在古代罗马法研究方面，周枏编著的《罗马法原论》（上、下，商务印书馆 1994 年版）一书值得点评。周枏是安徽大学法学院教授，被誉为当代中国法学界“罗马法的活字典”。该专著是教学和科研的产物，由讲稿、课堂录音、笔记整理而成，前后经历了 50 余年。全书 70 余万言，分总论、人法、物权法、继承法、债法和诉讼法六编，结构上基本是以罗马法的《法学阶梯》为模式演变而成。本书对古代罗马法律的各个方面特别是私法领域进行了十分详实和客观的描述，是迄今国内关于古代罗马法律制度介绍最为详细、最为精确、内容最为权威的罗马法著作，也是周枏先生一生治学的结晶。近几年徐国栋、黄风等关于罗马宪政与刑法研究的系列成果，也填补了我国在这一研究领域的空白。①

在基督教会法和日耳曼法研究方面，彭小瑜和李秀清的研究成果突出。彭小瑜所著《教会法研究》（商务印书馆 2003 年版），是中国大陆第一本教会法

① 这两年，中国政法大学的费安玲、丁玫等，北京大学的薛军以及中南财经政法大学的黄美玲等，在罗马法研究方面都作出了很大的贡献。

专著，开创了国内教会法研究之先河。作者在充分掌握原始文献和研究动态的基础上，梳理了教会法历史和理论的线索和脉络，追溯了其起源和发展，对教会法的性质、教皇制度、教会法对异端和异教徒的处分、教会有关战争和国际法的观点等进行了细密审慎的讨论，并通过大量个案的分析加强了研究的深度。而李秀清所著《日耳曼法研究》（商务印书馆2005年版）一书，是继民国时期李宜琛著《日耳曼法概说》、新中国外国法制史前辈由嵘著《日耳曼法简介》之后国内又一本论述日耳曼法的专著，对日耳曼法各领域，诸如权力归属、身份等级、婚姻家庭、土地、动产、继承、不法行为、纠纷解决等方面的习俗、规则和法律进行了分析，并在此基础上总结了日耳曼法的特性及其地位。该书十分厚重，为新中国的日耳曼法研究奠定了基础。

在伊斯兰教法研究领域，①吴云贵的《当代伊斯兰教法》，立足于当代伊斯兰复兴与伊斯兰教法的传统影响这一主题，从伊斯兰教法与当代伊斯兰政治、社会和文化之三维视角，对伊斯兰教法进行了深入阐述。②高鸿钧的《伊斯兰法：传统与现代化》，分上下两篇。上篇以"伊斯兰法与伊斯兰社会"为中心，阐述了伊斯兰法的起源，主要渊源，伊斯兰法学及其主要学派，伊斯兰法与伊斯兰政府，习惯、习惯法和伊斯兰法，从比较法角度观察伊斯兰法的基本特征。下篇着重分析伊斯兰法与法律的现代化。哈宝玉的《伊斯兰教法：经典传统与现代诠释》，对伊斯兰教法的基本情况，伊斯兰教法的历史背景、理论渊源和传统内容，伊斯兰教法的学派与传播，伊斯兰教法规定的宗教义务、民法、刑法，伊斯兰教法和战争、人权与和平，以及伊斯兰教法对中国穆斯林的影响等进行了阐述。马明贤的《伊斯兰法：传统与衍新》，从伊斯兰教诞生前阿拉伯半岛的社会与法律起笔，以时间为轴，对历史上的伊斯兰教法与教法学进行了梳理。③

---

① 张秉民著《伊斯兰法哲学》（宁夏人民出版社2002年版）研究了伊斯兰法哲学思想从古代到近现代的发展演变。本文限于篇幅，这里不再详细介绍。

② 参见吴云贵：《当代伊斯兰教法》，中国社会科学出版社2003年版。

③ 由于马明贤老师精通阿拉伯语，研究所用基本上都是原始文献，因此本书论述十分精到。

在英美法系研究领域，高鸿钧、程汉大主编《英美法原论》（上、下，北京大学出版社 2013 年版）非常厚重。它汇聚了全国老中青三代 20 多位学者的学术成果，历时六年完成，共 150 多万字。对英美法的历史、渊源与特征，英美公法（宪法、行政法和刑法），英美私法（财产法、契约法、侵权法、商法和信托法），英美的司法组织、诉讼程序与法律教育，英美主要法学理论与法律思想，英美法律文化、移植与全球化等进行了详细论述。本书是英美法领域必读的书目。

在大陆法系研究领域，20 世纪 80 年代最先出版了美国学者梅利曼的《大陆法系》（Civil Law Tradition，1969，顾培东、禄正平译，知识出版社 1984 年版）。①它概要论述了大陆法系的起源，法国资产阶级大革命对大陆法系的影响，法典编纂，法官与法律解释，法学与法学家，法律职业，法律的分类，公法、民法、刑法、诉讼程序和大陆法系的未来等。2008 年面世的由叶秋华、王云霞主编的《大陆法系研究》（中国人民大学出版社）。它阐述了大陆法系的概念、特征和影响，大陆法系的渊源、形成与发展，以及宪法、行政法、民法、商法、经济法、刑法、法院组织和诉讼法等各个部门法。2014 年，由何勤华、马贺、蔡迪等著《大陆法系》（上、下卷，商务印书馆）一书出版。作为我国目前大陆法系研究领域最为厚重的成果，该书通过对大陆法系最新的发展变化，及其主要国家如法国、德国、意大利、西班牙、葡萄牙、北欧三国（瑞典、挪威和丹麦）、日本的法律之变迁的详细阐述，分析了大陆法系的概念、内容、特征、风格、变迁，大陆法系与英美法系的关系，以及其在法律文明史上所占的重要地位。

除了上述领域和专题外，改革开放 40 年以来，我国还在古代东方法、②宗教法、③

① 梅利曼的书于 2007 年在美国出版了第三版，除增加了一位访问学者协助校勘全部书稿，以及增加少量内容之外，全书没有什么大的变化。See John Henry Merryman，Rogelio Pérez-Perdomo，The Civil Law Tradition：An Introduction to the Legal Systems of Europe and Latin America，Third Edition，Stanford University Press，2007.

② 详细可参阅王立民：《古代东方法研究》第 2 版，北京大学出版社 2006 年版。

③ 详细可参阅何勤华、马慧玥、徐震宇、王笑红、陈晓聪：《宗教法》，商务印书馆 2018 年版。

近代拉美地区法、①苏联法、②非洲法、③东盟法、阿盟法、欧盟法、WTO 法研究方面，都取得了巨大成果。据初步统计，改革开放 40 年，我国在外国法制史研究领域，共出版专著约 200 部，发表论文约 900 篇。限于篇幅，本文上面仅对几部主要的著作进行了介绍与评述，其他作品，读者可参考表 2、表 3。

表 3　代表性论文④

作　者	作　　品	所刊杂志	刊　期
梁治平	英国普通法中的罗马法因素	比较法研究	1990.1
孙　斌	论英国星法院的兴衰	中外法学	1991.4
张　梅	德国民法典的制定背景和经过	比较法研究	1997.4
杨丽英	日本公司立法的历史考察	现代法学	1998.5
张千帆	《法国民法典》的历史演变	比较法研究	1999.2
陈志强	拜占庭《农业法》研究	历史研究	1999.6
张锡盛	英国星室法院存废年代考	思想战线	2000.3
白雪峰	论美国法形成的历史轨迹	史学月刊	2001.3
张海廷	英国议会主权的变迁	法商研究	2001.4
焦诸华	英国陪审制度的历史嬗变及存废之争	政治与法律	2001.5
叶秋华等	欧盟反倾销法的历史与现状	中国人民大学学报	2002.2
张春海	试析从古朝鲜至高句丽时代的韩国古代法	解放军外国语学报	2002.5
刘春田等	法国民法典制定的历史背景	法学家	2002.6
徐国栋	《法国民法典》模式的传播与变形小史	法学家	2004.2
项　焱	罗马宪制初探	法学家	2004.2
邢益精	宪政的历程——韩国违宪审查：制度与背景之考察	河北法学	2004.9
程汉大	英国宪政传统的历史成因	法制与社会发展	2005.1
高仰光	中世纪英国法发展的教会法背景	山西大学学报	2005.3

① 详细可参阅夏秀渊的相关研究成果。

② 详细可参阅徐晓晴、黄道秀、王志华、王海军等人的相关研究成果。

③ 详细可参阅洪永红、夏新华等人的研究成果。

④ 此表没有包括收录在各种论文集（包括全国外国法制史研究会年会文集）中的外法史论文。

（续表）

作　者	作　　　品	所刊杂志	刊　期
吴旭阳	早期英国法中的领主附庸关系	华东政法学院学报	2006.2
王卫江	论中世纪德意志王国的《城市法》	西北民族大学学报	2006.5
朱仁华	美国违宪审查的历史探渊	环球法律评论	2007.5
庞朝骥	罗马法对英国法影响的几个问题	法学家	2007.6
魏建国	西欧封建制度的立宪主义内蕴	环球法律评论	2007.6
郭义贵	论中世纪英国教会的婚姻家庭法	法学家	2008.2
谭正义	印度军事法的历史演进	当代法学	2008.2
刘显娅	都铎时期英国治安法官研究	兰州学刊	2008.12
戴启秀	从古希腊古罗马神话看德国法律的起源与发展	德国研究	2009.2
王玉亮	中世纪晚期英国村庄共同体的法律“自治”	天津师范大学学报	2009.4
屈文生	试论亨利二世的法律改革	贵州社会科学	2009.11
阎照祥	中古盛期英国神判法析略	郑州大学学报	2010.2
黄树卿	19 世纪印度遗孀法律地位的变革	南亚研究	2010.3
赵立行	《摩奴法典》中的继承制度探析	复旦学报（社会科学版）	2010.6
邹怀强	缅甸蒲甘王朝《加苏瓦王公告碑》刑罚方式源流研究——两个来源：印度原始佛教与《摩奴法典》	东南亚纵横	2010.9
黄培昭	石刑的“前世今生”	世界知识	2010.10
宫艳丽	英国诉讼制度的早期形态及其日耳曼法特征	理论月刊	2011.2
李　栋	英国宪政革命中的辉格党律师	华东政法大学学报	2011.5
袁　源、宋　伟	美国知识产权捐赠政策及演变	中国科技论坛	2011.11
陈太宝	中世纪西欧法律视野下的抵抗权和暴君学说	贵州社会科学	2011.11
陈惠馨	1751 年德国《巴伐利亚刑法典》	比较法研究	2012.1
郭　峰	从私法到公法：中世纪英格兰森林法的变迁	首都师范大学学报	2012.4
郭响宏	近代俄国陪审制度的创立及其实践	世界历史	2012.4
李云飞	从高效到超载：中世纪英格兰巡回法庭的兴衰	世界历史	2012.4
刘春萍	苏联宪法学说对中国宪法学说的影响	北方法学	2012.4
康　黎	美国死刑量刑程序的历史考察	北方法学	2012.4
刘　飒	浅析近代早期英国“星法院”法令的嬗变及原因	东北师大学报（哲学社会科学版）	2012.4
王葆莳	德国婚姻法百年变革述评	德国研究	2012.4

（续表）

作 者	作 品	所刊杂志	刊 期
吴 强	论 19 世纪美国的食品立法	武汉大学学报	2012.5
王 磊	19 世纪英国的死刑改革	贵州社会科学	2013.2
于 明	法庭、司法与地方治理	法学家	2013.3
高鸿钧	古代印度法的主要内容与特征	法律科学	2013.5
贺蒽蒽	评析中世纪晚期英国济贫法	政法论丛	2013.6
康 宁	理性化及启示——中世纪威尼斯刑法初探	河北法学	2013.8
李桂英	1861 年改革后俄罗斯农民的私刑研究	贵州社会科学	2013.10
宋华琳	国家建构与美国行政法的史前史	华东政法大学学报	2015.3
马剑银	中世纪欧洲封建法的前世今生	比较法研究	2015.3
郑 戈	美国财政宪法的诞生	华东政法大学学报	2015.3
张平华	矫枉过正：美国侵权连带责任的制度变迁及其启示	法学家	2015.5
吴至诚	英国法传统中信托受益权的性质	北方法学	2015.5
李红海	历史与神话：800 年的传奇	中外法学	2015.6
杨洪斌	制宪、建国与司法审查——美国 1787 年《宪法》的结构与司法审查在其中的位置	华东政法大学学报	2016.6
李奉仪等	过去与未来：韩国竞争法实施三十年	东北师大学报	2016.6
李欣倩	德国个人信息立法的历史分析及最新发展	东方法学	2016.6
何勤华、王 涛	《大宪章》成因考	法学家	2017.1
高全喜	英国宪制中的妥协原则	苏州大学学报（哲学社会科学版）	2017.4
蔡培如	美国行政裁量可审查性原则的变迁	行政法学研究	2018.1
明 辉	美国“民法典”的历史命运（1857—1952）	清华法学	2018.1

三、外国法制史研究的贡献：制度、程序和方法

以上我们比较系统地梳理了改革开放 40 年来外国法制史研究的成就，阐明了这些成就的取得，完全应归功于改革开放国策的持续推进。实际上，改革

开放成就了外国法制史学科，而外国法制史的成长，又支撑了改革开放国策的进一步深入，并为我国各项事业的发展作出了贡献。这种贡献，首先就是将西方法治发达国家数百年间所创造的法律文明引入当代中国的法治事业之中。而在这方面，不仅有专著论文，更有法学界辛勤劳动、殚精竭虑推出的大量译著和译文。而40年来的这些译著，据我们初步统计，约有230余种（参见表4），译文约有2800余篇。①

表4　代表性译著

书　　名	作　　者	译者	出版社	时间
拿破仑法典（法国民法典）	［法］拿破仑	李浩培等	商务印书馆出版	1979
资产阶级国家刑法史	［苏联］乌切夫斯基	不详	北京政法学院刑法室	1981
摩奴法典	［法］迭朗善译	马香雪转译	商务印书馆	1982
英美法原论	［日］高柳贤三	杨磊、黎晓	西南政法学院法史室	1983
美国法律概论	［美］哈伊	沈宗灵	北京大学出版社	1983
苏联刑法科学史	［苏联］皮昂特科夫斯基	曹子丹等	法律出版社	1984
外国国家和法律制度史	［苏联］费多罗夫	叶长良等	中国人民大学出版社	1985
伊斯兰教法律史	［英］库尔森	吴云贵	中国社会科学出版社	1986
法学总论——法学阶梯	［古罗马］查士丁尼	张启泰	商务印书馆	1989
美国法律史	［美］伯纳德·施瓦茨	王军等	中国政法大学出版社	1990
汉穆拉比法典		杨炽	高等教育出版社	1992
罗马法史	［意］朱塞佩·格罗索	黄风	中国政法大学出版社	1994
法学阶梯	［古罗马］盖尤斯	黄风	中国政法大学出版社	1996
美国法律辞典	［美］彼得·伦斯特罗姆	贺卫方等	中国政法大学出版社	1998
各国法律制度概况	［捷］维克托·纳普	高绍先等	法律出版社	2002
英美法原理	［美］库恩	陈朝璧	法律出版社	2002

① 由于译文数量众多，无法一一列举，也无法制作表格，这里只能从略。读者如果希望进一步了解，可以从中国知网上查阅，并重点阅读《环球法律评论》（原名《法学译丛》，后改为《外国法译评》）、《中外法学》（原名《国外法学》）和《比较法研究》这三本以刊登外国法与比较法为主的杂志。

（续表）

书　　名	作　　者	译者	出版社	时间
法律与历史：论《德国民法典》的形成与变迁	［德］罗尔夫·克尼佩尔	朱岩	法律出版社	2003
欧洲法	［德］马蒂亚斯·赫蒂根	张恩民	法律出版社	2003
世界法系概览（上、下）	［美］约翰·威格摩尔	何勤华等	上海人民出版社	2004
英吉利法研究	［日］宫本英雄	骆通	中国政法大学出版社	2004
美国法的变迁：1780—1860	［美］霍维茨等	谢鸿飞	中国政法大学出版社	2004
罗马法教科书	［意］彼得罗·彭凡德	黄风	中国政法大学出版社	2005
古代城市：希腊罗马宗教、法律及制度研究	［法］古朗士	吴晓群	上海人民出版社	2006
英国法释义（第1卷）	［英］威廉·布莱克斯通	游云庭等	上海人民出版社	2006
普通法	［美］奥利弗·霍姆斯	冉昊等	中国政法大学出版社	2006
欧洲代议制政府的起源	［法］弗朗索瓦·基佐	张清津等	复旦大学出版社	2008
西方法律的历史	［美］约翰·梅西·赞恩	孙远申	陕西师范大学出版社	2009
英格兰职业律师职业的起源	［英］布兰德·保罗	李红海	北京大学出版社	2009
英格兰宪政史	［英］梅特兰	李红海	中国政法大学出版社	2010
澳大利亚法律传统与发展	［澳］帕瑞克·帕金森	陈苇	中国政法大学出版社	2011
公法的变迁	［法］狄骥	郑戈	商务印书馆	2013
法典论	［日］穗积陈重	李求轶	商务印书馆出版	2014
德国基本法：历史与内容	［德］克·默勒斯	赵真	中国法制出版社	2014
俄罗斯国家与法的历史	［俄］O.H.奇斯佳科夫	徐晓晴	法律出版社	2014
英格兰王国的法律和习惯	［英］格兰维尔	吴训祥	中国政法大学出版社	2015
欧洲法律史：从古希腊到《里斯本条约》	［德］乌维·维瑟尔	刘国良	中央编译出版社	2016
英格兰普通法史	［英］马修·黑尔	史大晓	北京大学出版社	2016
罗马法史	［德］孟文理	迟颖、周梅	商务印书馆	2016
20世纪美国法律史	［美］劳伦斯·弗里德曼	周大伟等	北京大学出版社	2016
大宪章的历史导读	［英］威廉·麦克奇尼	李红海	中国政法大学出版社	2016
英国普通法的诞生	［比］R.C.范·卡内冈	李红海	商务印书馆	2017
商法史	［意］F.卡尔卡诺	贾婉婷	商务印书馆	2017

（一）先进法律制度的植入

从宪法、行政法，到民法、商法、经济法，到刑法、诉讼法，改革开放之后的中国法学界，几乎将西方法治发达国家所创立的各种法律制度，都通过翻译引入了我国法治实践，并已经融入了中国当代法律制度之中，为中国的法治建设作出了突出的贡献。

在引入外国法律制度方面，以下几部作品影响特别大。

美国学者伯尔曼（Berman）的《法律与革命：西方法律传统的形成》（贺卫方等译，中国大百科全书出版社 1993 年版），全书除去篇幅较小的导论和尾论，主要内容是中间两个部分："教皇革命与教会法"，主要讲西方法律传统的各渊源——民俗法背景、教皇革命、欧洲大学、神学和教会法体系、结构等；"世俗法律体系的形成"，由世俗法概念开始，依次论述封建法、庄园法、商法、城市法及王室法各分支。贯穿全文的主题是：宗教法是最早的国际性法律体系，它对全部西方法律制度具有根本性的影响。

英国学者梅特兰（Maitland）等著《欧陆法律史概览》（屈文生等译，上海人民出版社 2015 年版），从中世纪、文艺复兴、近代三个时期论述了意大利法的发展，以及法国、德国、荷兰、瑞士、斯堪的纳维亚以及西班牙四大地区的法律的发展。该书成为我们了解中世纪欧洲法律史的重要参考书。

英国学者卡内冈（R.C. Caenegem）著《英国普通法的诞生》（李红海译，中国政法大学出版社 2003 年版），以欧洲法律制度的总体发展为背景，对普通法在英格兰的出现提出了一种颇具挑战性的解释，主要围绕在普通法形成阶段起到重要作用的王室司法、令状制、陪审制三者展开论述。

美国学者艾伦·沃森（Alan Watson）著《民法法系的演变及形成》（李静冰、姚新华译，中国法制出版社 2005 年版），本书的研究目的主要是阐明民法法系的特征和民法法系区别于普通法系的原因，找到那些使民法卓尔不凡的存在和发展的缘由。全书共分十二章，每一章作者都运用了大量的史料，就一项专题进行介绍与论证，并提出自己的观点。其主要内容包括：民法法系的含义、罗马法的体系效应、民法的形成理性、法典化前的判例法、法律理念的渗透、法学阶梯等。

除了上述译著之外，还有大量的译文，介绍引入了外国法律制度的精华元素。这些作品主要有Я.约奇克《波兰人民共和国劳动法典概述》（任允正译，《法学译丛》1980年第1期）、马歇尔·B.克森纳德《美国的法人犯罪》（储槐植译，《国外法学》1980年第5期）、B.纳特鲁斯金《新的苏联律师法》（正英译，《法学译丛》1981年第2期）、阿克·勒特贝尔格《瑞典离婚法的改革》（叶元生译，《国外法学》1983年第3期）、阿伦·华恩斯沃特《美国的司法制度与法律教育》（王志远译，《法学评论》1986年第5期）、哈吉特·S.桑德休《印度的犯罪及其家庭控制》（郭建安译，《国外法学》1987年第6期）、C.扎瓦德斯基《波兰的人民会议及其改革》（于洪君译，《法学译丛》1988年第4期）、汉斯·角西姆·施耐德《日本与联邦德国的犯罪及其控制》（王世洲译，《国外法学》1990年第3期）、托马斯·莱塞尔《德国商法典的最新变革》（常鸿宾、刘懿彤译，《法学家》2000年第2期）、布斯奈里《意大利私法体系之概观》（薛军译，《中外法学》2004年第6期）、亚科布·海玛《1992年荷兰新民法典概况》（刁君姝、田志钢译，《比较法研究》2006年第1期）、汉斯·彼特·哈佛坎普《1918年以来一般人格权在德国的发展》（金可可译，《华东政法大学学报》2011年第1期）等等。

（二）法律程序的成果引入中国

在这方面，既有专著，又有译著，也有译文。

在专著方面，首先必须提及的有程汉大、李培锋著《司法制度史》（清华大学出版社2007年版）。该书采用交叉研究方法，分法院、法官、律师、审判、检察、警察、刑罚、法律援助等八章，全面系统阐述了英国司法制度的来龙去脉。同时，对蕴含于制度背后的价值内涵和运行机制进行了深入的法理剖析。其次，必须提及的是于明著《司法治国：英国法庭的政治（1154—1701）》（法律出版社2015年版）。该书关注的是司法在国家治理中的功能与技术，以及由此带来的复杂关系。该书尝试运用法律社会史的方法对于1154年到1701年的英格兰个案进行解读，试图在具体的经验描述中呈现理论问题的丰富意涵。再次要提及的是任东来主编《美国宪政历程：影响美国的25个司法大案》（中国法制出版社2014年版）一书。该书正如中国社会科学院美国研究所所长王缉思在序中所说："本书并没有就法律谈法律，而是用生动的笔触，翔实的资料，描述了法治在美国社会的各个方面从生根到开花的历程。联邦最高法院的25个故事所揭示的，是一以贯之而又不断发展的一种观念，一种精神。美国宪政的酸甜苦辣尽在其中，让读者去细细品味。"该书的主体由三篇精彩的宪法论文与25个司法大案组成。

在译文方面，关于引进外国法律程序方面较为重要的作品，主要有米莱科·乔瓦诺维奇《南斯拉夫的司法制度》（曾广载译，《西南政法学院学报》1979年第1期）、上野达彦《苏维埃刑事诉讼法中的"无罪推定"原则》（康树华译，《国外法学》1980年第1期）、阿帕德·艾尔代《匈牙利刑事诉讼中的辩护权》（吕甦译，《国外法学》1981年第4期）、伯纳德·施瓦茨《关于行政程序的几个问题》（徐炳译，《法学译丛》1983年第6期）、阿尔多罗·贡萨勒斯·哥西奥《论墨西哥行政诉讼法》（兰鸿春译，《法学译丛》1985年第5期）、茨·茨韦塔诺夫《保加利亚的行政诉讼》（徐晓晴译，《法学译丛》1987年第4期）、科林·T.瑞德《波兰的行政诉讼程序》（周汉华译，《法学译丛》1989年第1期）、皮埃卢·尚邦《法国的刑事预审起诉制度》（陈春龙、王海燕译，《法学译丛》1989年第6期）、詹姆士·哈泽德《美国民事诉讼中的举证责任》（李祥琴译，《法学译丛》1990年第5期）、杰瑞米·莱弗《为什么程序比实体法更重要》（肖凤城译，《比较法研究》2003年第4期）、Giampaolo Rossi《意大利行政程序法评述》（许玉镇译，《当代法学》2006年第4期）等等。

（三）法学研究方法的多元

在法学方法方面，1978年改革开放以后，随着"实践是检验真理的唯一标准"之思想解放运动的开展，阶级斗争色彩的淡化，意识形态控制的放松，在法学研究领域，我们所能接受和运用的方法，也越来越丰富，越来越多元。

首先，改革开放后，法学研究中最重要的方法——比较法开始传入。这方面的成果很丰富，主要者有勒内·达维、约翰·布赖尔利《比较法概说——论比较法的性质及其效用》（潘汉典译，《法学译丛》1979年第6期）、维克托·丹·茨拉捷斯库《法律比较方法论的几个方面》（黎钧译，《法学译丛》1984年第5期）、勒内·达维德《正义的基本原则——比较法的考察》（泮殿译，《法学译丛》1986年第6期、1987年第1期)、奥·凯恩·弗伦德《比较法与法律移植》(贺卫方译,《比较法研究》1990年第3期)、马克西尼斯《反思比较法的现状:英雄暮年》(苏彦新译,《华东政法大学学报》2008年第3期)等等(详见表5)。

表5 代表性比较法译文

作　者	作　品	译　者	刊　物	时　间
罗朗·威勒	马克思主义和比较法	刘燊等	法学译丛	1980.2
米凯尔·博丹	不同的经济制度与比较法	潘汉典	法学译丛	1980.5
克劳德·古里亚德	关于大气污染比较法的几个问题	焦庞颙	国外法学	1981.1
茨威格特、海因·克茨	比较法的效用和目的	潘汉典	法学译丛	1982.1
日夫科夫·斯坦列夫	社会主义法学中的比较方法	任　正	法学译丛	1982.6
伊姆雷·萨博	比较法的各种理论问题	潘汉典	法学译丛	1983.1 1983.2
B.A.图曼诺夫	论比较法学的发展	梁　溪	法学译丛	1983.2
让·康斯坦丁内斯库	论比较法学的流派与比较法	理　钧	法学译丛	1983.2
乔治·A.萨菲里乌	比较法在立法上的运用	潘汉典	法学译丛	1983.4
A.A.季列	法的体系是比较法学的研究对象	崔勇列	法学译丛	1983.5
亚历山德拉·基斯	比较法与国际公法	李适时	法学译丛	1984.1
M.昂塞尔	法国比较法发展两个值得忆念的日子	贾敬敬	法学译丛	1985.3
樱井雅夫	各国外资法的比较	于时化	法学译丛	1985.3
弗·罗曼尔、汤普森	欧洲公司法比较	高　敏	国外法学	1985.3
阿尔弗雷德·科纳德等	英、法、美和联邦德国公司法之比较	赵旭东	法学译丛	1985.4
乔治·W.皮尤	美国与法国刑事司法制度之比较	叶　逊	法学译丛	1986.4
阿瑟·范麦伦	比较法对国际私法理论与实践的贡献	陶德海	法学译丛	1987.1
野田良之	试论比较法文化学	战宪斌	比较法研究	1987.4
科基尼·亚特里道	比较法的某些方法论方面的问题	刘慈忠	法学译丛	1987.5
北川善太郎	英美法和大陆法中的合同比较	王　晨	国外法学	1987.5
W.E.巴特勒	中国与社会主义比较法研究	郭化成等	比较法研究	1988.1
C.F.克莉娜	社会主义刑法比较研究的方法论问题	薛　雪	比较法研究	1988.1
伊沃·D.达查斯克	州宪法之比较	刘同苏	法学译丛	1989.1

（续表）

作　　者	作　　品	译　者	刊　物	时　间
麦克斯·罗恩斯泰	比较法与法律制度	梁慧星	法学译丛	1989.3
小伍德福德·霍华德	从比较的观点看宪法和社会	李凌燕	法学译丛	1989.3
道田信一郎	日本与美国合同原理比较	骆美化	中外法学	1989.4
艾德华·麦克威利	法典法与普通法的比较	梁慧星	法学译丛	1989.5
法伊齐耶夫、A.萨伊多夫	苏维埃比较法学的发展	廉雅荣	比较法研究	1990.2
乔纳森·希尔	比较法、法律改革和法学理论	周昭益	法学译丛	1990.4
巴塞尔·马克斯尼斯	比较法研究应注重判例	吴玉章	法学译丛	1991.3
阿兰·沃森	作为一个学科的比较法	俗　僧	法学译丛	1991.5
真田芳宪	比较法的方法与今日的课题	华　夏	比较法研究	1993.3
M.克斯特尔	欧洲同性恋立法动态的比较考察	邓建中	比较法研究	2004.2
M.戴尔玛斯·马蒂	比较法对国际刑事法庭工作的影响	王玉芳等	比较法研究	2004.6
米海依尔·戴尔马斯-玛蒂	比较法研究与法律国际化	石佳友等	法学家	2005.1
乌尔里希·齐伯	刑法比较研究的任务与方法	王　莹	中外法学	2008.1
戴维·S.克拉克	现代美国比较法发展：1904—1945年	董春华	比较法研究	2010.2
波洛克	比较法学的历史	张小平	比较法研究	2011.5
马克·图什奈特	为什么比较宪法	王　锴	华东政法大学学报	2012.1

其次，改革开放40年来，我们还通过翻译国外经典，不断引入了其他研究方法。如斯蒂格·斯特隆姆霍尔姆的斯堪的纳维亚的法哲学方法，①A.Б.文格罗夫、A.A.波多普里戈拉、B.A.拉苏多夫斯基②等人的科学技术方法，詹姆斯·贝里、唐·帕克、蒂莫西·哈珀③等人的计算机研究方法，M.H.叶尼克耶

① 参见［瑞典］斯蒂格·斯特隆姆霍尔姆：《斯堪的纳维亚的法哲学方法》，李泽锐译，《法学译丛》1982年第1期。

② 陈汉章译，《法学译丛》1984年第1期；王长青译，《法学译丛》1986年第2期；于德胜译，《法学译丛》1986年第3期。

③ 孟宪明、吴照发译，《法学译丛》1984年第2期；周叶谦译，《法学译丛》1984年第6期；同心译，《法学译丛》1985年第5期。

夫等人的法律心理学方法，①O.A.加夫里洛夫等人的数学方法，②И.С.萨莫先科、C.H.勃拉图西等人的控制论、系统论研究方法，③理查德・A.波斯纳、戴维・弗里德曼等人的法律经济学方法，④E.唐纳德・埃利奥特等人的法律进化论方法，⑤阿兰・亨特、理查德・拉卡由等人的批判法学方法，⑥彼得・H.舒克等人的经验主义研究方法，⑦B.B.拉巴耶娃、菲利浦・诺纳特、杰罗姆・E.卡林、查利斯・麦卡琪等人的社会学研究方法，⑧埃德加・波顿海默等人的新分析法学方法，⑨以及文化学、人类学、历史学、知识考古学等等的方法，也都在 40 年改革开放的进程中，由外国法制史学界引入了中国。

四、外国法制史研究的深入：人物、作品与文化

随着外国法制史研究的深入，除了实体法和程序法成果以及方法论成果等之外，外国法律文明中的人物、作品和文化要素，也开始为我国法学界所关注，逐步被引介进入了中国法学理论和法律实践之中。

在引进外国法学人物方面，对人类法律文明的进步作出贡献的古今人物，都开始得到重视，受到关注，得到研究，比较突出的有古代罗马法学家盖尤斯（Gaius，约 130—180）、帕比尼安（Papinian，约 140—212）、乌尔比安（Ulpian，约 170—228），中世纪意大利法学家巴托鲁斯（Bartolus，1314—1357），法国法学家居亚斯（Cujas，1522—1590），英国法学家贞提利斯（Gentilis，

---

① 许佩云译，《法学译丛》1984 年第 5 期。

② 昇莉译，《法学译丛》1985 年第 1 期。

③ 王长青译，《法学译丛》1985 年第 6 期；王正泉译，《国外法学》1980 年第 1 期。

④ 莱夫译，《法学译丛》1986 年第 4 期；蒋兆康译，《法学译丛》1990 年第 6 期。

⑤ 仁堪译，《法学译丛》1986 年第 5 期。

⑥ 吴玉章、邱水平译，《法学译丛》1989 年第 6 期；信春鹰译，《国外法学》1986 年第2 期。

⑦ 刘同苏、侯君丽译，《法学译丛》1990 年第 4 期。

⑧ 李锦章译，《法学译丛》1990 年第 6 期；吉达珠译，《法学译丛》1991 年第 1 期；梁根林译，《国外法学》1986 年第 1 期。

⑨ 周新铭译，《国外法学》1984 年第 3 期。

1552—1608）、培根（Bacon，1561—1626）、塞尔登（Selden，1584—1654）、苏支（Zouche，1590—1660）、布莱克斯通（Blackstone，1723—1780）、边沁（Bentham，1748—1832）、奥斯汀（Austin，1790—1859）和哈特（Hart，1907—1992），近代荷兰法学家格劳秀斯（Grotius，1583—1645），法国法学家柯尔贝尔（Colbert，1619—1683）、朴蒂埃（Pothier，1699—1772）和孟德斯鸠（Montesquieu，1689—1755），德国法学家莱布尼茨（Leibnitz，1646—1716）、普芬道夫（Pufendorf，1632—1694）、萨维尼（Savigny，1779—1861）和耶林（Ihering，1818—1892），意大利法学家维柯（Vico，1668—1744）和贝卡利亚（Beccaria，1735—1794），瑞士法学家瓦特尔（Vattel，1714—1767），美国法学家霍姆斯（Holmes，1841—1935）、庞德（Pound，1870—1964）、富勒（Fuller，1902—1978）、德沃金（Dworkin，1931—2013），日本法学家穗积陈重（1855—1926）等等。①

在引进外国经典法学作品方面，改革开放40年来，我们也取得了历史性的成就。国外绝大多数法学名著，几乎都已经被译介到了中国，其中代表性的作品有：亚里士多德的《政治学》，西塞罗的《论共和国》《论法律》，阿奎那·托马斯的《阿奎那政治著作选》，洛克的《政府论》，卢梭的《社会契约论》，汉密尔顿、杰伊和麦迪逊的《联邦党人文集》，黑格尔的《法哲学原理》，托克维尔的《论美国的民主》，梅因的《古代法》，威格摩尔的《世界法系概览》，韦伯的《论经济与社会中的法律》，拉德布鲁赫的《法学导论》，拉伦茨的《法学方法论》，我妻荣的《债权在近代法中的优越地位》，哈耶克的《法律、立法与自由》，达维德的《当代主要法律体系》，博登海默《法理学：法律哲学与法律方法》，茨威格特、克茨的《比较法总论》，考夫曼的《法律哲学》，波斯纳的《法律的经济分析》等等。总之，从柏拉图（Plato，

① 关于这些著名法学家的详细事迹，可以参见何勤华主编：《20世纪百位法学家》，法律出版社2001年版；何勤华主编：《西方法学家列传》，中国政法大学出版社2003年版；徐爱国：《世界著名十大法学家评传》，人民法院出版社2008年版；［英］约翰·麦克唐纳、爱德华·曼森编：《世界上伟大的法学家》，何勤华、屈文生、陈融等译，上海人民出版社2012年版等。

公元前 427—前 347）的《法律篇》，到当代西方学者哈贝马斯（Jürgen Habermas，1929— ）的《在事实与规范之间》等，都进入了中国法律人的视野。①

当然，决定法律制度生成和运作的是其背后的文化。40 年来，我国在引进外国优秀的法律文化方面，也做出了努力。如 S.温伯格等的《论美国的法律文化》（潘汉典译，《法学译丛》1981 年第 1 期）一文，讨论了美国人对于法律的知识、信仰和态度，利用教育制度来提高儿童的法律认识水平，美国人对于公民自由权的态度，对最高法院、下级法院、警察以及律师的态度等。此外，野田良之《试论比较法文化学》（战宪斌译，《比较法研究》1987 年第 4 期）、珊·芬德尔《美国的法律文化观点》（郭宝平译，《中外法学》1989 年第 1 期）、弗朗茨·维亚克尔的《欧洲法律文化的基础》（周仲飞译，《法学译丛》1991 年第 3 期）、亚伯拉罕·艾德尔、伊丽莎白·弗罗尔《关于法文化概念的思考》（梁治平译，《比较法研究》1994 年第 3、4 期）、小杉丈夫《美国法文化对日本法律实务的影响》（《中外法学》1995 年第 4 期）、植田信广《日本传统法律文化及其历史背景》（《中外法学》1996 年第 4 期）、迈克尔·帕尔马《灰色地带：反腐败法律的文化分析》（李昌林译，《现代法学》2008 年第 5 期）等等的成果，也扩大了中国法学界对西方法律文化的认识。

40 年来我们翻译的西方法律文化著作也很丰富，如 H.埃尔曼《比较法律文化论》（贺卫方、高鸿钧译，清华大学出版社 2002 年版）、内尔肯《比较法律文化》（高鸿钧等译，清华大学出版社 2003 年版）、真田芳宪《日本的法律继受与法律文化变迁》（华夏、赵立新译，中国政法大学出版社 2005 年版）、梅特兰·贝克《英格兰法与文艺复兴》（易继明、杜颖译，北京大学出版社 2012 年版）、A.波考克《古代宪法与封建法：英格兰 17 世纪历史思想研究》（翟小波译，译林出版社 2014 年版）、康托洛维茨《国王的两个身体》（徐震宇译，华东师范大学出版社 2018 年版）等等。

① 关于这些作品的详细介绍与评述，可以参见我国学者吕世伦、张文显、许章润、舒国滢、徐爱国、史彤彪、张乃根和何勤华等人的相关作品。

五、外国法制史研究的价值：法观念的传播与普及

在改革开放40年外国法制史成长的历程中，对中国法学研究和法治实践，以及对中国经济、政治、文化和社会文明整体推动意义最大的，是人类在数千年中所凝练的法律文明成果，尤其是其中的法观念。这些法观念，主要有：(1) 法的信仰；(2) 法律的目的是为人民谋幸福；(3) 法律至尊至上（法治）；(4) 国家是社会契约的产物，是人民的创造物；(5) 人民是政府的主人（主权在民）；(6) 所有人生而平等自由，并享有不可剥夺的天赋权利；(7) 法律面前人人平等；(8) 自由就是做法律所允许的事情；(9) 权力必须分立，互相制约；(10) 罪刑法定；(11) 罪刑相适应；(12) 刑罚必须人道；(13) 审判独立；(14) 无罪推定；(15) 人权的基本保障。

受篇幅所限，下面我们仅对法的信仰、良法之治、权力制约、人权保障和私有财产神圣不可侵犯等五个法观念在中国的传播和定着，做些阐述。

（一）法的信仰

在改革开放之前，讲到信仰，那一定就是宗教的信仰。而对什么是信仰，学术界又有分歧，如有的认为，信仰是指对某种主张、主义、宗教或某人极其相信和尊敬，作为自己行动的指南或榜样；有的认为是指对圣贤的主张、主义或对神的信服和尊崇，并把它奉为自己的行为准则，①等等。信仰必须真诚，必须发自内心，必须纯正，否则，“信仰就不成其为信仰”，宗教也不成其为宗教，“真正的宗教的全部生命和动力，只在于内在的心灵里的确信”。②正是在这种意义上，西方一批法学家提出了在法治国家建设进程中，必须培育民众的法的信仰。而在中国，在1978年改革开放之前，连法治的地位尚且没有得到认

---

① 这种观点还认为，信仰与崇拜经常联系在一起，但是与崇拜还有不同。信仰主要针对“观念”，而崇拜主要针对某个“个体”。参见 http://zh.wikipedia.org/wiki/信仰，2014年1月11日访问。笔者以为，这个说法一般而言是可以的，但也不能绝对化，因为信仰也可以归结为某个“个体”。

② ［英］洛克：《论宗教宽容》，吴云贵译，商务印书馆2009年版，第6页。

可，法的信仰更是无从谈起。但改革开放之后，随着法治的推进，法的信仰也跟着进入了中国的法治建设之中。1991 年，美国学者伯尔曼的《法律与宗教》一书被译介入中国。在该书中，伯尔曼指出："法律必须被信仰，否则它将形同虚设。"①对此，不仅法学理论界纷纷赞同，而且立法和司法实务部门也都予以认可。目前，中国的官方机构也开始全面宣传和提倡，"法治信仰"成了一个常用词，受到全国上下的高度重视。

（二）良法之治

良法之治，是法治的题中之义，这是古代希腊思想家亚里士多德（Aristotélēs，公元前 384—前 322）在《政治学》中提出来的。亚氏指出：法治应包括二重含义，一是城邦国家的法律必须得到严格的执行，二是我们所严格执行的法律，必须是制定的良好的法律。②良法之治，作为古代西方思想家的经典观点，为西方社会两千年的法治传统奠定了基础，改革开放之后，它不仅为我们法学理论界广泛认同，出现在我国学者的著述中，也传播于法律教育领域，并且最终被 2014 年中国共产党第十八届四中全会的决定所肯定。决定明确指出："法律是治国之重器，良法是善治之前提。"在 2017 年 10 月召开的党的十九次全国代表大会上，又被吸纳入党的工作报告，在提法上进一步有了发展："以良法促进发展、保障善治。"这说明，良法之治，作为西方的一个法观念，不仅被引入了中国，而且已经成为了我们党和国家的基本指导思想。

（三）权力的分立和制约

权力如果不受限制，必将走向腐败。法国思想家孟德斯鸠的这一论点已经成为全人类的共识。改革开放以后，关于权力分立和权力制约的法观念，也开始传入中国法学界。虽然，我们没有明确表示，要吸收西方"三权分立、三权制衡"的理论，但权力必须受到制约，否则必将走向腐败的观点，已经为中国政府和知识界所普遍认同。在这方面，外国法制史研究也贡献了许多作品，如沃尔特·E.沃尔科默的《美国总统的权力及其限制》（王德祥译，《法学译丛》

① ［美］哈罗德·J.伯尔曼：《法律与宗教》，梁治平译，三联书店 1991 年版，第 28 页。

② 参见［古希腊］亚里士多德：《政治学》，吴寿彭译，商务印书馆 1965 年版，第 199 页。

1981年第6期)、陈太宝的《中世纪西欧法律观念下的王权》(《北方论丛》2011年第4期)、何勤华、王帅的《法治与王权的博弈：布雷克顿的实践》(《政治与法律》2014年第12期)、陈刚的《论英格兰“王在法下”法治理念的生成》(《比较法研究》2015年第5期)等等。

(四) 人权保障

在新中国的前30年，人权是一个禁区。改革开放后，在郭道晖、李步云、刘海年、徐显明、夏勇、王人博、齐延平等的努力下，人权的概念及其观念开始进入中国，并得到全国上下的认可和重视，被规定进了我国宪法。维护和保障人权，发展与弘扬人权，遂成为新时代中国特色社会主义法治建设的重要内容。在这方面，除了徐显明、齐延平等所编辑的“人权研究”丛书之外，外国法制史研究的以下成果也作出了不小的贡献(详细参见表6)。

表6 代表性人权问题译文

作　者	作　品	译者	刊物	时间
让·里弗罗	法国法律上对人权的宪法保障	王名扬	法学译丛	1979.3
杰里米·赫顿	美国宪法上的私生活秘密权	朱文英	法学译丛	1980.6
瓦尔特·塔诺波尔斯基	论1982年加拿大权利与自由宪章	潘汉典	法学译丛	1982.5
平川宗信	私生活的概念与刑法对私生活的保护	毕英达	法学译丛	1987.4
B.A.卡尔塔希金	人权与国际意识形态斗争	韩延龙	法学译丛	1987.4
A.J.M.米内尔	关于人权的观念	夏　勇	法学译丛	1991.5
B.G.拉姆查伦	20世纪90年代人权的国际保护战略	寒　生	法学译丛	1991.6
洛里·菲斯勒·达姆罗施	人权和国家制度价值观	群　英	法学译丛	1991.6
莫里斯·克兰斯顿	什么是人权	蒋兆康	外国法译评	1992.3
米哈依洛夫斯基	马克思列宁主义的人权观	肖周录等	外国法译评	1992.3
科斯特·R.马海路	人权和发展：一种非洲观点	黄　列	外国法译评	1992.3
胡果·佛罗林	拉美宪法中的人权内容	雷　雷	外国法译评	1992.3
戴维·吉利斯	人权与国家主权	李　林	外国法译评	1992.5
R.J.文森特	外交政策中的人权	曹　力	外国法译评	1992.5
真田芳宪	人的尊严与人权	鲍荣振	外国法译评	1993.2
凯肖·马布巴尼	东南亚国家联盟作出反应的新领域：环境、人权和民主	黄　列	外国法译评	1993.2

（续表）

作　　者	作　　品	译者	刊物	时间
C.B.博博托夫等	当代法国的公民权利与自由观	陈维新	外国法译评	1993.3
迈克尔·伊格勒蒂夫	作为偶像崇拜的人权	胡水君	环球法律评论	2005.4
平野龙一	刑事程序对人权的保障	龚刃韧	中外法学	1990.5
路易斯·亨金	人权概念的普遍性	王晨光	中外法学	1993.4
吕西安·若姆	1789 年人权宣言的理论困境与法律适用	马　贺	华东政法大学学报	2012.1
科斯塔斯·杜兹纳	“人权的终结”六论	江兴景	法学家	2007.2

（五）私有财产神圣不可侵犯

在古代罗马，虽然私法很发达，但对私有财产或者说个人财产所有权的法律保护在前期是不平等的。当时法律中存在着市民法所有权、裁判官法所有权和万民法所有权等不同的所有权形态，法律依此给予不同的保护。随着罗马法治社会的进步，公元 212 年，罗马皇帝卡拉卡拉（Caracalla，211—217 年在位）颁布著名的《安敦尼努敕令》(Constitutio Antoniniana)，①将罗马公民权授予帝国境内的所有自由民（包括外邦人），这样，不同种类的所有权之间的差别就开始消除，罗马人在财产上的法律平等才真正得以实现，从而带来了所有自由民在法律面前平等的真正实现。而个人财产所有权得到国家法律的平等保护，就使个人通过奋斗获得财产的劳动得到了尊重，私有财产神圣性也得到了彰显。私有财产神圣不可侵犯的观念开始萌发，并成为罗马法上的一个重要价值观，成为罗马留给后世的法律遗产之一。改革开放以后，私有财产神圣不可侵犯的观念也传入中国，并在 2004 年宪法修正案得以落根，成为我国一项重要的法治原则。②

六、结语：外国法制史研究的反思：海纳百川，有容乃大

回顾 40 年外国法制史研究的成长，以及近 70 年新中国法治建设的曲折道

① 皇帝卡拉卡拉的本名，就是安敦尼努（Antoniniana）。

② 参见何勤华：《法学观念本土化考》，《中外法学》2013 年第 2 期。

路，我们深切地体会到，是改革开放，给了外国法制史研究的发展空间和成长动力；是改革开放，给了外国法制史这门学科以生命和灵魂。随着我国改革开放国策的继续和加大，外国法制史学科会受到更多的重视，外国法制史研究也会更加繁荣。当然，反思该学科的历史以及面对其未来的发展，我们感觉还是有一些认识需要进一步统一，有些观念需要进一步解放，有些禁忌需要进一步打破。

（一）研究对象尚不平衡

在以往的外国法制史研究中，涉及英、美、法、德、日等西方法治发达国家比较多，而对广大发展中国家，甚至一批中等发展国家如加拿大、澳大利亚等的比较少。虽然，我们在 20 世纪 80 年代曾出版过上海社会科学院法学研究所编译室编译的《各国宪政制度和民商法要览》（全五册，法律出版社 1986 年版）等系列译丛。之后又有徐国栋、徐涤宇等组织的发展中国家民法典翻译系列，但总体量太少。所以，随着外国法制史研究的深入，以及“一带一路”国家倡议的落实，我们必须将更多国家纳入我们研究的范围。在这方面，最高人民检察院于 2012 年组建的《世界各国宪法》编辑委员会，以及其出版的成果《世界各国宪法》，为我们做出了很好的榜样。该书将联合国所属 192 个国家的成文宪法全部译为中文，从而为我们了解这些国家的宪法以及国家制度等提供了宝贵的文献资料。宪法学界的这一开拓性成果为我们其他法学学科提供了很好的范例。

表 7　各国宪法译成中文表①

国　家	时间	国　家	时间	国　家	时间	国　家	时间
亚洲：阿富汗	2004②	阿联酋	1971	阿曼	1996	阿塞拜疆	1995
巴基斯坦	1973	巴林	2002	不丹	2008	朝鲜	1972
东帝汶	2002	菲律宾	1987	格鲁吉亚	1995	哈萨克斯坦	1995

① 据《世界各国宪法》编辑委员会编著《世界各国宪法》（全四卷，中国检察出版社 2012 年版）制表。

② 指现行宪法实施的时间，以下同。

（续表）

国　家	时间	国　家	时间	国　家	时间	国　家	时间
韩国	1948	吉尔吉斯斯坦	2010	柬埔寨	1993	卡塔尔	2005
科威特	1963	老挝	1991	黎巴嫩	1926	马尔代夫	2008
马来西亚	1957	蒙古	1992	孟加拉国	1972	缅甸	2011
尼泊尔	2007	日本	1947	沙特阿拉伯	1992	斯里兰卡	1978
塔吉克斯坦	1994	泰国	2007	土耳其	1982	土库曼斯坦	2008
文莱	1959	乌兹别克斯坦	1992	新加坡	1965	叙利亚	2012
亚美尼亚	1995	也门	1991	伊拉克	2005	伊朗	1979
以色列	1992	印度	1950	印度尼西亚	1945	约旦	1952
越南	1992	欧洲：阿尔巴尼亚	1998	爱尔兰	1937	爱沙尼亚	1992
安道尔	1993	奥地利	1920	白俄罗斯	1994	保加利亚	1991
比利时	1994	冰岛	1944	波兰	1997	波斯尼亚和黑塞哥维那	1995
丹麦	1953	德国	1949	俄罗斯联邦	1993	法国	1958
芬兰	2000	荷兰	1815	黑山	2007	捷克	1993
克罗地亚	1990	拉脱维亚	1922	立陶宛	1992	列支敦士登	1862
卢森堡	1868	罗马尼亚	1991	马耳他	1964	马其顿	1991
摩尔多瓦	1994	摩纳哥	1962	挪威	1814	葡萄牙	1976
瑞典	1810①	瑞士	2000	塞尔维亚	2006	塞浦路斯	1960
圣马力诺	1974	斯洛伐克	1992	斯洛文尼亚	1991	乌克兰	1996
西班牙	1978	希腊	1975	匈牙利	2012	意大利	1948
英国	1215②	非洲：阿尔及利亚	1996	埃及	1971	埃塞俄比亚	1995
安哥拉	2010	贝宁	1990	博茨瓦纳	1966	布基那法索	1991

① 瑞典宪法是由《王位继承法》（1810 年，1979 年最后一次修正）、《出版自由法》（1949 年，2011 年最后一次修正）、《表达自由基本法》（1991 年，2011 年最后一次修正）、《政府组织法》（1974 年，2010 年最后一次修正）等四部基本大法所组成。

② 英国是典型的不成文宪法国家，其宪法由《自由大宪章》（1215 年）、《权利法案》（1689 年）、《人权法》（1998 年）等重要宪法性文件所组成。

（续表）

国　家	时间	国　家	时间	国　家	时间	国　家	时间
布隆迪	2005	赤道几内亚	1982	多哥	1992	厄立特里亚	1997
佛得角	1992	冈比亚	1996	刚果（布）	2002	刚果（金）	2006
吉布提	1992	几内亚	2010	几内亚比绍	1984	加纳	1993
加蓬	1991	津巴布韦	1979	喀麦隆	1972	科摩罗	2001
科特迪瓦	2000	肯尼亚	2010	莱索托	1993	利比里亚	1986
利比亚	1969	卢旺达	2003	马达加斯加	2010	马拉维	1994
马里	1992	毛里求斯	1968	毛里塔尼亚	1991	摩洛哥	2011
莫桑比克	2004	纳米比亚	1990	南非	1997	南苏丹	2011
尼日尔	2010	尼日利亚	1999	塞拉利昂	1991	塞内加尔	2001
塞舌尔	1993	圣多美和普林西比	2003	斯威士兰	2006	苏丹	2005
索马里	1960	坦桑尼亚	1977	突尼斯	1959	乌干达	1995
赞比亚	1991	乍得	1996	中非	2004	美洲：阿根廷	1853
安提瓜和巴布达	1981	巴巴多斯	1966	巴哈马	1973	巴拉圭	1992
巴拿马	1972	巴西	1988	秘鲁	1993	玻利维亚	2009
伯利兹	1981	多米尼加	2010	多米尼克	1978	厄瓜多尔	2008
哥伦比亚	1991	哥斯达黎加	1949	格林纳达	1974	古巴	1976
圭亚那	1980	海地	2011	洪都拉斯	1982	加拿大	1867
美国	1789	墨西哥	1917	尼加拉瓜	1987	萨尔瓦多	1983
圣基茨和尼维斯	1983	圣卢西亚	1979	圣文森特和格林纳丁斯	1979	苏里南	1987
特立尼达和多巴哥	1976	危地马拉	1986	委内瑞拉	1999	乌拉圭	1967
牙买加	1962	智利	1981	大洋洲：澳大利亚	1901	巴布亚新几内亚	1975
斐济	1998	基里巴斯	1979	马绍尔群岛	1979	密克罗尼西亚	1979
瑙鲁	1968	帕劳	1981	萨摩亚	1962	所罗门群岛	1978
汤加	1875	图瓦卢	1978	瓦努阿图	1980	新西兰	1987

（二）外国法制史研究高端人才的培养任务艰巨

与上述一点相联系，要展开对广大发展中国家法律制度的研究，需要大量懂小语种的人才。而就我国外国法制史（包括法理和各个部门法）研究队伍的现状来说，对外语的掌握还是不够的，能够熟练运用的人更少，且主要偏向于英语，出国留学选择的国家也是英、美、加、澳尤其以美国居多。其他语言，就是像日语、法语、德语、西班牙语和阿拉伯语这些在世界上使用比较广泛的语言，懂的人也很少。至于懂其他发展中国家的语言的人，就更加少了。因此，要使外国法制史研究发展繁荣，培养懂各小语种人才的任务刻不容缓。①

（三）外国法制史的学科地位需要进一步重视

一方面，外国法制史研究，在我们国家的改革开放事业中，占有重要的地位；另一方面，其学科地位和教学研究活动，又常常被忽视。在各个大学的教学方面，安排外国法制史课程的政法院系不是很多，加之外国法制史没有能够被列入 16 门法学主干课程之内。在这种情况下，选修外国法制史课程和专业的大学生和研究生会越来越少，在可以预见的若干年内，外国法制史研究领域就会出现青黄不接、后继乏人的结局。而在科研方面，外国法制史也遭遇到非常大的困难，有些权威杂志，明确规定不刊登外国法制史学科的文章，从而使该学科即使有成果，也很难发表，这也对该学科的发展带来不利的影响。因此，繁荣外国法制史研究，必须要靠全体外法史学人的加倍努力。我们应不断开设出适应国家改革开放战略的新课，也要将研究的触角伸入广大发展中国家、民族与地区。只有这样，才能慢慢扩大外国法制史学科的影响力，提升该学科的地位。

总之，纵观人类法律文明史，每个国家和民族，其法律制度在成长过程，都是通过不断借鉴、吸收其他国家和民族优秀的法律文明，再结合自己国家或民族的具体情况，予以融会贯通之后，发展起适合自己情况的更加进步的法律制度。古代美索不达米亚法律文明的成长是这样，古代希腊、罗马，包括近代以后英、美、法、德、日等国家法律成长的道路，也是这样。在当代世界，任何一个国家的发展，都离不开世界的整体发展；任何一个国家的进步，都无法

① 在这方面，目前一些学校如中国政法大学、华东政法大学、中南财经政法大学、上海外国语大学和上海政法学院等已经开始在做一些工作了。

忽视或者回避周边世界的变化。一个国家，一个民族，只有海纳百川，吸收其他国家和民族发展中各个方面的优点和长处，才能使自己更加茁壮成长。而外国法制史研究及其成果，就可以为此作出非常特殊和有价值的贡献。法律，作为一种精密的制度安排，既需要紧密联系本国的实践，更需要吸收其他民族、国家和地区优秀的法律文明成果，因为作为治理社会、治理国家的经验总结，法律文明对每个国家都有相通的价值。即使中华法律文明，也是在广泛吸收外族、外邦和外国的法律文明的基础上，才一步步发展至今天的。应该相信，外国法制史研究的充分展开，必将为中国的法治建设事业带来良善的治国经验，丰厚的历史遗产。

（原载《法学》2018 年第 7 期）

5. 新中国外国法制史研究 70 年
——以学术热点的探索与争鸣为中心

何勤华　周小凡*

［摘要］　新中国成立 70 年来，外国法制史学科的发展经历了“创立—停滞—发展”三大时期，其发展道路虽坎坷曲折，成就却卓越醒目，而发展的过程离不开学者们对学术热点的探索与争鸣。学术争鸣是学术进步的原动力，也是学术发展的客观规律之一。关于外国法制史的学科建设、法系理论、法律移植理论、多元法律文化理论、法律与宗教关系等，就是外国法制史学界持续讨论的学术热点，其争鸣彰显了学术争鸣对推动学科进步发展的重要意义。回顾中国法律学术争鸣的历史可以发现，新中国外国法制史研究中的学术争鸣，只是中国近代学术争鸣传统的延续而已。

中国大学开设外国法制史课程的历史，可追溯到 20 世纪初的清末，①至中华民国北京政府时期，又新增了罗马法、比较法制史等课程。1949 年新中国成立后，中国人民大学法律系于 1950 年代初，开设了以苏联的“国家与法权通史”为依托的外国法制史课程，代替旧有的西洋法制史课程。但随着 1960 年

---

*　何勤华，华东政法大学法律文明史研究院教授；周小凡，华东政法大学法律学院博士研究生。

【基金项目】上海市哲社规划“三大系列”一般课题“中国特色社会主义法治的形成与发展研究”（2017BHC012）。

①　1904 年清政府颁布《大学堂章程》，其中“法律学科目”规定的“主课”中包括：“东西各国法制比较、各国宪法、各国民法及民事诉讼法、各国刑法及刑事诉讼法、各国商法、交涉法、泰西各国法。”章程特别解释了“泰西各国法”是指罗马法、英吉利法、法兰西法、德意志法。参见《大清法规大全》第二册，转引自曾尔恕：《外国法制史学科在我国的发展与展望》，《外国法制史研究》，北京：法律出版社，2009 年，第 489 页。

代初中苏关系恶化，苏联的法律也不再讲授。改革开放后，我国外国法制史学科从原“国家与法权通史”中脱胎而出，成为一门独立的学科。[①]新中国成立70年来，学界对外国法制史的研究经历了一系列的理论更迭和范式变迁，才取得了如今的成就。总结该期间有关外国法制史研究的学术热点，梳理学者们对相关理论的探索与争鸣，对我们进一步发展与壮大这门学科，具有重要的意义。

新中国70年外国法制史研究的学术成就

回顾过去的70年，外国法制史研究取得了可圈可点的学术成就，体现在学会活动、学术成果、学科教育与人才培养等多个方面。

（一）学会活动

谈及外国法制史研究的学会活动，首先必须提到1982年全国外国法制史研究会的成立和第一届学术研讨会的召开。这届年会主要为制定外国法制史研究会的章程作出规划，其后每届年会都围绕不同的学术主题展开，各类主题所涉内容多样，有关于外国法制史学科未来建设的方向，如1986年第4届年会讨论了外国法制史学科如何为中国社会主义法制建设服务，以及对于外国法制史学科体系设想的问题；也有对当下学术热点的聚焦，如2000年第13届年会，研讨了法律移植和法律的本土化的问题；亦有对与学科相关的历史性时刻的纪念，如2019年召开的第32届年会，主要是为了纪念具有近代宪法文明起源意义的《魏玛宪法》颁布100周年。

自1982年至今，年会活动更迭不息，学术问题讨论不止，会议主题在深度和广度上不断拓展，外国法制史学科的研究也日益精进。值得一提的是，1984年，外国法制史研究会编辑出版了第1卷论文集，名为《外国法制史论文汇刊》（武汉大学出版社），1990年出版了第2卷《外国法制史论文集》（中山大学出版社）。2001年5月，由何勤华主编，出版了第3卷论文集《法的移植

① 陈颐：《在中国理解世界，从世界观照中国——四十年外国法制史研究观感》，《法治现代化研究》2018年第5期。

与法的本土化》(法律出版社)。此后历届年会，均于次年出版相关的学术论文集，为外国法制史研究留下了宝贵的学术财富，至今已出版《外国法制史研究》论文集共计 20 卷。

(二) 学术成果

学术成果的丰硕体现在教材编纂、专著出版，以及论文发表等多个方面。教材编纂方面，新中国成立初始，我国从苏联翻译出教科书《国家与法权通史》。1956 年以后，中国人民大学法律系编写了上、中、下三册本《外国法制史讲义》。①1978 年改革开放之后，随着外国法制史学科的正式定名，全国各高校逐渐恢复法律史专业的招生，对新体例下外国法制史教材的需求迅速扩大，众多外国法制史教材陆续出版。据统计，改革开放至今，我国已编写出版外国法制史教材 100 余种。②

除教材编纂外，相关学术专著的成果也是可圈可点。从类别上看，可以分为外国法制史通史和不同历史时期中不同国家、区域的具体法律制度两大块。前者的主要成果有何勤华主持，由全国 25 所高校及科研机构 220 余名专家学者共同努力进行的“法律文明史”系列丛书的编写，自 2014 年以来，该系列已陆续出版了《法律文明的起源》《宗教法》《中世纪欧洲世俗法》《大陆法系》等共九卷的成果。后者的主要成果所涉范围广阔，横向上看，包含了有关古代美索不达米亚地区法研究、古埃及法研究、古希腊法研究、古代罗马法研究、基督教会法研究、日耳曼法研究、伊斯兰法研究、英美法系研究等多个领域；纵向上看，包含了对专门国家的具体法律制度，诸如宪法、民法、刑法、商法、专利法、土地法、司法制度等所做的研究。③改革开放 40 年来，外国法制史领域已出版专著约 200 部，发表论文约 900 篇。④

(三) 学科教育与人才培养

在学科教育和人才培养方面，1950 年代初，外国法制史课程的讲授主要是

① 参见叶秋华：《外国法制史学科形成的历史基础与发展演进》，《河南省政法管理干部学院学报》2011 年第 4 期。

②③④ 参见何勤华、王静：《改革开放四十年与外国法制史的成长》，《法学》2018 年第 7 期。

学习苏联。中国人民大学法律系首先开设的就是从苏联引入的“国家与法权通史”和“苏维埃国家与法权通史”这两门课（分别由林榕年和傅兴岭讲授）。之后因中苏关系的逐渐疏远，“苏维埃国家与法权通史”课程被并入“国家与法权通史”之中，成为了一门课，这就是新中国早期的外国法制史教育。1977年，中国法学教育恢复，外国法制史这门学科被正式固定下来，是年恢复高考，北京大学和吉林大学等高校率先恢复了对本科生外国法制史的教育。次年，又开始了外国法制史专业硕士研究生的培养工作。1979年，北京政法学院恢复，曾尔恕成为该院最早一批外国法制史研究生。1981年，华东、西南、西北政法学院，以及北京大学、厦门大学、中国人民大学、安徽大学等校均开始招收外国法制史专业硕士研究生。高鸿钧、米健、何勤华、梁治平、张恒山、贺卫方等是这个时期入学的外国法制史专业的研究生。1984年之后，外国法制史专业博士研究生的培养开始起步。①据统计，截至2017年底，我国已有24所高校、研究院拥有了法律史专业博士点，培养中国法制史和外国法制史专业的博士研究生。②

外国法制史的主要学术热点及争鸣

外国法制史介绍、评判西方法律制度，关注外国法的历史发展、时代精神及其与中国法的关系，在外国法制史领域，对各种法律理念、原则、制度、方法等的探索与争鸣活跃且激烈。梳理外国法制史发展中的学术热点及争鸣，探究其发展的规律，总结经验，对促进本学科的发展具有重要意义。

（一）关于外国法制史的学科建设

首先，新中国成立初期，外国法制史的研究对象就是“国家与法权通史”的研究对象，即“如何并在何种条件之下在历史上存在过的人类社会中发生了阶级划分，并产生了一定类型的生产关系及与之相适应的国家与法权

---

① 详细见何勤华：《新中国外国法制史学60年》，《河南政法管理干部学院学报》2011年第4期。

② 参见西北政法大学中华法系与法治文明研究院推送：https://mp.weixin.qq.com/s/D8aUnYDHOxsg8UNcTbhS_A，2019年9月4日。

上层建筑”。[①]后随着中苏关系恶化，苏联研究模式被逐渐摒弃，其过分重视阶级属性以及国家法权理念的研究也受到批驳。1977 年法学教育恢复后，学界展开了对外国法制史学科研究对象的广泛讨论。1982 年，陈盛清在其主编的《外国法制史》中，将外国法制史的研究对象重新定义为“历史上不同类型法律制度的产生、本质和表现形式”，也就是“研究一定的统治阶级是在什么样的历史条件下，通过什么方式把本阶级的意志提升为法律的”，[②]由此可见，书中对外国法制史研究对象的认定并没有完全摆脱苏联的模式。1987 年，徐轶民主编并出版《外国法制史教学大纲》，书中认为“（外国法制史）是研究外国各种类型法律制度产生和演变的科学。它是通过各种法律制度的基本内容、表现形式、主要特点和阶级实质探讨其发展规律的科学”，这使得外国法制史学科的研究对象被基本固定了下来。[③]

其次，外国法制史学科的研究体系也值得探讨。新中国成立初期，外国法制史学科所依据的苏联教材《国家与法权通史》，采用“四大块”的体系，按照“奴隶制”“封建制”“巴黎公社前资本主义时期”和“巴黎公社、帝国主义时期资产阶级国家与法权”四个大的阶段为划分依据，讲述法权通史。但这种体系框架存在国家与法不分、对象不清、内容杂乱、涉法范围小等缺陷。[④]1980 年代后，在新成立的全国外国法制史研究会的指导下，新的编纂体系得以面世，1987 年，陈盛清主编的《外国法制史》教材出版，该教材中删掉了“四大块”中的前三块，从第四块法的发展历史着手，更为简单明晰地讲述外国法制史的发展历程。[⑤]1992 年，林榕年主编的《外国法律制度史》出版，书中将研究体系划分为古代法律制度、中世纪法律制度、民法法系国家主要法律制度、英美法系国家主要法律制度、伊斯兰法和非洲国家法律制度以及苏联和俄罗斯

① 苏联司法部全联盟法学研究所编：《国家与法权通史》第 1 分册，中国人民大学国家与法权历史教研室译，中国人民大学 1955 年编印。

② 陈盛清主编：《外国法制史》，北京：北京大学出版社，1982 年，第 2 页。

③ 徐轶民主编：《外国法制史教学大纲》，北京：中国广播电视大学出版社，1987 年，第 1 页。

④ 详细见何勤华：《新中国外国法制史学 60 年》，《河南政法管理干部学院学报》2011 年第 4 期。

⑤ 参见陈盛清主编：《外国法制史》，北京：北京大学出版社，1987 年。

联邦的法律制度六个部分，基本形成了以法系为主干、以典型国家发展为脉络的研究体系。①1997年，何勤华主编的《外国法制史》出版，书中以国家或地区为单位，分述了从楔形文字法、印度法、古希腊法等到英、美、法、德、日等国法律制度发展的具体内容，这确立了目前外国法制史教材体系的基本框架。②

最后，在外国法制史学的研究方法方面，依然存在分歧。新中国成立早期，我国对外国法制史的研究，主要借鉴苏联法学家历史唯物主义的研究方法，该方法要求从社会的生产方式中把握外国法律制度的发展脉络和内在联系，并且对于所研究制度的评价，应该秉持客观、实事求是的态度。但是，该研究方法在实践中逐渐暴露出其固化为单一的阶级分析法以及排斥其他研究方法的弊端，因此需要为外国法制史的研究提供新的方法。③1970年代末，比较法的研究方法逐渐兴起，该方法涉及被比较的法和作比较的法、量的比较和质的比较、对内比较和对外比较、一般比较和专题比较、形式比较和内容比较、概念比较和内容比较等多个方面。④通过比较法产生的学术成果众多，相关著作如沈宗灵《比较法总论》（北京大学出版社1987年版）、吴大英和徐炳《比较法基础知识》（法律出版社1987年版）、李秀清《20世纪比较法学》（商务印书馆2006年版）等。译著如罗迪埃《比较法概论》（陈春龙译，法律出版社1987年版）、埃尔曼《比较法律文化》（贺卫方、高鸿钧译，三联书店1900年版）等。

除比较法之外，我国通过对外国经典著作的翻译，引入了大量新的研究方法，诸如法律心理学方法，控制论、系统论研究方法，法律经济学研究方法和法律进化论研究方法等。⑤

（二）关于法系理论的探讨

19世纪80年代，日本学者穗积陈重提出“五大法律家族”的学说，是为

---

① 参见林榕年主编：《外国法律制度史》，北京：中国人民公安大学出版社，1992年。

② 何勤华主编：《外国法制史》，北京：法律出版社，1997年。

③ 参见何勤华：《外国法制史学的研究方法》，《社会科学》1988年第3期。

④ 陈志刚：《比较法方法论探讨》，《兰州大学学报》1994年第3期。

⑤ 参见何勤华、王静：《改革开放四十年与外国法制史的成长》，《法学》2018年第7期。

法系理论的前身。之后，美国学者威格摩尔（John H. Wigmore）提出“法系”的概念，将世界各国法律制度分为 16 个法系，开创了现代比较法学的学科体系。①法系理论传入中国后，引发了国内学者们长久的研究和探讨。

第一，法系的概念。法系的概念在东西方一直以来都备受争议，西方学者对法系的概念，也有诸多不同的理解，如“law system”“legal system”“legal family”“legal genealogy”等。1980 年代以来，国内学者对法系概念的定义，主要有“谱系”“法律传统”或“法律样式”等。1980 年，陈朝璧在《中华法系特点初探》一文中提出法系是一种“谱系”，即“某国固有的法律同某些从外国接受过来的法律，或者同本国历史上长期积累起来的法律结合起来，形成一种独特的体系”，②这种“谱系”概念的认定以“亲缘关系”为依据，继而将世界法律制度予以划分。但是，如此定义并不能清晰体现划分法系的目的与依据，所体现的仅是划分并接合的现象或者说一种结果，因此后来的学者们在此基础上予以进一步讨论，使得“法律传统”的定义逐渐浮出水面。1985 年出版的《辞海》，就将“法系”一词定义为“资产阶级法学家所划分的各种法律传统”。③1987 年，沈宗灵在《比较法研究》一书中，将法系定义为“由若干国家和特定地区的、具有某种共性或共同传统的法律的总称”。④进入 1990 年代后，有学者主张跳出法系的认知，将其认定为一种“法律样式”，如武树臣认为法系是“某一国家或地区法律实践活动的基本方式，即立法和司法的基本工作程序或方法”。⑤

第二，法系的划分。20 世纪 80 年代，学界对法系划分的讨论，多为默认西方学者三分法的划分标准，将世界法律制度划分为大陆法系、普通法法系和社会主义法系。⑥进入 90 年代后，三分法的划分受到诸多指责与批评，新的有关法系划分的理论陆续提出。1990 年，李步云首先提出了法律形式划分法，认

① 约翰・H.威格摩尔：《世界法系概览》上，何勤华、李秀清、郭先东等译，上海：上海人民出版社，2004 年，第 2 页。

② 陈朝璧：《中华法系特点初探》，《法学研究》1980 年第 1 期。

③ 参见王召棠：《法系・中国法系的再议论》，《南京大学法学评论》1999 年第 1 期。

④ 沈宗灵：《比较法研究》，北京：北京大学出版社，1987 年。

⑤⑥ 武树臣：《走出“法系”——论世界主要法律样式》，《中外法学》1995 年第 2 期。

为“法系是从法律形式上所作的一种分类”，主张以法律形式为标准，将法律区分为当代（现代和近代）和当代以前两大不同的历史时代再予以划分，据此，当代世界法律制度可划分为大陆法系与英美法系，当代以前的世界法律制度可划分为伊斯兰法系、印度法系、中华法系等。①1993 年，高鸿钧在《论划分法系的方法与标准》一文中，提出采用复分法划分法系，以“法律的阶级本质、经济基础和意识形态”“法律渊源和诉讼技术”以及“特定文化传统”三个标准为依据，再基于这三个标准作出多次划分。②1995 年，武树臣提出法律文化划分法，通过衡量法律文化的两个要素，即“法律活动的总体精神”和“法律活动的宏观样式”，将世界法律分为宗教主义型、伦理主义型以及现实主义型三种。③1996 年，饶艾提出了动态发展划分法，将诸多法系视为连续不断的动态发展过程，再根据不同的研究需要，确定不同的划分标准进行“连续划分”，即多次划分或把划分后的概念继续划分，直到满足需要为止。根据动态发展划分法，世界法律分成三个层次及诸多种类。④对于法系划分讨论最激烈的时候就是这个时期，之后学界对法系划分的讨论一直绵延不绝，但更多是对西

① 其间也有新的划分方法被提出，如吴大英、徐炳在《比较法基础知识》（法律出版社 1987 年版）中提出亲缘关系划分法，主张将世界法律制度划分为大陆法系、英美法系、伊斯兰法系和社会主义法系。

② 参见李步云：《关于法系的几个问题——兼谈判例法在中国的运用》，《中国法学》1990 年第 1 期。

③ 根据第一个标准可以划分为社会主义法系和资本主义法系，在资本主义法系内部可再根据法律渊源和技术划分为大陆法系和英美法系；根据第二个标准可以划分为英美法系；根据第三个标准可以划分为西方法系、伊斯兰法系、印度法系、犹太法系和东亚法系。具体参见高鸿钧：《论划分法系的方法与标准》，《外国法译评》1993 年第 2 期。

④ 根据这种划分法所划分的三个层次及诸多种类有：“第一层次的法系被划分为历史的法系和现存的法系，它们是最大的法系群。第二层次的法系是分别对第一层次法系群的再划分，其中，历史的法系被分为古东方法系和古西方法系，现存的法系被分为渊源于古代却延续至今的法系（西方资本主义法系）和纯为近现代才出现的法系（社会主义法系），它们是次于法系群的法系组。第三层次的法系是分别对第二层次法系组的再划分，在历史的法系中，古东方法系分为埃及法系、楔形文字法系、印度法系和中华法系”。具体参见饶艾：《也谈法系划分——法系层次及种类》，《比较法研究》1996 年第 1 期。

方学者法系划分的梳理与总结。值得一提的是，在新时期全球化的背景下，国际法、经济法等法律在世界范围内的交往与继承更加密切，势必会造成对法系划分的新的需求，国内学者也对此展开讨论。2005 年，何勤华等提出了在经济全球化的浪潮下，东亚诸国既模仿大陆法系模式，借鉴英美法系经验，又承袭中华法系传统，使得三大法系之间发生竞合，形成了“东亚共同体法”，这是一种全新的法律体系。①2010 年，米健提出未来世界法律体系的概念，将世界法律分成大陆法系、英美法系和融合法系三种。②

第三，法系的融合。随着欧盟一体化以及全球化法律进程的加快，法系的边界变得模糊，学界对于法系的融合趋势已基本达成共识，但针对法系的融合与分立的关系，以及法系如何融合等问题，仍有不同的声音。有学者认为大陆法系和英美法系的融合与分立是同时存在的，如杨联华认为，两大法系之间存在竞争关系，需要各自力争发展自己的影响，但一个事实就是，在同样范围内且归属于这两大法系的国家之间，法律制度的差异性正在相应减少，因此法系的融合与分立是“同时发生的两种倾向”。③也有学者如刘其文，在其主编的《法律与公正》一书中承认 20 世纪以来两大法系融合的趋势，但认为英美法系和大陆法系具有截然不同的特点，因此它们在历史上形成的不同传统将长期存在。④对此，冷霞在其文《英美法系的历史转型》的最后也强调，法系的融合只是实现法律进化的手段而非目标，“两大法系之间的相互靠近乃至融合并不意味着两者差异的完全消失是必要的、正确的、可欲的”。⑤还有学者将新的概念运用到法系融合的理论中，如米健提出了“融合法系”的概念。所谓“融合法系”，就是指“历史上曾具有自身法律传统，但在发展过程中不同程度上接受了其他法系或法律传统，并对自身法律秩序进行了重大改造的法系”，而随着

---

① 何勤华、孔晶：《新中华法系的诞生？——从三大法系到东亚共同体法》，《法学论坛》2005 年第 4 期。

②③ 参见米健等：《当今与未来世界法律体系》，北京：法律出版社，2010 年，第 74—76 页。

④ 参见杨联华主编：《外国法制史》，成都：四川大学出版社，1989 年，第 79 页。

⑤ 参见刘其文：《法律与公正》，郑州：河南人民出版社，2007 年，第 66—67 页。

大陆法系和英美法系的逐渐趋同，有越来越多国家的法律可以被纳入新的融合法系，并且会不断发展壮大。①

（三）关于法律移植的理论争鸣

20 世纪 70 年代，英国学者奥·卡恩·弗洛因德（O. Kahn Freund）作了题为《比较法的应用和误用》的演讲，法律移植悲观论应运而生，后爱丁堡大学教授阿兰·沃森（Alan Watson）发表论文《法律移植与法律改革》，反驳了弗洛因德的观点，②并出版专著《法律移植：比较法的方法》，自此，西方法学界开始对法律移植的相关理论展开广泛讨论。该理论传入国内后，也引发了学界长久不息的讨论，所做的学术研究已然成果颇丰。但是这些研究始终绕不开有关法律移植理论的基本问题，也就是我们比较关心的法律移植的内涵、法律移植的可行性以及法律移植的形式等问题。

关于法律移植的内涵，最初是从植物学和医学中获得的启示，进而作出修辞学意义上的归纳。1995 年，沈宗灵在《法律移植与比较法学》中，认为法律移植就是“将特定国家（或地区）的某种法律规则或制度移植到其他国家（或地区）”，③这里的移植是植物学意义上的整体植入。2002 年，何勤华提出，法律移植是对其他国家或地区的法律（体系或内容或形式或理论）的吸收。该过程如同种树，种树须要从一个地方挖出来，再运到其他地方种下去，而法律移植亦是如此，须将他国的法律吸收过来，再“植入”到本国的法律中。④部分学者认为，法律移植的内涵不能是整体植入，需要受体和供体之间的共同性，也就是说被移植的法律需要继受国或地区的同意或接纳。如张文显提出，法律移植需要在“借鉴、认同、调适、整合”的基础上，“引进、吸收、采纳、摄取、同化”他国法律，使其可以为己所用。⑤亦有学者另辟蹊径，提出“输入说”这种工具主义法律观的方法，如朱景文认为法律移植是他国法律体系或者多国的

---

① 冷霞：《英美法系的历史转型》，《南京大学法律评论》2014 年第 2 期。

②③ 参见沈宗灵：《法律移植与比较法学》，《外国法评议》1995 年第 1 期。

④ 参见何勤华主编：《法的移植与法的本土化》，北京：法律出版社，2001 年，第 545 页。

⑤ 张文显：《继承·移植·改革：法律发展的必由之路》，《社会科学战线》1995 年第 2 期。

法律集团的输入。①还有学者从工具主义、功能主义以及文化传播的视角出发，将法律上的“迁移”进行分类，如高鸿钧提出法律移植的概念有广义和狭义的区分，狭义上的法律移植就是前述植物学和医学意义上的移植，广义上的法律移植包含了“所有法律迁移的现象”。②

关于法律移植的可行性，学界主要存在法律移植肯定论、法律移植否定论两种争议。其中多数学者持法律移植肯定论，这些学者一般从哲学、社会学、文化学、历史学等不同角度论证法律移植的可行性。如从哲学角度看，有学者认为法律具有普遍性，人类发展道路具有共同性，虽然不同国家之间存在文化上的差异且发展的时间也不同步，但是“共同的人性和理论决定了他们对秩序和公正的共同感受和需求”；③从社会学角度看，法律是社会发展的产物，法律中的某些促进人类社会文明发展的内容是没有国界的，因此某个国家所创造的法律成果，不仅仅是这个国家的财富，也是整个人类社会的财富，理所当然地应当为各个国家所共同享用；④从文化学角度看，中西传统法律文化虽然有差异，但并不存在根本上的对立，它们在宏观的文化层面上具有“义务本位”“非理性因素”“男权主义”以及“团体本位”等共同的价值取向，这意味着中西的传统社会可以相互移植对方的法律；⑤从历史学角度看，法律的发展具有继承性，处在某一阶段的法律一方面继承之前法律的发展，另一方面对以后法律的发展产生影响，为后世的法律所吸收，因此法律的继承性中，已经包含了法律的移植属性。⑥持法律移植否定论态度的学者多注重法治建设的本土资源，如苏力认为“一个法治社会中的法律运作并不只是靠法律，而总是要靠其他一系

① 参见朱景文：《当代中国立法中的法律移植》，《河南省政法管理干部学院学报》2006 年第 4 期。

② 参见高鸿钧：《法律移植：隐喻、范式与全球化时代的新趋向》，《中国社会科学》2007 年第 4 期。

③ 参见信春鹰：《法律移植的理论与实践》，《北方法学》2007 年第 3 期。

④⑤ 何勤华：《法的移植与法的本土化》，《中国法学》2002 年第 3 期。

⑥ 参见高鸿钧：《法律文化与法律移植：中西古今之间》，《比较法研究》2008 年第 5 期。相关理论亦可参考黄金兰：《法律移植研究——法律文化的视角》，济南：山东人民出版社，2010 年。

列因素，包括信用、道德和习俗”，中国的法律文化具有特殊性，其本土资源必须要被考虑，从这一层面看，“法律移植的问题是社会转型问题”，法律不可能完全移植。①

关于法律移植的形式，存在诸多理论上的探索。1991 年，吴玉章在《对法律移植问题的初步思考》一文中提出，法律移植的三种形式分别是法律规定、法律精神、法律现实，这三种法律形式意味着移植绝非简单，移植时须作出适合本国国情的修改。②1993 年，申政武从日本对外国法的移植中吸取经验，提出了制度选择、规范选择和法律选择三种形式。③进入 21 世纪，随着全球化等大的时代背景的变化，法律移植的形式又被赋予了新的内容，如高鸿钧认为，法律移植与文化的关系非常紧密，而在不同的时代背景下其间的关系会发生变化，相对应的法律移植的形式也会发生变化。在全球化时代，文化对法律移植的影响逐渐弱化，由此产生了“三种贯穿不同文化”的法律移植形式，即“文化与法律一道移植”“先移植文化后移植法律”“只移植法律而拒斥文化”。④

（四）关于多元法律文化的理论探索

法律多元理论源自 20 世纪 70 年代，西方学者雅克·范德林登（Jacques Vanderlinden）出版其代表作《法律多元》，正式引出“法律多元”的概念，法学界开始关注，经日本学者千叶正士等的进一步研究与传播，该理论在中国的外国法制史学界引发了长期的研究与讨论。

其一，法律文化是否多元。对该问题的讨论，可归纳为肯定法律文化多元的法律多元论，以及否定法律文化多元的法律一元论两种说法。其中支持法律

---

① 苏力：《这里没有不动产——法律移植问题的理论梳理》，《法律适用》2005 年第 8 期。

② 其中法律规定指的是直接引进“外国的某些法律规定”；法律精神指的是“引进外国某些法律时所体现的精神”；法律现实指的是“该外国围绕某一法律而出现的解释和事实上执行这些法律的方式所组成的全貌”。参见吴玉章：《对法律移植问题的初步思考》，《比较法研究》1991 年第 2 期。

③ 申政武：《日本对外国法的移植及其对我国的启示》，《中国法学》1993 年第 5 期。

④ 参见高鸿钧：《文化与法律移植：理论之争与范式重构》，《环球法律评论》2008 年第 5 期。

多元论的学者，有从中国法律传统入手，总结法律包含的不同要素，如李红海认为，法律制度的多重属性，是由于法律文化的冲突与变迁，以及法律理念的差异性导致的。据此，中国法律的多元性体现在其同时包含了“中国传统”“社会主义性质”以及“西方现代法精神”三重因素。①也有论述不同国家在不同时期形成的多元法律文化，如赵立新以日本对他国法的吸收为例，梳理了日本法中违宪审查制度的发展过程，总结出其是二战后美国法的产物，后在实际运行中保留了部分本国传统法的同时，又吸收了欧洲大陆宪法的内容，才逐渐发展成型，②由此体现出日本法文化的多元。又如杨代雄以基督教对晚期罗马法的影响为线索论证法律的多元性，其就《优士丁尼法典》中关于基督教的敕令进行了深入的探讨，并认为基督教对古代罗马法的影响，主要集中在身份法部分。③

相应的，持法律一元论观点的学者，认为法律是国家制定或认可的行为规则，这突出了国家法律的权威。该观点的代表性学者季卫东认为，“如果法律是多元化的，存在各种地方版本甚至个人版本，又没有一个解释共同体对纷繁复杂的规范进行整合，那么法律就会因为内在矛盾而减弱实效，很难在社会中发挥统一化的作用。这时很容易出现‘一人一是非，一事一立法’的事态，解决纠纷的各种成本会增高，事实上也很难做出决定”，因此需要“一元化”“普遍性”的法律规范体系。④也有学者认为，只强调法律全球化单一维度的“唯法律全球化论”，也是一种变相的法律一元论。如邓正来认为，“唯法律全球化论”所鼓吹的法律的未来之发展，以及新时代下法律思维的变革，都离不开

① 参见李红海：《法理念的文化冲突与中国法律的多元属性》，《社会科学研究》2014 年第 6 期。

② 参见赵立新：《多元法律文化下的日本违宪审查制度》，《外国法制史研究》，北京：法律出版社，2006 年，第 100 页。

③ 参见杨代雄：《〈优士丁尼法典〉中关于基督教的敕令初探——兼论基督教对晚期罗马法的影响》，北京：法律出版社，2006 年。

④ 参见沈阳：《法律一元下的权力多元体系如何形成——兼论当前中国法律体系元哲学之辩》，《社会科学论坛》2016 年第 10 期。

“一元的法律世界的发展进程”，这被认为是一种变相的“非国家”的法律一元论。[1]

其二，多元法律文化背景下中国法的发展路径。较法律一元论而言，有很多学者持法律多元论的态度，主要原因在于法律一元主义在当下并未实际发生，而在多元法律文化的背景下，中国法确实受到了影响，相对于法律多元而言，法律一元论更似非实然的理论性存在。在此基础上，对于多元法律文化背景下中国法的发展路径问题，一直以来存在诸多讨论与争议，对该问题的研究可从地方性和现代性两个视角展开。

从地方性的视角看，以多元法律文化的背景为先导，有学者关注国家法与民间法的关系，[2]如田成有认为，在传统的乡土社会中，国家法“疏离”且“松弱”，但民间法“活跃”且“兴盛”。在这种法律多元，甚至呈现“二元对峙”的环境下，国家法不能强行介入、干预民间法，只须保持“隐退的姿态”，通过引导和教育推动法律发展。[3]除民族法外，少数民族地区的法律习惯，也构成了当代中国多元法律中独具特色的一部分，因此，也有学者从少数民族习惯入手，研究当下中国体制转换和社会变革下的多元法律关系，如袁春兰在其文《“坎下法庭”中的法律隐喻》中，以四川凉山彝族地区习惯法特有的“坎下法庭”现象为例，反映出在多元法律文化环境中，少数民族村寨特有的习惯法和国家法的冲突。文中特意提到，其在与彝族基层法官的交谈中可以确定，在实际纠纷的处理中，“国家法大有让位于民族法的趋势”。[4]

从现代性的视角看，其更多体现在法律多元的背景下，中国法律“本土化”和“西化”的两难境地。中国法律“本土化”的代表人物苏力就提出基于

① 参见邓正来：《作为一种“国家法与非国家法多元互动”的全球化进程——对“法律全球化”争辩的中立性批判》，《河北法学》2008年第3期。

② 有关民间法的详细内容可参考谢晖、陈金钊：《民间法》（1—20卷），济南：山东人民出版社连续出版。

③ 参见田成有：《乡土社会中的国家法与民间法》，《思想战线》2001年第5期。

④ 参见袁春兰：《“坎下法庭”中的法律隐喻》，《外国法制史研究》，北京：法律出版社，2006年，第212—213页。

权利和法律制度的非普适性，变法似的制度变迁不适应中国体制下法律的发展，因此须重视中国法律文化的传统和实际。劳东燕认为，中国社会存在的法律多元现象，“凸显了西方模式的正式法律制度和中国民间法格格不入的严峻现实”，在此基础上，以西方法律体系为中心的法治道路建设的规划不得不宣告破产。①相对于“本土化”理论，“西化”的发展路径依然是学界的主流认知，如张文显认为，外国优秀的法律成果作为人类文明成果的一部分，值得社会发展以及法律发展较弱的国家学习与效仿。对于中国来说，在如今市场经济外向与开放的特征下，对西方法律成果的借鉴是推动法制现代化的需要。②何勤华认为，本土资源是一种相对的概念，是处在不断的变化发展中的，而在这一过程中，不符合新的社会发展需要的本土资源自会消亡，基于这种情形，大胆吸收他国的优秀法律，是在法律多元背景下中国法发展的重要路径。③也有学者提出，市场经济、民主宪制以及中国传统文化的三驾马车齐头并进将是中国法治现代化的必由之路。④

(五) 关于宗教和法律关系的理论

20 世纪 70 年代，美国学者伯尔曼（Harold J. Berman）在波士顿大学罗威尔神学讲座进行了系列演讲，其演讲集于 1974 年出版成《法律与宗教》一书，该书经出版后不久便风靡学界。1983 年，集合了伯氏 40 年研究结晶的著作《法律与革命——西方法律传统的形成》（以下简称《法律与革命》）出版，该书将西方法律的传统归结于教皇革命，该著作出版后产生了巨大反响。1991 年，梁治平将《法律与宗教》翻译出版，引发了中国法学界“法律信仰论”的命题。1993 年，贺卫方等将《法律与革命》翻译出版，再次引发了对法律与宗教关系的广泛讨论。西方宗教与法律间的关系纠缠繁复，厘清宗教与法律之间

① 参见劳东燕：《也谈本土资源与法律多元——对本土资源的一些思考》，《华东政法大学学报》2000 年第 3 期。

② 参见张文显：《论立法中的法律移植》，《法学》1996 年第 1 期。

③ 何勤华：《法的移植与法的本土化》，《中国法学》2002 年第 3 期。

④ 高鸿钧：《无话可说与有话可说之间——评张伟仁先生的〈中国传统的司法和法学〉》，《政法论坛》2006 年第 5 期。

的关系，对外国法制史学的研究具有重要的意义。

首先，法律是否应当被信仰？20世纪90年代，法律信仰肯定论成为主流，当时有一批学者撰文论证法律信仰的重要性，及其对中国法治建设的重要意义。如1996年，刘旺洪发表论文《法律信仰与法制现代化》，文中认为中国正处于“传统人治”向“法制现代化”转型的重要历史时期，该转型需要人们法律观念的现代化，而在法的观念体系中，法律信仰是一个重要的组成部分，因此法律信仰需要被高度重视。①1997年，谢晖著《法律信仰的理念与基础》出版，书中认为在新的市场经济体制下，法律信仰是中国法治建设以及市场经济、民主政治和精神文明建设的必要条件。②同年，陈金钊发表论文《论法律信仰——法治社会的精神要素》，文中将国内法律移植未有理想成效的原因归结于司法官员法律信仰的缺失，认为建立真正的法治国家需要诸多条件，“尊法尚法”的法律信仰就是其中一个重要条件。

法律信仰肯定论在国内风靡多年，21世纪初叶以来，逐渐出现了不同的声音。2006年，张永和发表论文《法律不能被信仰的理由》，开始对“法律信仰论”命题提出质疑，文中认为，法律信仰是西式的产物，在西方可能行得通，但在中国却不能提倡，其列举了“法律与宗教相勾连的判断不适合中国”“法律不具备信仰的超然品质”以及“法律至上不等于法律信仰”三个理由，③在当时引发了巨大的反响。2008年，范愉发表论文《法律信仰批判》，文中认为中国法学界“法律信仰论”的命题是对伯氏有关法律和宗教之关系论述的误解。在西方，法律信仰源于宗教传统，但中国没有真正意义上的全民宗教或国教，因此若树立对法律的信仰，只能从道德入手。④2012年，范进学发表《“法律信仰”：一个被过度误解的神话》一文，重新解构了伯氏的理论，认为伯氏所言之“法律”的含义被中国学者误解，“法律”并非指国家法，更多是自然法的

① 参加刘旺洪：《法律信仰与法制现代化》，《法制现代化研究》，南京：南京师范大学出版社，1996年，第226—227页。

② 谢晖：《法律信仰的理念与基础》，济南：山东人民出版社，1997年，第2—3页。

③ 参见张永和：《法律不能被信仰的理由》，《政法论坛》2006年第4期。

④ 参见范愉：《法律信仰批判》，《现代法学》2008年第1期。

概念，并且“法律必须被信仰”翻译也不准确，将其理解为“法律必须被相信”更为妥当。①

其次，法律与宗教的关系为何？最初对法律与宗教关系的讨论，主要基于伯氏的理论展开，如 1998 年，蔡定剑发表论文《论法的品质——兼谈宗教、道德与法律的关系》，文中认为西方社会法律的原则、观念和精神都来自宗教和道德，都体现了“正义、自由、秩序、平等、博爱”，综合看来，法律和宗教、道德的精神具有一致性。郭义贵看到了法律与宗教间的互动关系，在不同时期可赋予不同内涵，2001 年其在《论西方法律与宗教的关系》一文中，确立了“两剑说”的理论，认为不同于古代希伯来和希腊时期、古罗马时期、西欧中世纪时期，在近现代，法律与宗教的关系逐渐上升为一种从宗教到法律的精神衍变，法律和宗教如同两柄剑，共同约束人们的行为。

但是近年来，学界对法律与宗教关系的理解逐渐突破之前伯氏理论的桎梏，开始从多方位、多角度探索其间的关系。2007 年，高全喜发表论文《法律、政治与宗教》，文中提到伯氏关于法律与宗教关系的看法仅是法律的一方面，因为法律终究是国家颁布的规则体系，是具有权威的行为规范，不是信仰体系抑或“价值标识”，也就是说，尽管具有宗教元素，但“法律的归法律”，法律具有自主性。②也有学者从内容、价值、功能等多个向度分析法律与宗教的关系，如杨建军认为，法律和宗教的关系不是单一的，从内容上看，法律吸收了宗教中的自然法思想以及宗教规范中的制度规定；从价值上看，法律与宗教的信仰价值相关联；从功能上看，法律和宗教均具有对行为的约束作用。③

外国法制史学之争鸣的意义及展望

以上所述虽然是众多争鸣中的一小部分，却依然真实反映出学界同仁对学

① 伯氏原句为“Law has to be believed in or it will be not work”，参见范进学：《“法律信仰”：一个被过度误解的神话》，《政法论坛》2012 年第 2 期。

② 参见高全喜：《法律、政治与宗教》，《太平洋学报》2007 年第 5 期。

③ 参见杨建军：《法律与宗教关系的多向度追问》，《河北法学》2008 年第 8 期。

术的热爱和对真理的追求。学术争鸣所具有的意义是划时代的，它会融入外国法制史学的发展进程，不断为本学科未来的发展注入新的动力。但在发展的同时，我们仍须时刻保持警惕，外国法制史被边缘化的危险依然存在，展望未来，外国法制史的长期发展壮大须要我们共同的努力。

（一）学术争鸣的意义

外国法制史学的上述探索与争鸣，反映了在国家建设的不同时期，学者们探索西方法律制度、追求学术真理、视国家法治建设为己责的使命感。学术争鸣推动外国法制史学的发展与进步，体现在理论的创新、方法的多元和学科的发展等多个方面。

第一，就外国法制史的学理发展而言，学术争鸣不断引导外国法制史学的相关理论创新。理论的创新离不开思想的碰撞与激荡，外国法制史学的学理发展也是如此。理论创新的形式是多样的，一方面，探索与争鸣推动了外国法制史学已有理论体系的完善。在学科创立的很长一段时间，继承而得的苏联式理论框架未能得到反思与纠正，原因是多方面的，其中重要的一点便是以意识形态为统率的研究忽视了对问题的反思。幸而，在前辈学人的艰苦卓绝的努力下，自主的学科体系逐步建立，并且随着探索与争鸣的深入与多元而逐渐完备。

另一方面，探索与争鸣推动了外国法制史学理论体系的扩张。理论资源的需求是理论体系扩张的原动力。在新中国成立伊始，奉行“一边倒”外交政策的时代，我们并无讨论多元法律制度、法律文化的需求。但改革与发展将中国推到了世界交流的前台，中国迫切需要外国法的研究来建构法律层面的交流渠道，那么外国法制史的理论领域便需依循世界潮流而动。前文所讨论的“法律的信仰问题”是一例证，法律信仰问题何以能带来长期的争论？答案即在于此研究可推动中国对西方法制的理解。此外，探索与争鸣不仅是一个发现新理论，完善现有理论的过程，还是一个反思理论的过程。西方具有对于他国法做长期研究的传统，而新中国成立方 70 年，外国法研究的热潮更是方兴未艾，积淀的缺乏使得我们在讨论之中难免存在问题，语言障碍带来的翻译问题，文化差异带来的理解问题都值得反思。在争鸣中纠正错误，推动着理论的进步，这也是一种创新。

第二，就外国法制史的研究方法而言，学术争鸣不断提高研究角度的整体性和时代性。我们需要怎样的外国法制史研究？这个问题不断被学人提出并讨论。有关外国法中具体制度的讨论固然重要，但依据学科分类的属性，部门法学者更应有所关注。外国法制史研究的着眼点在于整体性的问题，即外国法的历史发展、外国法的时代精神以及外国法与中国法的关系。观念的转变推动着方法论的进步，探究法的历史发展需将法学研究方法（主要是分析的）与史学研究方法（主要是实证的）相结合；探究法的时代精神便是讨论关于法的问题，法与社会、法与宗教、法与道德研究所涉及的社会学、伦理学、政治学、人类学研究方法纷纷被学者采纳；探究外国法与中国法关系问题则催生了比较法学的发展。

外国法制史研究需要关注方法论的时代性问题，从苏联式研究方法中逐渐“挣脱”的学者更应注意此问题的重要性。但西方纷繁多样的法律史研究方式都可为我所用吗？前文有关法律移植的讨论为该问题作出了注解，中国的外国法制史研究需要服务于中国问题，外国法制史发展进程中为前辈学人所关注的理论资源、方法论的本土化问题值得我们警醒，在关注方法论的时代性的同时，也须防止“水土不服”。

第三，就外国法制史的学科发展而言，学术争鸣不断开辟外国法制史学研究的科学道路。外国法制史学科经历过“创立—停滞—发展”三大时期，如何保证外国法制史学的发展势头，与发展道路的选择息息相关。学科创始人论证了外国法制史的学科地位，将外国法的发展作为研究的核心对象。20 世纪 80 年代和 90 年代，法律文化、法律比较、法律移植等问题纷至沓来，成为外国法制史研究的时代热点。可见，70 年给我们留下的学术资源是多元的，给今日的研究者留下许多道路选择，多元也常常意味着分散，这一点可由前述学会主题之多样得以证明。那么，如何进行抉择以充分利用既有的研究成果，便成为了外国法制史研究的新问题。诉诸历史不仅是外国法制史研究相对于其他法律学科研究的特点，也应该成为学科发展进步所应秉持的信念。“温故而知新”，对外国法制史学进行史学史研究，探究学科发展史的规律，梳理学科发展脉络，发现并解决发展中的问题，将对促进本学科的发展带来长久裨益。

（二）外国法制史研究的展望

新中国成立70年来，外国法制史学界在原有的基础上精益求精、开拓创新，使得队伍不断壮大、新成果不断涌现，学界同仁辛勤耕耘，积极扩大外国法制史学科的凝聚力和影响力。中国法治道路的建设离不开对外国优秀法律的借鉴与吸收，外国法制史学至今的每一步发展，都离不开学界诸贤共同的努力，但作为一门基础学科，外国法制史学科难以在当下成为一门显学，因此，我们更需集贤聚智，总结经验，弥补不足，砥砺前行。

首先，加强外国法制史学科的基础建设。学科的基础建设包括教材编写、课程设置、人才培养等多个方面的内容，是保证学科持续发展的前提。在教材编写方面，可积极吸收新的研究成果，加快教材版本的更新，提高教材的质量。古代法部分的编写可充分利用现有材料，塑造古代法的魅力；现代法部分的编写应与时俱进，修改并填充新的内容，让外国法制史教材在不断打磨中愈加精良。在课程设置方面，除外国法制史通识性的基础课外，开设引人入胜的选修课程，如实用性的各国部门法史课程，以满足不同学生学习的需要。在人才培养方面，培养具有创新意识、写作能力，并且热爱本学科的高素质人才。鉴于本学科研究的对象是外国法律制度，各国相关法律制度的材料涉及不同国家、地区的语言，本学科非常需要精通诸如拉丁语、希腊语、阿拉伯语、意大利语等不同种类语言的人才。

其次，保持外国法制史研究开放的学术氛围。开放的学术氛围有利于高质量的学术成果的产出，每年全国范围内年会的召开、小规模的学术研讨会的举办以及著作、论文中对学术热点的探索与争鸣，都体现出本学科蓬勃的生命力。其中年会的建设应当继续搞好，继续秉持兼包并蓄的态度，为学者们搭建切磋交流的平台，使其在探索与争鸣中互相砥砺，递进提升。小规模的学术会议可充分利用操作性强、变通性高的特点，创建开放的研讨氛围，尽力满足不同学者间思想讨论的需要。著作、论文中对学理的研究应发散思维，从多角度展开，避免对权威理论的一致盲从，与此同时，学者也应有敢于说出不同观点的气魄。

再次，理论结合实际研究外国法制史学。基于当下国情，理论的研究终须为现实的需求服务，作为一门基础学科，研究者须有我为人人的情怀，不能忘记身为一名学者的责任感，法治国家的建设离不开社会中每一分子的努力。发达国家在法治国家的建设中已经积累了很多丰富的经验，这些经验对我们有宝贵的借鉴意义，发达法治国家的建设是在怎样的社会环境中发展而来，又产生了怎样的法律文化，是我们所需研究的。在研究过程中，应充分发挥外国法制史学科的作用，为国家的法治建设总结、引入外国的经验，体现外国法制史学科的重要性，推动本学科研究的发展壮大。

最后，开拓外国法制史学的研究领域。外国法制史学的研究范围非常广泛，横向可涉及任一国家、地区的法律制度，纵向可至四千多年的时间跨度。新中国成立 70 年来，我们不断开拓外国法制史学研究的领域，对英国、美国、德国等发达国家的法律制度史有着越来越深入的研究，对日耳曼法、教会法、古代西亚法等的研究也取得了重要的成果。但是，外国法制史学的研究远不止这些，还有很多未知的领域需要进一步探索，如对古埃及法、古希伯来法、古巴比伦法的研究仍然较为薄弱，在对这些地区的法律予以研究时仍有语言不通、时间跨度大、材料稀少等多重困难。这些新的领域仍需要进一步的探索与开拓，法律的空白仍需要长期的辛勤耕耘来填补。

结　语

学术争鸣是学术进步的原动力，也是学术发展的客观规律之一。上述所梳理的五次学术争鸣，只是外国法制史研究 70 年中众多探索与争鸣的一小部分。由于外国法制史研究肩负着介绍、评判和褒贬国外法律制度之发展成果的职责，承担着对人类法律文明进步之精华的总结、吸收、借鉴并发扬光大的使命，因此，在外国法制史研究领域，对各种法律理念、法律原则、法律制度（实体规范和程序规范等）和法律方法的探讨和争鸣要更加活跃、更加激烈。当然，探索与争鸣的对象与问题来自历史，更来自现实，随着国家的日益开放、国际交流日益频繁，新焦点、新视角将层出不穷。

作为法治发展之后进国家，中国一方面对国外尤其是法治发达国家的法律文明，始终抱着尊敬和学习的态度，肩负着评判、借鉴和弘扬的使命，而要达到此目的，外国法制史（包括比较法）研究是一个最为便捷、最为有效的路径。另一方面，中国又是一个千年帝国，我们自己早在一千三百多年前的隋唐时代，就已经发展起了自己庞大而完整的法律体系“中华法系”，而且还影响了日本、朝鲜、越南和琉球等周边国家和地区，本国法与外国法之交流亦随之产生并不断深入。因此，当近代中国面对汹涌而来的西方法律文明东进之时，当中国在1840年鸦片战争和1894年甲午战争失败之后不得不进行变法图强（如戊戌变法、沈家本修律等）之时，也就是在对西方法观念和法律制度进行研判、做出是否吸收借鉴以及吸收借鉴到什么程度之时，学界就马上爆发了激烈的争鸣，“中体西用”“礼法之争”就是这些争鸣的典型事例。新中国70年外国法制史研究中的学术争鸣，只是中国近代法律学术争鸣传统的延续。

薪火相传的探索与争鸣带来的是学术的发展与繁荣，20世纪初的探讨开辟了中国法律近代化之路，世纪之交的争论带来了学术资源的引入与学术视角的开阔。以史为鉴，学术探讨见证了70年来我国外国法制史学科发展的进程；放眼当下，国内学者不断加强海外交流，各大主要法律院系逐渐形成了一批具有海外教育背景的优秀外国法制史研究的学者，并利用自身优势不断为学科建设作出贡献；在新时代，外国法制史研究亦不能闭门造车，而应当秉持开放、包容、多元的法律研究视野，继续壮大外国法制史学科队伍，提高外国法制史学术水平。

（原载《探索与争鸣》2019年第10期）

6. 新中国刑事立法的进步和发展

——纪念 1979 年刑法颁布 40 周年

何勤华　李锦元*

［摘要］　回顾 1979 年刑法（以下简称 79 刑法）颁布至今的 40 年历史，不难发现，我国刑事立法经历了从无到有、从不完善到相对完善的曲折过程，这一过程跌宕起伏吸引着人们去探索。追本溯源或许更能清晰地把握刑事法律、刑事政策以及刑法典起草的进程和变迁，因此从新中国第一部刑法典 79 刑法入手研究和探讨对我们意义重大。研究新中国早期的刑事立法，不能仅仅站在今天所拥有的辉煌成就去简单地评价。它的进步与落后，应当结合立法之初的时代，然后得出一个相对合适的结论。最终，将这个结论放在新中国刑事立法的整体进程中去考量，思考其在中国特色社会主义法治社会中的作用和地位。

探讨法学发展的规律，可以帮助我们加深对法学发展、进步的认识，帮助我们把握在此过程中出现的各种不以我们的意志为转移的必然趋向，从而更好地利用这种发展、进步的必然性，在推动新中国法学的发展中更加理性、自觉。①探讨新中国刑事立法的进步与发展中同样也要注重对规律的认识和把握，更自觉地走向法治的未来。

79 刑法是新中国刑事立法的伟大起点，也是中国特色社会主义法制建设实

---

*　何勤华，华东政法大学法律文明史研究院教授；李锦元，华东政法大学法律史专业研究生。基金项目：本文系上海市哲社规划“三大系列”一般课题“中国特色社会主义法治的形成与发展研究”（项目批准号：2017BHC012）的阶段性成果。

①　何勤华著：《法治的启蒙》，法律出版社 2017 年版，第 132 页。

践的展翼之作，它将宪法所规定的国家尊重和保障人民权利纳入刑法范畴，宣告了新中国法制建设的新篇章。自 79 刑法以来，中国的刑事法治建设得以全面开展，且进展显著，令世人瞩目。因此我们必须对新中国第一部刑法典的历史地位予以肯定，以期更好的承前启后，继往开来。

一、刑法典诞生前刑事政策与立法的回顾

（一）新中国成立之初刑事立法的探索

从新中国成立至 79 刑法颁布之间的 30 年时间里，中国社会大致经历了镇压反革命运动，反贪污、反浪费、反官僚主义运动以及其他的政治运动，刑事立法与政策也经历了曲折历程，沉浮辗转。为了更好地探究 79 刑法的划时代意义，我们需要回顾建国初期刑事政策和单行刑法的大致发展脉络。

1.“镇压与宽大”的刑事政策与《中华人民共和国惩治反革命条例》（以下称为《惩治反革命条例》）。新中国成立初期，社会秩序非常混乱，各种危害新政权的犯罪活动十分猖獗。[①]为了能够有序地开展国家建设工作，打击各种猖獗于当时的反革命犯罪活动，在刑事政策的指导下，国家出台了一批单行刑法规范。

1949 年 9 月 21 日通过的《中华人民共和国政治协商会议共同纲领》（以下简称《共同纲领》）是建国初期第一个明确规定有打击反革命犯罪活动内容的宪法性文件，[②]其中第 7 条前半段规定了对反革命分子必须严惩的原则，后半段规定了对于一般的反革命分子以及反革命地主、资本家等要给予生路的宽大处理办法。由此明确了对我国刑事立法影响深远的刑事政策，即“镇压与宽大相结合”。根据《共同纲领》的规定，中央发出了各项“镇反”政策指示及法律规范，开始在新中国法制建设上迈出积极的步伐。

在“镇压与宽大相结合的”刑事政策指导下，1950 年 6 月 6 日中国共产党

---

① 顾肖荣编：《新中国刑事法 60 年》，上海社会科学院出版社 2009 年版，第 15 页。

② 李露著：《建国初期“镇反”刑事政策的实施研究——以西康地区实施状况为主要分析对象》，中国政法大学出版社 2011 年版，第 23 页。

召开了七届三中全会，会议上专门针对“镇压与宽大”的刑事政策作出进一步的解释，①并继续强调打击反革命犯罪活动。同年7月23日，为了贯彻落实党的七届三中全会精神，中央人民政府政务院、最高人民法院联合发布《关于镇压反革命活动的指示》，对镇压反革命的基本方针、反革命犯罪以及处罚作了规定。②这些文件的出台使得处理反革命案件有了一个初步的法律依据。

这一时期，虽然有了针对打击反革命等严重危害犯罪的基本法律思考，但由于种种原因，导致全国各地针对反革命问题没有形成较为统一的做法。中央政法委负责人彭真在《关于镇压反革命活动和惩治反革命条例问题的报告》中指出：“各地未能很好地贯彻《共同纲领》第7条‘镇压与宽大’相结合的方针，甚至许多地方发生了‘宽大无边’的倾向。”③为了更好地打击犯罪，在总结前期处理反革命犯罪实践的基础上，中央人民政府委员会于1951年2月20日通过《惩治反革命条例》，该条例全文共21条，其中对反革命罪的概念、种类和类推以及量刑的标准、从轻减轻或免于处罚的条件、数罪并罚原则等做了规定，至此，新中国诞生了第一个单行刑事法规。

2.《中华人民共和国惩治贪污条例》（以下简称《惩治贪污条例》）的孕育与出台。《惩治反革命条例》的出台，基本上满足了打击反革命犯罪的需求，但当时对于其他犯罪还是存在不少法律的空白，典型的如贪污腐败类犯罪。贪污腐败犯罪的猖行，与当时的社会背景有一定联系，50年代前后国家面临较为严峻的内忧外患，国家集中力量维护人民的革命成果，无暇顾及一些贪污腐败分子，使得贪污腐败问题日益严重。因此在打击反革命工作之后，党和政府紧接着展开了打击贪污、浪费和官僚主义的工作。1951年10月至12月根据中共中央以及人民政协全国委员会发出的指示，④全国规模的反贪污、反浪费、反官

---

① 马克昌著：《宽严相济刑事政策的演进》，《法学家》2008年第5期，第69页。

② 高铭暄、赵秉志著：《中国刑法立法之演进》，法律出版社2007年版，第32—33页。

③ 高铭暄、赵秉志编：《中国刑法规范与立法资料精选》，法律出版社2013年版，第253页。

④ 这些指示分别是1951年10月1日中共中央发出的《关于实行精兵简政，增产节约，反对贪污反对浪费和反对官僚主义的决定》，1951年12月8日《关于反贪污斗争必须大张旗鼓地进行的指示》，同年12月29日人民政协全国委员会发出的《关于增产节约运动与反贪污、反浪费、反官僚主义斗争的指示》。

僚主义运动拉开序幕。为了配合“三反”运动，依法惩戒贪污腐败分子，中央人民政府委员会于1952年4月21日公布施行了《惩治贪污条例》。该条例第一次明确了贪污罪的概念，并确定了惩治贪污犯罪的政策原则，即贯彻执行“过去从宽，今后从严，多数从宽，少数从严，坦白从宽，抗拒从严和对国家工作人员从严，对非国家工作人员（除少数罪大恶极者外）从宽的原则”。①

这一时期是中国法制建设最初的起步时期，法制建设已有所进展，其进步性体现在，从《惩治反革命条例》开始，渐渐增加了规制其他犯罪的单行刑法。但由于整个法律体系还很不科学健全，急需出台一批法律来弥补法律空缺。

3. *五四宪法时期，刑事立法的发展*。1954年，在社会各界普遍对法制的呼吁中终于迎来新中国第一部宪法。在《宪法》的指导下，为保护公民人身权利和打击犯罪，同年12月20日，全国人大常委会通过《中华人民共和国逮捕拘留条例》。紧接着，1955年7月1日，中共中央发出《关于开展肃清一切暗藏的反革命分子斗争的指示》；1957年7月15日，第一届全国人民代表大会第四次会议通过了《关于死刑案件由最高人民法院判决或者核准的决议》，明确确立最高人民法院统一行使死刑核准权；1957年10月22日，毛泽东主席命令公布了经全国人大常委会通过的《中华人民共和国治安管理处罚条例》。②一批批新的法律法规接踵而来，搭建起一个以宪法为核心，以单行刑法和刑事法律政策为主要依据的法制框架。

概括地回顾新中国法制建设起步阶段的历史，其刑事立法的特点可以概括为：“有纲领、法律、命令、条例、决议规定者，从纲领、法律、命令、条例、决议之规定；无纲领、法律、命令、条例、决议规定者，从新民主主义的政策。”③虽然立法事业有所发展，但单行刑法覆盖面不大，刑事政策还是主要的办案依据。这一时期刑事法律规范不成完备的体系，司法实践中对定罪量刑也

---

① 高铭暄、赵秉志著：《中国刑法立法之演进》，法律出版社2007年版，第35页。

② 顾肖荣编：《新中国刑事法60年》，上海社会科学院出版社2009年版，第71—72页。

③ 顾昂然著：《新中国改革开放三十年的立法见证》，法律出版社2008年版，第315页。

难有统一的做法。但这一时期的司法实践和刑事立法经验却为后来的刑法典诞生积累了宝贵的经验，为日后的法学研究提供了宝贵的材料。

二、刑法草案与79刑法

自新中国成立以后到1979年，是刑事立法漫长而多难的时期。草拟的刑法草案断断续续经历了30多次修改，至79刑法颁布，历时将近30年。

（一）刑法草案制定、修订过程

1. 新中国刑法典起草的尝试阶段。1950年前后，中央人民政府法制委员会曾集合了一批法律专家，专门就刑法典问题进行研究和起草，并于1950年7月25日拟出《中华人民共和国刑法大纲草案》，该草案共分为12章157个条文。①至1954年9月30日中央人民政府法制委员会接着草拟出《中华人民共和国刑法指导原则（初稿）》，除序言外，包括3章76条。鉴于各种原因，如彭真所说："……由于时间不够充裕就连在起草委员会本身，亦未能经过详细讨论，其中不可避免地存在许多疏漏和不成熟的地方。"②上述两部草案始终停留在法制委员会范围内作为两份书面材料传阅，没有提上立法程序，也没有公开向社会征求意见，刑法典的初步探索没有取得理想的效果。但这是刑法典最初的蓝本，为往后的起草工作积累了宝贵的经验。

2. 刑法起草工作反复阶段。1954年10月29日，在中央提出当前首先要"起草刑法、民法、刑事诉讼法、民事诉讼法"之后，刑法起草工作转移到全国人大常委会办公厅法律室进行。③1956年11月在彭真主持下，《刑法草案》写出了第13稿，并分送全国人大常委会各委员会以及中央和地方各有关单位征求意见。④到1957年6月28日，法律室综合考虑收集而来的各方意见，拟出

---

① 高铭暄著：《中华人民共和国刑法的孕育诞生和发展完善》，北京大学出版社2012年版，第1页。

② 高铭暄、赵秉志编：《中国刑法规范与立法资料精选》，法律出版社2013年版，第265页。

③ 顾肖荣编：《新中国刑事法60年》，上海社会科学院出版社2009年版，第60页。

④ 顾肖荣编：《新中国刑事法60年》，上海社会科学院出版社2009年版，第61页。

第22稿，经过中共中央法律委员会、中央书记处审查修改，又经过全国人大法案委员会审议，在第一届全国人民代表大会第四次会议上发给全体代表征求意见。这次会议还曾作出决议，授权人大常委会根据人大代表和其他方面意见，将22稿进行修改后，作为草案公布试行。①但因受到反右派斗争和“法律虚无主义”的影响，法典草案最终没有公布，法典起草工作也偃旗息鼓，直到1961年后才重新恢复对刑法典草案的研究。

1962年3月22日，收到毛泽东关于抓紧制定刑事法律的指示，②刑法典起草工作受到鼓舞，同年5月恢复刑法典的起草工作，对刑法典草案22稿进行了全面修改。1963年10月9日，拟出草案第33稿。然而，正当刑法典起草工作稳步推进时，又受政治运动的影响，只好再次被迫停止，刑法典草案第33稿也被束之高阁。

3. 党的十一届三中全会后刑法典起草工作的胜利阶段。在一系列政治运动后，国家不得不认真开始反思，慢慢恢复正常秩序，在这一背景下法制建设工作才如沐春风般重新活跃起来。1978年10月中旬开始，（在中央政法小组倡导下）组成刑法草案修订班子，对第33稿进行修改，并先后拟出两个草稿。1978年12月党的十一届三中全会召开后，在党中央“有法可依、有法必依、执法必严、违法必究”之法制精神的号召下，刑法典起草工作更是受到极大的激励，法制委员会以刑法草案第33稿为基础，结合实践经验和各方意见，先后又拟出三个草案。其中第二个稿子于5月29日获得中央政治局原则通过，接着又在法制委员会全体会议和第五届全国人大常委会第八次会议上进行审议，最后于1979年7月1日在第五届全国人大第二次会议上获得通过，7月6日正式公布，并规定自1980年1月1日起施行。③至此，中国经历了近30年刑法典编纂长跑，终于宣告中华人民共和国第一部刑法典诞生。

① 高铭暄、赵秉志著：《中国刑法立法之演进》，法律出版社2007年版，第40页。

② 《中华人民共和国第五届全国人民代表大会第一次会议文件》，人民出版社1978年版，第132页；转引自高铭暄、赵秉志著：《中国刑法立法之演进》，法律出版社2007年版，第41页。

③ 高铭暄、赵秉志著：《中国刑法立法之演进》，法律出版社2007年版，第42页。

(二) 各刑法草案体系上的主要区别与联系

从体系编排上看，1950 年起草完成的《中华人民共和国刑法大纲草案》分为总则和分则两部分，共 12 章，157 条（没有节的设置）：第一章通则，第二章犯罪，第三章刑罚，第四章反革命罪，第五章妨害国家统治秩序罪，第六章侵害国有或公有财产罪，第七章职务上的犯罪，第八章经济上的犯罪，第九章妨害公共秩序与公共卫生罪，第十章侵害生命健康与自由人格罪，第十一章侵害私有财产罪，第十二章妨害婚姻与家庭罪。

1954 年 9 月起草完成的《中华人民共和国刑法指导原则草案》共分为三章，76 条。第一章犯罪，第二章刑罚，第三章几类犯罪量刑的规定。其中第三章分为七节，第一节反革命罪，第二节破坏公共财产的犯罪，第三节破坏公共秩序的犯罪，第四节侵犯人身权利的犯罪，第五节经济上的犯罪，第六节侵犯公民财产的犯罪，第七节职务上的犯罪。

1957 年 6 月起草完毕的《中华人民共和国刑法草案（初稿）》（第 22 稿）分为总则、分则两编，共十六章，215 条。第一编第一章刑法的任务和适用范围，第二章犯罪，共三节：第一节刑事责任，第二节犯罪的预备、未遂和中止，第三节共同犯罪；第三章刑罚，共八节：第一节刑罚的种类，第二节管制，第三节拘役，第四节有期徒刑、无期徒刑，第五节死刑，第六节罚金，第七节剥夺政治权利，第八节没收财产；第四章刑罚的具体运用，共八节，第一节量刑，第二节累犯，第三节自首，第四节数罪并罚，第五节缓刑，第六节减刑，第七节假释，第八节时效，第五章附则；第二编分则第一章规定反革命罪，第二章危害公共安全罪，第三章妨害社会经济秩序罪，第四章侵犯人身权利罪，第五章侵犯财产罪，第六章妨害婚姻、家庭罪，第七章妨害其他管理秩序罪，第八章渎职罪。

1963 年 10 月起草完成的《刑法草案》（第 33 稿）共 206 条，其维持了之前第 22 稿的整体编排，在体系上仅做了几处改动，如，将“拘役”从第 22 稿的第三章第三节的位置提到第二节，相应的“管制”下调为第三节。之后又因为，管制是主刑当中最轻的刑罚，大家认为将其放在拘役之前显得更加合理，因此在往后各稿都维持管制在前的写法。至此刑法的体系基本定型，仅有细微修改，如将

“附则”改为“其他规定”①、将保护民主权利写入刑法、将“经济秩序”改为“社会主义经济秩序”等，条文相较之前的草案要少，维持在190条左右。

从几个比较有代表性的草案的体系编排上，我们可以看出各草案之间的区别与联系。总的来看，区别有二：第一个区别在于，前期的草案体系上比较笼统，即没有完整的分节设置也没有关于附则或者其他规定的设置，如最初的两个刑法草案。第二个区别在于总体上条文数目呈现出递减的趋势。这些区别都体现出，刑事立法技术在一次次草案的“练笔”过程中不断进步。

当然，众多草案之间的联系也十分紧密。其联系大致上也分为两个：其一，是总则上的联系；其二是分则上的联系。总则上的联系比如说，基本上都开宗明义于草案第一条规定刑法的任务和目的，即维护人民民主专政制度，保障国家和人民安全与合法权利，坚决同犯罪分子作斗争。总则基本上都规定了犯罪的概念，如《刑法大纲草案》第二章第7条，《刑法指导原则草案》第一章第1条，第22稿第二章第9条，第33稿、37稿的第二章第10条等等。分则上的联系，体现在多数重点打击的罪名或者犯罪种类都有保留，比如，反革命罪、职务类犯罪、危害公共安全的犯罪、危害公民人身和财产类犯罪等。这些联系也是直接体现草案之间的传承关系。

三、79刑法的进步性

1979年刑法中对上述进步趋势的具体体现，主要为以下三个方面：第一是理念上的进步；第二是立法技术上的进步；第三是内容上的进步。

（一）刑法理念上的进步

1. 刑罚与罪行相适应原则的应用。关于罪刑相适应原则的起源可以追溯到

① 刑法草案中的附则，大致包括一些补充性规定，如民族区域自治、公私财产的概念、国家工作人员概念等。相较于“附则”的设置，79刑法“其他规定”的设置，更加科学。因为，从刑法典的几个草案来看，“附则”规定的内容和体量都不足以成为总则和分则的共同规定，实际上只是关于总则的补充说明，因此改为“其他规定”在刑法体系上显得更为科学。

古希腊甚至更遥远的时期，依据是，亚里士多德（Aristotle，公元前384—前322）在《伦理学卷》里对“公平”概念的论述：“倘若是一个人打人，一个人被打，一个人杀人，一个人被杀，这样承受和行为之间就形成了不平，于是就通过惩罚使其公平，或者剥夺其所得。”①但近现代意义的罪刑相适应原则形成于17、18世纪欧洲的启蒙运动。孟德斯鸠（Montesquieu，1689—1755）是较早提出罪刑相适应思想的，他认为的罪与刑在性质上应尽可能类似或者等同并保持适当比例：“惩罚应有程度之分，应按照罪的大小，来决定惩罚的轻重。”②继孟氏之后，最为系统全面论述该原则的是意大利刑法学家贝卡利亚（Beccaria，1738—1794），其在《论犯罪与刑罚》中指出“刑罚的本质是痛苦，但决不能给犯罪人施以过多的痛苦……公众所关心的不仅是不要发生犯罪，而且还关系犯罪对社会造成的危害尽量少些。因而，犯罪对公共利益的危害越大，促使人们犯罪的力量越强，制止人们犯罪的手段就应该越强而有力。因此需要刑罚与犯罪相对称”。③

在这些精辟的理论的指引下，较早在法律文件中贯彻罪刑相适应原则的，如法国1789年《人权宣言》、1810年《法国刑法典》等等。随后罪刑相适应理论又大致经历了报应主义、功利主义以及一体论④的发展过程；最终自20世纪60年代末开始，以“一体论”为理论核心的罪刑相适应原则逐渐成为刑事立法和实践的指南。受此影响，西方各国的刑事立法不再单一的将报复已然的犯罪或者防患未然的危险为单一的刑罚目的，而是采取复合型的规定，例如：美国1972年版《示范量刑法》规定：“刑罚不得以复仇与报应为根据”；1976年修

---

① ［古希腊］亚里士多德著：《亚里士多德选集·伦理学卷》，苗力田译，中国人民大学出版社1999年版，第109页。

② 何勤华、夏菲主编：《西方刑法史》，北京大学出版社2006年版，第20页。

③ ［意］切萨雷·贝卡利亚著：《论犯罪与刑罚》，黄风译，北京大学出版社2014年版，第21页。

④ 所谓“一体论”简单来说是指，“以预防犯罪作为一般目的而又在分配上受制于报应的刑罚”，是结合预防犯罪与报复犯罪为一体的理论。刘霜、陈超著：《刑法基本原则问题研究》，河南大学出版社2006年版，第146—147页。

订的《芬兰刑法》第六章第一节规定："刑罚应该与犯罪所涉的损害与危险以及在犯罪中所表明的罪犯的罪过程度合理均衡地衡量"；1976年修订的《德国刑法典》第46条规定："犯罪的罪过程度应该是衡量判决的基础，但是，判决也应该考虑行为人将来的生活与行为的影响"；1996年《俄罗斯刑法典》第43条规定："适用刑罚的目的在于恢复社会公正，以及改造被判刑人与预防新犯罪发生。"①

罪刑相适应原则在我国79刑法中得到很好的贯彻，以两个方面来体现此原则：一方面是刑罚轻重与犯罪的社会危害性程度相联系；另一方面刑罚轻重还与犯罪分子人身危险性相关。②

2. 刑罚的人道主义。首先应该明确指出，人道主义概念的提出，与人在社会上的地位的提高是分不开的。现代法律上对人的保护和尊重，这些与古代帝王的"慎刑恤民"思想有着本质的差别。人道主义的思想，是从人权的思想发展而来，西方历史上最早将人权、人道主义思想以法律性质文件规定下来的是1215年英国大宪章。③此后，历经欧洲文艺复兴以及启蒙运动的发展，人道主义开始作为法律原则被确定下来。

正如"开创刑罚人道主义先河"的贝卡利亚所认为的，刑罚作为一种"政治约束"，其作用只在于当人们为追求个人欲望而相互发生冲突时，阻止恶果的产生，但是它绝对不追究人的内心欲望，"不消灭冲突的原因，因为这种原因是人的一种不可分割的感觉，刑罚的目的只在于阻止罪犯再重新侵害公民，并规诫他人不要重蹈覆辙"。④可见，刑法的制定并不是用来镇压人，而是引导人的欲望合理舒展从而维护社会安定的法律，因此刑法在严惩犯罪的同时，也要做到对人的关怀。

---

① 刘霜、陈超著：《刑法基本原则问题研究》，河南大学出版社2006年版，第148页。

② 陈兴良著："论我国刑法的基本原则"，《社会科学战线》1989年第2期，第130页。

③ 卢建平著：《国际人权公约与中国刑事法律的完善》，中国人民公安大学出版社2010年版，第17页。

④ ［意］切萨雷·贝卡利亚著：《论犯罪与刑罚》，黄风译，北京大学出版社2014年版，第179页。

79刑法中不乏体现人道主义的精神，其中对未成年、妇女、残疾人士的特殊规定以及具体刑罚措施中多处彰显出刑法对人的尊重和关怀。例如，刑法第16条关于残疾人犯罪的规定，第38条关于拘役的规定，第44条关于未成年和怀孕妇女的规定，第55条关于没收财产的规定等。

3. *严格控制死刑的适用*。在世界范围内，较早提出限制死刑适用的学者是英国杰出人文主义者托马斯·莫尔（St. Thomas More，1478—1535）。1516年托马斯·莫尔在《乌托邦》一书中首开主张废除盗窃罪死刑之先河。①继托马斯·莫尔之后较为科学系统地提出控制死刑适用理念的是贝卡利亚。在《论犯罪与刑罚》中贝卡利亚认为，死刑的威吓作用是多余的，任何刑罚措施都不可能消除人内心的欲望，对人类心灵发生较大影响的，不是刑罚的强烈性，而是刑罚的延续性，因为最容易和持久地触动我们感觉的，与其说是一种强烈而暂时的运动，不如说是一些细小而反复的印象。②贝卡利亚在著作中极力主张严格控制死刑的适用，倡导用“长期徒刑”来代替大部分死刑，这些经典的论述对后世产生了巨大的影响。但应该解释一点，贝卡利亚虽然强调严格控制死刑适用，但在该问题上并不抱绝对废除的态度。受贝卡利亚的影响，许多哲学大师、刑法学家如康德、黑格尔、加罗法洛、李斯特等人③进一步阐释了严格控制死刑的理论，主张限制而不是绝对废除死刑。

随着社会与科学的不断进步，人权意识不断提高，国际上出现了一批关于尊重生命、尊重人权内容的国际条约，如《公民权利与政治权利公约》《欧洲人权公约》《欧洲人权公约关于废除死刑的第六协定书》《美洲人权公约旨在废除死刑的协定书》等等。经过几个世纪的发展，在各方面的推动下，国际社会上出现了明确废除死刑的国家，如加拿大、英国、法国、意大利、澳大利亚等，当今世界有朝着废除死刑的方向发展的倾向。

---

① 王松丽著：《我国废除死刑的立法研究》，合肥工业大学出版社2012年版，第52页。

② ［意］切萨雷·贝卡利亚著：《论犯罪与刑罚》，黄风译，北京大学出版社2014年版，第78页。

③ 王松丽著：《我国废除死刑的立法研究》，合肥工业大学出版社2012年版，第54页。

尽管如此，应该注意到，死刑制度的废除不能一概而论，更不能机械式的照搬照套，而是应根据具体国情等因素来决定。从现代社会来看，如美国、日本、韩国、俄罗斯等更多的国家采取的是严格控制死刑适用，而不是直接完全废除死刑的方法。具体的以日本为例，2018 年，在日本法院最终判决下，共有 13 名奥姆真理教的成员因当年的东京沙林毒气事件被判处死刑。虽然日本自始至终没有放弃死刑的刑罚措施，但从其起诉到执行死刑的漫长过程中也体现出，日本对适用死刑的慎重和谨慎。因此，废除死刑只是未来刑法发展的一个方向，当下，国际上更普遍的做法是严格控制死刑适用。

回顾我国 79 刑法的相关规定，我们发现早在 40 年前，我们的刑法典就已经提出严格适用死刑的理念，而且从相关条文中也可以看出其对适用死刑的严格程度是当时所罕见，在极有限的条文中，竟然没有一个绝对死刑的条文，如 79 刑法第 103 条关于个别严重的反革命罪行可以判处死刑的规定，第 106、110 条关于极个别严重危害公共安全犯罪的死刑规定，第 132 条关于故意杀人的规定，第 139 条关于强奸罪和强奸幼女罪的规定，第 150 条关于抢劫罪的规定，第 155 条关于贪污罪的规定。这些规定无疑体现了 79 刑法先进理念的一个闪光点。

4. *以宪法为立法根据，尊重和保障人民民主权利。*“宪法至上”思想的源流之一可以追溯至西方的自然法思想。自然法学家认为，自然法是一切制定法的渊源，其效力最高。到了 17、18 世纪启蒙思想家在此基础上进一步探索，试图将虚无缥缈的自然法转化为可以操作的制度体系。启蒙学者从自然法理论出发，认定由人民制定的宪法是最能反映自然正义的法律，它的法律效力高于其他法律，由宪法作为检验制定法的标准；[①]他们通过将自然法中的正义与理性转化为世俗国家机关的法律规制，并将这种法律规制赋予更高的法律地位；因此宪法被喻为“最高法”，近现代所说的宪法概念开始萌芽。随着这种“宪法至上”的观念传入美国，不久后美国诞生历史上第一部资产阶级成文宪法。经过法治不断的发展，宪法是国家最高法，依照宪法来确立国家的法律制度的法治

① 朱福惠著：《宪法至上——法治之本》，法律出版社 2000 年版，第 13 页。

观念越来越深入人心。

回顾79刑法，其第1条便开宗明义指出，79刑法是根据宪法并结合国情和实践经验所制定的。依宪立法的法治精神，终于在79刑法上得到体现，这是刑事立法的进步，同时也是我国迈向法治道路的里程碑。

在立法理念上，79刑法体现出了进步性，诸如以宪法为依据、刑罚的人道主义、罪刑相适应、严格控制死刑等等。这些先进理念在刑法典中得以体现，表明我们积极吸取世界刑事立法之精华的广阔胸襟，也正是在这些理念的指导下，79刑法在立法技术上以及具体内容上都有了不小的进步。

（二）立法技术的相对科学

1. 注重吸收古今中外精华，并结合了当下的实践。如在共犯问题中，刑法典的设置参考了古今中外相关问题的经验，起草专家组考察了西方国家相关立法，如法国"二分法"即共犯分为正犯、从犯的做法，以及德、日、瑞的正犯、教唆犯、从犯的三分法，也借鉴了苏联刑法将组织犯单列出来的四分法。为了博古通今，刑法专家组还专门考察了唐律、明律以及清律等古代较为有代表性的相关规定以及近代以来的《暂行新刑律》的相关规定。在参考古今中外立法经验的基础上，刑法典草案不断结合实践经验，在内容上做出修改。从1950年7月25日由法制委员会起草的《中华人民共和国刑法大纲草案》以及1954年9月30日《中华人民共和国刑法指导原则草案》所规定的组织犯、实行犯、教唆犯、帮助犯的四分法，到全国人大常委法律室起草的最初两个草案（1955年1月10日稿和1955年2月20日稿），把共犯分为主犯（包括组织犯和实行犯罪的主要分子）、教唆犯和从犯三类，再到第3稿开始（1955年3月3日）又改用四分法，把共犯分为组织犯、实行犯、教唆犯和帮助犯四类。

随着实践经验以及立法技术的进步，1957年5月12日草稿以及第22稿在共犯的分类中将"组织犯"通过立法技术处理分散到分则中具体规定，因此共犯分为三类，即正犯、教唆犯、帮助犯，到了1962年对刑法草案第22稿进行修改时，进一步总结司法实践经验，为了解决胁从犯是否算共犯的问题，在广泛讨论的基础上，最终采用基本上按照共犯作用的分类，将共犯的类型确定为主犯、从犯、教唆犯三类（即积极参与犯罪对犯罪活动起到帮助作用的胁从犯也算入共犯体系）。①

诸如此类规定，还有如刑法第 76 至 78 条关于时效问题的规定；在起草刑法时，对是否增加时效的问题，存在反对的意见。反对的观点主要是考虑到，本来刑法主张坦白从宽、抗拒从严，但是时效的规避可能会让犯罪分子产生侥幸心理，使得自首规定失去意义。在充分考察各国刑法对时效问题的普遍做法的同时，考虑到稳定人民内部团结、司法机关工作、历史遗留（台湾）等问题，最终排除反对意见，还是规定了时效问题。②

2. 改变刑法当中的不确定因素，力求刑罚确定性，维护刑法权威。以“管制”为例，在 79 刑法颁布以前，管制的期限一般为 6 个月以上 3 年以下，但可以视罪犯情况加以延长。刑法典草案第 33 稿以前的规定都是如此，因此导致实践中存在随意延长管制期限的情况，使得法律失去严肃性。为避免这些问题，79 刑法明确规定管制的期限为 3 个月以上，2 年以下，数罪并罚的时候不得超过 3 年。为了使刑法条文更具确定性和权威性，刑法条文还明确规定，管制由法院判处，并由公安机关执行。

再比如，关于死缓减刑为何种刑罚的问题。第 22 稿规定，如果犯人真诚悔改可以减为无期徒刑或者 15 年有期徒刑，79 刑法第 46 条则否定了只要悔改就可以减为 15 年有期徒刑的规定，这样就避免死刑与有期徒刑的失衡，更好地维护了刑法典的权威。

3. 避免机械性的量刑设置。例如，刑法第 58 条修改了以往草案中和实践中存在的，量刑之时在法定刑幅度中间划一条中线，从重处罚是中线以上量刑，从轻就是中线以下量刑的简单机械的做法。刑法第 58 条规定有从重处罚、从轻处罚情节，否定了量刑“一刀切”的机械做法，至于在这个限度以内究竟多重多轻，就要综合分析、全面考虑。

---

① 高铭暄著：《中华人民共和国刑法的孕育诞生和发展完善》，北京大学出版社 2012 年版，第 27—31 页。

② 高铭暄著：《中华人民共和国刑法的孕育诞生和发展完善》，北京大学出版社 2012 年版，第 369 页。

避免量刑畸轻畸重的处理还有，如第 141 条拐卖人口罪、第 154 条敲诈勒索罪、第 155 条贪污罪、第 162 条窝藏包庇罪等这些条文在量刑上区分一般情况和情节严重的情况，并分别设置不同的刑罚单位，相较以往规定中只有笼统的单一刑罚单位规定来说更加科学。

4. 其他技术上的修改，如刑法第 70 条中将历次稿中对判处缓刑的犯罪分子的“监督、监管”等词改为“考察”，以区别于劳改犯的“监管”、假释犯的“监督”。刑法第 71 条，将历次稿件中存在的规定，“执行期间，如果有悔改和立功两种表现，可以减刑”改为“……悔改或者立功表现，可以减刑”，放宽了认定减刑的条件限制。还有如，刑法第 107—110 条中将以往草案中“破坏”（第 22 稿第 118 条“破坏轨道桥梁”）和“毁损”（第 22 稿第 120 条“毁损公共电力设备”、第 121 条“毁损电报”）等用语统一为“破坏”。

诸如此类的这些较为细小的修改，表明刑法典每一个条文的用语都经过深思熟虑，在追求法言法语的精确性、减少歧义发生的基础上，努力做到条文的科学合理。

(三) 刑法典内容上的进步

1. 受罪刑相适应理念的指导，刑法在条文中作了相应的规定。简单来说，刑法面对同样造成他人伤亡的后果，根据具体犯罪情况需适用不同的条文：如涉及刑法第 17、18 条防卫过当、避险过当情形，则应当酌情减轻或者免除处罚；如涉及危害国家安全则有可能触犯反革命罪、危害公共安全等犯罪并科处较重的罪名，如果是涉及故意伤害、杀害他人而不具备其他减轻、从轻等情节又需要具体判断后科于刑罚。

面对不同的犯罪阶段，如刑法第 19 条预备犯则可以比照既遂犯从轻、减轻处罚或者免除处罚，第 20 条未遂犯可以比照既遂犯从轻或者减轻处罚，若是涉及第 21 条中止犯，则应当免除或者减轻处罚。还有在关于共同犯罪的规定中，要区分主犯、从犯、教唆犯的量刑，数罪并罚中也要根据“漏罪”和“新罪”不同情况决定不同的并罚原则。再如，累犯制度、自首制度、缓刑制度、减刑制度以及假释制度等。刑法中的这些规定，根据犯罪行为造成的社会危害结果以及犯罪人的人身危险性程度以及其他情形，分别设置了不同的罪名和法定刑。正如刑法第57条所规定，“对于犯罪分子决定刑罚的时候，应当根据犯罪的事实、犯罪的性质、情节和对社会的危害程度，依照本法有关规定判处”。这是在总结我国司法机关多年来量刑经验规定出来的，是对罪刑相适应原则和精神的体现。

2. 死刑的严格控制和刑罚的人道化倾向。严格控制死刑适用是79刑法鲜明的特色，整部法典中规定的死刑罪名只有28个。这些死刑罪名按类罪划分分别属于反革命罪、危害公共安全罪、侵犯公民人身权利罪和侵犯财产罪。具体包括①：

第一，分则第一章反革命罪中的15个：背叛祖国罪，阴谋颠覆政府罪，阴谋分裂国家罪，策动叛乱罪，策动叛变罪，持械聚众叛乱罪，聚众劫狱罪，组织越狱罪，间谍罪，特务罪，资敌罪，反革命破坏罪，反革命杀人罪和反革命伤人罪。

第二，分则第二章危害公共安全罪中的8个：放火罪，绝水罪，爆炸罪，投毒罪，以及其他危险方法危害公共安全罪，破坏交通工具罪，破坏交通设施罪和破坏易燃易爆设备罪。

第三，分则第四章侵犯公民人身权利、民主权利罪中的3个：故意杀人罪，强奸妇女罪和奸淫幼女罪。

第四，分则第五章侵犯财产罪中的2个：抢劫罪和贪污罪。

这些是在“坚持少杀、严禁乱杀”政策指导下制定出来的，在该政策的指导下，不仅死刑条文少，而且没有一个绝对死刑的条文，每一个规定死刑的条文同时都规定了无期徒刑和有期徒刑，②体现了刑罚的先进性，也体现刑法对人的尊重。

79刑法不仅在严格控制死刑方面取得较大进步，而且在贯彻人道主义精神方面也有不少亮点，如刑法第16条关于残疾人犯罪的规定：“又聋又哑的人或

① 赵秉志著：《刑法基本理论研究》，法律出版社2005年版，第620页。

② 高铭暄著：《中华人民共和国刑法的孕育诞生和发展完善》，北京大学出版社2012年版，第45页。

者盲人犯罪，可以从轻、减轻或者免除处罚”，关于该条，以往草案中并没有“盲人”以及“免除处罚”的相关规定，这一修改体现了对残疾人士的关怀力度的加大。第38条关于拘役的规定其中第2款规定：“在执行期间，被判处拘役的犯罪分子每月可以回家一天至两天；参加劳动的，可以酌量发给报酬。”这一规定也是前所未有的，以往草案的条文只是简单规定拘役的执行机关，并没有对判处拘役的犯罪人的家庭生活做出考虑。第44条关于未成年和怀孕妇女的规定：“犯罪的时候不满十八岁的人和审判的时候怀孕的妇女，不适用死刑。”第49条关于罚金缴纳时遇有特殊情况的规定：“罚金在判决指定的期限内一次或者分期缴纳；期满不缴纳的，强制缴纳。如果由于遭遇不能抗拒的灾祸缴纳确实有困难的，可以酌情减少或者免除。”第55条关于没收财产的规定：“没收财产是没收犯罪分子个人所有财产的一部或者全部；在判处没收财产的时候，不得没收属于犯罪分子家属所有或者应有的财产。”这些条文体现出刑法的人道主义精神，既体现出刑法的威严，也表达对人的生命的一种尊重。

3. *逐渐从过分强调阶级对立到强调打击犯罪行为。*“管制”作为刑罚的一种，设立之初是为了解决敌我矛盾的专政方法，至第33稿为止，各草案都贯彻了上述的政策思想，把管制用来解决敌我矛盾。但从79刑法条文设置来看，管制不仅适用于罪行较轻的反革命分子，也适用于人民内部某些犯罪分子，不再仅仅是用来解决敌我矛盾的专政方法。①这说明违反刑法规定的犯罪分子只要不存在其他阻却事由或者免于刑事处罚情节，都适用相应刑罚规定，不过分强调对敌人一味加重处罚，对人民过分强调适用非刑罚措施。对犯罪分子一视同仁，不会过多的因为犯罪分子的“政治属性”而做出偏差巨大的处罚，使得刑法观念更接近现代刑法。

4. *以宪法为依据，强调保护公民私人利益。*刑法第81条将以往草案中规定的（如第33稿第89条）“公民所有的合法财产”改为“公民私人所有的合法财产”；刑法第82条将以往草案中规定的“公民个人或者家庭所有的生活资

---

① 高铭暄著：《中华人民共和国刑法的孕育诞生和发展完善》，北京大学出版社2012年版，第41页。

料”改为“公民的合法收入、储蓄、房屋和其他生活资料”；将“依法归个人或者家庭所有的生产资料”改为“依法归个人、家庭所有或者使用的自留地、自留畜、自留树等生产资料”。突出“私人”，强调对私人财产的保护，使得个人权利的内容变得更具体，具有进步意义。

79 刑法除了对私人财产的保护之外，还规定了对公民其他权利的保护。如刑法第 131 条规定公民人身权利、民主权利不受非法侵犯，这是修订第 33 稿之前的各草案和单行刑法都不曾规定的内容。刑法第 143、144 条规定了严禁非法拘禁、非法管制他人以及非法搜查他人身体、住宅或者非法侵入他人住宅的情形，相较以往草案中只规定有非法搜索罪①来说，刑法的这两个条文的规定，第一次全面地把宪法规定的公民人身自由和住宅不受侵犯原则贯彻到了刑法当中。这些规定有部分原因是鉴于“文化大革命”期间对公民人身权利、民主权利和其他权利的摧残。经过这一惨痛的教训，人们表现出对权利的重视和合法权利受法律保护的强烈愿望。因此明确将保护公民人身权利、民主权利和其他合法权利写进刑法，这无疑充实了人们的权利，使得人身安全、住宅不受侵犯以及其他政治权利自由等得到刑法保护，是其内容的先进性的体现。

诸如此类还有刑法第 145 条规定的侮辱、诽谤罪，第 146 条报复陷害罪、第 147 条非法剥夺宗教信仰自由、侵犯少数民族风俗习惯罪、第 148 条伪证罪、第 149 侵犯公民通信自由罪等等，也是在总结以往实践中发生的“错误”基础上，在维护公民民主权利一章中新增或者修改后增加的，体现了国家法律以宪法为依据，尊重和保障人民权利的法治精神。

四、79 刑法的划时代意义

79 刑法是新中国成立后的第一部刑法典，它的诞生经历了太多的曲折，从

① 高铭暄著：《中华人民共和国刑法的孕育诞生和发展完善》，北京大学出版社 2012 年版，第 120 页。

"镇压与宽大相结合"至"惩办与宽大相结合"，从《反革命条例》再到79刑法，耗时30余年。在我们今天看来，这样一部40年前的法典存在着太多缺陷与不足，可是我们仍需要铭记，因为纵使它无法尽善尽美，但却是它预示着我们走向法治的未来……

（一）79刑法的缺陷与不足

1. *条文简陋，规定不周。*造成这一缺陷的原因可能不止一个，但最为关键的原因是法治经验的不足。当时强调"刑法只能解决成熟的问题，对没有把握的不能保证执行的问题，没有写进刑法"，[①]刑法立法工作"宜粗不宜细"的原则，一直贯穿在79刑法孕育诞生的过程中。

受时代局限，许多犯罪情况和情节没有被纳入刑法典条文。例如，刑法第122条规定了伪造和贩运伪造货币罪，但没有规定变造货币的犯罪情形；第124条规定了伪造车票、船票、邮票、税票、货票罪，却没有规定伪造机票的情形；同样侵犯知识产权犯罪，只规定假冒商标罪，其他专利、外观设计等等一概没有规定；规定了盗窃、抢劫、抢夺等罪，却没有规定侵占罪；关于食品药品安全问题，也只有一条，即第164条制造、贩卖假药罪。条文设置比较粗糙。

79刑法不仅条文少，而且其中还有许多有重复之嫌的条文，比如同样是出于故意而杀人，79刑法既规定了第101条"反革命杀人罪"，又规定了第132条"故意杀人罪"；同样是故意毁坏财物，79刑法既规定了第100条反革命破坏罪，又规定第125条破坏集体生产罪、第137条聚众"打砸抢"罪、第156条故意毁坏公私财物罪；既规定了第148条诈骗罪，又规定第165条神汉、巫婆诈骗罪，等等。实际上由于欠缺考虑而没有规定以及重复规定的条文还有不少，科学性还不够。

2. *以类推规定代替罪刑法定的原则。*有关"类推"的规定是79刑法的一个"硬伤"，"类推"的原则让79刑法无法成为名正言顺的现代刑法典。而关于"类推"的规定很大程度上也是为了弥补刑法典条文简陋所带来的弊端。为

① 高铭暄、赵秉志编：《中国刑法规范与立法资料精选》，法律出版社2013年版，第358页。

了补足上述缺陷，刑法典设置了大量的“口袋罪名”使得类推得以被广泛运用。具体如下：

反革命罪，该罪名设置几乎得以将一切严重暴力事件而刑法没有明文规定的情形列为犯罪。流氓罪则更甚，原本“流氓”一词并非法学用语，而是对不务正业、为非作歹、下流的人的俗语称谓，刑法将该词吸收为法律用语并于第160条后半句规定“……或者其他流氓活动……处七年以下有期徒刑、拘役或者管制”，如此一来只要是违背道德就具备违法事实，再加上造成一定社会影响即可以扣上流氓罪的帽子。还有投机倒把罪，这个罪名则几乎将一切违反计划经济秩序的行为列为犯罪。即使投机倒把罪规定触犯该罪必须“情节严重”，也无法从逻辑上证明某些情节轻微的行为不具备违法性，如此一来，也将对随后必须制定的其他法典的内容设置造成逻辑的混乱。口袋罪名的设置大大助长了类推规定的适用，虽然刑法达到了灵活打击犯罪的目的，但却使得79刑法牺牲了其应有的严谨性、科学性。

3. *政治色彩浓厚*。法律作为一门科学应当是理性而不偏颇的，过多的非法律因素存在则会影响法典的客观和中立。首先79刑法法条当中存在许多充满感情色彩的词汇，如上述所讲的“流氓”“投机倒把”“反革命”等等，这些词汇一出来很自然的让人联想到那个“打到一切牛鬼蛇神”的岁月。其次，“正确对待两类矛盾”的政治方针，始终贯穿在刑法典当中，使其突破“人人平等”的法学逻辑，刻意寻求“对敌人严惩，对人民尽量批评教育”的政治色彩。虽然79刑法已经有意识注重打击犯罪而不是过多的强调阶级对立，但其只是一个进步的趋势，单从刑法的设置来看，还是存在有违反“人人平等”之嫌的缺陷。

79刑法具体的缺陷可能还有很多，我们上述只举出较为明显的一些。但当我们对这些缺陷进行评价时，要考虑到我们跳过时代背景而以今日的眼光来批判40年前的一部法典或许并不公平，因为纵有千般不足，却是它毅然选择了告别那个“无法无天”的时代。

（二）迈向法治的未来

黑格尔在《法哲学原理》一书中说：“立法和它的各种特别规定不应孤立

地、抽象地来看，而应把它们看作一个整体中依赖的环节。”①事物的概念和本质有着错综复杂的外在表象，只有把握事物本身的概念才能透过现象追求真理。用黑格尔的话来评价 79 刑法的诞生与发展也是合适的，自 79 刑法以来，我们又颁行了包括 1981 年的《惩治军人违反职责罪暂行条例》在内的 25 部单行刑法，②至 1997 年终于集刑事立法之大成，颁行了新刑法典；直至今天，我们仍通过颁布刑法修正案的方式在不断地寻求进步。79 刑法作为迈向法治未来的坚定一步，其划时代意义在于：

1. 承前启后，促进了法治精神的深入人心。研究 79 刑法的诞生过程可以发现，79 刑法是我国刑法史上的里程碑，它吸取了新中国成立以后的多年刑事立法和司法实践经验。79 刑法充分考虑了新中国初期的刑事条例，如《反革命条例》；吸收了新中国成立后的刑事政策精神，如“镇压与宽大”的刑事政策；借鉴了新中国成立前后的司法实践，如死缓制度、管制措施等等。在党的十一届三中全会“有法可依、有法必依、执法必严、违法必究”的法制精神的指引下，79 刑法又得以成为“新时代”的产物，为法治的实现提供制度的保障。

然而所谓“法治”，止步于制度层面是不够的，其应该含有用以治国的法律所必须遵循的原则、规范或者理想，如“公正原则”“平等原则”“维护人的尊严的原则”等等。③由此可见，法治是有制度之维和价值之维的，制度犹如人的躯干，而法的精神则如人的灵魂，二者缺一不可。

虽然党的十一届三中全会明确提出来的是“建设社会主义法制”，但却不妨碍立法者、起草专家进一步追求法的精神，79 刑法符合法制，也预示着法治的未来。以“人人平等”的刑法基本原则为例子，79 刑法虽没有明文规定该原则，但如彭真所说：“刑法公布施行后，公民在适用法律上人人平等，不允许有任何特权。”④刑法是有体现该原则的精神的，而且实际上刑法中也有相关条

① ［德］黑格尔著：《法哲学原理》，范扬、张企泰译，商务印书馆出版 2011 年版，第 5—6 页。

② 赵秉志著：“改革开放 40 年我国刑法立法的发展及其完善”，《法学评论》2019 年第 2 期。

③ 梁治平著：《法辩》，广西师范大学出版社 2015 年版，第 212 页。

④ 高铭暄、赵秉志编：《中国刑法规范与立法资料精选》，法律出版社 2013 年版，第 359 页。

文体现“人人平等”的精神，如79刑法第10条规定：“一切危害国家主权和领土完整……侵犯公民私人所有的合法财产，侵犯公民的人身权利、民主权利和其他权利，以及其他危害社会的行为，依照法律应当受刑罚处罚的，都是犯罪……”因此79刑法的进步性，不单指其字里行间所体现的进步，更是指其条文精神上的进步。79刑法蕴含着追求法治的精神，使得法治的观念逐渐深入人心。

2. 保护了正常的商品经济的发展。随着党的十一届三中全会公报提出“按经济规律办事，重视价值规律的作用”①后，社会主义的经济由“计划经济”转为“有计划的商品经济”，刑法被赋予了保护正常商品经济活动开展的使命。这里以投机倒把罪和假冒商标罪为例，展示79刑法所特有的新内涵：

投机倒把罪在党的十一届三中全会以前，是禁止私商长途贩运活动的，而三中全会以后，该类情形则变为合法的正常经济活动；原先的转包渔利也被认为是投机倒把行为，国家经济改革后，认为，承包转包是经济改革的一个内容，不能笼统认为转包渔利就是违法犯罪；再如过去认为买空卖空是投机倒把行为，经济改革后也不能简单的一概而论了。至此，投机倒把罪的内涵发生了重大变化，开始保护有利于生产力发展的商品经济活动，其浓厚的政治色彩也开始减弱。

假冒商标罪也应时代的变化而丰富了该罪名的内涵。随着改革开放的不断深化，社会上开始出现一些新的犯罪情形，如利用他人知名品牌的特殊装潢，蒙蔽消费者等情形。为了弥补商标管理中的漏洞，国家商标管理局根据企业的要求，将13种名酒瓶贴中起到商标作用的部分也作为商标予以注册，凡是假冒上述规定的并符合刑法规制要求的，以假冒商标罪论处。②假冒商标罪从原先仅对商标的保护扩大到对“装潢”“独有外观设计”的保护，已经颇有“打击知识产权犯罪”的含义。

79刑法对违法犯罪行为的打击，为商品经济发展提供公平竞争的环境，起

① 《中国共产党第十一届中央委员第三次全体会议公报》，载《北京日报》1978年12月24日。

② 王作富编：《中国刑法适用》，中国人民公安大学出版社1987年版，第367—368页。

到保护和促进商品经济发展的作用。为日后“有计划的商品经济”到“中国特色社会主义市场经济”的平稳过渡打下了基础。

3. 开启了保护公民民主权利的新时代。关于保护公民民主权利的有关内容，是 79 刑法进步性的体现，其中有不少条文都是以往没有规定的。79 刑法丰富了公民的民主权利，成功开启了一个新的时代，使得日后的刑事立法（如 97 刑法）有了良好的“基因”。

97 刑法及其修正案几乎保留了 79 刑法中有关于保障公民权利的全部内容，如“诬告陷害罪”“非法收查、非法侵入他人住宅罪”“侮辱罪、诽谤罪”“刑讯逼供、暴力取证罪”“虐待被监管人罪”“非法剥夺公民宗教信仰自由罪、侵犯少数民族风俗习惯罪”“侵犯通信自由罪”“私开、隐匿、毁弃邮件、电报罪”“报复陷害罪”“破坏选举罪”“虐待罪”“遗弃罪”等等。在 79 刑法相关精神以及实践经验的指导下，新增了第 244 条“强迫劳动罪”，第 244 条之一“雇佣童工从事危重劳动罪”，第 249 条“煽动民族仇恨、民族歧视罪”，第 253 条之一“出售、非法提供公民个人信息罪，非法获取公民个人信息罪”，第 255 条“打击报复会计、统计人员罪”，第 262 条之一“组织残疾人、儿童乞讨罪”等等。

这些进步都是 79 刑法所开启的，如果没有 79 刑法对公民权利保护的规定，我们今天所拥有的权利可能没有这么丰富；如果没有 79 刑法对民主权利的这些规定，我们今天的刑事立法不可能获得这么多年的实践经验，立法工作可能就需要从头做起。

五、结语

作为迈向法治的开端之作，79 刑法的存在使得今天的刑事立法得以有批判中继承的资源。在立法理念上，79 刑法中所体现的宪法精神、人道主义精神、罪刑相适应原则、死刑的严格控制，都在往后的刑事立法中得到继承和发展。在内容上，反革命罪和投机倒把等罪名被取消，罪刑法定、人人平等原则得到明确，刑法始终保持了法治理性，在坚定维护秩序价值的同时，开始更加注重保障人的权利。

79 刑法所具有的进步与缺陷的两面性，正是一部处于新旧时代交替过程中诞生的法典所不可避免的“妥协”，然而就连这种“妥协”的精神都是充满智慧的。1979 年彭真在第五届全国人大常委会第八次会议所作的报告中指出：“刑法是解决刑事犯罪问题，是处理法纪问题的，而且在法纪中还有刑法与民法之分。决不能把应该属于党纪、政纪和民法处理的问题，列入刑法，追究刑事责任。不能企图用刑法解决一切问题。”①不能企图用刑法来解决一切问题，这种在肯定法的局限性的基础上注重各方面利益的“协调”不正是体现法治的精神吗？只有这样才能创制出让人民普遍遵守的良法。

79 刑法不只是做到了三中全会所指出的“有法可依、有法必依、执法必严、违法必究”，更是从方方面面朝着追求法治精神的方面迈去。79 刑法是一部划时代的刑法典，作为中华人民共和国第一部系统的刑法典，它的影响早已经超出其制度条文，更是带给后世一种法治的理念和意识。法律，作为规范人类活动的社会制度形态，如果不能促进社会的发展，必然反过来阻碍社会的进步，因此，必须时时更新，永不停止。②我们应当在正确认识 79 刑法的基础上，继续把握正确的方向，继往开来，不断完善我们的法治建设。

（原载《犯罪研究》2019 年第 4 期）

① 高铭暄、赵秉志编：《中国刑法规范与立法资料精选》，法律出版社 2013 年版，第 357 页。

② 何勤华著：《法治的启蒙》，法律出版社 2017 年版，第 16 页。

7. 我国民法典编纂与德国法律文明的借鉴

——中国继受 1900 年《德国民法典》120 年考略

何勤华　周小凡*

［摘要］　2019 年 12 月 23 日，十三届全国人大常委会十五次会议作出决议，拟将《中华人民共和国民法典（草案）》提请十三届全国人大三次会议审议。这意味着新时代我国民法典的编纂即将收官。回顾民法典编纂的渊源，清末民国时期的民事立法以及民法学说的发展都离不开对德国民法的借鉴。新中国成立后，我国对德国民法的吸收也一直延续至今，并影响到新中国第一部民法典的编纂。我国民法典编纂选择效法德国，既有《德国民法典》本身的优势，也有对中国国情的现实考量。这是中国民事立法日益进步、成熟的重要标志。并且，这一过程作为世界法律文明交流的体现，对我国法治发展乃至世界法律文明的发展都有着重要意义。如何让吸收借鉴的经验更为长久，更能为后世所用，仍值得进一步思考。

中华文明与德国文明的交流可谓源远流长，我们常引后者为师，从“器物层面”的工业枪炮，到“文化层面”的文法哲学，不一而足。而最受法学家关切的，莫过于德国璀璨的法律文明。1900 年实施的《德国民法典》，有“民法教科书”的美誉，其不仅构造出精深的概念理论、缜密的逻辑体例以及准确的法律术语，还有着能彰显其赞誉世界的立法技术。历经百年，今人审视这部法典之时，仍能体味其中的民法智慧，足为我国民事立法之师范。追溯德国法律

---

* 何勤华，华东政法大学法律文明史研究院教授；周小凡，华东政法大学法律学院博士研究生。本文系上海市哲社规划“三大系列”一般课题“中国特色社会主义法治的形成与发展研究”（项目批准号：2017BHC012）的阶段性成果。

文明中的民法典智慧，探寻我国民事立法与德国民法长久之勾连，对于理解新时代我国民法典编纂之内涵，体会其背后之深意，具有重要意义。

一、德国法律文明中的民法典智慧

《德国民法典》作为德国进入 20 世纪的序曲，是德国在政治和社会关系较为稳定的时期完成的。①但是，该民法典的编纂并非一蹴而就，而是由德国民法典编纂委员会，在不断总结历史经验、吸收罗马私法之精髓，加之斟酌学界诸理论的基础上，研究讨论而成的。因此，以《德国民法典》的编纂为视角，回顾德国法律文明的发展进程，可以发现，其中蕴含着丰富的民法典智慧。

其一，《德国民法典》汲取历史之精华，继承了过往邦国的法典编纂的体例和理论。《德国民法典》区别于其他大陆法系民法典的最典型的特征，就是其采纳了潘德克顿体系（pandectarum）的编纂模式，建立了以法律关系学说为基本线索的民法编制的逻辑和系统理论。②但是，罗马法中并非仅有《学说汇纂》式的民法体例，《法学阶梯》所体现的三编制的民法体例在一百年前就已经被法国所采用，并凭借《法国民法典》的编纂而收获了巨大的成功。同为大陆法系模式，为何德国民法典弃可直接借鉴的《法国民法典》的体例不用，转而采取五编制的立法体例？

一个重要的原因就在于德国民法典的渊源。在整个 18 世纪及 19 世纪初，德意志几个最大的邦国都进行了广泛的法典编纂活动，其中不乏成文的民法典。如 1756 年巴伐利亚邦国制定颁布的《巴伐利亚民法典》，是欧陆最早出现的民法典。③作为德国民法典的重要渊源之一，该法典以罗马私法为基础，分为“人法”“物法”“继承法”“债务法”四编，已经初具德国民法典“总则”“债

① ［德］K.茨威格特、H.克茨：《比较法总论》，潘汉典、米健、高鸿钧、贺卫方译，法律出版社 2003 年版，第 218 页。

② 孙宪忠：《权利体系与科学规范》，社会科学文献出版社 2018 年版，第 10 页。

③ 高仰光、张永：《法国的民法典，世界的民法典》，《中国人大》2016 年第 24 期，第 54 页。

法”“物权法”“亲属法”“继承法”五编制体例的雏形。①除此之外，1863 年萨克森王国制定颁布的《萨克森民法典》，已完全依照潘德克顿体系编排法典的内容。②这些民法典作为德国民法典的渊源之一，体现了德国法律文明中的民法典智慧，对德国民法典的编纂具有重要的借鉴意义。除上述两部法典外，还有 1791 年普鲁士邦国制定颁布《普鲁士邦法》，以及 1811 年奥地利邦国制定颁布《奥地利普通民法典》，它们均是德国璀璨民法智慧的结晶。

其二，《德国民法典》吸收了学者的著述、论说为理论依据，是学说争鸣的产物。德国民法典诞生于德国法学实证主义的时代。③当时涌现了大批优秀的民法学者，他们为法典的制定与编纂作出了巨大贡献。1777 年，希罗塞尔（J.G. Schlosser）撰写了《关于制定一部完善的〈德国民法典〉的建议和计划》，最早提出在德国编纂一部统一的民法典的倡议。④随后，德国学界围绕民法典制定，陆续展开了研究与争鸣。

当时学界争论最激烈的问题就是，是否需要编纂统一的成文民法典？针对这一问题所展开的最经典的学术论战，莫过于支持民法典编纂的学者蒂堡（Thibaut）和反对其编纂的学者萨维尼（Savigny）之间的论战。1814 年，蒂堡撰文《论统一民法对德意志的必要性》，明确指出自己对德国统一民法典编纂的迫切希望：“我的观点是，我们的民法，需要一个彻底的、迅速的转变，只有所有的德意志政府团结一致，努力完成排除单个政府的恣意而适用全德意志的法典的编纂，德意志人在市民关系上才有幸福可言。”⑤蒂氏认为，法律规则必须清晰、明确、详尽，并通过一个精巧且适当的形式表现出来。但是德国

① 参见何勤华主编：《德国法律发达史》，法律出版社 2000 年版，第 24—29 页。

② 参见王利明：《总分结构与我国民法典的编纂》，《交大法学》2019 年第 3 期。

③ 参见［德］霍尔斯特·海因里希·雅科布斯：《十九世纪德国民法科学与立法》，王娜译，法律出版社 2003 年版，第 3 页。

④ 参见薛军：《蒂堡对萨维尼的论战及其历史遗产——围绕〈德国民法典〉编纂而展开的学术论战述评》，《清华法学》2003 年第 2 期，第 105 页。

⑤ ［德］蒂堡、萨维尼：《论统一民法对于德意志的必要性》，朱虎译，中国法制出版社 2009 年版，第 11 页。

古代的法典粗糙且混乱，早已不适应统一德国的需要，加之其自身固有法的缺陷，其90%的法律问题须继受外来法，即教会法和罗马法来解决。[①]因此，制定统一的德国民法典是时代之需。

是年，萨维尼撰写了《论立法和法学的当代使命》，其中提出“立法常常是对法的一种有害无益的侵蚀”，[②] 由此与蒂堡的理论针锋相对。萨氏通过主张“民族特性”及其他地方性来强调历史法学派的纲领，[③]其认为民法典的编纂必须满足三个条件：“应有的权威意见”“优秀的司法官员”以及“简单可行的诉讼程序”，[④]而考虑到德国当时的国情并不符合编纂民法典的条件，因此不当编纂统一的民法典。

其三，德国民法典借鉴罗马法，特别是《学说汇纂》中关于体系、方法、技巧、术语的智慧。[⑤]虽然罗马法中蕴含着精深的私法智慧，但在面对具有德国本土民族精神的日耳曼法的竞争时，其如何得以被立法者挖掘？并且如何运用到德国民法典中？值得我们的思考。

事实上，德国有许多久负盛名的对罗马法有着精深研究的学者，如普赫塔（Puchta）、温德沙伊德（Windscheid）、耶林（Jhering）等。他们所撰写的诸多学术作品，如温氏所著《学说汇纂教科书》，均在德国高校中得到广泛的教授。这使得19世纪德意志的法学工作者在接受法学教育时，无一不接受了传统的罗马法渊源的教育，使得他们在起草《德国民法典》时，会情不自禁联想到罗马法的智慧。[⑥]与此同时，温氏自己作为法典编纂第一委员会的成员，也直

---

① 参见薛军：《蒂堡对萨维尼的论战及其历史遗产——围绕〈德国民法典〉编纂而展开的学术论战述评》，《清华法学》2003年第2期，第111页。

② 雷倩：《法典·法学·民族精神——1814年蒂堡与萨维尼争考》，西北师范大学2015年硕士学位论文，第24页。

③ ［德］罗尔夫·克尼佩尔：《法律与历史——论〈德国民法典〉的形成与变迁》，朱岩译，法律出版社2003年版，第23页。

④ 雷倩：《法典·法学·民族精神——1814年蒂堡与萨维尼争考》，西北师范大学2015年硕士学位论文，第27页。

⑤ 参见王利明：《民法典体系研究》，中国人民大学出版社2008年版，第24页。

⑥ ［德］卡尔·拉伦茨：《德国民法通论》（上），王晓晔、邵建东等译，法律出版社2013年版，第22页。

接参与了民法典的起草，且起了主导作用。[①]

而关于德国民法典对罗马法的借鉴，从编纂体例方面看，德国潘德克顿学派广泛汲取《学说汇纂》(Digesten) 中的经验，采取提取公因式的方法，将概念分为一般的概念和特别的概念，从而将各编内容分成总则和分则，[②]再进一步划分分则的体例。如 1789 年胡果（Hugo）出版的《现代罗马法教科书》，首次提出以物权法、债权法、亲属法、继承法、诉讼法为区分的五编制体例；而 1807 年海瑟（Hesher）出版的《普通民法的体系概要》中也构造了总则、物权法、债务法、亲属法、继承法、原状回复的六编制体例。[③]潘德克顿学派在此基础上构造出独立、完全、自足、自洽的五编制民法学体系，这直接影响到德国民法五编制体例的编纂。从具体规则方面看，《德国民法典》的规则在很大范围内符合学说汇纂派从罗马法判例中抽象出的规则。如德国民法典独具特色的物权合同制度，也在很大程度上借鉴了罗马法的内容。[④]与此同时，罗马法中关于“法人”“法律行为（Rechtsgeschaft）”[⑤]等制度，也均被运用到德国民法典中。

二、我国民事立法借鉴德国民法的渊源

中国民法对德国民法的学习与借鉴，最早可溯至清末。清末自东瀛而归的法科留学生，直接学习了日本民法，从而成为间接学习德国民法的开端。加之当时有冈田朝太郎等日本学者驻北京法律学堂授课，教授日、德等国民法，这也成为清末民律修订间接取法德国的重要途径。至民国时期，随着大量法律人

---

① 参见［德］霍尔斯特·海因里希·雅科布斯：《十九世纪德国民法科学与立法》，王娜译，法律出版社 2003 年版，第 72 页。

② ［德］卡尔·拉伦茨：《德国民法通论》（上），王晓晔、邵建东等译，法律出版社 2013 年版，第 39 页。

③ 参见陈华彬：《潘德克吞体系的形成与发展》，《上海师范大学学报》2004 年第 6 期。

④ 参见［德］霍尔斯特·海因里希·雅科布斯：《十九世纪德国民法科学与立法》，王娜译，法律出版社 2003 年版，第 167—174 页。

⑤ 胡果在 1805 年出版的《潘德克顿法学》一书中，首次使用了“法律行为”一词，该术语之后被《德国民法典》所吸收。

才被送往德国精研深造，这种间接继受逐渐发展为主动继受，学成归国的法律人带回了众多德国民法的经验。

（一）清末间接借鉴德国民法（1839—1911）

清末对德国民法的借鉴可以从两个方面得到体现，一是清末立法继受日本民法的内容，从而间接继受德国民法；二是清末学说继受德国民法学。

清末以降，囿于内忧外患的国情，沈家本所议之“师夷变法”已成为清廷之必需。①变法修律中，民律的修订就是重要的一部分。鉴于国内并无民法典制定之先例，因此修订民律只得师法他国。而东瀛于中国东境之郊，地理位置相近且取法便利，加之日本效法德国建立近代法制取得了巨大的成功，国内学者开始通过与日本学者的交流，呼吁民法典的制定。以日本东京法政杂志社 1906 年在中国创办的《法政杂志》为例，在《法政杂志》第一期的开篇，就刊登出由张一鹏翻译的日本学者穗积陈重所著的《法典论》，其中述明了德国民法典的颁布以及日本所应效法颁布民法典的迫切性，书中有言：“今德意志帝国脱法国之羁绊，新恢复其自由。然国内分裂，群雄割据之势。此实国家危急存亡之秋也。苟为国民者，为日耳曼民族者。大发扬国民的思想，弃联邦诸国之小异而采大同。一致协同，荡扫法国之余势，不可不维持德意志全国之独立。而其能至此者，则德意志之普通民法编纂也，为德意志联邦之法律统一，使各联邦人民栖息于同一。”② 穗积陈重在文中引德国民法典编纂之国情，后将其国情映射至日本，呼吁民法典的编纂，并引荐当时德国学者沙比尼（现译“萨维尼”）著《关于立法及法学现今之要务》，以示普通民法典制定的重要性。我国学者张一鹏翻译其文，一定程度也是应清末“师夷变法”之需。

清末立法继受日本民法，主要体现在 1911 年由修订法律馆编纂的《大清民律草案》（下简称民律一草）上。而民律一草就是由日本民法学者，如梅谦次郎、冈田朝太郎、松冈义正等协助制定而成的。不难想象，制定出来的民律一草，具有浓厚的日式特色，可以说，其制定就是对日本民事立法继受的成

① 参见张晋藩主编：《二十世纪中国法治回眸》，法律出版 1998 年版，第 2—3 页。

② 黄洁主编：《清末民国法政期刊汇编》（第一册），九州出版社 2016 年版，第 65 页。

果。但由于日本的民事立法主要借鉴了德国民法内容，因此，民律一草的编纂可以说是通过直接继受日本民法，从而间接继受德国民法。作为民国民法起草者之一的傅秉常曾这样评价清末的民事立法："修订法律馆所需的一切，主要是从日本借来的……当时日本已经以德国法律为主要样本，写成了自己的民法和商法，创造了日本的法律术语、词汇，翻译了大量欧洲一流的法律教材，出版了大量的日文的法律文献，中国人可以在日本找到适合远东思想，又代表西方科学的法律科学最先进的东西，而在语言上又是密切相连的。"①

从民律一草的编纂体例看，其也采用了五编制的编纂体例，分别为"总则""债权""物权""亲属""继承"，这显然与《德国民法典》的编纂体例所差无几。并且，《德国民法典》参酌罗马法和《法国民法典》而成，其五编制体例一个重要的独特之处就在于将民事法律关系之主体（自然人及法人），法律行为及失效等规定独立编于总则编中。②反观民律一草之总则编，第一编"总则"中第二章规定为"人"，第三章规定为"法人"，第五章规定为"法律行为"，第七章规定为"失效"，具有浓厚的德式色彩。从内容上看，民律一草前三编与《德国民法典》的规定非常相似。如债权编第二章"契约"部分，第二节规定的买卖条款以及第9—11节分别规定的雇佣、承揽以及居间的条款，明显继受了《德国民法典》"债之关系法"编第八章"各种之债"第1节规定的买卖、互易和第8—10节规定雇佣及类似契约、承揽及类似契约、居间契约的内容。

但是，清末民法借鉴德国民法绝非完全的间接借鉴。从民法学说借鉴的角度看，当时已出现的留德法学博士及其学位论文的内容，以及国内学者有关德国民法的著作、译著、期刊等成果，均可以体现当时中国民法学界对德国民法智慧的直接学习与吸收。

---

① ［美］任达：《新政革命与日本：中国，1898—1912》，李仲贤译，江苏人民出版社2006年版，第181页。

② 参见台湾大学法律学院、台大法学基金会编译：《德国民法典》，北京大学出版社2016年版，第7页蔡明诚所作序言。

根据王伟教授《中国近代留洋法学博士考》一书中的统计，清末顺利取得德国法学博士学位者有三人，分别为1907年取得柏林大学法学博士学位的马德润（1871—1937）、1909年取得柏林大学法学博士学位的周泽春（1880—1963），以及1911年取得罗斯托克（Rostock）大学法学博士学位的赓德祥（1884—1935）。其中赓德祥的博士学位论文为《根据德国民法典第912条，土地所有者越界在相邻地产之上建造房屋时有哪些权利》。①该博士学位论文是为对德国民法典的研究与解读，也为我国对德国民法吸收借鉴之要例。

除了留德法学博士的研究学习外，国内对德国民法的借鉴也体现在出版的相关著作、译著以及期刊中。清末关于德国民法的文献，梳理如下。②

表1　清末关于德国民法的著作

书　　名	著　　者	出版机构	出版时间
民法总则	杨德郑、任裕昆	政法学社	1907
德华法律汇编（中德双语）	［德］Kurt Romberg		1911

表2　清末关于德国民法的译著

书　　名	著　　者	译　　者	出版机构	出版时间
泰西民法志	［英］甘格尔	胡贻谷	上海广学会	1902
权利竞争论	［德］伊耶凌	张肇桐	文明编译印书局	1902
罗马法		启新书局	启新书局	1903
欧洲各国比较财政	［德］海开路	译书汇编社	译书汇编社	1906
罗马法		湖北法政编译社	湖北法政编译社	1907
德意志民法			修订法律馆	1907
德国民法（总则卷）			修订法律馆	清光绪宣统年间

① 参见王伟：《中国近代留洋法学博士考》，上海人民出版社2019年版，第309—310页。

② 数据来源为李秀清、陈颐主编：《德国六法》，上海人民出版社2013年版；刘毅：《他山的石头：中国近现代法学译著研究》，中国法制出版社2012年版；中国政法大学图书馆编：《中国图书总目》，中国政法大学出版社1991年版；田涛、李祝环：《清末翻译外国法学书籍评述》，《中外法学》2000年第3期。鉴于德国采用民商分立的立法模式，因此未统计与商法相关的译著。

表 3　清末关于德国民法的期刊

刊　　名	作　　者	创刊时间
《法政介闻》月刊	留德法学博士马德润、周春泽	1908
德华法报（中德双语）	［德］Kurt Romberg	1911

通过上述表格可以总结出如下结论：第一，清末对德国民法学的直接借鉴很少，相关民法著作、译著以及期刊的数量非常少，这也印证了清末借鉴德国民法主要为间接借鉴的事实。第二，清末对德国民法学的直接借鉴中，缺乏对德国民法，乃至单一的民法制度的专门性研究。在著作方面，《民法总则》中仅有对德国民法的少量介绍。在译著方面，上述译著中也没有关于德国民法的专著，德国民法之要义仅作为译著内的一部分而存在。即使有修订法律馆对德国民法典的翻译，但缺少对德国民法研究性著作的翻译。在期刊方面，除上述表格中所罗列的《法政介闻》月刊外，还有一些期刊均有对德国民法的介绍。如《政法学报》（1900）、《法政杂志》（日本东京法政杂志社，1906）、《法政浅说报》（京都日报馆，1911）等，①其中均有涉及德国民法的部分论述，但出版方大多为日本出版社，期刊内容也多为日本学者的研究，国内学者仅将其翻译出版。但由于《法政介闻》是由留德学生创办的，因此其中多有对德国法直接的研究与介绍，如《法政介闻》第 1 期中，就有马德润发表的文章《德意志帝国民法全书》。②

（二）民国直接借鉴德国民法（1912—1949）

民国借鉴德国民法的内容，依旧可以从民事立法的继受和民法学说的继受两个方面来说明。与清末不同的是，民国时期借鉴德国民法，从立法角度看，就已经体现了自主直接借鉴的特征。

南京国民政府成立后，国内对外的法律交流更加频繁。最能体现民国直接借鉴德国法内容的民事立法是 1931 年南京国民政府制定颁布的《中华民国民

① 黄洁主编：《清末民国法政期刊汇编》（第一册），九州出版社 2016 年版，目录与序言。

② 何勤华、李秀清主编：《民国法学论文精萃》第三卷，民商法律篇，法律出版社 2004 年版，附录。

法》。但《中华民国民法》是在前民律一草的基础上，吸收了1926年《民律第二次草案》（下简称民律二草），以及国民政府纂拟的1928年《亲属法草案》《继承法草案》的内容而逐渐发展制定而成的。其中民律二草由余棨昌、梁敬錞、黄佑昌等人起草，《亲属法草案》《继承法草案》由制法局起草，①这些草案均是在民律一草的基础上修订而成，延续了民律一草中对德国法继受的内容，但吸收了英美法所长，作出一定的修改与调整。

1929年，民国立法院第十次会议决定指定傅秉常、焦易堂、史尚宽、林彬、郑毓秀5人组成民法起草委员会，正式启动民法典的编纂工作。②至1931年5月5日，《中华民国民法》完成并颁布，这标志着我国历史上第一部民法典的正式颁行。该民法典的颁布与民律一草不同，其主要的编纂成员均为中国学者，他们中有很多精通德国法之智识。其中不乏世界上第一位将《德国民法典》翻译成英文的当时的司法院院长王宠惠，他也参与了《中华民国民法》总则的制定，并起到了重要的作用。由此观之，本次民法典的编纂不同于制定民律一草时大量日本学者辅助立法的方式，而为中国人独立自主完成立法。制定而成的民法典也被学界认为很大程度上借鉴了德国民法的成果，且是对德国民法的直接继受。

吴经熊曾言："就新民法从第一条至第1225条仔细研究一遍，再和德意志民法和瑞士民法和债法逐条对比一下，倒是有95%是有来历的，不是照帐誊录，便是改头换面。"③ 从《中华民国民法》的编纂体例上看，依旧是延续了德国五编制的模式，仅将民律一草中"债权"编改为了"债"编，其余并无变动。但在具体章节的划分上，该法结合当时的立法需要，作出一定的调整，如在"物权"编中增设了具有中国传统特色的"佃权"制度。从立法技术上看，该法也注重效仿德国概念法学方法论下衍生的潘德克顿体系所呈现的体系化、概念化的特征，使得新法具有一定的完整性，且条文间的逻辑关系相对清晰。

① 参见谢振民编著：《中华民国立法史》，中国政法大学出版社2000年版，第747—749页。

② 参见谢振民编著：《中华民国立法史》，中国政法大学出版社2000年版，第755页。

③ 吴经熊：《法律哲学研究》，清华大学出版社2005年版，第172页。

从内容上看，该法诸多条款均为德式立法，尤其体现在对物权行为理论方面。孙宪忠认为："这部法典（《中华民国民法》）最显著的优点，是它从一开始就接受了作为德意志法学特征的'处分行为理论'或者物权行为理论，在涉及物权变动的法律规则方面，它的规定与《德国民法典》完全一致……所以，中国民法成为继受德意志法系最为彻底的法律。"①

民国时期直接借鉴德国民法学说的内容，可以从借鉴渠道和学术成果两个方面得到体现。从借鉴渠道方面看，留德法学博士吸收了大量德国民法的专业知识。民国时期留德法学博士共16位，统计如下表。

表4　民国留德法学博士统计表②

姓　　名	性别	毕业时间	毕业院校	国内高校工作经历
林彪（1888—?）	男	1917	德国维尔茨堡大学	北京大学
廖尚果（1893—1959）	男	1922	德国汉堡大学	同济大学、复旦大学、南京大学
刘克俊（1893—1974）	男	1926	德国慕尼黑大学	湖南长沙民国大学、湖南大学、湖南师范学院
徐道邻（1906—1973）	男	1931	德国柏林大学	台湾大学、东海大学
邵文纯（1900—?）	男	1932	德国莱比锡大学	
赵长敏（1902—?）	男	1934	德国波恩大学	
芮沐（1908—2011）	男	1935	德国法兰克福大学	北京大学、北京政法学院、中国社会科学院
江海潮（1908—1996）	男	1937	德国法兰克福大学	华东政法学院、上海社科院、上海财经学院、复旦大学
陈蜀琼（1910—?）	女	1937	德国耶拿大学	南通学院、上海外国语学院、华东政法学院、上海社科院
张仲绛（1909—1984）	男	1938	德国马堡大学	中山大学
曾如柏（1901—?）	男	1940	德国马堡大学	国立广东法科学院、华侨书院

① 孙宪忠：《中国近现代继受西方民法的效果评述》，《中国法学》2006年第3期，第167页。

② 数据来源为王伟：《中国近代留洋法学博士考》，上海人民出版社2019年版，第311—320页；何勤华：《法科留学生与中国近代法学》，《法学论坛》2004年第5期；卜元石：《中国法科学生留学德国四十年的回顾与展望——基于博士学位论文的考察》，《法学研究》2019年第3期；郝铁川：《中国近代法学留学生与法制近代化》，《法学研究》1997年第6期等。

（续表）

姓　　名	性别	毕业时间	毕业院校	国内高校工作经历
陈耀庭（1914—?）	男	1940	德国耶拿大学	光华大学、复旦大学、大夏大学、厦门大学
李士彤（1903—1993）	男	1941	德国柏林大学	国立西南联合大学、厦门大学、北京外国语学院
安裕琨（1901—?）	男	1941	德国柏林大学	台湾大学
陈育凤（1905—约 20 世纪 80 年代后期）	男	1944	德国柏林大学	
张勋洋	男	1949	德国哥根廷大学	

通过上表可以看出，民国时期留德法学博士的数量较之清末增加了 4 倍多，留学生在德高校的范围更为广泛，涉及 11 所德国著名高校，且出现了女性留德法学博士。上述留德法学博士中，李士彤的博士学位论文题目为《中国买卖法中的瑕疵责任——与德国及瑞士法的比较》，张勋洋的博士学位论文题目为《从德国法的角度考察中国土地法》，①所研究内容均属于德国民法之范畴，为中国民法借鉴德国提供宝贵的学术成果。学成归国的法学博士多在中国各高校有过工作经历，是当时国内关于德国法教育的中坚力量。他们为德国法在中国的传播作出了宝贵的贡献，也成为了连接中德法律文明交流的重要桥梁。

从借鉴成果来看，民国时期出版的专著、译著、期刊等学术成果，均体现了对德国民法智慧的直接吸收。具体梳理如下。

表 5　民国关于德国民法的著作②

书　　名	著　者	出版机构	出版时间
比较民法概要	王宠惠	南京：司法行政部法官训练所	1916
德日民法	何基鸿		1917
民法总则编（各国民法条文对照）	李祖荫	北平：燕京大学	1930
罗马法与现代	黄右昌	北平京华印书局	1930

① 参见王伟：《中国近代留洋法学博士考》，上海人民出版社 2019 年版，第 319—320 页。

② 数据来源为李秀清、陈颐主编：《德国六法》，上海人民出版社 2013 年版；中国政法大学图书馆编：《中国图书总目》，中国政法大学出版社 1991 年版；北京图书馆编：《民国时期总书目（1911—1949 法律）》，书目文献出版社 1990 年版等。

（续表）

书　　名	著　者	出版机构	出版时间
各国民法条文比较	胡长清	南京：法律评论社	1931
比较民法（债编通则）	李祖荫	北平：朝阳学院	1933
罗马法（上下册）	邱汉平	上海法学编译社	1933
各国民法条文比较	胡长清	上海：会文堂新记书局	1935
现代欧陆民法之演进	吴传颐	重庆：独立出版社	1945
法国、德国和苏联的民法	吴传颐	南京：编者刊	1948

表 6　民国关于德国民法的译著①

书　　名	著　者	译　者	出版社	出版时间
英德法日政法名词表		商务印书馆	商务印书馆	1912
德国六法		商务印书馆编译所	商务印书馆	1913
德国民法		朱德明	司法部参事厅	1921
德意志民法		朱德明	司法公报发行所	1921
德国特许法		立法院编译处	南京：译者刊	1930
法律哲学概论	［德］拉德布鲁赫	徐苏中	上海法学编译社	1931
现代法学之根本趋势	［德］施塔姆勒	张季忻	商务印书馆	1937
纯粹法学	［德］凯尔森	［日］横田三郎译 刘燕谷转译	中国文化服务社	1943

表 7　民国关于德国民法的期刊②

篇　　名	刊　名	作　者	时间（期号）
德国民法浅说	大中华	王宠惠	1915（1 卷 2—6 期）
英德契约法之比较	法律周刊	张志让	1923（3—4 期）
德国民法之根本主义	法律周刊	张志让	1923（5 期）
富于社会性之德国赁房法	法律评论	谢镜蓉	1923（26—28 期）

① 数据来源为李秀清、陈颐主编：《德国六法》，上海人民出版社 2013 年版；中国政法大学图书馆编：《中国图书总目》，中国政法大学出版社 1991 年版；北京图书馆编：《民国时期总书目（1911—1949 法律）》，书目文献出版社 1990 年版等；刘毅：《他山的石头：中国近现代法学译著研究》，中国法制出版社 2012 年版。

② 数据来源为何勤华、李秀清主编：《民国法学论文精萃》第三卷，民商法律篇，法律出版社 2004 年版，附录；黄洁主编：《清末民国法政期刊汇编》（第一册），九州出版社 2016 年版等。

（续表）

篇　　名	刊　名	作　者	时间（期号）
比较民法概要	法政学报	王亮筹、董　琪	1925
德意志土地权法之修正	法律评论	谢光第	1926（151—152 期）
英德法日关于劳动时间之立法例	法律评论	晋　庸	1927（202 期）
德国历史法学派之学说及其批评	社会科学论丛	朱显祯	1929（10 期）
各国抵押权制度之进化	中央大学法学院季刊	胡文炳	1930（1 卷 2 期）
罗马契约上之约因	法学季刊	施汉康	1930（4 卷 6 期）
世界民法思潮的新趋势	法律评论	彭　时	1930（7 卷 35—38 期）
罗马法的婚姻	法律评论	陈士诚	1930（8 卷 11 期）
外国财产继承法述略	中华法学杂志	王敦常	1931（2 卷 3 期）
比较民法导言	中华法学杂志	王宠惠	1931（2 卷 3 期）
各国抵押权制度之研究	中华法学杂志	胡文炳	1931（2 卷 12 期）
欧洲民法典运动及其精神	法令周刊	朱志奋	1932（118—119 期）
德国民法述要	法律评论	朱志奋	1932—1933（9 卷 38—10 卷 44 期）
世界民法史纲	法律评论	李祖荫	1933（7 卷 28—29 期）
欧洲各国夫妻财产制度与我国夫妻财产制度之比较	法学丛刊	刘陆民	1936（4 卷 7 期）
论德国之继受罗马法	军法专刊		1943

通过上述表格可总结出民国时期关于德国民法研究的两条规律：其一，注重德国民法与他国法的比较研究。民国关于德国民法的专著，如王宠惠撰写的《比较民法概要》和何基鸿撰写的《德日民法》，均是在研究德国民法的基础上，对比日本等其他国家民法予以研究而成的。并且在译著中，还出现了专门的《英德法日政法名词表》，其中对于民法的专门性术语予以不同语言的翻译，如该书中对于“法人”一词的翻译，英文为“Juridical person”，德文为“Juristische Person”，法文为“Personne morale”，日文为“法人”。①其二，出现了对德国民法专门性研究的学术成果。专门性研究的学术成果主要表现在当

① 参见李秀清：《中国近代民商法的嚆矢——清末移植外国民商法评述》，《法商研究》2001 年第 6 期，第 129 页。

时发表的学术论文上，其研究内容已经不限于对德国民法宏观性的阐释，而是从赁房法、抵押权制度、约因、财产继承法等不同的门类予以精专的研究。这种专门性研究成果的产生，不仅体现了我国对德国民法自主的学习与思考，还从一定程度上为进一步的深入研究作出铺垫。

（三）新中国成立后民事立法对德国法的继受（1949—1977）

新中国成立以后，由于国民政府“六法”均被废除，《中华民国民法》自然无法适用。因此，1954 年，全国人大常委会组织民法起草，开启了新中国第一次民法典的编纂工作。这一时期我国民事立法继受较为单一，由于计划经济下的体制等各因素的作用，苏联民法几乎成为这一时期我国民事立法的唯一继受对象。1956 年 12 月，新中国第一部《民法草案》编纂完成，该草案包括“总则”“所有权”“债”“继承”四编，共计 525 条，①其编纂主要借鉴了苏联 1922 年《苏俄民法典》的内容。从体例上看，该民法草案完全模仿了苏联法“总则”“物权”“债”“继承”的四编制模式。不仅总则编中规定的民法的调整对象、民事主体和民事客体等基本制度和原则采用了苏联的立场，②而且将亲属法排除在民法之外、不规定物权而仅规定所有权、不使用自然人概念而使用公民概念代替等，③都是对苏联法的移植。从具体规定来看，当时民法草案中仅规定诉讼时效而不规定取得时效，强调对社会主义共有财产的特殊保护等，都是对苏联民法吸收与借鉴的体现。虽然这一草案是以《苏俄民法典》为蓝本，但由于《苏俄民法典》一定程度上是在借鉴《德国民法典》的基础上制定的，这就决定了该草案必须有着德国法的烙印。正如梁慧星所言：“中华人民共和国第一个民法典草案及此后的民事立法和民法理论仍旧与大陆法系民法尤其《德国民法典》相通，有着相同的基本概念、基本原则、基本制度和编纂体例。”④

① 何勤华、李秀清、陈颐编：《新中国民法典草案总览》（增补版），上卷，北京大学出版社 2018 年版。

② 参见李秀清：《中国移植苏联民法模式考》，《中国社会科学》2002 年第 5 期，第 125 页。

③ 参见梁慧星：《中国对外国民法的继受》，收录入孙宪忠主编《制定科学的民法典——中德民法典立法研讨会文集》，法律出版社 2003 年版，第 50 页。

④ 梁慧星：《民法总论》（第五版），法律出版社 2017 年版，第 19 页。

新中国起草的第二部民法草案是由国家最高立法机关在1964年7月拟定完成的。该草案采取了既不同于德国民法也不同于苏联民法的三编制体系:“总则”“财产所有”“财产的流转”的三编。并且“亲属”“继承”“侵权行为”部分均被排除在该民法草案之外。①事实上,这一时期虽然制定了两部民法典草案,但是均未颁布施行。学界多认为这一时期中国缺乏民法典制定的土壤,即平等主体的社会空间和社会大众意思自治的政治条件。②此后,十年“文革”几乎中断了所有对域外法的继承,可以说,“文革”期间我国对德国民法的继受处于静止的状态。

三、改革开放以来民法典编纂中的德国法经验借鉴

改革开放之后,我国分别于1979年、1998年起草了民法典,但终未颁布施行。2014年10月,党的十八届四中全会通过《中共中央关于全面推进依法治国若干重大问题的决定》,会议提出“加强市场法律制度建设,编纂民法典”,民法典编纂工作得以推行。而对于德国民法的吸收与借鉴,首先需要的就是学术的积淀。

(一)改革开放以来关于德国民法的学术成果(1978年至今)

新时代中国民法的编纂并非一蹴而就,而需建立在之前学术积累的基础上。因此,追溯民法典颁布前的学术积淀,探究学界诸贤对于德国民法智慧的研究,对于理解如今中国民法典的立法精神与内涵具有重要意义。笔者以我国学者研究德国民法的学术成果为中心,梳理出改革开放至今专门研究德国民法的专著、译著、译文、学位论文等学术成果。其数量统计如下。③

① 何勤华、李秀清、陈颐编:《新中国民法典草案总览》(增补版),上卷,北京大学出版社2018年版。

② 孙宪忠:《中国民法典制定现状以及要考虑的主要问题》,载张礼洪、高富平主编:《民法法典化、解法典化和反法典化》,中国政法大学出版社2008年版,第5页。

③ 表中类目为知见书目、论文的统计。数据来源:上海市图书馆现藏书目、华东政法大学图书馆现藏书目;超星电子书数据库、易阅通电子书平台;中国政法大学图书馆编:《中国图书总目》,中国政法大学出版社1991年版;中国知网(CNKI)资源总库;人大复印报刊资料数据库等。注:由于清华大学、北京大学等院校学位论文不公开,故未纳入统计。

表 8　改革开放以后关于德国民法学学术成果数量

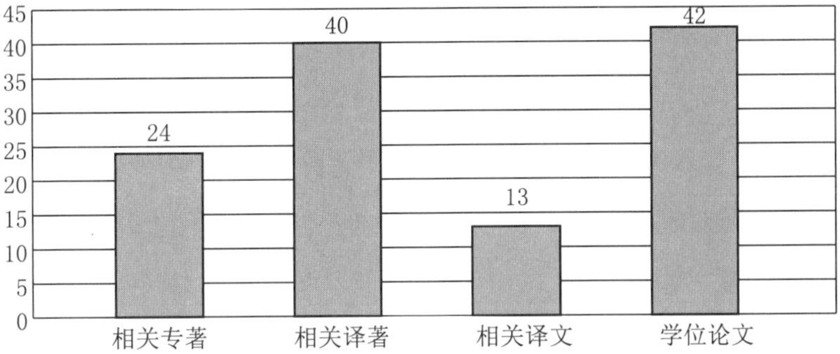

改革开放至今我国专门研究德国民法的专著共 24 本、译著共 40 本，这已经远超过前述清末民国时期对德国民法研究的专著和译著的数量。在研究的类别方面，我国对德国民法各领域都有了整体性的研究，内容涉及外国法律史、民法总则、物权法、债法、婚姻法、继承法、侵权法等各个方面。研究范围已经覆盖到《德国民法典》五编制体例中的所有部分，对中国民法典的体例、内容的编纂都具有重要的借鉴意义。与此同时，专著中还出现了对德国民法专门性制度的研究，如黄家镇所著《德国流通式不动产担保物权制度研究》，还有对典型判例的解读，如邵建东所著《德国民法总则编典型判例 17 则评析》，这体现了在新时代下我国对德国民法的研究日益深入，为进一步的研究作出了铺垫。

梳理改革开放至今我国关于德国民法的学术论文成果，可以更加直观地了解在不同时期，学界对德国民法的研究的重心以及关注的焦点问题是什么。改革开放至今，我国关于德国民法的学术论文梳理如下表所示。

表 9　改革开放以后关于德国民法代表性论文①

序号	作　　品	作　者	期　刊	时间（刊期）
1	德国民法的历史与特色	李　刚	德国研究	1994（4）
2	论德国民法中附保护第三人效力的合同	邵建东	比较法研究	1996（3）

① 数据来源：中国知网（CNKI）资源总库；人大复印报刊资料全文数据库等。注：本表格不含作为书籍一部分发表的学术论文。另外，由于论文总量比较大，有 200 多篇，本文只能列出主要的，其余的就不再一一列举。

（续表）

序号	作　　品	作　者	期　刊	时间（刊期）
3	清末中国民法从日本法中吸取德国民法	王立民	法学	1997（1）
4	现今中国民法典编纂借鉴德国民法典的几点思考	米　健	政法论坛	2000（5）
5	德国不动产物权法的四次变革	杨心明、饶　俊	德国研究	2001（4）
6	略论潘德克吞体系的形成	薛　军	中外法学	2003（1）
7	中德民法中一般人格权制度之比较	周　晨、张惠虹	德国研究	2003（2）
8	德国债权法的现代化	王洪亮	比较法研究	2003（3）
9	论德国法中的第三人缔约过失责任	丁　勇	法律科学	2004（3）
10	论德国民法上的不动产物权善意取得制度	陈永强	比较法研究	2005（3）
11	私法体系中的债权物权区分说——萨维尼的理论贡献	金可可	中国社会科学	2006（2）
12	德国侵权行为法的体系结构与历史演变	李　昊	私法	2006（2）
13	关于利益衡量的两种知识——兼行比较德国、日本的民法解释学	张利春	法制与社会发展	2006（5）
14	德国民法的继受与台湾民法的发展	王泽鉴、朱　虎等	比较法研究	2006（6）
15	当代德国侵权法上因果关系理论和实务中的主要问题	朱　岩	法学家	2006（6）
16	德国民法上的违法性理论研究	周友军	现代法学	2007（1）
17	德国法中的瑕疵损害与瑕疵结果损害	卢　谌、杜景林	法学	2007（3）
18	论德国侵权法中的不法性	刘文杰	环球法律评论	2007（3）
19	中国民法继受潘德克顿法学：引进、衰落和复兴	孙宪忠	中国社会科学	2008（2）
20	《物权法》第 99 条在夫妻共同财产制中的适用——来自德国法的启示	刘青文	中德法学论坛	2009（00）
21	潘德克吞法学对我国民法典体系构建的影响	申建平	外国法制史研究	2009（00）
22	德国法上的占有中介关系之构成要件	周　梅	南京大学法律评论	2009（2）
23	从德国法改革看我国物的瑕疵担保责任的定位	沈　宁	内蒙古农业大学学报	2010（3）
24	《侵权责任法》体系下的证明责任倒置与减轻规范与德国法的比较	周　翠	中外法学	2010（5）

（续表）

序号	作　　品	作　者	期　刊	时间（刊期）
25	德国法上的批准生效合同研究	汤文平	清华法学	2010（6）
26	从德国法上的一般人格权看宪法权利与民事权利的协调	陈道英	法学评论	2011（5）
27	论民法上的法律错误——对德国法和日本法的比较研究	班天可	中外法学	2011（5）
28	论德国民法中的积极侵害债权——以德国《债法现代化法》为背景	苑书涛、谢雪凯	江西社会科学	2011（5）
29	法的时间效力界限与法的稳定性——以德国民法为研究视角	贺栩栩	环球法律评论	2011（5）
30	论建筑物区分所有权的剥夺——基于对德国法和日本法的分析	陈华彬	法商研究	2011（6）
31	我国合同法上附随义务之正本清源——以德国法上的保护义务为参照	迟　颖	政治与法律	2011（7）
32	对德国民法法人制度的借鉴与反思	王荣平	长春理工大学学报	2011（12）
33	德国法上的法人一般人格权制度及其反思	沈　峰	政治与法律	2012（1）
34	德国一般交易条款内容控制的制度经验及其启示	祁春轶	中外法学	2013（3）
35	侵权违法性理论的功能探究——基于德国法脉络的考察	孙大伟、刘舜英	云南大学学报	2013（5）
36	布洛克斯的《德国民法总论》及其法学方法论	朱晓喆	东方法学	2014（1）
37	论原因理论在给付关系中的功能——以德国民法学说为蓝本	冯洁语	华东政法大学学报	2014（3）
38	遗嘱错误：反思潘得克吞体系的一条新路	赵　毅	中外法学	2014（6）
39	德国民法典编纂的组织方式	陈卫佐	比较法研究	2015（3）
40	和解合同的实体法效力——基于德国法视角的考察	庄加园	华东政法大学学报	2015（5）
41	民法典编纂与消费者保护——以德国债法改革为参照	苏号朋	法学杂志	2015（10）
42	民法中一般条款的界定——德国法上的理论以及对中国的借鉴	任　超	南京大学法律评论	2016（1）

（续表）

序号	作　　品	作　者	期　刊	时间（刊期）
43	德国 1814 年法典编纂论战与历史法学派的形成	舒国滢	清华法学	2016（1）
44	法教义学的巅峰：德国法律评注文化及其中国前景考察	贺　剑	中外法学	2017（2）
45	德国潘德克吞式《民法总则》之后的人格权法的立法	许中缘	东方法学	2017（6）
46	19 世纪德国债法总则的缘起：理论内核与体系建构	谢鸿飞	经贸法律评论	2018（1）

通过上表的梳理可以看出，20 世纪 80 年代至今我国学界对关于德国民法的经典问题的研究与讨论已经非常充分。以下再举例分述之。

关于德国民法典体系构造的研究。具有代表性的论文有杨代雄的《德国古典私权一般理论及其对民法体系构造的影响——探寻我国民法典体系历史构造的历史参照》，文中梳理了德国古典私权理论的形成脉络，阐述该理论在潘德克顿法学时代的发展。在此基础上提出了私权理论架构的模型，这也就是德国民法典体系的雏形。①还有孙宪忠、刘静的《德国民法的结构、意义和经验》，文中首先提出民法的结构和法律规范的意义，继而通过“私法中的人”“法律行为”“债的关系法”和“侵权法中的特殊领域”五个部分分述民法的结构与构造。②除此之外，黄家镇所撰《论民法典编纂中债法总则的存废——以德国潘德克顿法学的法源思想与体系构造方法为视角》，不仅介绍了德国潘德克顿法学的科学性诉求，以及这种思想对民法典编纂的借鉴作用，还以普赫塔和耶林的理论为切入点，阐述潘德克顿法学的体系构造方法与债法总则在法典中的地位，据此总结出债法总则不可缺少的论点，以建议我国民法典编纂中，保留债法总则。③而我国最新出台的《中华人民共和国民法典（草案）》第二编合同

① 参见杨代雄：《德国古典私权一般理论及其对民法体系构造的影响——探寻我国民法典体系历史构造的历史参照》，吉林大学 2007 年博士学位论文。

② 参见孙宪忠、刘静：《德国民法的结构、意义和经验》，《法律适用》2002 年第 9 期。

③ 参见黄家镇：《论民法典编纂中债法总则的存废——以德国潘德克顿法学的法源思想与体系构造方法为视角》，《现代法学》2018 年第 6 期。

编，就是将合同编总则作为一个分编，予以保留的。

关于德国债法改革的研究。代表性论文如梁慧星的《德国民法典债务法的修改》，文中通过对德国债务法修改的背景以及实行现状与缺陷的介绍，分析出由这些缺陷所引发的问题。通过对这些问题的分析，总结出债务法修改委员会所作出的提案的概要。①还有吴越的《德国民法典之债法改革对我国的启示》，主要介绍了德国债法改革及其改革历程对我国民事立法的启示。文中首先阐述了债法改革的目的，其次研究了债法改革前后法律规定的主要变化，最后讨论了德国学界对债法改革的批评，并为我国的民事立法提出了建议。又如杜景林、卢谌所作的《是死亡还是第二次勃兴——〈德国民法典〉新债法中的给付不能制度研究》。文章以德国新债法中的给付不能制度为研究中心，讨论了改革后该制度对给付义务的影响，以及对合同效力的影响以及该制度的次级层面问题，并据前述分析确定了新债法中对给付不能制度的改革的积极作用。②

关于德国民法上的请求权的研究。有的学者就德国民法上的请求权的概念作出辨析，如金可可撰文《德国民法上的请求权概念》，首先讨论了温德沙伊德关于请求权概念的解读，再分析了《德国民法典》中请求权概念的内涵，以及德国当代民法学者如拉伦茨、梅迪库斯等关于请求权概念的讨论。最后在前述理论建立的基础上，阐述了德国民法上请求权概念的构成。③也有学者专门研究德国法请求权的体系问题，如刘召成在其文《德国法上的请求权体系》中，将请求权的本质认定为一种思维方法，并且这种思维方法是诉讼思维在实体法上的体现。它不仅能够锻炼法律人的个案裁判能力，还可以促进法学方法论的养成。据此，作者提出了作为该思维方法的本质的请求权包括的两种体系，即以权利基础为标准的请求权体系，还有以原初权利（Primärecht）和次级权利（Sekundärrecht）为标准的请求权体系。④

① 参见梁慧星：《德国民法典债务法的修改》，《环球法律评论》1993 年第 1 期。

② 参见杜景林、卢谌：《是死亡还是第二次勃兴——〈德国民法典〉新债法中的给付不能制度研究》，《法商研究》2005 年第 2 期。

③ 参见金可可：《德国民法上的请求权概念》，《求索》2007 年第 3 期。

④ 参见刘召成：《德国法上的请求权体系》，《河南省政法管理干部学院学报》2010 年第 6 期。

关于德国法中人格权的研究。典型的有曹险峰的《论德国民法中的人、人格与人格权——兼论我国民法典的应然立场》，文中首先讨论了德国民法关系中作为主体的“人”，再通过人的权利能力阐述人格及其表现形式。在此基础上，作者论证出《德国民法典》中不承认人格权的结论，并讨论了德国民法对人格权的处理方式。①还有学者通过典型案例阐述德国民法中的人格权问题，如齐晓琨在《“索拉娅”案评注——德国民法中对损害一般人格权的非物质损害的金钱赔偿》一文中，以德国联邦法院的一项经典判例——“索拉娅”案为切入点，提出了德国判例法上对“一般人格权”制度原则的确认，再进一步阐释对这种侵犯人格权的行为所造成损害赔偿问题，最后提出了精神损害赔偿的标准法典化趋势。这为我国民法典制定中人格权法的内容的设计提供了理论思路。②还有学者专门研究了人格权中的人格尊严权的内容，如朱晓峰所撰《作为一般人格权的人格尊严权——以德国侵权法中的一般人格权为参照》，文中讨论关于人格尊严权的三个主要问题，即人格尊严权违反了法律形式逻辑体系，其涵摄能力不如一般人格权，以及受到侵犯后涉及的精神损害赔偿的问题，从而提出构建人格尊严权的代替机制，并介绍了该机制的相关考量因素。③

(二)《中华人民共和国民法典（草案）》对德国民法的借鉴

新中国成立至今，我国民事立法对他国民法经验的继承，愈加开放与多元。但我国民法对德国民法典及民法理论的借鉴、吸收却从未停止过。德国民法典精神融入在其编纂体例和具体制度中，于2019年12月23日颁布的《中华人民共和国民法典（草案）》（下简称新民法典草案）的体系框架和制度构造，依然在很大程度上借鉴了德国民法的经验。为更直观对比新民法典草案对德国民法的借鉴，笔者整理了其与《德国民法典》的法律条文对照表。具体如下。

---

① 参见曹险峰：《论德国民法中的人、人格与人格权——兼论我国民法典的应然立场》，《法制与社会发展》2006年第4期。

② 参见齐晓琨：《“索拉娅”案评注——德国民法中对损害一般人格权的非物质损害的金钱赔偿》，《现代法学》2007年第1期。

③ 参见朱晓峰：《作为一般人格权的人格尊严权——以德国侵权法中的一般人格权为参照》，《清华法学》2014年第1期。

《中华人民共和国民法典（草案）》与《德国民法典》条文对照表①

第一编　总则

中国民法典（草案）	德国民法典	中国民法典（草案）	德国民法典	中国民法典（草案）	德国民法典
7	242	72-2	45	153-2	138-1
8	138	73	42、89	154	117
13	1	76	22	155	142-1
17	2	80	32	156	139
18	112、113	87	21	157	122
19	106、107、108	91	26-1	158	158
20	104	92	80、84、85	159	162
21	104	95	88	160	163
22	108	102	54	162	164-1
23	1629	110	12	165	167
25	7	114	903	168	181
26	1601	118-2	241-1	170-2	169
27-2	1773	120	823	171	177、178、179
29	1776、1777	121	677、683	177	420
31	1779	122	812-1	178	421
34-1	1793	124	1922-1	181	227
35-1	1805	135	125、126	182	228
35-3	1901-1	137	130	188-1	195
36	1846、1886	142	133	188-2	199-2、199-3、199-4、200
39	1882	143	105、111、116、117、118、119、120、138-1	191	208
51	1319	144	105	192	214
57	21、22	145	108、109	194	206、210、211
61	26	147	119	195-1	203、204、212
62	31	148	123	196-1	194、197
63	24	149	123	197	202
66	66	150	123	201	187
68	42、74-1	151	138-2	202	188
69	74-1	152	121、124、144	203	193
70	47、48、53	153-1	134	204	186

① 参考资料为 2019 年 12 月 23 日第十三届全国人大常委会通过的《中华人民共和国民法典（草案）》；台湾大学法律学院、台大法学基金会编译：《德国民法典》，北京大学出版社 2016 年版；陈卫佐译著：《德国民法典》，法律出版社 2004 年版；杨立新：《人格权法》，法律出版社 2011 年版；孙宪忠：《德国当代物权法》，法律出版社 1997 年版等。

第二编　物权

中国民法典（草案）	德国民法典	中国民法典（草案）	德国民法典	中国民法典（草案）	德国民法典
208	892	321	911、953、954	401	1149
220	894、899	326	1036	402	1115
221	885	329	1038	403	1115
224	929	332	900	406	889
225	929-1、932-1	334	1059-3	407	1153
227	931	335	925	409	1151
228	930	345	1037	410	1119、1120
236	904	353	925	414	879
238	906	356	926、946	420	1190
291	917	360	875	425	1204
295	909	363	925	428	1229
298	1008	365	875	430	1213、1214
310	1066	366	1093	432	1215、1217
311	932	372	1018、1019	433	1219
312	935、951、971	375	1020	435	1255
314	965、966	376	1021	436	1219、1221、1223、1235
316	967、968	384	1028	440	1255、1274
318	958、973	386	1105	441	1292
319	958、984	389	1210、1289	445	1280
320	947	393	1252	446	1273
323	1030	394	1113	462	861、862、1007
324	1038	395	1114		

第三编　合同

中国民法典（草案）	德国民法典	中国民法典（草案）	德国民法典	中国民法典（草案）	德国民法典
472	145	525	320、348	562	354
478	146	526	320、348	563	323
481	147、148	527	321	564	350
484	151	557-1	362	565	349
486	150-1	545	398、399、400	566	325、346
487	149	546	402	568	387、388、389
488	150-2	547	401	570	372
500	311-1	548	404	572	374
511	269、270、271	549	406	573	378、379
522	328	551	414、415	574-2	382
523	278、329	553	417	575	397

（续表）

中国民法典（草案）	德国民法典	中国民法典（草案）	德国民法典	中国民法典（草案）	德国民法典
577	280	668	492	802	634
580	275	676	497	803	645
582	441	703	535、586-1	804	645
583	280、281、282、286	705	544、594-2	805	645
584	249、252	707	550	807	649
585-1	339	708	535-1、586-1	888-1	688、689
585-2	343	709	586-1	892-2	692
586	325、336、337、338	710	538、1050	893	694
595	433	711	590-1	894	691
604-1	446	712	535-1、586	899	695、696
606	447	713-1	536-1（1）	902	699
610	434、437	713	590-2、1049	903	700
612	435、437	715	591	919	662
613	442	716	540、553、589	921	669、670
615	434	721	556-2（1）、587	922	665
616	434	723	536	923	664
617	437、439	725	566	924	666
637	454	726	577、1094	933	671
638	455	730	542	934	672、673、674
647	480	731	536	935	672
657	516	732	563、1093	936	673
658-2	534	733	546、596、1055	961	652
660-2	521	734-1	545	963	652、653-1
661	525-1	770	631	964	652
662	523、524	778	642、643	979-1	677
663	527、528、530-1	781	633、634	979-2	678
664	530-2	783	641、648	983	684
665	527、528、531-2	788	631	985-2	813-2
666	519	800	633、634	988	822
667	488	801	633、634		

第四编　人格权

中国民法典（草案）	德国民法典	中国民法典（草案）	德国民法典	中国民法典（草案）	德国民法典
1002	823	1004	823	1012	12
1003	823				

第五编　婚姻家庭

中国民法典（草案）	德国民法典	中国民法典（草案）	德国民法典	中国民法典（草案）	德国民法典
1042	1306	1058	1601	1079	1564、1565、1567
1046	1312	1059	1601	1081	1315
1047	1303	1062-2	1365、1422	1082	1315
1048	1307	1063	1418	1084-3	1585-3、1697-1
1049	1310、1311	1065	1363、1366、1408、1410	1085-1	1570、1585-3
1051	1314	1067	1602	1086	1684
1052	1314、1317	1068	1626、1627	1089	1438
1056	1355	1074	1606、1609	1090	1569、1571
1057	1356	1075	1606、1609	1111	1751、1754、1755

第六编　继承

中国民法典（草案）	德国民法典	中国民法典（草案）	德国民法典	中国民法典（草案）	德国民法典
1121	1922-1	1138	2249、2250-1、2250-2	1144	1940、2147
1125	2339-1	1139	2232	1154-1	1942-1
1127	1924-1、1925-1、1926-1、1928-1、1930	1140	2250-3	1154-2	2180
1128	1924-3	1142-1	2253	1155	2043-1
1130-1	1924-4、1925-2、1926-2	1142-2	2258-1	1160	1936
1131	1969	1142-3	2254	1161-1	1967-1、1975、2046-1
1133	1937、1938、1939、2197-1	1143-1	2229	1161-2	1953
1134	2247	1143-2	2078		

第七编　侵权责任

中国民法典（草案）	德国民法典	中国民法典（草案）	德国民法典	中国民法典（草案）	德国民法典
1165	276、823-1	1171	840	1187	843
1166	823-2	1172	830	1188	832
1167	1004	1173	254	1190	827
1168	830-1	1177	229、230、231	1245	833、834
1169	830-2	1179	842、844	1246	833、834
1170	840	1183	253-2		

关于总则编。民法总则的设立是潘德克顿法学派的创造与立法标志，其“提取公因式、合并同类项”式的立法模式，使得德国及效法德国的诸国民事立法具有理论化、体系化的优势。我国承袭德式立法传统，自《民法通则》便希望设立以基本原则、基本理论、基本范畴为核心的总则体系，这一愿景在2017年实现。如今，《民法总则》也随本次立法进入新的民法典草案中，起到提纲挈领、总摄全篇的作用。总则编在如下三部分与《德国民法典》一脉相承：

其一，基本原则。德国学者卡尔·拉伦茨指出：“虽然法律原则通常具有主导性法律思想的特质，其不能直接适用以裁判个案，毋宁只能借其于法律或司法裁判的具体化才能获得裁判基准；然而也有一些原则已经凝聚成可以直接适用的规则，其不仅是法律理由，毋宁已经是法律本身。”① 我国民法的基本原则采“条文化”的立法模式，于总则篇首列出，具体体系与德国民法典渊源颇深。以诚信原则与禁止权利滥用原则为例，二规范皆渊源于德国民法典，实证规范分别见于第242、226条。早期颁布的《民法通则》仅规定有诚信原则，而禁止权利滥用原则粗成型于第7条。如今的新民法典草案总则编则复归德国式的立法模式，在第7条设条规定诚信原则，在“民事权利”章下第132条规定“禁止权利滥用”。

事实上，二原则分立及体系化立法实有必要。②由于时代局限性等原因，《德国民法典》未将诚信原则置于总则，新民法典草案总则编已将之补正，作为民事活动的基本原则。《德国民法典》清晰地将禁止权利滥用原则规定于总则的权利规范下，使得总则体系非常清晰。而新民法典草案承袭这一优点，可谓“青出于蓝而胜于蓝”。

其二，基本理论。法律行为理论是《德国民法典》的核心理论之一。而我国的实证法承袭了这一理论，并落实为“民事法律行为”。新民法典草案总则编单设一章，用第133条至第160条计28个条文规定了我国民法体系的基本理

① ［德］卡尔·拉伦茨：《法学方法论》，陈爱娥译，商务印书馆2003年版，第353页。

② 参见朱庆育：《民法总论（第二版）》，北京大学出版社2016年版，第529—531页。

论。从条文对应关系来看，28 个条文中有 22 个条文与德国实证法密切相关，具体涉及的制度也较《民法通论》更接近德国法。从理论逻辑的视角，德式立法的理论逻辑为“行为能力—意思表示—契约—条件”与“期限—代理—允许与追认”。而我国该部分立法理论逻辑则剪除了“行为能力”和“代理”，①并分别归之于“自然人”章与“代理”章；将“允许与追认”归于如无权代理、限制行为能力人的法律行为等具体制度中；将“意思表示”一分为二，以表意行为为核心的相关规定进入“意思表示”节，而涉及具体效力的规定进入“民事法律行为效力”节；并将或显冗余的“契约”制度归入合同编，形成了“一般规定—意思表示—法律行为效力—条件与期限”的立法逻辑。

由此观之，德式法律行为理论的核心要旨在总则编中得以保留，具体规范的重组则体现了中式立法的逻辑且与《民法通则》及单行法的长期实践息息相关，体现了中国本土对德国民法的吸收与转化。

其三，基本范畴。自 20 世纪末，学界关于法律中“何为本位”的大讨论影响甚巨，脱颖而出的“权利本位说”影响了中国包括民法在内的立法进程，“权利”成为部门法的基本范畴。当然，我国仍属民事权利理论发展的后进国，认真师法先进国之立法，已成为民事立法厚积薄发之表征。19 世纪末，德国法学家温德沙伊德将“权利”认定为私法的核心概念，随后的《德国民法典》将之作为基本范畴贯穿始终。但是该法典并未以独立条文、章节构筑权利体系，而是将之蕴含于总则与各编，形成“债”“物”“亲属”“继承”之四分体系。我国立法承袭其要旨，并在总则编单章列明，相较于《民法通则》，新民法典草案总则编为突出对于民事权利规范的关注，将“民事权利”章列于“民事法律行为”章之前。具体权利规范如第 110 条皆采开放式立法，为权利推定、新兴权利创设留下空间。在师法德国，将权利作为基本范畴明确规定的同时，我

① 值得说明的是，《民法通则》中设“民事法律行为和代理”一章，似更接近于《德国民法典》的做法。然而总则编关于代理的规定不仅依据德国法进行了修正、整合了《合同法》中的相关规定，具有更丰富的内容（参见方新军：《〈民法总则〉第七章“代理”制度的成功与不足》，《华东政法大学学报》2017 年第 3 期），而且代理制度与“自己行为带来自己责任”的一般法律行为原理有所差异，具有理论独立性，因此单独分章确有可行性。

国立法规定了涉及个人信息的相关权利，可谓与时俱进。

关于物权编。考诸立法史，我国《物权法》的制定与颁行可谓争议纷纭、一波三折。但正是由于思想碰撞、学说争鸣，该法也成为民事单行法中质量较高的一部分。并且，我国物权法及由之衍生的民法典的物权编的理论自洽，与师承德国实证法息息相关。从法典的逻辑体系的角度看，《德国民法典》最先采用“债物二分”的立法体系，以“债务关系法”“物权法”二编搭建了“物债二分”财产法体系。我国立法虽然没有形成统一的债权编，但立法者依然关注到了物权、债权规范体系的差异，将物权编、合同编并立于总则编之后，基本效法了德式立法逻辑体系，与以《法国民法典》为代表的“债物一体”式的立法体系有所区别。

从物权编的基本理论角度看，采用怎样的物权变动模式的问题引发了民法学界长期的争议。物权行为理论乃德国民法之创造，德国比较法学家茨威格特、克茨将“抽象物权契约理论”称为“德意志法系的特征”，[①]王泽鉴将该理论所蕴含的负担行为与处分行为的区分与并立形象地比喻为“民法上的任督二脉”。[②]效法德式立法从而在不同程度上接受物权行为理论者甚众，如日本实证法等，由于这些立法与我国民法学、民事立法渊源颇深，同《德国民法典》一并影响了《物权法》乃至民法典之物权编的基本理论取向。

事实上，我国的《物权法》及新民法典草案物权编立法过程伴随着物权行为理论的引入与争论，以孙宪忠为代表的物权行为理论支持者与以王利明、崔建远为代表的反对者均占有学术话语权与立法话语权。长期的争论带来了立法上的折中。梁慧星对此作出精辟概括：“《物权法》采用了典型的德国民法的概念体系，其物权变动模式采用法国‘债权合意主义’与德国民法‘登记生效主义’相结合的折中主义。”[③] 折中主义立场经过长时间司法实践，契合我国国

① 参见［德］K.茨威格特、H.克茨：《“抽象物权契约”理论——德意志法系的特征》，孙宪忠译，王晓晔校，《外国法译评》1995 年第 2 期。

② 王泽鉴：《民法总则》，北京大学出版社 2014 年版，第 243 页。

③ 梁慧星：《民法总论》（第五版），法律出版社 2017 年版，第 22 页。

情，故民法典中的物权编因循之。结合我国业已形成的“债物二分”立法体系及立法中有明显德国法痕迹的概念的运用，[①]不难发现，这种折中主义是德式理论的中国变体。任何时代的立法均有历史之局限，采折中主义的物权编也存在逻辑难以自洽之处，如特殊动产的物权变动问题、所有权保留买卖问题等，具有强大解释力的德式理论将不断为中国物权制度的完善提供理论资源。

至于具体物权的规定，新民法典草案物权编以本国经济制度与实践为依托，维护国有企业资产，保障农村土地承包权、宅基地土地使用权，并设立居住权保障条款，发挥了维护社会主义经济秩序的积极作用，具有本土性、原创性特征。

关于合同编。新民法典草案合同编有很多条款均借鉴了《德国民法典》的内容，如第298条对“合同中无效免责条款”的规定，就是在《德国民法典》第309条的基础上制定的；还有第353条关于解除权人解除合同的法定事项，也是借鉴了《德国民法典》第325条“应归责于债务人的不能”的内容。新民法典草案合同编借鉴德国法主要可体现为以下两个方面：

其一，从条文表述的角度看，通过上述表格的整理，我们可以清晰看出我国民法典合同编中几乎所有条文都能在德国实证法中觅得出处。同时，两立法对于制度的表述逻辑顺序也几乎没有差别。仅存的重要差异在于德国法将契约中要约、承诺制度置于总则之中，并在“债务关系法”中设与债法原理相关的系列条文，而我国立法将债法原理列于总则，在合同编首设“通则”分编规范合同的一般问题。“典型合同”分编紧随其后，仿效德国法“各种债务关系”章从买卖合同起依次规定有名合同的具体制度。

其二，从基本原理的角度看，合同制度最能体现法律行为理论之要旨，继受而来的法律行为理论自然映射到合同编立法。同时，合同编与物权编奉行的折中主义理论保持一贯，并且向德国的物权行为理论进一步靠拢。这一现象的

① 有学者指出，“债物二分”体系本身蕴含着负担行为、处分行为二分的必然逻辑，作为物权行为理论的规范基础。据此，我国物权制度未来将继续向德国实证法靠拢。参见朱庆育：《民法总论（第二版）》，北京大学出版社2016年版，第34、163页。

标志性立法成果为删除《合同法》第 51 条关于无权处分合同“效力待定”的规定，这就让处分权的有无不再影响合同效力（起码是负担行为的效力）。负担行为与处分行为在实证法层面发生了进一步分离。因此，德国实证法对我国合同编立法产生了直接影响。这种影响不仅及于原理、制度，而且直指思维方式，可以想见，未来的合同编发展依然会与德国法相伴而行。

值得注意的是，立法者考虑到我国合同制度对于国际商贸的重要作用，我国合同立法中的不少重要制度直接采纳自《联合国国际货物销售合同公约》（CISG）、《国际商事合同通则》（PICC）、《欧洲合同法》（PECL）以及英美契约法。但是，“大杂烩式”的立法资源可能带来条文间表达的不统一乃至理解上的龃龉，例如英美法同大陆法对合同概念的理解即有不同。[①]

上述三编是德国法继受最为明显的部分，可见德国法辅助我国立法者搭建了新民法典的基本框架与财产制度的核心。余下四编以人身权保护、侵权责任追究为立法要旨，或者为我国独创，或者属本土法资源的固有领地，其与对外国法的继受程度有限，下将略述其与德国民法的承继关系。

关于人格权编。人格权编乃是我国新民法典草案之独创，并曾引发诸多争议。[②]目前确立的人格权编采取了“人格利益保护一般条款+具体人格权保护条款”的立法模式。从权利确立与保护的逻辑来看，我国承认了源于德国法的一般人格权理论。该理论并未以条文形式列明于《德国民法典》中，而是在 1954 年由德国联邦最高民事法院于著名的“读者来信案（Leserbrief）”中将该理论通过判例实证化。并且，《德国民法典》第 823 条（侵权行为节首条）通过

① 参见韩世远：《合同法总论（第四版）》，法律出版社 2018 年版，第 3—4 页。

② 支持者如王利明、孙宪忠等人，认为人格权保护原则应在民法中予以贯彻，并设立条文保障。如孙宪忠指出：“人格权独立成编是为了贯彻人格权保护的原则，是为人格权受侵害建立请求权的法律基础，而不是要为人格权转让提供法律依据。”（孙宪忠：《当前我国民法典分则编纂的几点思考》，《华东政法大学学报》2019 年第 5 期）。反对者如梁慧星，认为设立人格权编属于画蛇添足，完善侵权责任规则便足以保护人格权。参见梁慧星：《民法典编纂中的重大争论——兼评全国人大常委会法工委两个民法典人格权编草案》，《甘肃政法学院学报》2018 年第 3 期；梁慧星：《关于民法典分则草案的若干问题》，《法治研究》2019 年第 4 期。

规定“其他权利”受到侵害可得救济的开放式立法，为人格权诉讼确立了请求权基础。相对于德国以救济为导向性的立法模式，新民法典草案人格权编“一般规定”章与总则“民事权利”章直接确立了一般人格权理论。除此之后，在其后章节中以正面列举的方式分别规定了生命权、身体权、健康权、姓名权、名称权、肖像权、名誉权、荣誉权以及隐私权等具体人格权。该立法模式不仅承继了源自德国的一般人格权理论，扩张了人格权利保障范畴，而且将我国司法实践中存在的具体人格权诉求固定化。更重要的是，人格权编的确立使我国宪法中规定的公民基本权利落实于“可诉”的法律规范体系。

关于婚姻家庭编与继承编。《婚姻法》作为我国最早一批民事立法，是为了改造所谓“封建婚姻家庭制度”，而以《苏俄婚姻、家庭及监护法典》与革命根据地时期的相关规范为蓝本制定而成的。由于《苏俄民法典》将亲属法排除在法典体系之外，亲属法均以单行法为形式，我国效法苏联的立法模式使得婚姻法长期游离于民法体系之外。随着盲从苏式立法的乖谬得到纠正以及引入德国民法理论，学界倾向于依据德国民法五编制体系，将亲属法、继承法纳入民法体系中。从而新民法典草案中独立的婚姻家庭编与继承编应运而生，分别对应《德国民法典》的亲属法编与继承法编。依据上述图表的整理可以看出，我国民法典草案中亲属编与继承编的条文与德国法的对应关系远逊于前三编。不仅条文数量方面远低于《德国民法典》的对应编，①立法借鉴也主要停留在体系与条文逻辑层面。

由于婚姻家庭制度、继承制度所涉及的法律关系具有人身属性，不同群体、国别间的历史、风俗、司法传统等因素的差异使得具体制度层面的继受难度远大于财产法继受。例如，一国婚姻家庭制度往往蕴含独特的伦理价值，中国婚姻立法应关注保护家庭完整性与提倡承担家庭责任，否则以家为单位的社

① 构成民法典婚姻家庭编主要立法资源的《婚姻法》《收养法》相对于德日亲属法较为粗陋，由此导致了以立法资源汇编形式立法的婚姻家庭编“以简单的法律条文来调整复杂的亲属关系，必然是挂一漏万，不符合现实生活需求”。参见杨立新：《我国亲属制度改革的进展、问题与对策——〈民法典婚姻家庭编（草案·三审稿）〉述评》，《中国社会科学院研究生院学报》2019年第6期。

会基层秩序将受到极大冲击。[①]新民法典草案中此二编的立法者关注到上述问题，将之前的单行立法与实践中应对司法问题而形成的大量司法解释予以汇编，[②]形成了具有中国特色的婚姻家庭制度，而继承编亦然。这种立法资源汇编式的立法在一定程度上遵循了我国该领域的司法实践经验与民众常行的规范体系，同时也为日后的立法进步留下空间。

关于侵权责任编。新民法典草案侵权责任制度独立成编，这与《德国民法典》将其规定于“债务关系法”一章迥异。依据债法原理，侵权行为之债被认为是法定之债的一种，因而《德国民法典》将关于侵权行为的相关条文收录于“债务关系法”一编，并作为第二十七节，与不当得利、无因管理等法定之债相关制度并列。

我国民法典将“侵权行为”单列一编或许出于如下考量：其一，从立法逻辑出发，我国民法以权利保护为立法逻辑主干，总则编之后各编以财产权、人格权、身份权等权利为主体，侵权行为编则作为“权利保障性”制度列于篇末。其二，从立法技术出发，侵权责任作为特别的法定之债，有独立的理论构建与系列制度，例如依据社会福利考量而设立的无过错责任等。相较于《德国民法典》以 31 条规定侵权行为制度，新民法典草案中独立成编的立法模式可以容纳更多条文，更具体系性、全面性。其三，从立法背景出发，《侵权行为法》已实行近十年，成功成为维护人民群众生命、财产权益之制度保障，将之雕琢后纳入民法典体系作为一编不仅节约了重新规划体系以实现自洽的理论难题，节约了立法资源，而且遵循了实践传统，使民法典与单行法在运行中顺利对接。

独立成编的侵权责任制度并不意味侵权责任法完全脱离德式债法体系。总则编“民事权利”章将侵权行为的后果规定为债权，承认了债法体系包含对侵

---

① 参见李拥军、雷蕾：《论我国婚姻家庭关系的伦理价值与立法表达——以〈民法典（婚姻家庭编）〉制定为背景》，《政法论丛》2019 年第 2 期。

② 参见冉克平：《论〈民法典婚姻家庭编（草案）〉的体系、内容及其完善》，《武汉大学学报（哲学社会科学版）》2019 年第 6 期。

权行为的规定，同时侵权责任编外的其余各编为侵权行为追责提供了请求权基础。如此，侵权责任编的核心目的聚焦于确定民事责任，成为“侵权损害赔偿法”。杨立新称该体系为“侵权请求权归属于债权、侵权损害赔偿责任归属于民事责任的双重体制”。①与此同时，我国侵权责任构成的四要件理论也来自德国法，其中“加害行为违法性”要件为德式侵权行为理论之特征。该理论由德国法学家耶林在1867年所创造，②直接影响了《德国民法典》第823条的确立。对比该条与新民法典草案第1165、1166条，两立法均采以过错责任为原则、无过错责任为例外的归责原则。

值得注意的是，两法典中关于侵权责任的“一般规定”具有相似性，但德国民法典没有详细规定“具体侵权责任”，诸如药品生产致害、航空器致害等责任追究制度均被规定于单行法之中。我国《侵权责任法》在立法时借鉴了《欧洲民法典草案》（DCFR）的“一般条款+特别列举”模式，免除额外立法的繁冗，而新民法典草案侵权责任编沿袭了这一做法。不过，立法形式上之不同难掩中德两国侵权责任制度之间的源流关系，随着社会本位浪潮的推动，未来两国侵权责任制度的交融将会更为频繁、深入。

四、中德法律文明交流的历史反思

2020年是中国民法典起航元年，也是《德国民法典》历经风雨的120周年，我们在欢欣新时代民事立法走向新篇章的同时，也应当对中德之间这一段法律文明交流历程予以反思：先贤们何以选择德国民法科学作为主要继受对象？我们从这次继受历程中获得了怎样的经验？回望过去是为了更好地面对未来，随着全球化进程的加速，我国法律发展难免与其他法律文明产生碰撞、交

---

① 杨立新：《侵权责任法回归债法的可能及路径——对民法典侵权责任编草案二审稿修改要点的理论分析》，《比较法研究》2019年第2期。

② 参见［德］埃尔温·多伊奇、汉斯-于尔根·阿伦斯：《德国侵权法——侵权行为、损害赔偿及痛苦抚慰金（第5版）》，叶名怡、温大军译，刘志阳校，中国人民大学出版社2016年版，第39页。

融。因此，中德法律文明交流的经验弥足珍贵。

（一）我国选择《德国民法典》为立法师范的动因

我国各位法学先驱选择《德国民法典》作为继受对象并不是因为该法“尽善尽美”，而是“瑕不掩瑜”。事实上，与具有革命性的《法国民法典》相比，《德国民法典》显属晚进者，而且固守着绵延近千年的罗马法的《学说汇纂》体系，有评论者讥讽其为自由主义、启蒙运动、理性法和罗马学说汇纂法学的晚熟果实。虽然许多人对其提出批评并呼吁改革，但《德国民法典》在较长时间内没有发生变动。除稳定性之外，《德国民法典》受到我国民事立法者、民法研究者青睐的原因还有以下四个方面：

其一，潘德克顿理论指导下的《德国民法典》具有概念化、体系化的优点，符合我国民法典编纂的需要。自 1986 年《民法通则》制定以来，我国民事立法采取先单行法，后法典化的立法规划。而不同的民事单行立法易出现理论上的不统一，乃至表达上的差异性。单行法编纂可以允许“百花齐放”，但民法典则需“气脉贯通”。这在语言表达层面反映为概念化，在篇目安排上反映为体系化，而《德国民法典》恰具此二点特征。德国法的概念抽象能力居于各国立法前列，“法律行为”这一一般性法律概念乃潘德克顿法学派的重要贡献，诸如“负担行为”“处分行为”的概念及倚之为核心的制度体系成为了德国民法科学的特色。

概念的构建与体系化的进程往往是相辅相成的，《德国民法典》将“提取公因式”作为粘合诸编的编纂技巧，各编皆设本编之“总则”，债权、物权、家庭、继承各编之“总则”再经抽象，形成民事法律制度之总则，而总则的灵魂便是“法律行为”制度。在此基础上，“合并同类项”则成为了各编设立的基础，立法者先依据“债务二分”理论设编调整财产关系，随后调整家庭及继承等涉及人身关系的法律。具体条文排布严谨细致、逻辑严密，并且运用众多互引条文、概念术语，使得条文不繁却包罗万象。我国本次编纂的民法典吸取德式法典编纂的优秀经验，所形成的最终文本已摆脱民事单行法“各自为政”的局面，达到了精确统合民事法律体系的立法目的。

其二，德国民法典所体现的“国家统一性”的追求，与我国立法需求相契合。《德国民法典》颁布之前的德国各地区以习惯法为主要法律渊源，夹杂内容不同的地方立法。随着德意志在1871年统一，民众交往日益频繁，行为规范的差异为民众民事活动带来不便，也为司法裁判提出难题。同时，当时的德国正由封建社会直接进入帝国主义社会，社会形态变化挑战了原有法律的规范体系。为缓解该局面，统一民事法律制度成为上至立法精英，下达黎民的愿望。正如拉伦茨在其作《德国民法通论》中提出，德国制定统一的民法典，一方面为了“克服各地区适用不同法律产生的障碍”，另一方面为了“国家统一性的追求”。①与统一后的德国类似，我国为多民族统一国家，民法典的编纂具有宣示统一性、团结性的政治意义，也直接影响民事活动在统一规则下进行、司法机关依据统一规则裁判，如此也有利于和谐稳定的法治社会的建立。

其三，德国民法的法典化特征，与我国立法传统相契合。自战国时期，中华民族就逐渐形成成文法传统，如《唐律疏议》《宋刑统》《大明律》等，统一的时代具有统一的成文法已成中国民众的思维习惯。但成文法尚不等同于法典化，例如英国法以普通法为核心，源于习惯、判例，作为裁判重要依据的判例集难称法典。中国传统社会的核心法律形式，如律、令、格、式皆为法典，立法者将法律条文以系统化、逻辑化、体系化的形式加以整合，这一中国传统法律编纂的习惯同德国法典化立法不谋而合。当然，《法国民法典》《日本民法典》皆以法典化知名，《德国民法典》能在本次立法中脱颖而出，居于被继受法的核心，也有一定历史偶然性。新中国成立以来，由于政治因素所效法《苏俄民法典》即为《德国民法典》的域外衍生法典，立法者仿效该法典的同时也借鉴了诸多《德国民法典》的原生制度。

正所谓“习惯成自然”，《德国民法典》的某些制度在我国被长期学习、行用，而成为了民众生活、司法裁判的重要依据，完成了本土化。并且，我国民事单行法、草案也多以德国法为蓝本。如2007年颁布的《物权法》第230条列举了有关担保物权的诸多规定，也是在借鉴了《德国民法典》第273、320条的

① ［德］卡尔·拉伦茨：《德国民法通论》（上），王晓晔、邵建东等译，法律出版社2013年版，第15—24页。

基础上制定的，而担保物权的此类规定又被民法典草案物权编所吸收。考虑到立法效率、立法成本和法律稳定性等问题，新民法典草案中各编对于以往具体制度的规定，若无特殊需要，尽量不予变动，这就造成了仍有大量体现对德国法移植的部分。

其四，德国民法的理论性使其输出能力很强，我国民法学界已经形成对德国民法的研究风气，这使得受托起草中国民法典的学者，在编纂法典草案的过程中，长于从德国民法中找寻方案。1998 年 3 月，全国人大常委会委托 9 位专家成立民法起草工作小组，负责民法典草案的准备工作，其中梁慧星受托起草总则编、债法总则编、合同编；王利明受托起草人格权编；唐德华受托起草民事责任编；郑成思受托起草知识产权编；巫昌桢受托起草亲属编、继承编等。[①] 近年，又有大批研究德国民法学的学者加入了民法典的编纂。从他们所主编的民法典草案建议稿，尤其是物权法草案建议稿等中可以看出，有大量疑难的法律问题，都是在比对《德国民法典》的相关规定，经过重重的分析与推演，再构想出合理的方案的。例如，在本次民法典编纂中，无论是承认物权行为理论问题、人格权编独立问题还是侵权责任编与债权理论的关系问题，争论者常以《德国民法典》及德式民法理论立论，审视我国实证法。

此外，《德国民法典》被称为“法学家的法”，便于研究与适用，同时与我国实证法及民法理论相契合，这会吸引更多学子负笈德国，增强潘德克顿法学派对我国民法的影响力。

（二）中德法律文明交融的历史经验

回顾上述《德国民法典》及民法理论对中国民法学界的影响，我们可以从中体验到诸多中德法律文明交融的历史经验。

第一，法律文明的交融需秉承开放、包容的心态，以推动本国法治发展为根本出发点。回顾中国民事立法史，对待他国法律的心态与本国法治文明之发达性息息相关。盛唐繁荣，《唐律疏议》定有“化外人相犯”条，包容他国法

① 参见梁慧星：《中国对外国民法的继受》，收录入孙宪忠主编《制定科学的民法典——中德民法典立法研讨会文集》，法律出版社 2003 年版，第 52 页。

律；清季倾颓，统治者一度视西方法律文明为寇仇。我国民法典在新中国成立后很长一段的时间也仅师法《苏俄民法典》，视西方法治为“资本主义糟粕”，带来了民事立法的大停滞，直至改革开放才有所好转。新时代下，我国领导阶层和法界精英已经在以下观念上达成共识：坚持从我国实际出发，不等于关起门来搞法治。法治是人类文明的重要成果之一，法治的精髓和要旨对于各国国家治理和社会治理具有普遍意义，我们要学习借鉴世界上一切优秀的法治文明成果。

第二，法律文明的交融渠道多元，需避免单一继受。从历史经验中可以看出，我国对他国法律文明的继承呈现出从单一继受到多元继受的过程。以《德国民法典》为例，其纵然成果丰硕，有着深刻的借鉴意义，但也不可避免存有抽象深奥、难以理解的缺陷。因此，我国新时代民法典的完善乃至将来的立法活动，可以吸收大陆法系立法、英美法系立法，乃至国际规章中适合自己、有利于自己的立法经验，做到只要对自身发展有益的，都可以为我所用。当然，本次民法典编纂也为之后的立法敲响了警钟，“多元继受”需“一元表达”相辅助，否则“万国造”的法律体系必然带来学习、理解与适用的困难。

第三，法律文明的交融需结合中国实际，予以变通。以民法典的编纂为例，民法典并非民事法律汇编，编纂应结合当下国情，保证其基础地位与高度稳定性。同时，编纂并非简单的排列组合，不仅需要通过科学的立法技术加以统一整合，还需结合中国长期的司法习惯，重视民间法、习惯法的调节作用，兼包并蓄、博采众长。《德国民法典》对于某些地方习惯法的翦除尚且引起诸多质疑，相对于此，我国幅员辽阔、民族众多，统一民事立法难免引起习惯的冲突。在立法、司法中增添“本土法治资源”是国家治理体系和治理能力现代化的必然要求。

第四，法律文明的交融需扬长避短，不能全盘吸收。《德国民法典》博大精深、璀璨夺目，却也有受到诟病的地方，它被称为“全世界最难懂的民法典”。德国作家路德维希·托马（Ludwig Thoma，1867—1921）曾这样讽刺《德国民法典》：“国王所述邦法院的阿洛伊丝·埃申贝格尔（Alois Eschen-berger），是个不错的法学家，但他在别的方面智力一般。（因为）他从不关心事物的本质，他唯一关心的只是，这个事情应该归涉到哪个法律下面去。”①这体现出《德国民法典》过度抽象、深奥的语句下所存在的，法律与实际相脱离的问题。因此，在法律语言学、法教义学兴盛的当下，我们亦不能忽视法律的目标，以及法律所针对的生活情况、所需解决的社会问题，扬长避短，才能为中国法治的发展带来长久裨益。

结　语

在近代民法文明进步的历程中，1804 年《法国民法典》率先开创了近代民法文明的历史进程。之后，1900 年《德国民法典》的颁布，使人类近代民法文明进入了一个辉煌的时代。《德国民法典》以其先进的立法理念，完整的五编制体系，明确清晰的概念术语，详尽系统的内容规定，以及周密精致的结构布局，使其成为 20 世纪以后各国民事立法的楷模。自清末伊始，我国开始借鉴德国民法的内容，不论直接抑或间接借鉴，借鉴的成果保留在以往清朝、民国以及《中华人民共和国民法典（草案）》等立法成果，乃至这 120 年的学术研究长河中。可以说，我国民法的发展进程始终少不了对德国民法的吸收与借鉴。

120 年来，中国对德国民法的吸收正是世界法律文明交流的体现。中国法文明作为世界法文明的一部分，在不断吸收他国法文明的基础上发展至今。而吸收的过程伴随着实体法或者相关学术理论的不断变化，以适应不同国情下的需要。诚然，法律文明的交流在当今时代是不可避免的，作为法治发展的后进国，中国法律文明的进步不能离开向其他法律文明吸取优秀的成果。“它山之石，可以攻玉”，借鉴他人的优秀成果以完善自己，这会在许多方面使得法治进程事半功倍。但不论是法律文明移植还是吸收、借鉴、转化，中华法律文明的发展要结合我国自身的实践。外来法律文明一经吸收，国家法秩序将因之发生变化，因此，培植配套的社会共识是外国法律文明落户中国的重要条

① ［德］迪特尔·施瓦布：《民法导论》，郑冲译，法律出版社 2006 年版，第 31 页。

件。正如孟德斯鸠所说："为某一国人民而制定的法律，应该是非常适合于该国人民的。"[①]即便如此，法律文明交流之本身，实也推动了交流国间法律文明的进步与发展，在交流中，当代学人应当反思，如何让吸收借鉴的经验更为长久，更能为后世所用。显然，这项事业不能"毕其功于当代"，有待法律文明间不断的交流碰撞，也有待法律文明自身的反躬自省！

（原载《法学》2020年第5期）

① ［法］孟德斯鸠：《论法的精神》，张雁深译，商务印书馆2005年版，第7页。

图书在版编目(CIP)数据

法治求索/何勤华著.—上海:上海人民出版社，
2021
(庆祝中国共产党成立100年专题研究丛书)
ISBN 978-7-208-17082-7

Ⅰ.①法…　Ⅱ.①何…　Ⅲ.①社会主义法治-建设-
研究-中国　Ⅳ.①D920.0

中国版本图书馆CIP数据核字(2021)第076902号

责任编辑　夏红梅
封面设计　零创意文化

庆祝中国共产党成立100年专题研究丛书
法治求索
何勤华　著

出　　版　上海人民出版社
(200001　上海福建中路193号)
发　　行　上海人民出版社发行中心
印　　刷　商务印书馆上海印刷有限公司
开　　本　787×1092　1/16
印　　张　24
插　　页　3
字　　数　358,000
版　　次　2021年5月第1版
印　　次　2021年5月第1次印刷
ISBN 978-7-208-17082-7/D·3763
定　　价　96.00元